ASSEX Vorbereitungslehrgang zum Assessorexamen

Anklageschrift
Einstellungsverfügung
Dezernat
und Plädoyer

Prof. Günter Solbach
Leitender Oberstaatsanwalt
Aachen

Unter Mitarbeit von
Oberstaatsanwalt Dr. Herbert Klein, Aachen
Staatsanwalt Hans-Michael Thiele, Osnabrück

8. Auflage 1990

Lange Verlag · Düsseldorf

ISBN 3-926702-28-1

Vorwort

Der vorliegende Band, der nun in 8., wiederum erweiterter und ergänzter Auflage erscheint, gründet sich auf Erfahrungen, die der Verfasser als Staatsanwalt, Arbeitsgemeinschaftsleiter und als Prüfer im zweiten juristischen Staatsexamen lange Jahre gesammelt hat.

Neben den systematischen Ausführungen über Form und Inhalt von Anklageschrift und Einstellungsverfügung sowie den Hinweisen für das Plädoyer in der Hauptverhandlung wird in einem eigenen Abschnitt "Dezernat" ein Überblick über die Ermittlungstätigkeit des Staatsanwalts mit typischen Verfügungen gegeben. Zahlreiche, nach didaktischen Gesichtspunkten ausgewählte Beispiele (und Hinweise auf typische Fehler) zu allen Kapiteln sollen den Einblick in die praktische Arbeit erleichtern und exemplarisches Lernen ermöglichen. Auch dem jungen Staatsanwalt werden viele der Ratschläge nützlich sein können.

Der letzte Teil des Bandes dient der Übung und Überprüfung des Erlernten. Anhand von Aktenauszügen und Sachverhaltsdarstellungen kann geübt werden, staatsanwaltschaftliche Schlußverfügungen anzufertigen. Die angeführten Musterentscheidungen, die didaktisch gestalteten Hinweise und das Examinatorium dienen der Überprüfung der eigenen Entwürfe und des erworbenen Wissens.

Herrn Oberstaatsanwalt Dr. Herbert Klein aus Aachen und Herrn Staatsanwalt Hans-Michael Thiele aus Osnabrück danke ich für Ihre Mitarbeit. Sie haben nicht nur durch kritische Durchsicht und zahlreiche Hinweise, sondern auch durch konkrete Empfehlungen und Ausarbeitungen zu einzelnen Teilen wertvolle Hilfe geleistet.

Prof. Günter Solbach

Inhaltsverzeichnis

Literaturverzeichnis

Amelunxen, Die Berufung in Strafsachen, 1982

Amelunxen, Die Revision der Staatsanwaltschaft, 1980

Arntzen, Psychologie der Zeugenvernehmung (System der Glaubwürdigkeitsmerkmale), 2. Aufl. 1983

Arntzen, Vernehmungspsychologie (Psychologie der Zeugenvernehmung), 1978

Bender/Röder/Nack, Tatsachenfeststellung vor Gericht, Bd. I u. II, 1981

Birmanns/Solbach, Urteil und Beschluß im Strafverfahren (ASSEX), 3. Aufl. 1989

Brunner, Jugendgerichtsgesetz, 8. Aufl. 1986

Burchardi/Klempahn/Wetterich, Der Staatsanwalt und sein Arbeitsgebiet, 5. Aufl. 1982

Dallinger/Lackner, Jugendgerichtsgesetz, 3. Aufl. 1981

Dreher/Tröndle, Strafgesetzbuch, 44. Aufl. 1988

Eisenberg, Jugendgerichtsgesetz, 1982

Göhler, Gesetz über Ordnungswidrigkeiten, 8. Aufl. 1987

Gössel, Strafverfahrensrecht, 1977

Karlsruher Kommentar zur Strafprozeßordnung und zum Gerichtsverfassungsgesetz (zit.: KK), 2. Aufl. 1987

Kleinknecht/Meyer, Strafprozeßordnung, 39. Aufl. 1989

Kraß, Anklage und Begleitverfügung, 1977

Kroschel/Meyer-Goßner, Die Urteile in Strafsachen, 24. Aufl. 1983

Kunigk, Die staatsanwaltschaftliche Tätigkeit, 3. Aufl. 1983

Leipziger Kommentar, Strafgesetzbuch (zit.: LK), 10. Aufl. 1978 ff.

Löwe/Rosenberg, Kommentar zur Strafprozeßordnung, 24. Aufl. 1984 ff.

Müller/Sax/Paulus, Kommentar zur Strafprozeßordnung (zit.: KMR), 7. Aufl. 1980

Peters, Strafprozeß, 4. Aufl. 1985

Potrykus, Kommentar zum Jugendgerichtsgesetz, 4. Aufl. 1955

Rahn/Schäfer, Mustertexte zum Strafprozeß (zit.: Rahn), 3. Aufl. 1982

Rebmann/Roth/Hermann, OWiG, 1982

Roxin, Strafverfahrensrecht, 19. Aufl. 1985

Rudolphi/Frisch/Rogall/Schlüchter/Wolter, Systematischer Kommentar zur Strafprozeßordnung und zum Gerichtsverfassungsgesetz, 1987

Rudolphi/Horn/Samson/Schreiber, Systematischer Kommentar zum Strafgesetzbuch (zit.: SK), 3. Aufl. 1982

Sarstedt/Hamm, Die Revision in Strafsachen, 5. Aufl. 1983

Schätzler, Gesetz über die Entschädigung von Strafverfolgungsmaßnahmen, 2. Aufl. 1982

Schlüchter, Das Strafverfahren, 2. Aufl. 1983

Schmidt, Lehrkommentar zur Strafprozeßordnung, Teil II, 1957/67

Schönke/Schröder, Strafgesetzbuch, 22. Aufl. 1985

Schönfelder, Strafprozeßrecht (ASSEX), 3. Aufl. 1989

Solbach, Examensklausuren - Strafrecht I, Band 1 (ASSEX), 5. Aufl. 1990

Solbach/Wunderlich, Examensklausuren - Strafrecht I, Band 2 (ASSEX), 1989

A. Vorbemerkungen

Die A u f g a b e n   d e s   S t a a t s a n w a l t s   als des vom Richter getrennten Untersuchungsführers und Anklägers haben die preußischen
Justizminister v. Savigny und Uhden in ihrem 1846 vorgelegten Promemoria
aufgezeigt: Als Wächter des Gesetzes soll er nicht erst mit Überweisung
eines Angeklagten an die Gerichte, sondern schon bei den vorhergehenden
Operationen der Polizeibehörden befugt sein, bei dem Verfahren gegen den
Angeklagten von Anfang an dahin zu wirken, daß überall dem Gesetze Genüge
geschehe; er soll ebenso zum Schutze des Angeklagten als zu einem Auftreten
wider denselben verpflichtet sein.

Die   S t a a t s a n w a l t s c h a f t   ist nicht nur ein Organ der
Rechtspflege - eine die Besonderheiten des Kernbereichs der Aufgaben des
Staatsanwalts nicht erfassende Definition, die auch auf Rechtsanwälte und
Rechtspfleger zutrifft -, sondern wie die Gerichte   T r ä g e r   d e r
s t a a t l i c h e n   S t r a f g e w a l t   (vgl. BVerwG NJW 61,
1496 ff.), mit denen sie gemeinsam die   J u s t i z g e w ä h r u n g s -
p f l i c h t   (Schmidt, S. 226) erfüllt. Richter und Staatsanwalt sind an
das Gesetz gebunden. Das Gericht besitzt das Urteils-, die Staatsanwaltschaft das Anklagemonopol, § 152 Abs. 1[1]. Sie ist aufgrund des L e g a -
l i t ä t s p r i n z i p s gem. § 152 Abs. 2 - soweit nicht gesetzlich
ein anderes bestimmt ist - verpflichtet, wegen aller gerichtlich strafbaren
und verfolgbaren Handlungen e i n z u s c h r e i t e n , sofern zureichende tatsächliche Anhaltspunkte vorliegen.

§ 152 Abs. 2 legt sowohl die Verpflichtung der Staatsanwaltschaft zur Aufnahme von Ermittlungen als auch zur Erhebung der öffentlichen Klage fest
(Lüttger GA 57, 193 ff., Geerds GA 65, 321, 328, s. auch Motive bei Hahn I,
710). Denn einerseits muß (abgesehen von der Möglichkeit, das Verfahren
aufgrund des Opportunitätsprinzips einzustellen) bei positiv verlaufenden
Ermittlungen eine Anklageerhebung erfolgen, andererseits setzt sie regelmäßig Ermittlungen voraus. § 152 Abs. 2 ist die Generalnorm, die ihre Aus-
prägung in den Vorschriften der §§ 160 Abs. 1, 170 Abs. 1 findet. Das Merkmal der " z u r e i c h e n d e n   t a t s ä c h l i c h e n   A n -
h a l t s p u n k t e " hat hinsichtlich der Intensität des Tatverdachts
einen verschiedenen Bedeutungsgehalt (s. Lüttger GA 57, 193 ff.), je nach
den unterschiedlichen prozessualen Bezugspunkten (Aufnahme von Ermittlungen
§ 160 Abs. 1; Anklage §§ 170 Abs. 1, 203).

Die Staatsanwaltschaft hat bei V e r d a c h t einer Straftat den Sachverhalt zu e r f o r s c h e n . Sie muß die entlastenden wie die belastenden Umstände ermitteln: Es geht um die Wahrheit, § 160 Abs. 1 u. 2
(Prinzip der materiellen Wahrheit, vgl. Schönfelder C VI 10 d).

Damit die Staatsanwaltschaft die ihr vom Gesetz übertragene Aufgabe erfül-
len kann, muß die Polizei, die Straftaten zu erforschen und alle keinen
Aufschub gestattenden Anordnungen zu treffen hat, ihre Verhandlungen der
Staatsanwaltschaft ohne Verzug übersenden (§ 163 Abs. 1 u. 2).

---

[1] §§ ohne Bezeichnung sind solche der StPO.

Bieten die Ermittlungen g e n ü g e n d e n A n l a ß , eine Wendung, deren Bedeutungsgehalt noch zu bestimmen sein wird, so hat die Staatsanwaltschaft öffentliche Klage zu erheben (§ 170 Abs. 1).

B. Ermittlungen

I. Allgemeine Hinweise

Die Staatsanwaltschaft hat den S a c h v e r h a l t z u e r m i t - t e l n , damit sie entscheiden kann, ob A n k l a g e zu erheben oder das V e r f a h r e n e i n z u s t e l l e n ist. Die Nachforschungen sind zu beenden, sobald die letztere Entscheidung getroffen werden kann, mag der Anzeigende, der Geschädigte oder eine Behörde auch ein berechtigtes Interesse daran haben, den Sachverhalt restlos aufzuklären (verkannt wohl von Arndt DRiZ 75, 139, der für das rechtliche Gutachten meint, vor jedem tatbestandlichen Ansatz sei der "Sachverhalt festzustellen", erst dann sei strafrechtlich zu würdigen; dagegen Solbach DRiZ 74, 288 und Lohmann DRiZ 75, 400; vgl. auch Burchardi/Klempahn/Wetterich Rz. 127).

Die Ermittlungen haben nun aber nicht aufzuhören, wenn sich hinreichender Verdacht, also die Wahrscheinlichkeit einer Verurteilung, ergeben hat. Denn der Staatsanwalt hat die Verurteilung als prozessuales Endziel, also eine höhere Stufe der Wahrscheinlichkeit, im Visier. Gibt es weitere Erkenntnisquellen, sind diese auszuschöpfen; vorhandene Beweismittel sind zu sichern. Es bedarf also der Fortführung der Nachforschungen, bis so viel Beweismaterial vorliegt, daß der Beschuldigte in der Hauptverhandlung mit an Sicherheit grenzender Wahrscheinlichkeit überführt werden wird (vgl. dazu Kühne NJW 79, 617, 622). Ist das der Fall, liegt z.B. ein glaubhaftes, durch andere Beweismittel gestütztes Geständnis vor, so wird der Staatsanwalt nach weiteren zusätzlichen Erkenntnisquellen ohne besonderen Anlaß nicht forschen. Beweisanträgen oder -anregungen der Beschuldigten ist nachzugehen, und zwar nicht nur - wie Burchardi/Klempahn/Wetterich (Rz. 130) meinen - nach den für die Hauptverhandlung geltenden Regeln des § 244 Abs. 3 bis 5, sondern in weiterem Umfang: Wahrunterstellungen zugunsten des Beschuldigten wird der Staatsanwalt, sind Ermittlungen möglich, nicht vornehmen; eine Augenscheinseinnahme wird er dagegen durchführen, schon um sich ein Bild vom Tatort, vom Opfer, vom Tatwerkzeug machen zu können. Häufig werden ihm hierbei gewonnene Erkenntnisse Anlaß zu weiteren Nachforschungen in anderer Richtung sein.

Die Ermittlungen gegen den B e s c h u l d i g t e n müssen möglichst rasch, beim ersten Zugriff umfassend sein und gleichzeitig der Wirklichkeit auf den Fersen bleiben. Alle Erkenntnisquellen, deren Verlust zu besorgen ist, müssen gesichert werden.

An dieser Stelle bereits sei darauf hingewiesen, daß der Beschuldigte mit Erhebung der öffentlichen Anklage A n g e s c h u l d i g t e r , nach Eröffnung des Hauptverfahrens A n g e k l a g t e r ist (§ 157).

II. Zuständigkeiten

1. Allgemeines

Problematisch sind vor allem die Fälle, in denen mehrere Staatsanwalt-schaften örtlich zuständig sind, etwa weil der Tatort (die Tatorte) sich im Bezirk mehrerer Strafverfolgungsbehörden befindet oder die Zuständigkeit der einen Behörde durch den Wohn- oder Festnahmeort, die der anderen durch den Tatort gegeben ist.

Im letzten Fall geht grundsätzlich die Zuständigkeit aufgrund des Tatortes vor (Nr. 2 Abs. 1 RiStBV). Für den ersten Fall gilt, daß die Staatsanwalt-schaft zuständig ist, in deren Bezirk das Schwergewicht der Tat bzw. der Taten liegt (Nr. 26 RiStBV). Diesem Gedanken liegt der Gesichtspunkt zu-grunde, daß die Ermittlungen möglichst schnell und leicht geführt werden sollen. Wenn ein Schwerpunkt sich nicht feststellen läßt, ist die Staats-anwaltschaft zuständig, die zunächst mit dem (Teil-)Sachverhalt befaßt war (Nr. 26 Abs. 3 RiStBV). Das Verfahren bei Abgabe und Übernahme der Verfah-ren ist in Nr. 27 RiStBV geregelt. Bei Streitigkeiten über die Zuständig-keit mehrerer Staatsanwaltschaften entscheidet der jeweilige übergeordnete Vorgesetzte (also Generalstaatsanwalt oder Justizminister), ist ein solcher nicht vorhanden, der Generalbundesanwalt (§ 143 Abs. 3 GVG).

Zu beachten ist, daß - z.B. in Nordrhein-Westfalen - Schwerpunktstaatsan-waltschaften für die Verfolgung von Wirtschaftsverbrechen bestehen, die für den Bezirk mehrerer Staatsanwaltschaften zuständig sind (aufgrund An-ordnung der Landesjustizverwaltung gem. § 143 Abs. 4 GVG). Für Verfahren gegen Jugendliche gilt gem. § 42 Abs. 2 JGG, daß die Anklage nach Möglich-keit vor dem Richter erhoben werden soll, dem die vormundschaftsrichter-lichen Erziehungsaufgaben obliegen (anders aber bei nicht vollständig ver-büßter Jugendstrafe); danach bestimmt sich auch die vorrangige Zuständig-keit des Jugendstaatsanwalts. Für die Zuständigkeit zur Einstellung gem. § 153 Abs. 1 gilt, daß hier nicht eine zwingende Anklagezuständigkeit vor-ausgesetzt wird, weil eben diese Entscheidung bei noch ungeklärtem Sach-verhalt getroffen werden kann (vgl. KK § 153 Rz. 14).

2. Zuständigkeitsvereinbarung der Generalstaatsanwälte

Die Generalstaatsanwälte haben für bestimmte Fälle einheitliche Zuständig-keiten vereinbart (Stand: Mai 1987). Danach gilt:

1) Ermittlungsverfahren wegen Vergehen der Unterhaltspflichtverletzung (§ 170 b StGB):

   "Bei Vergehen gegen § 170 b StGB ist das Verfahren gegen den Beschul-digten grundsätzlich bei der Staatsanwaltschaft durchzuführen, in deren Bezirk der Unterhaltsberechtigte wohnt."

2) Ermittlungsverfahren wegen eigenmächtiger Abwesenheit und Fahnenflucht (§§ 15, 16 WStG):

   "1. Ermittlungsverfahren wegen eigenmächtiger Abwesenheit und Fahnen-flucht führt grundsätzlich der für den Standort der Truppe zustän-dige Staatsanwalt, der der Beschuldigte angehört.

2. Bei 'Fernbleiben von der Truppe' durch Nichtbefolgung des Einberufungsbescheids zur Ableistung einer Wehrübung werden die Ermittlungsverfahren jedoch von der für den Wohnsitz des Beschuldigten zuständigen Staatsanwaltschaft geführt."

3) Ermittlungsverfahren gegen unlautere Werber von Verlagsprodukten:

"Ermittlungsverfahren gegen unlautere Werber von Verlagsprodukten werden grundsätzlich von der nach dem Wohnsitz des Beschuldigten zuständigen Staatsanwaltschaft geführt. Die Staatsanwaltschaften unterrichten das Bundeskriminalamt über den Ausgang einschlägiger Strafverfahren."

4) Ermittlungsverfahren bei Verstößen gegen das Ausländergesetz durch Ausländer:

"Ermittlungsverfahren, die sich gegen Ausländer nur wegen Verstoßes gegen das Ausländergesetz richten, führt grundsätzlich die für den Wohnsitz des Beschuldigten zuständige Staatsanwaltschaft."

5) Ermittlungsverfahren wegen Subventions- und Kreditbetrugs:

"Bei Subventionsbetrug (§ 264 StGB) und bei Kreditbetrug (§ 265 b StGB) ermittelt grundsätzlich der Staatsanwalt, in dessen Bezirk der Subventionsnehmer oder der Kreditnehmer seinen Firmensitz hat, sofern dort ein Gerichtsstand gegeben ist."

6) Ermittlungsverfahren bei Betäubungsmittelstrafsachen, in denen "kontrollierte Durchfuhren" stattfinden sollen:

"(1) Bei einer 'kontrollierten Durchfuhr' von Betäubungsmitteln führt, wenn gegen die Täter noch kein Ermittlungsverfahren bei einer deutschen Staatsanwaltschaft anhängig ist, das Sammelverfahren grundsätzlich die Staatsanwaltschaft, in deren Bereich der Grenzübergang liegt, über den die Betäubungsmittel in das Gebiet der Bundesrepublik Deutschland verbracht werden.

(2) Das gilt auch bei einer kontrollierten Einfuhr.

(3) Bei einer 'kontrollierten Ausfuhr' führt das Sammelverfahren grundsätzlich die Staatsanwaltschaft, in deren Bereich die kontrollierte Ausfuhr ihren Ausgang nimmt."

7) Ermittlungsverfahren wegen Verbreitung strafrechtlich relevanter Filme, Ton- und Bildträger:

"Ermittlungsverfahren wegen Verbreitens strafrechtlich relevanter Ton- und Bildträger werden grundsätzlich von der Staatsanwaltschaft am Sitz des Erscheinungsorts geführt."

8) Ermittlungsverfahren wegen eigenmächtiger Abwesenheit und Dienstflucht (§§ 52, 53 Zivildienstgesetz):

"Tritt ein zur Leistung des Zivildienstes Verpflichteter seinen Dienst entsprechend dem Einberufungsbescheid nicht an, wird das Ermittlungsverfahren grundsätzlich von der für den Wohnort des Beschuldigten zuständigen Staatsanwaltschaft geführt."

3. Abgabe von Verfahren an andere Staatsanwaltschaften

Bei der Abgabe und Übernahme von Verfahren, die nicht Sammelverfahren betreffen, sind die Nr. 27 Abs. 2, Abs. 4 und Abs. 5 RiStBV entsprechend mit folgender Maßgabe anzuwenden: Will der Staatsanwalt, dessen Verfahren nicht übernommen worden ist, auf seinem Standpunkt beharren, so berichtet er seinem Behördenleiter, der mit dem Behördenleiter des die Übernahme ablehnenden Staatsanwalts eine Einigung herbeizuführen sucht. Gelingt ihm dies nicht, so berichtet er unverzüglich seinem Generalstaatsanwalt.

III. Beschleunigung und Begrenzung der Ermittlungen

Das Ziel der Ermittlungen, die Entscheidung darüber vorzubereiten, ob das Verfahren einzustellen oder Anklage zu erheben ist, soll möglichst schnell erreicht werden. Der Staatsanwalt hat daher alle Vorgänge zügig zu bearbeiten und bei allen Verfügungen im Ermittlungsverfahren zu bedenken, welche Nachforschungen und Maßnahmen gleichzeitig veranlaßt werden können. Seine Verfügungen, die besonders eilig und vordringlich ausgeführt werden müssen, hat er besonders zu kennzeichnen. Das Beschleunigungsgebot gilt besonders für Haftsachen, und hier auch dann, wenn sich der Gefangene zur Zeit in anderer Sache in Straf- oder Untersuchungshaft befindet (vgl. OLG Hamm, JMBl. NW 86, 224).

Rechtzeitige und stetige Überlegungen über die in Betracht kommenden strafrechtlichen Tatbestände vermeiden überflüssige Ermittlungen, z.B. bei mitbestraften Nachtaten sowie bei Delikten, die von der Verfolgung ausgenommen werden können. In geeigneten Fällen sollen entscheidende Vorfragen vorweg ermittelt werden.

Die Staatsanwaltschaft soll unwichtige Nebendelikte gem. §§ 154 Abs. 1, 154 a Abs. 1 frühzeitig ausscheiden (vgl. Nr. 5 RiStBV). Gelegentlich ist die Feststellung der Tatbestandsmäßigkeit eines mit einem anderen in einer Tat im prozessualen Sinne (§ 264) zusammentreffenden (möglich ist neben der in der Regel vorliegenden Idealkonkurrenz auch Realkonkurrenz) Delikts ungewöhnlich schwierig: z.B. Betrug oder Konkursdelikte sind nachgewiesen, Urkundenfälschung ist jedoch nur schwer beweisbar. In solchen Fällen sollte - sobald die Schwierigkeiten erkannt oder vorausgesehen werden - § 154 a Abs. 1 angewandt werden. Über die mit der Einstellung verbundenen Fragen, auch hinsichtlich der Strafzumessung, geben die Darlegungen von Rieß GA 80, 314 und Bruns NStZ 81, 81 Auskunft.

Sobald wie möglich wird der Staatsanwalt prüfen und entscheiden, ob nur ein Privatklagedelikt vorliegt und ob der Verletzte auf den W e g d e r
P r i v a t k l a g e (§§ 374, 376) zu verweisen ist. Bei der Bearbeitung von Verfahren, die Bagatelldelikte zum Gegenstand haben, wird er bedenken, daß bei einer Entscheidung gem. § 153 Abs. 1 nicht durchermittelt zu werden braucht (§ 153: "als gering anzusehen w ä r e " , Einzelheiten sind streitig, vgl. Kleinknecht/Meyer § 153 Rz. 3 m.w.N.), im Gegensatz zur Regelung gem. § 153 a Abs. 1.

Nach diesen Bestimmungen wird das Verfahren auch gegen Beschuldigte, die an der Tat nur beteiligt und häufig geständig sind, abgeschlossen, damit die Ermittlungen gegen andere Beschuldigte um so erfolgreicher geführt werden können.

So wirkt der Staatsanwalt nicht nur einer Ausuferung der Sachverhaltser-
forschung entgegen, sondern erreicht auch eine Konzentrierung der Ermittlungstätigkeit der Polizei.

Hinweise über die Verfahrensweise bei der Verfolgung von Antragsdelikten
bzw. von Taten, hinsichtlich derer es einer Ermächtigung zur Strafverfolgung bedarf, gibt Nr. 6 RiStBV.

IV. Planung der Ermittlungen

Vor der Inangriffnahme von E r m i t t l u n g e n muß der Staatsanwalt
Überlegungen dazu anstellen, welche Ermittlungen, wann, in welcher Reihenfolge und durch wen vorgenommen werden sollen (vgl. Nr. 10 ff. RiStBV; bei
Sammelverfahren sind Nr. 25 ff. der RiStBV und § 7 des Bundeskriminalamts-
gesetzes zu beachten).

Klarheit muß geschaffen werden:

a) Hinsichtlich welcher Straftaten besteht Verdacht?

b) Welche konkreten Verdachtsmomente für welche Straftaten liegen vor?

c) Wer kommt als Beschuldigter in Betracht, wer ist Geschädigter?

d) Welche Beweismöglichkeiten stehen zur Verfügung?

e) Welcher Tatkomplex ist am schnellsten und mit den geringsten Schwierigkeiten aufzuklären?

f) Wo besteht Verdunkelungsgefahr?

g) Welche "neutralen Beweismittel" stehen zur Verfügung (Unterlagen von
   Versicherungen, Banken, Grundbuchamt, Handelsregister, Industrie- und
   Handelskammer, Finanzamt - zu beachten jedoch § 30 AO -, Personalakten
   der Polizei, Vernehmung von Zeugen)?

Nach diesen Vorüberlegungen und der Ausscheidung unwichtiger Nebenstrafta-
ten wird festgelegt, wie konkret zu ermitteln ist:

a) Welche Durchsuchungen und Beschlagnahmen sind notwendig?

b) Ist Gleichzeitigkeit erforderlich, wo ist zu durchsuchen?

c) Welche Vernehmungen haben zu folgen, in welcher Reihenfolge, in welchem
   Umfang? Durch wen soll vernommen werden (Staatsanwalt, Kriminalbeamte,
   andere Staatsanwaltschaften, Gerichte, andere Ermittlungsorgane; auch
   ist zu prüfen, inwieweit Vernehmungen durch schriftliche Anfragen ersetzt werden können, vgl. Nrn. 67, 68 RiStBV)?

Bevor der Staatsanwalt den " E r m i t t l u n g s p l a n " aufstellt,
muß er überlegen, welche Ermittlungsorgane - außer der Kriminalpolizei -
ihn dabei unterstützen können, die eventuell schon aus anderen Gründen
ermittelt haben.

So gibt es das Ausländeramt, das Ausländerzentralregister, die Bahnpolizei, den Postfahndungsdienst, die Steuer- und die Zollfahndung. Ermittlungshilfe können aber auch geben Außenwirtschafts-, Bundes- und Landeskartellbehörden, das Aufsichtsamt für Kreditwesen, die Bundesanstalt für den Güterkraftverkehr, Ordnungs- und Gewerbeaufsichtsbehörden, die Ermittler der Arbeitsämter sowie der Krankenkassen und die Bundeswehr. Besonders wertvolle Informationen werden häufig in Vorstrafakten enthalten sowie von der Gerichtshilfe und den S t r a f v o l l z u g s b e h ö r d e n zu erlangen sein. Für die Fahndung nach Personen ist auch wichtig, daß die Polizei Auskunft geben kann darüber, welche Personen sich in Haft befinden. In diesem Zusammenhang sei darauf hingewiesen, daß umgekehrt auch Mitteilungen an die Justizvollzugsanstalten erfolgen müssen, so wenn ein Gefangener mit Selbstmord droht; nur dann können rechtzeitig fürsorgliche Maßnahmen ergriffen werden.

Auskünfte von B e h ö r d e n erlangt der Staatsanwalt nach § 161: Die Behörde muß Akten und Schriftstücke, falls nicht ausdrücklich eine Erklärung nach § 96 abgegeben wird (die nach h.M. für die Strafverfolgungsorgane nicht anfechtbar ist, vgl. statt aller Löwe/Rosenberg § 86 Rz. 39 ff., 59 ff.), vorlegen. Über die Auskunftspflicht staatlicher Behörden im Widerstreit zu deren Geheimhaltungspflichten informiert der Aufsatz von Ostendorf DRiZ 81, 4 ff. Einen Überblick zu dieser Problematik gibt die Kommentierung in Löwe/Rosenberg zu § 96.

Auskünfte aus dem Bundeszentralregister sollen in der Regel (vgl. Nr. 16 RiStBV) e i n g e h o l t werden; in Verkehrsstrafsachen auch aus dem Verkehrszentralregister, in Jugendsachen aus dem Erziehungsregister.

Häufig können persönliche Rücksprachen - auch unter Benutzung des Fernsprechers - langwierige schriftliche Ermittlungsersuchen ersparen; der Inhalt der Gespräche wird in einem Aktenvermerk niedergelegt. Eilige Ermittlungen sollen fernschriftlich veranlaßt werden. Möglichst frühzeitig sollen S a c h v e r s t ä n d i g e mit der Erstattung von notwendigen Gutachten (z.B. zu § 20 StGB, zur Glaubhaftigkeit von Kinderaussagen, zu technischen Fragen) beauftragt werden. Vor Auswahl des Sachverständigen soll der Verteidiger Gelegenheit zur Stellungnahme erhalten (vgl. Nr. 70 Abs. 1 RiStBV), es sei denn, daß ein häufig wiederkehrender, tatsächlich gleichartiger Sachverhalt Gegenstand der Untersuchung oder eine Gefährdung des Untersuchungszwecks oder eine Verzögerung des Verfahrens zu besorgen ist.

Mit dem Sachverständigen soll gem. § 161 a Abs. 1 u. 2, § 73 Abs. 1 S. 2 eine Frist vereinbart werden, innerhalb derer das Gutachten erstattet werden kann. Nach § 77 Abs. 2 ist der Sachverständige verpflichtet, eine angemessene Frist abzusprechen und sein Gutachten innerhalb dieser zu erstatten. Sonst droht ihm - wie dem Zeugen, der seiner Verpflichtung zum Erscheinen und zur Aussage nicht nachkommt - bei schuldhaftem Verhalten ein Ordnungsgeld, das der Staatsanwalt festsetzt. Gegen die Entscheidung der Staatsanwaltschaft kann der Betroffene gem. § 161 a Abs. 3 eine Entscheidung des Landgerichts beantragen, die unanfechtbar ist (§ 161 a Abs. 3 S. 4).

Der die Untersuchung führende Staatsanwalt wird wichtige Ermittlungshandlungen wie Durchsuchungen und Vernehmungen von zentraler Bedeutung selbst durchführen und gleichzeitige Maßnahmen aktiv leiten (Nr. 3 Abs. 1 RiStBV). In bedeutsamen oder in rechtlich oder tatsächlich schwierigen Fällen soll er - falls nötig - den Tatort besichtigen und die entscheidenden Maßnahmen

selbst anordnen (Nr. 3 Abs. 2 RiStBV). Dies gilt auch für Verkehrsstrafsachen (Nr. 243 Abs. 1 RiStBV).

Am Beispiel einer vorzunehmenden schwierigen Durchsuchung sollen die Überlegungen und Planungen verdeutlicht werden:

1) Vorbereitung

   a) Ort, Gebäude feststellen, Antreffen der Betroffenen sicherstellen
      durch vorherige Erkundungen mit Hilfe der örtlichen Polizei (per Fern-
      schreiben), Firmennebenstellen (Verwaltung), Garagen, Land- und Wochen-
      endhäuser, Kraftwagen usw. ermitteln.

   b) Richterliche Beschlüsse vorbereiten durch:

      aa) Aktenvermerk mit Darstellung des Sachverhalts und der Verdachts-
           momente; rechtliche Würdigung; Angabe der Beschuldigten (auch
           für Sicherstellung, daß Verjährung hinsichtlich aller Beschul-
           digten unterbrochen wird).

      bb) Antrag mit Vorentwurf der Beschlüsse (§§ 102, 103); im Beschluß
           alle Beschuldigten mit allen Straftaten aufnehmen (Zuständigkeit
           nach § 162 Abs. 1 S. 1 u. 2; siehe dazu unten VI). Eine Beschlag-
           nahmeanordnung, soweit sie schon ergehen kann, ist mit einer
           Durchsuchungsanordnung zu kombinieren.
           Um allen Schwierigkeiten zu begegnen, sind die zu durchsuchenden
           Objekte genau zu bezeichnen:
           Haus, München, Sibyllenstr. 17, einschließlich Boden, Keller und
           Garagen; die von dem Beschuldigten X außerhalb benutzte Garage
           ..., sein Wochenendhaus in ..., sein Kraftwagen, seine Person
           und seine sonstigen Sachen.

      cc) Unterrichtung des Abteilungsleiters und des Behördenleiters: Es
           müssen genügend Staatsanwälte (ggf. Wirtschaftsreferenten) zur
           Verfügung stehen, der Einsatz der Kriminalpolizei muß vorbereitet
           werden. Auswärtige Behördenleiter (Staatsanwaltschaft und Poli-
           zeibehörden) sind zu informieren. Sachverständige, soweit erfor-
           derlich, sind zu beauftragen (EDV, auf Mikrofilm verfilmte Unter-
           lagen, Buchungsunterlagen).

      dd) Bei örtlichen Polizeidienststellen sicherstellen, daß notfalls
           Fachmann zur Öffnung von Schlössern binnen kurzer Zeit beigezogen
           werden kann.

      ee) Zentrale bei Staatsanwaltschaft einrichten zur Entgegennahme und
           Weiterleitung wichtiger Informationen, damit Durchsuchungen oder
           auch beginnende Vernehmungen auf bei anderen Ermittlungsmaßnah-
           men gewonnene Erkenntnisse ausgerichtet werden können.

      ff) Sachmaterial wie Listen, Siegel, Stempel, Schnüre, StPO, Mappen,
           Hüllen pp. mitnehmen.

   c) Einweisung der Staatsanwälte und Ermittlungsbeamten, die mit dem
      Sachverhalt und den erhobenen Vorwürfen nicht vertraut sind, insbe-
      sondere im Hinblick auf die zu suchenden Beweismittel und Namen
      wichtiger Personen.

2) Durchführung

   a) Früher und gleichzeitiger Beginn: Alle, die teilnehmen, sollen sich
      ausweisen. Bei weiblichen Betroffenen: Beamtin sofort herbeirufen.

b) Bei Durchsuchung gem. § 103 (Dritten) - außer im Falle des § 103 Abs. 2 - Bekanntgabe des Zwecks der Durchsuchung vor Beginn. Also nicht bei Durchsuchung bei Beschuldigten gem. § 102.

c) Sofortige Sicherung der Räume, die nicht sofort durchsucht werden können, durch Verschließen und Siegeln.

d) Mitteilung vom Beginn der Untersuchung durch Telefonieren der Beschuldigten oder Dritten unterbinden. Störungen der Amtshandlungen sind nach § 164 sofort zu verhindern. Wird bei der Durchführung der Durchsuchung unmittelbarer Zwang notwendig, so kann der Staatsanwalt (soweit erforderlich und zulässig) ihn selbst anordnen oder durchführen (siehe Kleinknecht/Meyer § 105 Rz. 13).

e) Bestimmung eines Beamten, der alle in Verwahrung genommenen Gegenstände in einem bestimmten Raum sammelt, sofort auflistet und kenntlich macht (§ 109).

   Genaue Bezeichnung des Fundortes.

f) Zufallsfunde (§ 108) sammeln und besonders kennzeichnen.

g) Möglichkeit des Austausches von Informationen unter den Beamten unter Ausschluß der Betroffenen sicherstellen.

h) Nach vorher abgestimmter Zeit erste Informationsdurchgabe an Zentrale. Nach weiterer Zeit Abruf der eingegangenen Informationen.

i) Falls sachdienlich: Durchführung von Vernehmungen und deren Auswertung für die weitere Durchsuchung.

j) Eingriffe in werbende Unternehmen. Dabei bedenken, daß Maßnahmen weitreichende negative Folgen haben können. Dritte sollen nicht erfahren, daß durchsucht wird. Ersatz wichtiger Schriftstücke durch Fotokopien.

k) Sonderproblem bei Beschlagnahme von Gegenständen bei Rechtsanwälten und Steuerberatern (§ 97).

l) Verteidiger des Verdächtigen hat kein Anwesenheitsrecht (§§ 102, 103, 106), es sei denn, der Gewahrsamsinhaber gestattet die Anwesenheit (vgl. Kleinknecht/Meyer § 106 Rz. 3).

m) Bei Unterbrechung der Durchsuchung Gebäude sichern (Siegel mit deutlichem Hinweis, Schnüre, Bewachung).

n) Nach Durchführung ist gem. § 107 auf Verlangen Mitteilung zu machen.

o) Die Durchsuchung selbst muß zügig und sorgfältig durchgeführt werden. An alle Verstecke oder Aufbewahrungsorte ist zu denken: z.B. Aktenablage im Keller und auf dem Dachboden, Tresore hinter Bildern, Fotografien, Widmungen auf Rückseite von Fotografien und Bildern, Aktentaschen, Handtaschen, Brieftaschen, Handschuhfach, Seitentaschen im PKW usw.

V. Vernehmung von Beschuldigten und Zeugen

Da der Zeugenbeweis vielfach ein schlechtes Beweismittel und die Einlassung des Beschuldigten immer mit besonderer Vorsicht zu werten ist, hängt es häufig von einer sorgfältigen Vernehmung des Beschuldigten und der Zeugen ab, ob die dem Beschuldigten zur Last gelegte Tat nachgewiesen werden kann. Deshalb ist es notwendig, die Vernehmungen nicht nur möglichst bald durchzuführen und ihre Reihenfolge nach kriminaltaktischen Erwägungen zu bestimmen, sondern auch, sich auf diese wichtige Aufgabe sorgsam vorzubereiten. Denn nur eine sachkundig, mit Geduld, Einfühlungsvermögen, psychologischem Geschick und der nötigen Härte sowie Flexibilität geführte Vernehmung verspricht Erfolg. Dies gilt für die Beamten der Kriminalpolizei wie für den Staatsanwalt, der in bedeutenden Verfahren die Vernehmungen selbst durchführen soll. Da die Neigung von Beschuldigten und Zeugen, auf Vorladung zur Polizei nicht zu erscheinen, zu wachsen scheint, bietet die Anordnung der staatsanwaltschaftlichen Vernehmung, zu der der Beschuldigte und die Zeugen zu erscheinen haben und bei der die letzteren verpflichtet sind auszusagen, die Möglichkeit, das Verfahren zu beschleunigen. Zudem erhält so der Staatsanwalt ein unmittelbares Bild vom Beschuldigten und den wichtigsten Zeugen. Das ist sowohl für die von ihm zu treffende Entscheidung, ob Anklage erhoben werden soll, als auch dafür bedeutsam, welche weiteren Nachforschungen zu tätigen sind. Der Vernehmende kann das Verhalten des Vernommenen bei der Beantwortung von Fragen beobachten und auf ihn einwirken, seine Darstellung zu ergänzen oder zu berichtigen.

Will der Staatsanwalt dieser Aufgabe, die ihm in wichtigen Verfahren obliegt (vgl. Nr. 3 RiStBV), gerecht werden, muß er verfahrensrechtlich sattelfest sein und über ein Grundwissen der Psychologie der Beschuldigten- und Zeugenvernehmung verfügen. Zur Vorbereitung sollte er deshalb nicht nur den grundlegenden Aufsatz von Rieß (JA 80, 293 ff.) über die Vernehmung des Beschuldigten und die BGH-Entscheidungen BGHSt 6, 279 sowie 7, 73 lesen, sondern auch die Schrift von Arntzen, Psychologie der Zeugenvernehmung, und Bender/Röder/Nack, Tatsachenfeststellung vor Gericht, Bd. II, Vernehmungslehre.

Für die anstehende Vernehmung muß der Vernehmende den Akteninhalt, vor allem auch das, was über die Persönlichkeit des zu Vernehmenden bekannt ist, präsent haben. Vorbereitete Vernehmungsformulare sollen bereitliegen. Darin kann bereits vor Beginn der Vernehmung der Hinweis darauf aufgenommen werden, welche Tat (= geschichtlicher Vorgang, der konkret mit wenigen Sätzen umrissen werden soll) dem Beschuldigten zur Last gelegt wird und gegen welche Strafbestimmungen (alle in Betracht kommenden!) er verstoßen haben könnte (§§ 168 b Abs. 2, 168 a Abs. 1) sowie welche Belehrungen und Hinweise (§§ 163 a, 136) ihm (oder den Zeugen) erteilt werden. Erscheint der Beschuldigte, werden ihm nach dem vorbereiteten Protokoll der Tatvorwurf und die Strafbestimmungen bekanntgegeben. Danach wird er zur Person vernommen, weiterhin werden die ebenfalls im Protokoll schon vermerkten Belehrungen und Hinweise erteilt. Daran erst schließt sich die Vernehmung zur Sache an, deren tatsächlicher Ablauf wesentlich von der Person des zu Vernehmenden, seiner Bereitschaft, die Wahrheit zu sagen, und seiner Fähigkeit, Vorgänge darzustellen, wie vor allem auch davon abhängt, welchen Kontakt Vernehmender und zu Vernehmender finden. Hinweise darauf, wie die konkrete Vernehmung zweckmäßig zu gestalten ist (z.B. Pausen, Anbieten von Kaffee, Freundlichkeit, Strenge usw.) lassen sich nur schwer geben. Auf einige mehr technische Gesichtspunkte sei aber besonders hingewiesen:

a) Zur Vorbereitung Aussagen von Beschuldigten und Zeugen durchsehen auf Hinweise, die auf Erkenntnisse des zu Vernehmenden schließen lassen. Frühere Aussagen des zu Vernehmenden durcharbeiten; evtl. Widersprüche unter den einzelnen Aussagen und zu den Erklärungen anderer Personen herausarbeiten. Beweismittel heraussuchen und zur Vernehmung mitnehmen.

b) Beginn und Ende der Vernehmung sollen im Protokoll ebenso vermerkt

werden wie eingelegte Pausen; die anwesenden Personen sind genau zu bezeichnen (möglichst keine Vernehmung ohne Anwesenheit eines Dritten!).

c) Die Darstellung des Vernommenen soll - jedenfalls in wichtigen Punkten -
mit dessen Worten genau wiedergegeben werden, und zwar gerade auch dann,
wenn nicht die hochdeutsche Sprache verwandt wird.

d) Bezugnahme auf frühere Vernehmungsprotokolle ist zu vermeiden.

e) Jede Seite soll der Vernommene unmittelbar nach Beendigung des betreffenden Teils der Vernehmung unterschreiben; es empfiehlt sich, sie gemeinsam mit dem Protokollführer zu paraphieren. Ist die Vernehmung beendet, soll der Vernommene den gesamten Text nochmals selbst lesen
(oder er soll ihm vorgelesen werden); das Protokoll endet sodann mit
dem entsprechenden Vermerk: "Selbst gelesen (oder: vorgelesen), genehmigt und unterschrieben".

f) Zwischenfragen und Vorhalte sind als solche ausdrücklich zu kennzeichnen.

g) Das gleiche gilt für die darauf erteilte Antwort des Vernommenen.

h) Die Teile der Einlassung (Aussage), die verfahrensentscheidend sind
(Geständnis; den Täter überführende Bekundungen), sollen besonders ausführlich, genau, auf Einzelheiten eingehend, die etwa nur der Täter
kennen kann, wörtlich wiedergegeben werden.

i) In wichtigen Fällen empfiehlt es sich, anschließend eine richterliche
Vernehmung unter Beteiligung des Staatsanwalts herbeizuführen (Beweisführung in der Hauptverhandlung gem. §§ 251, 254).

Wichtig erscheint, daß bei allen Vernehmungen der Vernehmende sich bewußt
ist, daß Beschuldigte und Zeugen häufig Angst vor Behörden (zumal vor dem
Staatsanwalt) haben, daß sie falsche Sicherheit und Selbstbewußtsein vor-
spiegeln können, daß sie aus Scham, Angst, Unsicherheit, Wortungewandtheit
und Kommunikationsschwierigkeiten nicht alles sagen und daß das Gesagte
eben auch häufig unrichtig ist.

VI. Ermittlungsersuchen

Bei E r m i t t l u n g s e r s u c h e n (vgl. Nr. 11 RiStBV) an die
Polizei (vgl. § 152 GVG, § 161) sind allgemein gehaltene Anweisungen: "die
Ermittlungen aufzunehmen", "die Ermittlungen fortzusetzen", "weitere Ermittlungen anzustellen", "die Ermittlungen zum Abschluß zu bringen", zu
vermeiden. Das Ermittlungsersuchen muß g e n a u e , ins einzelne gehende
A n w e i s u n g e n enthalten, welche Ermittlungen, in welcher Reihenfolge und in welchem Umfang mit welcher Zielrichtung anzustellen sind. Dabei
ist deutlich zu machen, ob und welche Ermittlungen zur S a c h e
(äußere und innere Tatsachen, Haupt- und Hilfstatsachen) oder/und zur
P e r s o n (Familienverhältnisse, Tätigkeit, finanzielle Lage, Anlagen
und Fähigkeiten, Vorleben usw.) zu führen sind. Rücksprachen mit den Sach-
bearbeitern der Kriminalpolizei fördern nicht nur die Zusammenarbeit mit
der Polizei, sondern auch das Ermittlungsverfahren. Je spezialisierter und
qualifizierter die Beamten sind, die die nachgesuchten Ermittlungen durch-

führen, desto allgemeiner kann das Ersuchen gehalten sein, desto mehr kann ihrer Entscheidung überlassen werden. Das gleiche gilt für Nachforschungen in "einfachen" Sachen. Zahlreiche Angehörige von Beamtengruppen (Bundesgrenzschutz, Bundeskriminalamt, Bundesfinanzverwaltung, Grenzaufsichts- und -abfertigungsdienst, Grenzschutzeinzeldienst, Forstdienst, Bundesbahn, Bundespost, Polizei, Forst- und Jagdverwaltung und Bergverwaltung) sind Hilfsbeamte der Staatsanwaltschaft. Wegen der Bedeutung dieser Funktion muß der Staatsanwalt wissen, welche Beamten dazugehören. Die Bestellung erfolgt herkömmlich durch übereinstimmende Rechtsverordnungen der Länder; vgl. für Nordrhein-Westfalen die Zusammenstellung in Nr. 51 des Gesetz- und Verordnungsblattes NW v. 3.8.1982, S. 592, mit Ergänzung durch VO v. 7.5.85 GV NW 85 S. 382.

Ermittlungen, die von verschiedenen Stellen vorzunehmen sind, werden - wenn eben möglich - durch e i n e Ermittlungsverfügung veranlaßt. Die Akten werden mit einem Ermittlungsersuchen versandt, die übrigen Ersuchen, gegebenenfalls unter Beifügung von Fotokopien von Aktenteilen und Unterlagen, an Personen und Behörden gerichtet, die so ohne Akten aufgrund der ihnen übersandten Vorgänge Nachforschungen anstellen. Dadurch wird erreicht, daß verschiedene Ermittlungen gleichzeitig durchgeführt werden können.

Mit einer "gestaffelten" Ermittlungsverfügung wird angeordnet, daß die Akten nach Durchführung der Nachforschungen durch die zunächst beauftragte Polizeidienststelle von dieser unmittelbar - unter Abgabenachricht an die Staatsanwaltschaft - einer weiteren Behörde zugeleitet werden, deren Auftrag in der Verfügung bereits niedergelegt ist.

Vor dem Staatsanwalt haben Beschuldigte, Zeugen und Sachverständige zu e r s c h e i n e n sowie Zeugen a u s z u s a g e n und Sachverständige ihr Gutachten zu e r s t a t t e n (§§ 163 a, 161 a). Richterliche Untersuchungshandlungen sollte der Staatsanwalt daher nur beantragen, wenn besondere Gründe dafür vorliegen (vgl. Nr. 1O RiStBV). Diese Handlungen sind nach § 162 bei dem Amtsrichter des Bezirks zu beantragen, in dem die Handlung vorzunehmen ist. Nach § 162 Abs. 1 S. 2, 3 ist allerdings dann das Amtsgericht zuständig, in dessen Bezirk die Staatsanwaltschaft ihren Sitz hat, wenn die S t a a t s a n w a l t s c h a f t richterliche Anordnungen für die Vornahme von Untersuchungshandlungen (nicht jedoch bei Vernehmungen) in mehr als einem Bezirk für e r f o r d e r l i c h hält, es sei denn, durch einen solchen Antrag würde eine den Untersuchungserfolg gefährdende Verzögerung eintreten.

Die in den Akten zu begründende Ansicht der Staatsanwaltschaft ist also für die gerichtliche Zuständigkeit entscheidend (vgl. Nr. 1O RiStBV).

Der Richter hat nur die gesetzliche Zulässigkeit (auch deren Umfang ist streitig, s. Löwe/Rosenberg, 23. Aufl., § 162 Rz. 25, 26, KK § 162 Rz. 16, 17 m.w.N., Kleinknecht/Meyer § 162 Rz. 14), nicht die Erforderlichkeit und Brauchbarkeit der Untersuchungshandlung zu prüfen - § 162 Abs. 3 - (vgl. Kleinknecht/Meyer § 162 Rz. 17), es sei denn, die Entscheidung, ob eine Handlung vorgenommen werden soll, liegt auch sachlich allein beim Richter, wie z.B. bei Erlaß eines Haftbefehls oder eines Beschlagnahmebeschlusses.

VII. Behandlung von Anzeigen

Auch anonyme oder pseudonyme Anzeigen oder solche von Querulanten sind ent-
gegenzunehmen, § 158 Abs. 1 (vgl. Nr. 8 RiStBV). Anzeigen Handlungsunfähiger sind nicht immer bedeutungslos, sondern nur dann, wenn sie keinen Verdacht dafür begründen, daß eine Straftat begangen worden ist. Dies wird in
der Regel dann der Fall sein, wenn der Anzeigende nicht in der Lage ist,
einen Sachverhalt verständlich darzulegen, oder bei offen zutage liegendem
Querulantenwahn (vgl. BVerfGE 1, 87).

Offensichtlich h a l t l o s e Anzeigen, die k e i n e n V e r -
d a c h t (und damit keine zureichenden tatsächlichen Anhaltspunkte i.S.d.
§ 152 Abs. 2) begründen, geben keinen Anlaß zu weiteren Maßnahmen. Unter
dieser Voraussetzung kann amtsbekannten Querulanten gegenüber auch die Aufnahme mündlicher Anzeigen verwehrt (vgl. KMR § 158 Rz. 5, Burchardi/
Klempahn/Wetterich Rz. 80, 381, KK § 158 Rz. 7; a.A. Löwe/Rosenberg § 158
Rz. 20 - entgegen 23. Aufl.) und entsprechende schriftliche Anzeigen mit
stetig gleichem Inhalt können ohne weitere Prüfung und Eintragung in einem
Sammelakt abgelegt werden. Es empfiehlt sich jedoch, vor dieser Sachbehandlung den Anzeigenden darauf hinzuweisen, daß so verfahren wird. Zum ganzen
und zur Frage des Rechtsmißbrauchs vgl. Solbach DRiZ 79, 181.

Eingaben handlungsunfähiger Personen, die keinen Anlaß zu strafrechtlichen Maßnahmen geben, müssen n i c h t b e s c h i e d e n werden
(vgl. Solbach DRiZ 79, 181). Denn der Handlungsunfähige versteht den Sinn
einer Mitteilung nicht mehr. Einziger Erfolg einer solchen "Unterrichtung"
sind häufig neue, von wahnhaften Vorstellungen geprägte, fern jeder Reali-
tät liegende neue Eingaben.

Auch Eingaben, die nur aus grob beleidigendem Inhalt bestehen und offensichtlich nicht der Wahrnehmung von Verfahrensrechten - eben einer Anzeige - dienen, sondern nur der Beschimpfung, sind nicht als Anzeigen im
prozessualen Sinne anzusehen. Sie sollten nicht als Anzeigesache (JS-Sache)
in das Register für Ermittlungsverfahren, sondern in das Allgemeine Register (AR-Register) eingetragen werden. Da die amtliche Prüfung zu irgendwelchen strafrechtlichen Maßnahmen gerade keinen Anlaß gibt, wird sofort
verfügt: "Zur Sammlung", ohne daß der Absender des beleidigenden Briefes
eine Nachricht erhält.

Enthält eine Eingabe neben dem beleidigenden Inhalt noch ein zu beachtendes
sachliches Begehren, ist sie zwar wegen Rechtsmißbrauchs unzulässig (s. KK
§ 171 Rz. 7 und Solbach DRiZ 79, 181 m.w.N.), aber von Amts wegen als Er-
mittlungssache daraufhin zu prüfen, ob Anlaß zu weiteren strafrechtlichen
Maßnahmen besteht. Ob der Absender nur einen Bescheid darüber erhält, daß
seine Eingabe wegen ihres beleidigenden Inhalts unzulässig ist (so Solbach
a.a.O.), aber nicht mehr über das sachliche Ergebnis der Ermittlungen unterrichtet wird, oder sachlich zu bescheiden ist, ist in der Praxis streitig.
Wird die letztere Auffassung vertreten, sollte der Bescheid sehr knapp
sein und die Unzulässigkeit der Form betonen. Eine Anrede und eine Schlußformel sollte diesem Schreiben dann nicht beigefügt werden.

Eine Anzeige, die neben ihrem sachlichen Gehalt auch Beleidigungen enthält, ist als "normale" Anzeige zu behandeln und zu bescheiden, wenn die
Beleidigung hinter dem sachlichen Inhalt deutlich zurücktritt.

Wird aufgrund einer Anzeige ein Ermittlungsverfahren eingeleitet, so wird
dem Anzeigenden der Eingang seiner Anzeige bestätigt (vgl. Nr. 9 RiStBV).

VIII. Aktenführung in umfangreichen und schwierigen Verfahren

Ermittlungen können nur dann erfolgreich sein, wenn die Organisation der Vorgänge und Arbeitsmittel optimal ist. Dazu gibt es verschiedene Möglichkeiten. Ein erprobtes Modell ist folgendes:

a) Akten

a) Hauptakten mit Aktendoppel

Zur Hauptakte gehören - chronologisch geordnet - alle Eingänge im Original, also Anzeigen, Vernehmungen, Anträge, Haftbefehle, Beschwerden, Beschlüsse u.a.m. Das Aktendoppel (ggf. mehrere!) dient vielerlei Zwecken. Der Verteidiger hat Anspruch auf Einsicht nicht nur in die "Täterakte", die seinen Mandanten betrifft, sondern eben in die gesamten Akten. Um die Akteneinsicht praktikabel zu machen, muß ein Aktendoppel geführt werden. Es empfiehlt sich, Sonderbände anzulegen, z.B. für Kosten und Ladungen.

b) Fallakten

In Stehordnern, jeweils einzeln (mit Unternummern gekennzeichnet) erfaßte Unterlagen für die einzelne Tat in Durchschrift oder Fotokopie (Anzeige oder Einleitungsvermerk, die Tat betreffende Erkenntnisse und Ermittlungen usw.). Da jede Fallakte getrennt geführt wird, ist auch insoweit eine Abgabe oder eine selbständige Entscheidung sofort möglich. In der Anklage ist die Fallakte bei Schilderung der Tat mit zu zitieren.

c) Täterakten mit Doppel

Die Täterakte wird für jeden Täter selbständig angelegt. In die Täterakten kommen nur Durchschriften bzw. Fotokopien, und zwar

- vorweg eine zusammenfassende Darstellung des Gegenstandes des Verfahrens,

- alle Erkenntnisse (Ermittlungsvermerke, Vernehmungsprotokolle, Protokolle über Durchsuchungen und Beschlagnahmen etc.), die für den betreffenden Täter von Bedeutung sind,

- die Protokolle über die Vernehmung des Beschuldigten,

- die ihn betreffenden Haftanträge, Entscheidungen, Beschwerden und Verkündungsprotokolle,

- die Vollmacht des Verteidigers und dessen Schriftsätze,

- später: Anklagedoppel, Eröffnungsbeschluß.

Die Täterakte, die selbstverständlich das Aktenzeichen der Hauptakte führt, wird zweckmäßig als solche unter Zusatz des Namens des Betroffenen bezeichnet; mehrere Täterakten können durchnumeriert werden. Die Täterakten genügen den Gerichten zur Haftprüfung, dem kooperierenden Verteidiger in der Regel zur Akteneinsicht. Nach Versendung müssen sie stets auf den neuesten Stand gebracht werden. In der Anklageschrift werden zweckmäßigerweise auch die Blattzahlen der Täterakte wie der Hauptakten und Fallakten angegeben. Die Führung der Täterakte gestattet es, schnell Verfahren gegen einzelne Beschuldigte abzutrennen, zu erledigen oder abzugeben.

d) Lichtbildmappen

   Die Lichtbildmappe enthält

   - Tatortbilder,

   - Tatrekonstruktionsbilder,

   - Täterlichtbilder,

   - Täteridentifikation und Versuche hierzu,

   - Landkarten etc., Lichtbilder von Gegenständen etc.

e) Telefonakten (§§ 100 a, 100 b, 101):

   - Bericht über Notwendigkeit der Überwachung,

   - Antrag ans Gericht,

   - Beschluß,

   - nach Beendigung: Durchschrift der Benachrichtigung gem. § 101
     Abs. 1,

   - Protokolle über Vernichtung von Tonbändern und Niederschriften
     (§ 100 b Abs. 5),

   - Verfügung, daß nach Beendigung der Überwachung die Telefonakte
     Bestandteil der Hauptakten wird. Sind Tonbänder beweiserheblich,
     werden sie als Asservate zum Verfahren genommen.

f) Beweismittel- und Asservatenakten

   Die Beweismittel- und Asservatenakte enthält

   - Berichte und Vermerke über Sicherstellung von Gegenständen mit ge-
     nauer Bezeichnung über Fundort und letzten Gewahrsamsinhaber,
     Kennzeichnung der Asservate, die auch auf dem Asservat selbst an-
     zubringen sind,

   - Vermerke über Überprüfung des Eigentümers sichergestellter Sachen
     und über Herausgabe.

Fotokopien von Beschlagnahmeschriftstücken sind - falls erforderlich -
zur Täter- und Fallakte zu nehmen.

2) Arbeitsmittel

Ob und welche Arbeitsmittel benutzt werden, hängt - natürlich - vom
einzelnen Verfahren ab. In Großverfahren empfiehlt sich:

a) Beschuldigten- und Zeugenakten

   Alle Vernehmungen alphabetisch geordnet in Stehordnern abheften, jeweils mit Vermerken über notwendige weitere Vernehmungen und Hinweise
   auf Widersprüche oder vorzuhaltende Urkunden und Bekundungen.

b) Tatkartei

   Das Arbeitsmittel der Polizei mit schnell lesbaren Angaben über jede
   Tat: Tatort, Tatobjekt, Zeit, Geschädigter, Beschuldigter, Teilnehmer
   und Hehler.

   Namen der Vernommenen und Täter sollten jeweils farbig gekennzeich-
   net werden. Bedeutsame Hinweise (Geständnisse, Urkunden etc.) mit
   Angabe von Blattzahlen sowohl in Fall- wie in Täterakten übertragen.
   Kurzhinweise auf noch erforderliche Ermittlungen.

c) Koordinatensystem

Um einen leichten Überblick zu gewinnen, an welchen Orten welche Täter Straftaten begangen haben, können zwei Koordinatensysteme dienen: Im ersten werden auf der Senkrechten die einzelnen Täter aufgeführt und auf der Waagerechten die einzelnen Fälle chronologisch geordnet. Im zweiten Koordinatensystem werden ebenfalls auf der Senkrechten die Täter aufgeführt und auf der Waagerechten die einzelnen Tatorte. Ist das Koordinatensystem groß, können mit Bleistift in die entstehenden Quadrate kurze Angaben eingetragen werden, die sachliche Hinweise für die weiteren Nachforschungen geben.

IX. Abschluß der Ermittlungen

Erwägt der Staatsanwalt, die öffentliche Klage zu erheben, so hat er den A b s c h l u ß   d e r   E r m i t t l u n g e n   in den Akten zu vermerken (§ 169 a), was jedoch nicht Verfahrensvoraussetzung für die folgende Anklage ist. Der Vermerk ist mit Datum und Unterschrift zu versehen; er muß erkennen lassen, gegen welche von mehreren Beschuldigten die Ermittlungen abgeschlossen sind (vgl. Nr. 109 Abs. 3 RiStBV). Die Entschließung der Staatsanwaltschaft wird damit nur deutlich von den Ermittlungen abgesetzt. Deren formelle Beendigung ist für die Akteneinsicht des Verteidigers von Bedeutung (§ 147 Abs. 2). Sie bindet auch das Gericht, dem Antrag der Staatsanwaltschaft, für den Angeschuldigten einen Verteidiger zu bestellen, stattzugeben (§ 141 Abs. 3 S. 3).

C. Verfügungen

I. Verfügungstechnik

Auch die V e r f ü g u n g s t e c h n i k   will gelernt sein. Mit der Verfügung werden an Geschäftsstelle, Kanzlei, Rechtspfleger, Registerführer, Polizei usw. A u f t r ä g e   und Anweisungen erteilt. Die Anordnungen müssen genau und leicht verständlich sein. Jede Verfügung ist datiert und trägt das Aktenzeichen des Verfahrens, in dem sie erlassen wird. Verfügungen mit Außenwirkung werden unter Angabe des Ortes mit vollem Namen unter Beifügung der Dienstbezeichnung unterschrieben, interne Anweisungen paraphiert. Wird ein neues Blatt zu den Akten genommen, ist es blau, wird es zu den Handakten (den Blattsammlungen für innerdienstliche Vorgänge, die in Verbindung mit einer Strafsache entstehen) genommen, ist es rot zu foliieren; unzulässig ist es, Seitenzahlen zusätzlich mit Kleinbuchstaben zu paginieren. Die Reihenfolge der Nummern der Verfügung gibt die Reihenfolge der Ausführung an.

Die Verfügungen im Strafverfahren zeichnet der Dezernent für die S t a a t s a n w a l t s c h a f t .   "Der Leitende Oberstaatsanwalt" als Behördenleiter – oder in seinem Auftrag ein ihm nachgeordneter Beamter - entscheidet dagegen in Gnadensachen und Justizverwaltungssachen, etwa über Gnadengesuche, über Strafaufschub oder Strafunterbrechung (§ 41 der Gnadenordnung NW). Auch Mitteilungen in Strafsachen, die nach der Verwalrungsanordnung über "Mitteilungen in Strafsachen" (MiStra), z.B. bei Erlaß eines Haftbefehls oder Anklageerhebung gegen bestimmte Personen, an bestimmte Stellen zu machen sind, sowie Berichte an vorgesetzte Dienststellen erfolgen durch den "Leitenden Oberstaatsanwalt". Solche Verfügungen werden "i.A." (im Auftrag) bzw. durch den ständigen Vertreter des Behördenleiters "i.V." (in Vertretung) gezeichnet.

Unter der Absenderangabe wird das Aktenzeichen angegeben, etwa 60 Js 673/83. Die Zahl 60 bezeichnet die Abteilung der Geschäftsstelle (und nicht etwa das Dezernat, wie Kunigk, S. 29, angibt), in der der Vorgang geführt wird, wobei die 10er-Stelle nach der weitaus üblichen Organisationsform der Staatsanwaltschaft die entsprechende Abteilung der Staatsanwaltschaft kenntlich macht: 6. (VI.) Abteilung. Die Anordnung über die Organisation der Staatsanwaltschaft (OrgStA) - ausgegangen wird hier wie im folgenden von der Rechtslage in Nordrhein-Westfalen - gibt näheren Aufschluß, auch über die Zeichnungsrechte der einzelnen Beamten. Die Staatsanwaltschaft (in Nordrhein-Westfalen: Staatsanwaltschaft ... - Ortsbezeichnung -, in anderen Ländern, z.B. Niedersachsen: Staatsanwaltschaft bei dem Landgericht ... - Ortsbezeichnung -; vgl. jeweils Nr. 1 OrgStA) besteht aus mehreren Abteilungen mit je ca. 5 - 7 Staatsanwälten, die jeweils von einem Oberstaatsanwalt geleitet werden; z.B. den Abteilungen für Jugend-, Verkehrs-, Allgemein- oder Wirtschaftsstrafsachen. Die Buchstabenkombination Js bedeutet Ermittlungsverfahren (Nr. 47 Aktenordnung Nordrhein-Westfalen), bei Verfahren gegen unbekannte Täter lautet das Aktenzeichen: UJs. Die Zahl nach dem Schrägstrich gibt die Jahreszahl der Eintragung des Vorgangs bei der Staatsanwaltschaft an, die Zahl vor dem Schrägstrich die Nummer, unter der im Register für Strafsachen der Staatsanwaltschaft (Js-Register) das Ermittlungsverfahren eingetragen ist.

In ein Js-Register werden auch die zur Zuständigkeit der Amtsanwälte gehörenden Ermittlungsverfahren eingetragen (und nicht - wie Kunigk, S. 30, fälschlicherweise angibt - in ein seit langem nicht mehr geführtes PLs-Register). Nach Anklageerhebung erhält das Js-Aktenzeichen Zusätze; s. dazu D V 3. Wird nach rechtskräftiger Verurteilung die Vollstreckung der erkannten Strafe betrieben, so erhält der Vorgang ein VRs-Aktenzeichen, z.B. 81 VRs 61/82. Gnadensachen werden unter einem Gns-Aktenzeichen geführt, z.B. 82 Gns 3/82. In das Allgemeine Register - AR, z.B. 16 AR 6/82 - werden Vorgänge eingetragen, die nicht eine Strafanzeige enthalten und (noch) nicht zu strafrechtlichen Ermittlungen Anlaß geben. Zivilsachen werden unter dem Aktenzeichen Hs geführt.

Je sorgsamer die Verfügung überlegt und gefaßt ist, desto leichter ist ihre Ausführung, was die Mitarbeiter des Staatsanwalts schätzen werden. So empfiehlt es sich beispielsweise - insbesondere bei handschriftlichen Verfügungen - anzuordnen, daß Durchdrucke von ausgehenden Schreiben zu den Akten (ggf. auch: Handakten) zu nehmen sind. Häufig beginnt die Verfügung mit einem Vermerk, in dem die Sach- und Rechtslage oder der Anlaß der Verfügung niedergelegt wird. Die letzte Nummer jeder Verfügung enthält eine Fristbestimmung (oder die Anordnung, die Akten wegzulegen; die Aufbewahrungsfrist richtet sich nach den bundeseinheitlich geltenden "Aufbewahrungsbestimmungen"). Bei Ablauf der Frist, die in vielen Behörden jeweils auf den 10., 20. und 30. eines Monats bestimmt wird, legt der Geschäftsstellenverwalter dem Staatsanwalt die Akten wieder vor. Sind die Akten versandt, werden die Handakten vorgelegt, die mit der ersten Versendung der Akten angelegt werden. In den Handakten sind sowohl die Frist, das Datum der zugrundeliegenden Verfügung und der Empfänger der Akten vermerkt. Schriftstücke, die während der Versendung der Akten eingehen, werden dem Staatsanwalt mit den Handakten vorgelegt. Die folgenden Beispiele sollen Einblick in die Verfügungstechnik geben, die anhand der Verfügungsbeispiele zur Anklage und Einstellung des Verfahrens weiter geübt werden kann.

Beispiel:

Staatsanwaltschaft   Siegen, den 14.1.1989
34 Js 23/89
                                           S o f o r t

                                           (Verjährung droht am
                                           24.4.1989)

                            Vfg.

1.) Auf Aktendeckel als "Pressesache" kennzeichnen.

2.) Strafsache 4 Ns 64 Js 70/88 StA Köln wird Beiakte.

3.) 12 Js 233/87 StA Bonn erfordern.

4.) Fotokopien von Bl. 7 - 11 d.A. fertigen und zu den HA
    nehmen.

5.) U. m. A.

    dem Oberkreisdirektor
    - Kriminalpolizei -

    Siegen

    m.d. Ersuchen übersandt, den Kaufmann Peter Kaus, Siegen,
    Sprungsfeld 16, als Zeugen zu dem im Vermerk Bl. 32 d.A.
    niedergelegten Beweisthema zu vernehmen.

6.) Am 20.2.1989.

                                           gez. Hings

                                           Staatsanwalt

Diese Verfügung zielt auf eine übersichtliche, geordnete Aktenführung ab, die die Bearbeitung erleichtert. Akten einer anderen Behörde werden "erfordert", die der eigenen Behörde "beigefügt" oder "beigezogen". Gem. § 3 Abs. 5 Aktenordnung hat der Geschäftsstellenbeamte die Beiakten mit Beiaktenzetteln zu versehen und die Beiakte auf der Innenseite des Aktenumschlages zu vermerken. Die Abkürzung "HA" bedeutet "Handakte". Abkürzungen, die bekannt sind, werden allgemein verwandt:

AG   =   Amtsgericht

AL   =   Abteilungsleiter

AktO   =   Aktenordnung

BA   =   Beiakte

BAK	=	Blutalkoholkonzentration
BeStra	=	Anordnung über Berichtspflichten in Strafsachen
BGH	=	Bundesgerichtshof
BZR	=	Bundeszentralregister
GnH	=	Gnadenheft
GnO	=	Gnadenordnung
GStA	=	Generalstaatsanwalt
HA	=	Handakte
JM	=	Justizminister
KPS	=	Keine Prüfungssache
LG	=	Landgericht
LOStA	=	Leitender Oberstaatsanwalt
OKD	=	Oberkreisdirektor
OLG	=	Oberlandesgericht
OrgStA	=	Anordnung über Organisation und Dienstbetrieb der Staatsanwaltschaften (AV d. JM NW vom 12.3.1975)
OStA	=	Oberstaatsanwalt
RiStBV	=	Richtlinien für das Strafverfahren und das Bußgeldverfahren
StA	=	Staatsanwaltschaft/Staatsanwalt
U.m.A.	=	Urschriftlich mit Akten
W.E.d.E.	=	Wesentliches Ergebnis der Ermittlungen
z.d.A.	=	Zu den Akten
ZK	=	Zentralnamenkartei

Der Klarheit der Verfügungen dient auch, daß all das nicht verfügt wird, was andere Bedienstete der Staatsanwaltschaft in eigener, selbständiger Zuständigkeit zu erledigen haben. Durch eine solche Beschränkung der Verfügungen wird nicht nur Schreibarbeit erspart, sondern auch die eigenverantwortliche Arbeit der mit dem Staatsanwalt zusammenarbeitenden Bediensteten, insbesondere des Geschäftsstellenbeamten, gestärkt. So ist es etwa überflüssig zu verfügen, "Zählkarte ziehen" oder "Einstellung im Register vermerken" oder in einer Verfügung dem Behördenleiter den Vorgang zweimal zuzuschreiben (solche Verfügungen - vgl. etwa Kunigk S. 131, 132, 168 mit nichtempfehlenswerten Beispielen - verwirren den Geschäftsstellenbeamten, der vor allem zu der Ansicht kommen könnte, er habe bestimmte geschäftliche Verrichtungen nur auf besondere Anordnung auszuführen).

In diesem Zusammenhang ist auch darauf hinzuweisen, daß mit Verfügungen weder eine zusätzliche Belastung des Staatsanwalts noch anderer Bediensteter herbeigeführt werden sollte, wie dies bei der Verfügung Kunigks (s. S. 90) der Fall ist; der Geschäftsstellenbeamte prüft eigenverantwortlich, ob die Fotokopien richtig angefertigt worden sind; eine zusätzliche Prüfung durch den Staatsanwalt ist nicht erforderlich.

Auch überflüssige Vermerke sollten nicht verfaßt werden; das ist z.B. der

Fall, wenn sich ihr Inhalt etwa aus anschließenden Ermittlungsersuchen
ergibt (wie bei Kunigk S. 61).

Sollen aus anderen Vorgängen, z.B. Zivilakten, Fotokopien für das Strafverfahren gefertigt werden, so erfolgt diese Verfügung in den Strafakten
(ohne ersichtlichen Grund a.A. Kunigk S. 162); nur so wird in den Akten
klar, wann und aus welchen Vorgängen welche Ablichtungen gefertigt worden
sind. Häufig empfiehlt es sich aus Gründen der Übersichtlichkeit, diese
in einen gesonderten Hefter zu nehmen.

II. Sprache und Stil

Sprache und Stil richten sich nach dem Gegenstand und dem Adressaten und
wandeln sich im Laufe der Zeit. So scheint mir ein Stil (vgl. Burchardi/
Klempahn/Wetterich Rz. 56), der auf den Erlaß des Reichsinnenministers vom
29.7.1936 hindeutet, "der Pflege der deutschen Sprache ist gesteigerte
Aufmerksamkeit zuzuwenden" und "die Pflege der deutschen Sprache im amtlichen Verkehr ist eine Pflicht aller Behörden", wenig empfehlenswert zu
sein. Die S p r a c h e des Staatsanwalts soll s a c h l i c h ,
g e n a u und ohne Modewörter und Bilder sein (vgl. Burchardi/Klempahn/
Wetterich Rz. 57, mit treffenden Beispielen verfehlter Ausdrucksweise,
z.B.: "der Angeschuldigte kann nicht bestreiten ... der Verkehr blieb
nicht ohne Folgen ... er hatte im zarten Alter von 2 Jahren den Tod der
Mutter zu beklagen"). Zu vermeiden sind deshalb Wörter und Wendungen, die
Träger von Assoziationen und Affekten sind. Weiterhin sollte eine einfache
verbale Konstruktion vorgezogen werden.

Der Angeschuldigte muß die Anklageschrift, der Anzeigeerstatter den Einstellungsbescheid verstehen können. Juristische "termini technici" sollten
deshalb nur verwandt werden, wenn es nicht zu vermeiden ist. Nur wenige
Angeschuldigte begreifen, wenn ihnen z.B. vorgeworfen wird, sie hätten
den objektiven Tatbestand mit dolus eventualis verwirklicht. Auch die in
Anklagen immer wieder auftauchende "Schutzbehauptung" des Angeschuldigten,
mit deren Nennung mancher Anklageverfasser schon die Einlassung des Angeschuldigten widerlegt zu haben glaubt, ist fehl am Platze. Selbstverständlich dient die Einlassung des die Tat bestreitenden Angeschuldigten seinem
Schutz. Das macht sie nicht unglaubhaft. Die E i n l a s s u n g des Angeschuldigten ist zu w ü r d i g e n , z.B.: "der Angeschuldigte bestreitet ... das ist widerlegt durch ..." Oder: "Der Angeschuldigte läßt sich
ein ... das ist unglaubhaft. Es widerspricht nämlich aller Lebenserfahrung,
daß ... denn ..." Oder: "Dagegen spricht ... dem steht entgegen ..."

Bestimmte Formulierungen in den Verfügungen der Staatsanwaltschaft haben
sich eingebürgert. So werden an die Polizei "Ersuchen" gerichtet, an ein
Gericht werden "Anträge" gestellt, vorgesetzten Dienststellen werden die
Vorgänge "überreicht", gleichgeordneten oder nachgeordneten Dienststellen
werden die Akten "übersandt". Anordnungen des Justizministers heißen "Er-
lasse", die des Generalstaatsanwalts "Aufträge".

An diesen Sprachgebrauch sollte sich auch der junge Staatsanwalt halten,
nicht aber an Wendungen wie: "In der Anlage (oder: anliegend) überreiche
ich die Vorgänge"; da ist es schon besser zu schreiben "Als Anlage ..."
Noch einfacher: "Die Akten 12 Js 16/87 werden überreicht". Eher abschrek-
kend ist auch das Beispiel von Kunigk, S. 53, mit dem der Anzeigenden in

verklausulierten juristischen Wendungen mitgeteilt wird, sie habe keine "Vermögensverfügung" vorgenommen. Auch in Berichten gelegentlich anzutreffende Formulierungen wie "Mord zum Nachteil des Peter Müller" oder "Das Ehepaar Gersten fand den Müller ..." sollten vermieden werden. Statt dessen sollte es etwa heißen: "Mord an ..." und "... fand Peter Müller" oder "... fand den Gastwirt Peter Müller".

III. Verfügungsbeispiele

1. Einleitung und Abgabe eines Verfahrens, Verbindung mehrerer Verfahren

a) Bei amtlicher Kenntniserlangung aufgrund Pressenachricht

Beispiel:

Staatsanwaltschaft   Aachen, den 18.5.1989

Vfg.

1.) Vermerk:

   In der heutigen Ausgabe der "Aachener Volkszeitung", S. 5,
   wird berichtet, der Geschäftsführer des Sportvereins
   Ronhaid 05, Georg Sander, habe seit 5 Jahren Veruntreuungen
   begangen in Höhe von 20.000,- DM. Die Zeitung bringt u.a.
   ein Interview mit dem Vorsitzenden des Vereins, Peter Poll,
   der dies bestätigt und erklärt, ihm liege ein Geständnis
   des Geschäftsführers vor. Auf fernmündliche Anfrage bestätigte Herr Poll den Inhalt des Interviews.

2.) Hiermit beginnt ein neues Verfahren gegen Georg Sander wegen Untreue.

3.) In Abt. 33 eintragen.

4.) Aktenzeichen oben links vermerken.

5.) Anliegenden Presseausschnitt in Hülle als Bl. 2 d.A. nehmen.

6.) Herrn AL zur Kenntnis.

7.) U. m. A.

   dem Polizeipräsidenten
   - Kriminalpolizei -

   in Aachen

   m.d.E. (= Ersuchen) ...

8.) Am 20.7.1989

                                        gez. Geiser

                                        Staatsanwalt

Nicht jede Pressenachricht über angebliche Vergehen bietet zureichende Anhaltspunkte (vgl. dazu unter D IV), ein Verfahren einzuleiten. Sehr häufig
wird dies aber der Fall sein. In Zweifelsfällen wird ein AR-Vorgang (AR =
Allgemeines Register) angelegt; ergeben sich weitere Anhaltspunkte für
eine strafbare Handlung, wird der Vorgang als AR-Sache aus- und als Js-
Sache eingetragen.

b) Ausklammerung (Abtrennung) eines neuen Verfahrens

Beispiel:

Staatsanwaltschaft   Aachen, den 26.1.1989
62 Js 374/89

Vfg.

1.) ...

2.) ...

3.) Fotokopien von Bl. 1 - 7, 9, 12 und 15 d.A. fertigen.

4.) Beglaubigte Abschrift von 3.) und 4.) dieser Vfg. fertigen
    und mit den Fotokopien zu 3.) als neue Js-Sache gegen den
    Heranwachsenden Heinrich Schmitz wegen Diebstahls in der
    Jugendabteilung eintragen.

5.) Aktenzeichen des gem. 4.) einzuleitenden Verfahrens hier
    vermerken.

6.) ...

gez. Gerber

Staatsanwalt

Diese - im Ursprungsverfahren zu treffende - Verfügung dient der Ausklammerung eines Teils des Ermittlungsverfahrens zur Führung durch die zuständige Abteilung derselben Staatsanwaltschaft. Es muß ersichtlich sein, in
welchem Verfahren die Ausklammerung erfolgt ist, welche Aktenteile foto-
kopiert worden sind, welche Abteilung zuständig wird und gegen wen sich
das Verfahren wegen welcher Vorwürfe richtet. Die beglaubigte Abschrift
der Nummer 3.) der obigen Verfügung enthält daher auch das Aktenzeichen
des Verfahrens und den Namen des verfügenden Dezernenten.

c) Abgabe eines Verfahrens

Beispiel:

Staatsanwaltschaft   Bonn, den 15.4.1988
42 Js 432/88

Vfg.

1.) Vermerk:

    Nach dem bisherigen Ermittlungsergebnis besteht der Ver-
    dacht, daß die Beschuldigten eine kriminelle Vereinigung

(§ 129 StGB) gebildet haben. Auf den die bisherigen Nachforschungen zutreffend zusammenfassenden Bericht der Kriminalpolizei Bl. 129 - 138 d.A. sowie den Vermerk über die
rechtliche Würdigung Bl. 156 - 159 d.A. wird Bezug genommen. Zuständig ist daher gem. § 74 a Abs. 1 Nr. 4 GVG die
Staatsanwaltschaft Köln.

2.) Herrn AL zur Kenntnis.

3.) Hier austragen.

4.) Schreiben an

Frau
Marion Polz
Antoniusstr. 14

Düren

Sehr geehrte Frau Polz!

Das auf Ihre Anzeige vom 1.2.1988 eingeleitete Ermittlungsverfahren gegen Vera Steinbock u.a. wegen Nötigung pp. habe
ich zuständigkeitshalber an die Staatsanwaltschaft Köln
abgegeben. Von dieser werden Sie weiteren Bescheid erhalten.

5.) U. m. A.

der Staatsanwaltschaft

Köln

unter Bezugnahme auf den Vermerk Nummer 1.) d. Vfg. zuständigkeitshalber mit der Bitte um Übernahme des Verfahrens
übersandt. Um Übernahmenachricht wird gebeten.

6.) 20.5. (Übernahmenachricht)

gez. Bohrind

Staatsanwältin

d) Verbindung mehrerer Verfahren

Beispiel:

Staatsanwaltschaft   Osnabrück, den 31.1.1989
12 Js 100/89

Vfg.

1.) Das Verfahren 13 Js 12/89 wird übernommen und mit dem vorliegenden Verfahren, das führt, verbunden.

2.) Den Ursprungsvorgang 13 Js 12/89 als Bl. 65 ff. d.A. bezeichnen.

3.) Übernahmenachricht an Abteilung 13.

4.) ...

gez. Dreher

Staatsanwalt

2. Ermittlungsverfügungen

a) Ermittlungsersuchen mit Aktenübersendung

Beispiel:

Staatsanwaltschaft   Krefeld, den 9.3.1989
31 Js 401/89

<u>Vfg.</u>

1.) N. a. A.

2.) Auskunft aus dem Bundeszentralregister betr. den Beschuldig-
    ten Schumacher (Bl. 12 d.A.) einfordern.

3.) <u>U. m. A.</u>

    dem Oberkreisdirektor
    - Kriminalpolizei -

    <u>in Siegburg</u>

    unter Bezug auf Bl. 20 d.A. mit dem Ersuchen übersandt, den
    dort benannten Zeugen Schmitz zur Einlassung des Beschuldig-
    ten (Bl. 18 d.A.) zu vernehmen, er sei zur Tatzeit nicht in
    der Gaststätte "Zum Löwen" gewesen (vgl. Strafanzeige
    Bl. 1/1R d.A.).

4.) 20.4.1989 (Bl. 15 d.A.).

                                                    gez. Gerhard

                                                    Staatsanwalt

Die Verfügung zu Nr. 1.) "N.a.A." bedeutet: Nachricht an Anzeigenden vom
Eingang der Anzeige und dem Aktenzeichen. Diese Benachrichtigungspflicht
ergibt sich aus Nr. 9 RiStBV. Dem Anzeigenden wird damit der Eingang seiner
Strafanzeige bestätigt und gleichzeitig das Aktenzeichen mitgeteilt. Wird
das Verfahren an eine andere Behörde zur Führung eines Sammelverfahrens ab-
gegeben, setzt der übernehmende Staatsanwalt den Anzeigenden in Kenntnis,
"sofern dies nicht nach den Umständen entbehrlich ist" (Nr. 27 Abs. 5
RiStBV). Bei einer Anzeige "von Amts wegen" bedarf es keiner besonderen
Verfügung zur Benachrichtigung der Polizeibehörde. Das Aktenzeichen des
staatsanwaltschaftlichen Ermittlungsverfahrens wird der Polizei durch den
Geschäftsstellenbeamten der Staatsanwaltschaft formularmäßig mitgeteilt.
Die Angabe in der Klammer hinter der gesetzten Wiedervorlagefrist dient der
Erleichterung der Arbeit bei Rückkehr der Akten, eine vor allem bei umfang-
reichen Verfahren und bei Vertretungen wertvolle Hilfe.

b) Gleichzeitige Ersuchen an verschiedene Stellen

Beispiel:

Staatsanwaltschaft   Bonn, den 6.5.1988
12 Js 383/88

<u>Vfg.</u>

1.) Fotokopien von Bl. 1 - 3, 26, 28 - 31 und 33 d.A. fertigen.

2.) Fotokopien wie Nr. 1.) mit folgendem Anschreiben übersenden
    an die Kriminalpolizei in München:

    <u>Betrifft:</u> Ermittlungsverfahren gegen Reinhard Möller wegen
              schwerer Körperverletzung;

         <u>hier:</u> Vernehmung des Zeugen Wolfgang Gruber,
               Starnberger Str. 77, 8000 München 21

    <u>Anlagen:</u> 9 Fotokopien

    Es wird ersucht, den dort wohnhaften Zeugen Gruber unter
    Vorhalt der Einlassung des Beschuldigten (Bl. 3 der Foto-
    kopien) insbesondere dazu zu vernehmen, ob auch er in der
    Tatnacht Alkohol getrunken hatte (wieviel?).

    Ferner wird gebeten, den Zeugen zu befragen, ob er die ihn
    behandelnden Ärzte von deren Schweigepflicht entbindet, und
    ggf. die Personalien der einzelnen Ärzte aktenkundig zu
    machen.

3.) <u>U. m. A.</u>

    dem Polizeipräsidenten
    - Kriminalpolizei -

    <u>in Bonn</u>

    mit dem Ersuchen übersandt, im Hinblick auf die Einlassung
    des Beschuldigten Bl. 28 d.A., er habe sich lediglich gegen-
    über den Angriffen des Zeugen Gruber verteidigt, noch die
    bereits benannten Zeugen Müller und Schwarz zum Tathergang
    zu vernehmen; der Zeuge Schwarz ist über sein Zeugnisverwei-
    gerungsrecht gem. § 52 Abs. 1 Nr. 3 StPO zu belehren.

    Das Ergebnis der Blutuntersuchung und das Tatwerkzeug sind
    dem Vorgang anschließend noch beizufügen.

4.) 10.6.1988.

                                        gez. Mais

                                        Staatsanwalt

c) Beauftragung eines Sachverständigen

Beispiel:

Sachverhalt:

Heute vormittag kam es in Köln zu einem Zusammenstoß zwischen 2 Personenwagen; der Fahrer des einen Wagens (vermutlich ein dunkelroter Saab) flüchtete. Lackspuren dieses Wagens konnten an dem zweiten Unfallwagen sichergestellt werden. Bezüglich des Hergangs des Unfalls liegen widersprüchliche Zeugenaussagen vor.

Staatsanwaltschaft   Köln, den 19.4.1988
43 Js 437/88

Vfg.

1.) U. m. A.

dem Polizeipräsidenten

in Köln

mit dem Ersuchen übersandt, den Unfallort abzumessen, Lichtbilder zu fertigen, eine Verkehrsunfallskizze beizufügen,
die Zeugen einander gegenüberzustellen und am Unfallort
selbst zu vernehmen (Unfallhergang, genaue Beschreibung
unter evtl. Angabe des Kennzeichens des am Unfall beteiligten, noch nicht festgestellten PKW). Ich bitte insbesondere
zu fragen, welcher Wagen zuerst gebremst hat und ob Angaben
über eine oder mehrere Bremsspuren gemacht werden können.

Ich bitte um anschließende unmittelbare Weitergabe der Akten - unter Abgabenachricht nach hier - an Herrn Sachverständigen Klotz in Köln, den ich beauftrage, anhand des
bisherigen Ermittlungsergebnisses den Unfall zu rekonstru-
ieren.

2.) 10.6.1988.

gez. Weier

Staatsanwalt

d) Einholung einer Auskunft von einer Behörde

Beispiel:

Staatsanwaltschaft   Düsseldorf, den 4.5.1988
63 Js 766/88   E i l t !

Vfg.

1.) Schreiben - mit Kopfbogen, mir zur Unterschrift -

An den
Oberstadtdirektor
- Straßenverkehrsamt -

in Köln

<u>Betrifft:</u> Ermittlungsverfahren gegen Stefan Uter wegen Tot-
schlags

In dem o.a. Verfahren hat die Zeugin Katharina Voogt, geb.
am 2.1.1961, wohnhaft in Köln, Breidengasse 17, ausgesagt,
sie sei am 22.1.1988 mit dem Beschuldigten zusammen in München gewesen. Es bestehen Anhaltspunkte dafür, daß sie an
diesem Tage dort vorgesprochen und ihren PKW, BMW 2800,
K - ZS 701, angemeldet hat. Ich bitte um amtliche Auskunft
darüber, ob dies zutrifft. Schriftstücke, die dafür von Bedeutung sein können, bitte ich der Antwort in Fotokopie beizufügen.

Für eine baldige Erledigung wäre ich dankbar.

2.) Am 30.5.1988.

gez. Sorger

Staatsanwalt

e) Einholung einer Aussagegenehmigung

<u>Beispiel:</u>

Staatsanwaltschaft   Aachen, den 20.1.1989
42 Js 101/89

<u>Vfg.</u>

1.) Herrn AL.

2.) Herrn LOStA zur Zeichnung des Schreibens zu 3.).

3.) Schreiben mit Kopfbogen

An den
Herrn Bundesminister der Verteidigung

<u>in Bonn</u>

<u>Betrifft:</u> Ermittlungsverfahren gegen Gustav Mohrenhaus
wegen versuchter Bestechung

<u>Bezug:</u>   Dortiger Vorgang 47 Js 322/88

In dem o.a. Verfahren soll Ministerialrat Langsam als Zeuge
darüber vernommen werden, wann der Beschuldigte im Jahre
1988 bei ihm vorgesprochen hat und welche Waffenlieferungen
erörtert worden sind.

Ich bitte, dem Beamten die Genehmigung zu erteilen, über
das genannte Thema als Zeuge auszusagen.

4.) Am 20.2.1989.

Dr. Hast

Staatsanwalt

In Ermittlungsverfahren kann, wenn es um Nachforschungen geht, unmittelbar mit obersten Bundes- und Landesbehörden korrespondiert werden. In diesen Fällen bedarf es jedoch der Zeichnung durch den Leiter der Behörde, dem die Verfügung über den Abteilungsleiter in der in der Verfügung vorgenommenen Weise zugeleitet wird. Ansonsten ist bei Korrespondenz mit obersten Bundes- und Landesbehörden der Dienstweg einzuhalten!

Beispiel:

An den
Herrn Bundesminister der Justiz

in Bonn

durch
Herrn Justizminister
des Landes Nordrhein-Westfalen

in Düsseldorf

(für den ein Durchdruck dieses Schreibens mit dem rot zu unterstreichenden Vermerk: "Für den Justizminister des Landes Nordrhein-Westfalen" beizufügen ist)

durch den
Herrn Generalstaatsanwalt

in Köln

(für den ein weiterer Durchdruck des Schreibens mit dem rot zu unterstreichenden Vermerk beizufügen ist: "Für den Generalstaatsanwalt in Köln")

Bei Schreiben innerhalb der Justizverwaltung des Landes Nordrhein-Westfalen wird auf die Bezeichnung "Herr/Frau ..." verzichtet; wird aber ein Schreiben an eine Stelle gerichtet (s. obiges Beispiel), für die diese Handhabung nicht gilt, so ist für alle Adressaten die Bezeichnung "Herr/Frau" zu wählen.

f) Zeugenladung, Festsetzung eines Ordnungsgeldes

Beispiel:

Staatsanwaltschaft   4500 Osnabrück, den 14.10.1988
12 Js 1411/88

Vfg.

1.) Vermerk:

Die Zeugin Berta Meinke ist unentschuldigt zum Vernehmungstermin vom 1.10.1988, zu dem sie ordnungsgemäß geladen war, nicht erschienen. Ein Zeugnisverweigerungsrecht steht der Zeugin nicht zu.

2.) Neuer Vernehmungstermin am 27.10.1988.

3.) Herrn AL II (f. Sitzungsverteilungen z.K.) - ggf. fernmündlich -.

4.) Schreiben - mit Zustellungsurkunde - an Frau Berta Meinke, Hofstraße 17, 4500 Osnabrück:

Sehr geehrte Frau Meinke,

dem Vernehmungstermin vom 1.10.1988 sind Sie unentschuldigt ferngeblieben. Gegen Sie wird deshalb gemäß §§ 51 Abs. 1, 161 a Abs. 2 StPO ein Ordnungsgeld in Höhe von 100,00 DM festgesetzt, und es werden Ihnen die durch Ihr Ausbleiben entstandenen Kosten auferlegt.

Kann das festgesetzte Ordnungsgeld nicht beigetrieben werden, müssen Sie damit rechnen, daß Ordnungshaft festgesetzt wird.

Sie werden erneut zur Vernehmung als Zeugin geladen auf

Montag, den 27.10.1988, 10.00 Uhr,

in das Gebäude der Staatsanwaltschaft, 4500 Osnabrück, Kollegienwall 29 (Hochhaus), Zimmer Nr. 45.

Sie werden nochmals darauf hingewiesen, daß Sie gemäß § 161 a Abs. 1 StPO verpflichtet sind, zu erscheinen und zur Sache auszusagen.

Bleiben Sie erneut unentschuldigt aus, werden Ihnen wiederum die durch Ihr Ausbleiben verursachten Kosten auferlegt. Zugleich wird gegen Sie ein weiteres Ordnungsgeld festgesetzt werden.

Sie müssen auch mit einer zwangsweisen Vorführung rechnen. Im übrigen nehme ich Bezug auf die Hinweise in Ihrer ersten Ladung.

Hochachtungsvoll

5.) Kassenanweisung vorbereiten.

6.) Herrn Kanzleileiter zur Bestimmung einer Protokollführerin.

7.) Wv. zum Termin.

gez. Thole
Staatsanwalt

3. Bescheid über die Verweigerung von Akteneinsicht

Beispiel:

Staatsanwaltschaft   Aachen, den 13.5.1988
42 Js 88/88

Herren Rechtsanwälte
Heinz Hoirmes, Gerhard Friedmann
Meisenweg 17

5300 Bonn

Betrifft: Ermittlungsverfahren gegen Werner Müller u.a.
          wegen gemeinschaftlichen Mordes u.a.

Bezug: Ihr Schreiben vom 6.4.88 - Fr. 22/88

Sehr geehrte Herren Rechtsanwälte,

nachdem Sie mit Ihrem Bezugsschreiben eine ordnungsgemäße Vollmacht für den Beschuldigten Werner Müller vorgelegt haben, habe ich unter Berücksichtigung Ihres früheren Vorbringens Ihren Antrag auf Akteneinsicht sachlich geprüft.

Zu meinem Bedauern sehe ich mich im jetzigen Stadium des Verfahrens nicht in der Lage, Ihrem Antrag zu entsprechen. Eine solche Maßnahme wäre nämlich geeignet, den Untersuchungszweck zu gefährden (§ 147 Abs. 2 StPO).

Ich muß davon ausgehen, daß Sie nach eigener Akteneinsicht zur sachgerechten Verteidigung Ihres Mandanten diesem den wesentlichen Inhalt der Akten - insbesondere die ihn belastenden Aussageprotokolle - zur Kenntnis bringen und mit ihm erörtern würden.

Dies würde aber in hohem Maße die Gefahr begründen, daß die entscheidenden Zeugen, bei denen es sich teilweise um deutsche, teilweise aber auch um ausländische - insbesondere türkische - Staatsangehörige handelt, massiv unter Druck gesetzt werden. Diese Befürchtung gründet sich vor allem auf den Umstand, daß Ihr Mandant nach den bisherigen Erkenntnissen einem Kreis von Überzeugungstätern angehört, die mit großer Hartnäckigkeit und Brutalität ihre Zwecke verfolgen und über weitreichende internationale Kontakte verfügen. Ich bin - auch im Interesse der Erreichung des Untersuchungszwecks - verpflichtet, die Zeugen vor einer solchen Gefährdung zu schützen.

Wie ich Ihnen schon mit Schreiben vom 13.3.1988 mitgeteilt habe, enthalten die Akten keine Niederschriften im Sinne des § 147 Abs. 3 StPO, die Ihnen in jedem Falle zur Kenntnis gebracht werden müßten.

Hochachtungsvoll

gez. Bonkers

Staatsanwalt

4. Anträge an das Gericht

a) Antrag auf richterliche Vernehmung

<u>Beispiel:</u>

```
Staatsanwaltschaft                    Koblenz, den 27.1.1989
77 Js 23/89


                            Vfg.


1.) U. m. A.

    An das
    Amtsgericht

    Waldbröl

    m.d. Antrag, den in Reichshof, Hauptstr. 2, wohnenden Bauern
    Albert Schepp als Zeugen richterlich zu vernehmen. Hin-
    sichtlich des Beweisthemas nehme ich auf den Aktenvermerk
    Bl. 84 d.A. Bezug. Da nach der Bekundung des Zeugen Quast
    - Bl. 122 d.A. - davon auszugehen ist, daß der Zeuge Schepp
    versucht, genaue Aussagen zu umgehen, beantrage ich, ihn zu
    vereidigen.

2.) Am 28.2.1989.


                                    gez. Bungert

                                    Staatsanwalt
```

b) Antrag auf Erlaß eines Durchsuchungs- und Beschlagnahmebeschlusses

<u>Beispiel:</u>

```
Staatsanwaltschaft                     Köln, den 5.3.1989
23 Js 1021/89

                            Vfg.


1.) U. m. A.

    An das
    Amtsgericht

    München

    übersandt.

    Aus der Strafanzeige, Bl. 1 ff. d.A., ergibt sich, daß der
    Beschuldigte Schmidt verdächtig ist, der Anzeigenden
    Krawinkel deren Perlenkette entwendet und diese in seiner
    Zweitwohnung in München versteckt zu haben.

    Es wird daher beantragt, die Durchsuchung der Wohnung des
    Beschuldigten in 8000 München 22, Sonthofener Str. 12, so-
    wie die Beschlagnahme der dort vermuteten Perlenkette anzu-
    ordnen, §§ 94, 102 StPO.

    Sollte der Beschluß antragsgemäß erlassen werden, bitte ich
```

um unmittelbare Weiterleitung der Akten - unter Abgabenachricht nach hier -

an den Polizeipräsidenten
- Kriminalpolizei -

München

mit dem Ersuchen um Vollstreckung des Beschlusses.

2.) 10.4.1989.

gez. Meier

Staatsanwalt

In dem gewählten Beispiel ergibt sich die Zuständigkeit des AG München aus
§ 162 Abs. 1 S. 1. Die Voraussetzungen von § 162 Abs. 1 S. 2 liegen nicht
vor. Durch die erbetene unmittelbare Weitergabe der Akte an die Kriminalpolizei werden die Ermittlungen beschleunigt. Die Abgabenachricht an die
Staatsanwaltschaft dient der jederzeitigen Kontrolle des Aktenverbleibs.

c) Antrag auf vorläufige Entziehung der Fahrerlaubnis

Beispiel:

Staatsanwaltschaft   Aachen, den 10.4.1988
71 Js 593/88   E i l t !

Vfg.

1.) Vermerk:

Die Blutalkoholkonzentration des Beschuldigten betrug

...   %o bei der ersten Entnahme   (Bl. ... d.A.),

...   %o bei der zweiten Entnahme   (Bl. ... d.A.),

...   %o zur Unfallzeit   (Bl. ... d.A.).

Er ist daher einer zumindest fahrlässigen Gefährdung des
Straßenverkehrs infolge des Genusses alkoholischer Getränke
(§ 315 c Abs. 1 Nr. 1 Buchstabe a, Abs. 3 Nr. 2 StGB) dringend verdächtig. Es ist zu erwarten, daß ihm in einem künf-
tigen Urteil die Fahrerlaubnis entzogen werden wird (§ 69
Abs. 1 u. 2 Nr. 1 StGB).

2.) U. m. A.

dem Amtsgericht

Düren

unter Bezugnahme auf den Vermerk unter Nr. 1.) dieser Verfügung übersandt mit dem Antrag, dem Beschuldigten gemäß
§ 111 a StPO die Fahrerlaubnis vorläufig zu entziehen. (Zusatz bei ausländischen Fahrausweisen: Die vorläufige Entziehung bitte ich gemäß § 111 a Abs. 6 StPO in dem in Hülle
Bl. 6 d.A. befindlichen Führerschein zu vermerken und diesen
sodann unmittelbar per Einschreiben - gegen Rückschein -

(aber nicht ins Ausland - vgl. Nr. 121 RiVASt -) dem Beschuldigten zurückzusenden.)

Gegen eine Akteneinsicht durch einen bevollmächtigten Verteidiger habe ich keine Bedenken.

3.) Am 30.4.1988.

gez. Baumann
Staatsanwalt

d) Antrag auf Anordnung der Unterbringung zur Beobachtung

Beispiel:

Staatsanwaltschaft   Aachen, den 22.4.1988
41 Js 325/88
                                            E i l t !

Vfg.

1.) Vermerk:

   a) Der Beschuldigte Werner Lattke ist eines versuchten Tot-
      schlags dringend verdächtig (zu vergleichen Haftbefehl
      des Amtsgerichts Aachen vom 13.1.1988 - Bl. 22 d.A. -
      i.V. mit dem polizeilichen Schlußbericht vom 27.3.1988
      - Bl. 110 ff. d.A. -).

   b) Nach der gutachtlichen Stellungnahme des an der Rhein.
      Landesklinik in Bonn tätigen Facharztes für Psychiatrie
      und Neurologie Dr. Walter vom 15.4.1988 (Bl. 124 f.
      d.A.) bestehen aus medizinischer Sicht Anhaltspunkte für
      die Annahme einer erheblich verminderten Schuldfähigkeit
      i.S.v. § 21 StGB. Nach Ansicht des Sachverständigen, der
      den Beschuldigten am 14.4.1988 in der hiesigen Justiz-
      vollzugsanstalt ambulant untersucht hat, ist eine end-
      gültige Beurteilung der Bewußtseinslage des Beschuldig-
      ten zur Tatzeit erst nach einer eingehenden stationären
      Beobachtung möglich.

   c) Der Verteidiger des Beschuldigten, Rechtsanwalt
      Dr. Wünsche aus Aachen, hat bei einer heutigen fernmünd-
      lichen Sacherörterung erklärt, daß er mit einer Unter-
      bringung seines Mandanten in der Rhein. Landesklinik in
      Bonn gemäß § 81 StPO und einer Begutachtung durch
      Dr. Walter einverstanden sei. Er werde dies auch noch
      schriftlich zu den Akten mitteilen.

2.) U. m. A.

   dem Landgericht
   - Schwurgerichtskammer -

   hier

   unter Bezugnahme auf vorstehenden Vermerk übersandt mit dem
   Antrag, gemäß § 81 StPO anzuordnen, daß der Beschuldigte
   Werner Lattke, z.Z. JVA Aachen, zur Vorbereitung eines Gut-
   achtens über seinen psychischen Zustand durch Dr. Walter in

die Rhein. Landesklinik in Bonn gebracht und dort beobachtet wird.

3.) Am 10.5.1988.

gez. Jussen

Staatsanwalt

e) Antrag auf Anordnung einer Leichenöffnung

Beispiel:

Staatsanwaltschaft   Münster, den 2.10.1988
41 UJs 221/88

S o f o r t !

Durch besonderen Wachtmeister

Vfg.

1.) Vermerk:

Die Ursache des Todes des 43 Jahre alten Frührentners Hubert Blau, dessen Leiche am 1.8.1988 in einem unbewohnten Hause in Münster gefunden worden ist, ist bisher ungeklärt. Für ein strafbares Verhalten einer anderen Person als Todesursache sprechen die Spuren von Gewalteinwirkungen, die am Leichnam festgestellt worden sind (vgl. Bl. 4 d.A.).

2.) U. m. A.

dem Amtsgericht

Münster

unter Bezugnahme auf vorstehenden Vermerk übersandt mit dem Antrag, gemäß § 87 Abs. 4 StPO die Leichenöffnung anzuordnen.

Eine Anwesenheit des Richters bei der Leichenöffnung halte ich nicht für erforderlich.

3.) Am 3.10.1988.

gez. Kammer

Staatsanwalt

f) Antrag auf Verteidigerbestellung

Beispiel:

Staatsanwaltschaft   Düsseldorf, den 24.11.1988
33 Js 701/88
                                          H a f t !   S o f o r t !

                                    Vfg.

1.) Vermerk:

    Der Beschuldigte Rolf Zappke befindet sich seit dem
    27.9.1988 in Untersuchungshaft. Gegen ihn wird demnächst
    Anklage wegen räuberischer Erpressung in zwei Fällen beim
    Landgericht - große Strafkammer - erhoben werden. Haftgrün-
    de liegen auch weiterhin vor.

2.) U. m. Zweitakten

    dem Herrn Vorsitzenden
    der 5. großen Strafkammer

    hier

    unter Bezugnahme auf vorstehenden Vermerk übersandt mit dem
    Antrag, dem Beschuldigten gemäß §§ 140 Abs. 1 Nr. 1, Nr. 2 u.
    Nr. 5, 141 StPO einen Verteidiger zu bestellen.

3.) Nach 10 Tagen genau.

                                          gez. Mayer

                                          Staatsanwalt

g) Antrag auf Ausschluß eines Gefangenenbriefes von der Beförderung

Beispiel:

Staatsanwaltschaft   Essen, den 2.4.1988
51 Js 234/88

                                    Vfg.

1.) Vermerk:

    Das Schreiben des in Untersuchungshaft befindlichen Beschul-
    digten Anton Wild vom 27.3.1988 an seine frühere Freundin
    Berta Blume ist geeignet, die weiteren Ermittlungen zu be-
    einträchtigen. Indem der Beschuldigte der Adressatin des
    Briefes seine Version des Tatgeschehens schildert, legt er
    ihr nahe, bei ihrer noch ausstehenden Vernehmung als Zeugin
    gleichartige Angaben zu machen.

2.) U. m. Zweitakten und einem Brief

    dem Amtsgericht

    Essen

    unter Bezugnahme auf vorstehenden Vermerk übersandt mit dem

Antrag, den beigefügten Brief gemäß § 119 StPO i.V.m.
Nr. 34 UVollzO von der Beförderung auszuschließen.

3.) Am 20.4.1988.

gez. Beuter

Staatsanwalt

5. Verfügungen in Haftsachen

Vorweg sei darauf hingewiesen, daß die Frage nach dem "dringenden Tatverdacht" sich nach dem jeweiligen Stand der Ermittlungen richtet. Sie bedarf daher ständiger Überprüfung; insbesondere bei Abschluß der Ermittlungen muß entschieden werden, ob der Haftbefehl der Ergänzung oder Berichtigung bedarf (vgl. Nr. 54 Abs. 1 RiStBV). Bevor eine Haftsache dem Oberlandesgericht gem. §§ 121, 122 vorgelegt wird, ist in gleicher Weise zu verfahren: Der Haftbefehl muß stets auf dem neuesten Stand sein! Das gleiche gilt hinsichtlich der Haftgründe, die im Laufe des Verfahrens entfallen (Verdunklungsgefahr) oder sich ändern können.

Bei Verfahren gegen Jugendliche ist insbesondere § 72 Abs. 1 JGG zu beachten. Danach gilt vor allem, daß Untersuchungshaft nur vollstreckt werden darf, wenn nicht der gleiche Zweck durch eine vorläufige Anordnung über die Erziehung oder durch andere Maßnahmen erreicht werden kann. Nach Abs. 3 des § 72 JGG kann anstelle des Erlasses eines Haftbefehls auch die einstweilige Unterbringung in einem Erziehungsheim (vgl. § 71 Abs. 2 JGG) angeordnet werden. Da die Anordnung einer solchen Unterbringung häufig die Einziehung vorheriger Erkundigungen durch Jugendamt oder Gerichtshilfe voraussetzt, wird in diesen Fällen zunächst ein Haftbefehl erlassen und nach Abklärung aller Fragen erst dann eine Unterbringung in einem geeigneten Erziehungsheim beantragt und angeordnet werden.

a) Antrag auf Erlaß eines Haftbefehls gegen einen flüchtigen Beschuldigten

Beispiel:

Staatsanwaltschaft   Köln, den 26.1.1989
11 Js 356/89

Vfg.

1.) Vermerk:

Der Beschuldigte Willi Verger (Bl. 5 d.A.) ist der Verletzung der Unterhaltspflicht (§ 170 b StGB), begangen seit dem 1. April 1988, dringend verdächtig.

Der dringende Tatverdacht ergibt sich aus der Zeugenaussage der Mutter der geschädigten Kinder (Bl. 2 ff. u. 120 ff. d.A.) und den Ermittlungen der Polizeibehörden in Köln (Bl. 7 ff. d.A.), Düren (Bl. 16 ff. d.A.), Eschweiler (Bl. 30 ff. d.A.), Aachen (Bl. 39 ff. d.A.), Hamburg (Bl. 61 ff. d.A.) und Stuttgart (Bl. 99 ff. d.A.), wonach erwiesen ist, daß der Beschuldigte gearbeitet und ein Einkommen von ca. 3.000,- DM monatlich gehabt, aber keinerlei Zahlungen geleistet hat.

Es besteht der Haftgrund der Flucht nach § 112 Abs. 2 Nr. 1 StPO.

Weihnachten 1988 hat der Beschuldigte seiner früheren Ehefrau gegenüber erklärt, er werde niemals für seine Kinder zahlen; vielmehr werde er auch in Zukunft jeweils nach wenigen Monaten seine Arbeitsstellen und Wohnorte wechseln (Bl. 122 d.A.), damit eventuelle Pfändungen ins Leere gingen und die Polizei ihn nicht fasse.

Die bisherigen Fahndungsmaßnahmen hatten keinen Erfolg.

Der Grundsatz der Verhältnismäßigkeit (§ 112 Abs. 1 S. 2 StPO) ist gewahrt. Der Beschuldigte ist einschlägig bestraft; er hat mit einer empfindlichen Freiheitsstrafe zu rechnen. Da die Ermittlungen im übrigen abgeschlossen sind, kann nach Gewährung des rechtlichen Gehörs unverzüglich Anklage erhoben werden.

2.) U. m. A.

dem Amtsgericht

Köln

unter Bezug auf den obigen Vermerk mit dem Antrag übersandt, gegen den Beschuldigten Willi Berger Haftbefehl zu erlassen.

3.) Am 10.2.1989 (Ausschreibung zur Festnahme).

gez. Busch

Staatsanwalt

Teilweise hat sich auch die Gewohnheit eingebürgert, den Sachverhalt, hinsichtlich dessen dringender Tatverdacht besteht, und die rechtliche Würdigung in die Form eines Haftbefehls zu kleiden, etwa wie im folgenden Beispiel.

b) Antrag auf Erlaß eines Haftbefehls gegen einen vorläufig Festgenommenen

Beispiel:

Staatsanwaltschaft   Aachen, den 26.1.1989
11 Js 112/89

S o f o r t !

Vfg.

1.) Vermerk:

Der Beschuldigte ist am 25.1.1989 gemäß § 127 StPO vorläufig festgenommen worden. Er ist der gemeinschaftlich begangenen schweren räuberischen Erpressung (§§ 253, 255, 250 Abs. 1 Nr. 1, 25 Abs. 2 StGB), begangen am 25.1.1989 in Düren, dringend verdächtig.

Der dringende Tatverdacht ergibt sich aus dem Ergebnis der bisherigen Ermittlungen der Kriminalpolizei, insbesondere aus den Bekundungen der Zeugen Lutz (Bl. 5 ff. d.A.) und

Wolff (Bl. 9 ff. d.A.) sowie aus der am Tatort gesicherten Fingerspur des Beschuldigten (Bl. 14 d.A.).

Es bestehen die Haftgründe der Fluchtgefahr (§ 112 Abs. 2 Nr. 2 StPO) und der Verdunkelungsgefahr (§ 112 Abs. 2 Nr. 3 b StPO). Der Beschuldigte ist seit längerer Zeit ohne Arbeit, ohne feste soziale Bindungen und ohne feste Wohnung. Er hat sich unangemeldet bei dem gesondert verfolgten Mittäter Asselberg, der noch flüchtig ist, aufgehalten. Zwei Wochen vor der Tat hatte er dem Zeugen Heinze gegenüber geäußert, er werde bald - nach Erhalt einer "Erbschaft" - nach Australien auswandern (Bl. 17 d.A.). Es besteht daher die Gefahr, daß der Beschuldigte sich ins Ausland absetzt, um sich der Strafverfolgung zu entziehen, zumal wegen der Höhe der zu erwartenden Strafe der Fluchtanreiz groß ist.

Unmittelbar nach Verlassen der Bank drohte der Beschuldigte, der die Tat bestreitet, dem 15 Jahre alten Zeugen Lutz an, ihn krankenhausreif zu schlagen, falls dieser ihn "verpfeife" (Bl. 7 d.A.). Deshalb besteht die weitere Gefahr, daß der Beschuldigte im Falle der Freilassung versuchen wird, in unlauterer Weise auf den ihm als früheren Nachbarn bekannten (Bl. 5 d.A.) Zeugen Lutz einzuwirken und damit die Ermittlung der Wahrheit zu erschweren.

Der Grundsatz der Verhältnismäßigkeit (§ 112 Abs. 1 S. 2 StPO) ist gewahrt.

2.) <u>U. m. A.</u>

dem Amtsgericht

<u>Düren</u>

unter Bezugnahme auf obigen Vermerk übersandt mit dem Antrag, Haftbefehl zu erlassen gegen den gleichzeitig vorgeführten Beschuldigten.

Malermeister Klaus Klütsch, geb. am 25.5.1926 in Bochum, ohne festen Wohnsitz, ledig, Deutscher, ist dringend verdächtig, am 25.1.1989 in Düren gemeinschaftlich mit dem gesondert verfolgten Paul Asselberg einen anderen durch Drohung mit gegenwärtiger Gefahr für Leib und Leben, und zwar mit einer mitgeführten Schußwaffe, zu einer Handlung genötigt und dadurch dem Vermögen der Deutschen Bank in Düren Nachteil zugefügt zu haben, um sich zu Unrecht zu bereichern, indem er nach gemeinsam gefaßtem Plan mit Paul Asselberg gegen 16 Uhr die Filiale der Deutschen Bank in Düren, Indenstraße 17, betrat, dem Kassierer Karl Zahl die mitgeführte Pistole Walther PP, 7,65 mm, vorhielt und ihm einen Zettel mit folgendem Vermerk zuschob: "Das ist ein Überfall! Sofort 20.000,- DM auf die Theke oder ich erschieße Sie!" Zahl händigte dem Beschuldigten 18.000,- DM aus; dieser verließ zusammen mit Asselberg, der den Eingang gesichert hatte, fluchtartig das Gebäude.

Verbrechen der schweren räuberischen Erpressung, strafbar

nach §§ 253 Abs. 1 u. 2, 255, 250 Abs. 1 Nr. 1, 25 Abs. 2
StGB.

3.) Nach 1 Woche (Herrn zust. Dez.).

gez. Gering

Staatsanwalt

c) Beschwerde gegen die Ablehnung des Erlasses eines Haftbefehls

Beispiel:

Staatsanwaltschaft   Aachen, den 28.1.1989
10 Js 71/89

S o f o r t !

Durch besonderen Wachtmeister!

Vfg.

1.) U. m. A.

dem Amtsgericht

Aachen

In dem Ermittlungsverfahren

gegen

den Arbeiter Helmut Heimann, geb. am 11.4.1957 in Brüssel/
Belgien, wohnhaft Eupener Straße 26, 5100 Aachen,
wegen BtM-Vergehens u.a.
wird gegen den Beschluß des Amtsgerichts Aachen vom heutigen
Tage - 41 Gs 199/89 - (Bl. 30 d.A.), durch den der Erlaß
eines Haftbefehls abgelehnt worden ist,

Beschwerde

eingelegt.

Gründe:

Der Beschuldigte Heimann ist dringend verdächtig, am
27.1.1989 in Aachen 300 Gramm Heroin nach Deutschland ein-
geschwärzt zu haben.

Der dringende Tatverdacht ergibt sich aus dem Geständnis des
Beschuldigten (Bl. 16 ff. d.A.) und den Feststellungen der
Zollfahndung Aachen (Bl. 1 ff. d.A.).

Entgegen der Ansicht des Amtsgerichts besteht der Haftgrund
der Fluchtgefahr nach § 112 Abs. 2 Nr. 2 StPO. Der Beschuldigte ist belgischer Staatsangehöriger. Er wohnt und arbeitet zwar in Aachen, seine Familie und seine Freunde leben
indes in Belgien. Wegen der Schwere des Tatvorwurfs hat er
mit einer erheblichen Freiheitsstrafe zu rechnen, die den
Fluchtanreiz erhöht und die Gefahr begründet, daß er sich
der Strafverfolgung entzieht, indem er sich in seine Heimat

absetzt. Eine Auslieferung kommt aus rechtlichen Gründen nicht in Betracht.

Es wird beantragt,

den angefochtenen Beschluß aufzuheben und gemäß dem Antrag vom 27.1.1989 (Bl. 28 d.A.) gegen den Beschuldigten Heimann Haftbefehl zu erlassen.

Sollte der Beschwerde nicht abgeholfen werden, bitte ich die Akten gemäß § 306 Abs. 2 StPO sofort der Beschwerdekammer zuzuleiten.

2.) Am 10.2.1989.

gez. Uhlen
Staatsanwalt

d) Beschwerde gegen Verschonungsbeschluß mit Antrag auf Aussetzung der Vollziehung der angefochtenen Entscheidung nach § 307 Abs. 2

Beispiel:

Staatsanwaltschaft   Krefeld, den 5.2.1989
11 Js 146/89

S o f o r t !

Durch besonderen Wachtmeister!

Vfg.

1.) U. m. A.

dem Amtsgericht
- Haftrichter -

Krefeld

übersandt.

In dem Ermittlungsverfahren

gegen

den Koch Klaus Bamberg, geb. am 10.5.1955 in Köln, wohnhaft Malteser Ring 24, Krefeld, z.Z. JVA Krefeld,

wegen Vergewaltigung

wird gegen den Haftverschonungsbeschluß des Amtsgerichts Krefeld vom heutigen Tag - 41 Gs 211/89 - (Bl. 50 d.A.)

Beschwerde

eingelegt.

Es wird beantragt,
die Vollziehung der angefochtenen Entscheidung bis zur Entscheidung der Beschwerdekammer auszusetzen (§ 307 Abs. 2 StPO).

Gründe:

Nach den Feststellungen im Haftbefehl besteht neben der
Fluchtgefahr auch der Haftgrund der Verdunkelungsgefahr
(§ 112 Abs. 2 Nr. 3 StPO). Die Anweisung im angefochtenen
Beschluß, mit der geschädigten Zeugin keine Verbindung aufzunehmen (§ 116 Abs. 2 StPO), ist im vorliegenden Fall nicht
geeignet, die Verdunkelungsgefahr zu beseitigen. Der Beschuldigte hat nach der Tat der Geschädigten erhebliche Re-
pressalien angedroht, falls sie gegen ihn aussage (Bl. 17
d.A.). Eine gleichartige Drohung hat er bei seiner Festnahme
den beiden Polizeibeamten gegenüber ausgestoßen (Bl. 47
d.A.). Es besteht daher die große Gefahr, daß der Beschuldigte im Falle seiner Freilassung versuchen wird, die einzige Tatzeugin einzuschüchtern, um sie zum Widerruf ihrer Aussage, die infolge des augenblicklichen Krankenhausaufent-
haltes der Zeugin bisher nicht richterlich bestätigt worden
ist, zu bewegen.

2.) Nach 3 Tagen.

gez. Büssing

Staatsanwältin

Die zusätzliche Adressierung an den Haftrichter kann den internen Ge-
schäftsgang erleichtern; sie empfiehlt sich bei größeren Amtsgerichten.

Hinzuweisen ist darauf, daß bei A u f h e b u n g des Haftbefehls der
Beschuldigte zu entlassen ist: Eine Aussetzung der Vollziehung dieser Ent-
scheidung ist nicht möglich (§ 120 Abs. 2). Der Antrag auf Aussetzung der
Vollziehung der angefochtenen Entscheidung kann gem. § 307 Abs. 2 an das
Beschwerdegericht gerichtet werden. Das ist sinnvoll, wenn eine Aussetzung
vom judex a quo nicht zu erwarten ist.

e) Entlassungsverfügung vor Aufhebung des Haftbefehls

Beispiel:

Staatsanwaltschaft   Aachen, den 19.9.1988
40 Js 1178/88
                                        S o f o r t !   H a f t !

                                        Vfg.

1.) Vermerk:

Gegen den Beschuldigten ist Haftbefehl wegen Urkundenfälschung in mehreren Fällen erlassen worden. Der Haftbefehl
ist ausschließlich auf Verdunkelungsgefahr gestützt, weil
anzunehmen war, daß der - zunächst nicht geständige - Beschuldigte als Beweismittel benötigte Unterlagen im Falle
seiner Entlassung verschwinden lassen würde. Inzwischen hat
der Beschuldigte ein umfassendes, richterlich protokollier-
tes Geständnis abgelegt und den Ort beschrieben, an dem er
die Unterlagen aufbewahrt hatte. Dort sind sie auch tatsächlich gefunden worden. Ein Haftgrund ist nunmehr nicht mehr
gegeben. Der Haftbefehl ist aufzuheben.

Die JVA wurde heute von dem Unterzeichner fernmündlich vorab ersucht, den Beschuldigten sofort zu entlassen (§ 120 Abs. 1, 3; Nr. 55 Abs. 3 RiStBV).

2.) Entlassungsersuchen fertigen, mit dem Dienstsiegel versehen und mir zur Unterschrift vorlegen.

3.) Entlassungsersuchen wie Nr. 2.) sodann durch Boten der JVA Aachen zu Gefangenen-Buch Nr. 383/88 überbringen.

4.) U. m. A.

dem Amtsgericht - Abt. 41 -

Aachen

unter Bezugnahme auf den Vermerk zu 1.) mit dem Antrag übersandt, den Haftbefehl vom 20.8.1988 (41 Gs 528/88) aufzuheben, weil ein Haftgrund nicht mehr vorliegt. Die Entlassung des Beschuldigten ist bereits veranlaßt.

5.) 2 Wochen.

gez. Korber

Staatsanwalt

Anstelle in einem gesonderten Vermerk kann die Antragsbegründung selbstverständlich auch in der Zuschrift erfolgen.

Hinzuweisen ist darauf, daß der Richter nicht verpflichtet ist, einem Antrag der Staatsanwaltschaft auf Verschonung mit dem Vollzug der Untersuchungshaft gem. § 116 nachzukommen. § 120 Abs. 3 ist eine Sonderregelung, deren analoge Anwendung auf den Fall der Verschonung mit dem Vollzug der Untersuchungshaft nicht möglich ist (vgl. KK § 120 Rz. 23 m.w.N.; a.A. nur Kunigk, S. 146, ohne Begründung und gegen die praktische Handhabung).

f) Vorlage an das OLG gem. §§ 121, 122 (über den Generalstaatsanwalt)

Beispiel:

Staatsanwaltschaft   Bonn, den 27.1.1989
10 Js 1020/89
                         S o f o r t !   H a f t !

                         Vorlage nach §§ 121 f. StPO!

                              Vfg.

1.)   Vermerk:
Bl. 256   Der Kaufmann Peter Pahlen, geboren am 1.1.1949 in
          Gemünd, wohnhaft in 5300 Bonn, Hauptstraße 5,

Bl. 83   seit dem 15.8.1988 aufgrund des Haftbefehls des
          Amtsgerichts Bonn (5 Gs 123/88) vom selben Tag
Bl. 86   in Untersuchungshaft in der Justizvollzugsanstalt
          Bonn,

Verteidiger: Rechtsanwalt Anton Wacker, 5350 Euskirchen, Weststraße 24,

ist des BtM-Vergehens u.a. dringend verdächtig.

Der Sachverhalt und die den dringenden Tatverdacht begründenden Umstände ergeben sich aus der unter dem 20.12.1988 erhobenen Anklage, auf die am 15.1.1989 durch die 1. große Strafkammer des Landgerichts Bonn das Hauptverfahren eröffnet worden ist.

Bl. 256 ff.
Bl. 265

Es besteht der Haftgrund der Fluchtgefahr (§ 112 Abs. 2 Nr. 2 StPO). Dieser ergibt sich aus der Tatsache, daß der Angeklagte in Deutschland keine festen sozialen Bindungen hat. Seine Freundin, die Mutter seines Kindes, hält sich im Ausland auf. Wegen der Höhe der zu erwartenden Strafe ist der Fluchtanreiz hoch. Es besteht die Gefahr, daß der Angeklagte sich im Falle der Freilassung ins Ausland absetzt, um sich der Bestrafung zu entziehen.

Bl. 60

Die Fortdauer der Untersuchungshaft steht zur Bedeutung der Sache und der zu erwartenden Strafe oder Maßregel der Sicherung und Besserung nicht außer Verhältnis (§ 112 Abs. 1 S. 2 StPO).

Die Fluchtgefahr kann auch durch weniger einschneidende Maßnahmen als den weiteren Vollzug des Haftbefehls nicht ausgeräumt werden (§ 116 StPO).

Bl. 212 Die Anklage hat wegen der zeitraubenden ärztlichen Untersuchungen, die für das nervenfachärztliche Gutachten erforderlich waren, erst unter dem 20.12.1988 erhoben werden können.

Bl. 266 Termin zur Hauptverhandlung ist bestimmt auf den 25. und 27.3.1989.

Bl. 276 Die Strafkammer des Landgerichts Bonn hält die Haftfortdauer für geboten.

Bl. 82 Eine Person seines Vertrauens nach § 114 b StPO hat der Angeklagte nicht benannt.

Andere Personen befinden sich in dieser Sache nicht in Untersuchungshaft.

2.) Urschriftlich mit 2 Bänden Strafakten - Zweitakten - und 1 Doppel der Zuschrift

der Generalstaatsanwaltschaft*)

Köln

---

*) Vgl. Nr. 1 OrgStA NW; in anderen Bundesländern (z.B. Niedersachsen): Staatsanwaltschaft bei dem Oberlandesgericht ... (Ortsbezeichnung). In Beschwerdesachen gem. § 172 Abs. 1 entscheidet "Der Generalstaatsanwalt"; an ihn sind daher die entsprechenden Berichte zu adressieren, siehe dazu unten 8.

> unter Bezug auf den vorstehenden Vermerk vorgelegt.
>
> <u>Dezernent:</u> Staatsanwalt Kormann
>
> <u>Abteilungsleiter:</u> Oberstaatsanwalt Werner
>
> gez. Kormann
>
> Staatsanwalt

In Haftsachen empfiehlt es sich häufig, von Anfang an Zweitakten (s. auch Nr. 12 Abs. 2, 54 Abs. 3 S. 2 RiStBV), und zwar vollständige, anzulegen, die dann auch zur Akteneinsicht durch den Verteidiger benutzt werden.

<u>Beispiel:</u>

> Staatsanwaltschaft   Aachen, den 27.1.1989
> 10 Js 1020/89
>
> <u>Handakte / S o f o r t !   H a f t !</u>
>
> <u>Vfg.</u>
>
> 1.) Herrn AL zur anl. Vorlageverfügung.
>
> 2.) Vorlageverfügung an die Generalstaatsanwaltschaft gemäß anliegendem Entwurf in Reinschrift fertigen (mit 2 Durchschriften).
>
> 3.) Dies nebst Durchschrift und Entwurf der Vorlageverfügung zu den Handakten.
>
> 4.) Original der Vorlageverfügung mit den darin bezeichneten Anlagen absenden.
>
> 5.) Am 20.2.1989.
>
> gez. Kormann
>
> Staatsanwalt

Erhöhte Arbeitslast und Personalnot haben auch in der Justiz zu der Notwendigkeit geführt, möglichst rationell unter Verwendung von Formularen zu arbeiten. Diesem Erfordernis entspricht die folgende, auf ein Mindestmaß von Angaben reduzierte Vorlageverfügung. In gleicher Weise werden Vorgänge zur Entscheidung über Haftbeschwerden der Generalstaatsanwaltschaft (zur Vorlage an den Strafsenat des Oberlandesgerichts) zugeleitet.

g) Vereinfachte Vorlage gem. §§ 121, 122

Beispiel:

Staatsanwaltschaft   Aachen, den 13.3.1989
20 Js 733/88

                                         S o f o r t !   H a f t !

                                        Durchschrift für HA

                                Vfg.

1.) Vermerk:

    Haftbefehl   Bl. 48

    U-Haftvollzug seit 26.9.1988   Bl. 43

    U-Haftvollzug in JVA Aachen   Bl. 60

    Aktenvorlage - Anordnung des Gerichts   Bl. 128

    Verteidigerin   Bl. 45 - Anschr. Bl. 94

    Personen des Vertrauens gem.
    § 114 b StPO nicht bekannt   Bl.

    Anklageschrift   Bl. 121 ff.

    Eröffnungsbeschluß   Bl. 126

2.) Herrn AL.

3.) Urschriftlich mit 1 Band Strafakten - II. Akten
                 (Az. 20 Js 733/88 StA Aachen)

    der Generalstaatsanwaltschaft

    Köln

    unter Bezug auf vorstehenden Vermerk gemäß §§ 121, 122 StPO
    vorgelegt.

    Dezernent: Staatsanwalt Klaubern

    Abteilungsleiter: Oberstaatsanwalt Hansen

    Die im Haftbefehl erhobenen Vorwürfe sind auch Gegenstand
    der Anklage.

    (   ) Eine Anklage hat erst am _____ erhoben werden
          können.

    (X) Eine Hauptverhandlung ist bisher noch nicht durchge-
          führt worden.

          Termin zur Hauptverhandlung ist auf den 20.4.1989
          anberaumt worden - Bl. 127 -.

4.) Am 20.4.1989.

                                         gez. Klaubern

                                         Staatsanwalt

h) Vorlageverfügung der GStA gem. §§ 121, 122 an das OLG

Generalstaatsanwaltschaft   Köln, den 19.3.1989
HEs 32/89

An das
Oberlandesgericht   Antrag auf Haftfortdauer!
- 2. Strafsenat -

5000 Köln

                        In der Strafsache

                            gegen

den stellungslosen Verkäufer
Peter Münt,
geboren am 6. Juli 1959 in Aachen,
zuletzt wohnhaft Frohnweg 11, 5100 Aachen,
zur Zeit JVA Aachen,

Verteidigerin: Rechtsanwältin Kogge in Aachen,
                    Grünhildstraße 6,

wegen Verstoßes gegen das Betäubungsmittelgesetz

            - 4 Kls 20 Js 733/88 StA Aachen -

werden die Zweitakten mit dem Antrag übersandt,

            gemäß §§ 121, 122 StPO die Fortdauer der Untersu-
            chungshaft anzuordnen.

Der Angeklagte befindet sich in dieser Sache ununterbrochen seit
dem 26.9.1988 aufgrund des Haftbefehls des Amtsgerichts Aachen
- 41 Gs 4333/88 - vom selben Tage in Untersuchungshaft in der
Justizvollzugsanstalt Aachen (Bl. 33, 43, 48, 54 d.A.).

Er ist dringend verdächtig,
in Aachen und anderen Orten von Ende November 1987 bis Februar
1988 zunächst aus Vaals/Niederlande eine nicht geringe Menge Betäubungsmittel, nämlich mindestens 5 kg Haschisch, eingeführt
und weiterveräußert zu haben und anschließend von unbekannten
Lieferanten im Bundesgebiet mindestens weitere 7 kg Haschisch
angekauft und an Dritte weiterveräußert zu haben.

Vergehen und Verbrechen, strafbar gemäß §§ 1, 3, 11 Abs. 1
                    Nr. 6 a, Abs. 4 Nr. 4 BtMG a.F.;
                    §§ 1, 3, 29 Abs. 1 Nr. 1, Abs. 3
                    Nr. 4, 30 Abs. 1 Nr. 4 BtMG n.F.;
                    §§ 73, 74 StGB.

Wegen der Einzelheiten des Sachverhalts und des dringenden Tatverdachts wird Bezug genommen auf die Anklageschrift der Staatsanwaltschaft Aachen vom 26.11.1988 (Bl. 121 d.A.), auf die durch
Beschluß der 10. gr. Strafkammer des Landgerichts Aachen vom
27.12.1988 (Bl. 126, 127 d.A.) das Hauptverfahren eröffnet worden ist. Es besteht der Haftgrund der Fluchtgefahr (§ 112 Abs. 2
Nr. 2 StPO). Der Angeklagte, der seit Februar 1987 ohne feste
Arbeit ist, verfügt über keine ausreichenden persönlichen oder

sonstigen Bindungen, so daß die Gefahr besteht, daß er sich im Falle seiner Entlassung aus der Untersuchungshaft der Strafverfolgung durch Flucht entzieht. Auch hat er mit erheblicher Strafe und dem Bewährungswiderruf der durch Urteil des Amtsgerichts Aachen vom 19.7.1986 gegen ihn wegen fortgesetzten Diebstahls verhängten Freiheitsstrafe von 8 Monaten zu rechnen, so daß der bestehende Fluchtanreiz noch verstärkt wird.

Der Grundsatz der Verhältnismäßigkeit ist angesichts der Höhe der zu erwartenden Strafe gewahrt.

Die Voraussetzungen des § 121 Abs. 1 StPO liegen ebenfalls vor.

Das Verfahren ist mit der in Haftsachen gebotenen Beschleunigung geführt worden. Die durch die Festnahme des Angeklagten und die Sicherstellung von Beweismitteln erforderlichen Ermittlungen sind am 6.10.1988 abgeschlossen gewesen. Weitere Überprüfungen, u.a. bei der Dresdner Bank, waren notwendig (Bl. 67 ff., 77 ff., 106 ff. d.A.). Nachdem die Akten am 20.11.1988 wieder bei der Staatsanwaltschaft Aachen eingegangen waren (Bl. 112 d.A.), ist unter dem 26.11.1988 Anklage erhoben worden (Bl. 112 ff. d.A.).

Termin zur Hauptverhandlung ist auf den 20.4.1989 bestimmt (Bl. 128 d.A.). Aufgrund der Geschäftslage der Kammer kann ein früherer Hauptverhandlungstermin nicht stattfinden (Bl. 132 d.A.).

Die Strafkammer hält die Fortdauer der Untersuchungshaft für erforderlich (Bl. 130 d.A.).

Eine Person seines Vertrauens im Sinne von § 114 b StPO hat der Angeklagte nicht benannt (Bl. 43 d.A.).

Andere Personen befinden sich in dieser Sache nicht in Untersuchungshaft.

gez. Dr. Schreiber

Oberstaatsanwalt

6. Berufung und Revision

Es sollen an dieser Stelle keine Ausführungen zur Berufung und Revision im allgemeinen und zur Revision der Staatsanwaltschaft im besonderen erfolgen. Es sei empfohlen, die Richtlinien für das Strafverfahren zu lesen (Nr. 153 ff.), nach denen der Staatsanwalt gehalten ist, auch eine Berufung, die verfahrensrechtlich keiner Begründung bedarf, zu begründen. Zum Fragenkomplex der Revision wird im übrigen auf folgende Literatur verwiesen: Sarstedt/Hamm, Die Revision in Strafsachen, 5. Aufl. 1983, Dahs/Dahs, Die Revision im Strafprozeß, 3. Aufl. 1984, Amelunxen, Die Revision der Staatsanwaltschaft, 1980, Birmanns/Solbach, Urteil und Beschluß im Strafverfahren (ASSEX), 3. Aufl. 1989, Schönfelder, Strafprozeßrecht (ASSEX), 3. Aufl. 1989.

Mit drei knappen Beispielen soll der Leser einen ersten Einblick gewinnen, wie eine Berufungs- und Revisionsschrift und die dazugehörenden Verfügungen aussehen. Zum besseren Verständnis sei auf folgendes hingewiesen:

§ 344 bestimmt die Anforderungen, die an die Revisionsbegründung gestellt werden. Die Revisionsanträge sind nach Maßgabe des Abs. 1 dieser Vorschrift zu stellen. Aus ihnen ergibt sich, ob das Urteil ganz oder teilweise angefochten und inwieweit seine Aufhebung beantragt wird.

Die Sachrüge kann nach § 344 Abs. 2 in allgemeiner Form erhoben werden; sie bedarf verfahrensrechtlich keiner weiteren Begründung als durch den Satz: "Gerügt wird die Verletzung materiellen Rechts". Nach Nr. 156 Abs. 2 2. Halbs. RiStBV soll jedoch der Staatsanwalt seine Revision stets so rechtfertigen, daß klar ersichtlich ist, in welchen Ausführungen des angefochtenen Urteils er eine Rechtsverletzung erblickt und auf welche Gründe er seine Rechtsauffassung stützt.

Im Falle der Rüge einer Verletzung formellen Rechts ist § 344 Abs. 2 S. 2 zu beachten. Der Beschwerdeführer, der eine Verletzung des Verfahrensrechts geltend machen will, muß nicht nur angeben, daß die Verletzung formellen Rechts gerügt werde, sondern auch die den Verfahrensmangel ergebenden Tatsachen in der Revisionsbegründung so genau und vollständig mitteilen, daß das Revisionsgericht allein aufgrund der Rechtfertigungsschrift prüfen kann, ob ein Verfahrensfehler vorliegt. Nur die Tatsachen, die die schriftliche Revisionsbegründung selbst bezeichnet, sind Gegenstand der revisionsrichterlichen Nachprüfung. Wenn die Revision etwa damit begründet ist, daß ein in der Hauptverhandlung gestellter Beweisantrag zu Unrecht abgelehnt worden sei, so hat die Staatsanwaltschaft den Antrag (also das bestimmte Verlangen) sowie die Beweistatsachen und Beweismittel, den Inhalt des gerichtlichen Ablehnungsbeschlusses und gegebenenfalls die Tatsachen, aus denen sich die Fehlerhaftigkeit dieses Beschlusses ergibt, anzugeben (vgl. Amelunxen, S. 60). Nr. 156 Abs. 3 RiStBV stellt lediglich eine Erläuterung des § 344 Abs. 2 S. 2 dar.

Ist die Revision frist- und formgerecht eingelegt worden, wird die Revisionsschrift dem Beschwerdegegner zugestellt, § 347 Abs. 1 S. 1. Dieser kann gem. § 347 Abs. 1 S. 2 binnen einer Frist von einer Woche, die im übrigen keine Ausschlußfrist ist (vgl. Kleinknecht/Meyer § 347 Rz. 2 m.w.N.), eine Gegenerklärung abgeben. Soweit der Angeklagte oder der Nebenkläger Revision eingelegt und diese auf einen Verfahrensmangel gestützt haben, ist der Staatsanwalt zur Abgabe einer derartigen Revisionsgegenerklärung verpflichtet, wenn weiter anzunehmen ist, daß dadurch die Prüfung der Beschwerde erleichtert wird (Nr. 162 Abs. 2 S. 1 RiStBV). Dabei handelt es sich lediglich um eine Zusammenstellung der den Formalrügen zugrundeliegenden Tatsachen, nicht dagegen um eine inhaltliche Auseinandersetzung mit dem Revisionsvorbringen; ggf. sind dienstliche Äußerungen der Beteiligten einzuholen und Aktenstellen in Ablichtung oder abschriftlich wiederzugeben. Diese Erklärung ist sodann dem Gericht vorzulegen sowie dem Beschwerdeführer oder seinem Verteidiger - regelmäßig formlos - mitzuteilen; ihre Zustellung ist hingegen geboten, wenn sie erhebliche neue Tatsachen oder Beweisergebnisse enthält (vgl. Nr. 162 Abs. 3 RiStBV).

a) Berufung

Vgl. zur Berufung auch Nr. 147 ff. RiStBV.

<u>Beispiel:</u>

Staatsanwaltschaft Aachen   5100 Aachen, den 6.6.1988
13 Ds 4 Js 12/88

<u>Berufungsbegründung</u>

In der Strafsache gegen den Druckereiinhaber Martin Krug aus
5100 Aachen, Eifelstraße 30, geboren am 23.3.1925 in Aachen,

wegen Verleumdung

wird die am 9.5.1988 eingelegte und am 11.5.1988 bei Gericht
eingegangene Berufung (Bl. 150 d.A.) gegen das Urteil des Amtsgerichts Düren vom 4.5.1988 (Bl. 145 ff. d.A.) wie folgt begründet:

Die Freisprechung des Angeklagten von dem in der Anklage gegen
ihn erhobenen Vorwurf wird dem Ergebnis der Beweisaufnahme nicht
gerecht. Nach den Zeugenaussagen in Verbindung mit den Sachverständigengutachten ist vielmehr jeder vernünftige Zweifel daran
ausgeschlossen, daß der Angeklagte der Hersteller und Verbrei-
ter des dem Verfahren zugrundeliegenden Flugblatts gewesen ist.

Die Zeugen Mies und Bruster - zwei an dem Ausgang des Verfahrens
uninteressierte Personen - haben übereinstimmend unter Eid bekundet, daß der Angeklagte der Besteller des zur Herstellung des
Flugblatts verwandten Klischees gewesen sei; jeder Zweifel an
der Identität des Angeklagten sei ausgeschlossen. Diese Angaben
der Zeugen werden durch den objektiven Umstand der entsprechenden Eintragung im Arbeitsbuch sowie die vorhandene Rechnungs-
durchschrift bestätigt (Bl. 89 ff. d.A.).

Es erscheint unverständlich, daß der Strafrichter die Aussagen
der Zeugen in Zweifel gezogen hat. Soweit Widersprüche bestehen, handelt es sich um unwesentliche Angaben zum Randgeschehen,
die sich zwanglos durch den langen Zeitablauf seit der Tat erklären lassen. Der Kernbereich ihrer Tatschilderung und damit
deren Glaubhaftigkeit bleiben davon aber unberührt. Auch die un-
eidliche Aussage des überraschend in das Verfahren eingeführten
Zeugen Peter Krug, eines Bruders des Angeklagten, bot hierzu
keinen Anlaß. Die angeblich völlig sichere Erinnerung dieses
Zeugen an den Zeitpunkt des Aufenthalts des Angeklagten in Hamburg gibt nämlich schon für sich allein betrachtet - ganz abgesehen von dem unüberbrückbaren Gegensatz zu dem übrigen Ergebnis der Beweisaufnahme - Anlaß zu Skepsis. Die Aussagen der
Zeugen Mies und Bruster werden auch durch die Gutachten der
Sachverständigen Heber und Holz gestützt. Beide Sachverständige
haben nämlich - wenn auch mit verschiedenen Graden an Wahrscheinlichkeit bzw. Sicherheit - im Ergebnis übereinstimmend
ausgeführt, daß das Flugblatt aufgrund der Untersuchung der
Vergleichsschriften aus dem Betrieb des Angeklagten stammen
könne bzw. müsse. Die Meinung des Strafrichters, die Gutachter
seien gegenteiliger Auffassung und ihre Erkenntnisse daher für
die Urteilsfindung unergiebig, geht demnach fehl. Im übrigen ist
nochmals darauf hinzuweisen, daß ihre Erkenntnisse nicht - wie
es der Strafrichter getan hat - isoliert, sondern nur im Zusam-

menhang mit dem Ergebnis der weiteren Beweisaufnahme zu bewerten
sind.

Der Freispruch des Angeklagten kann aus diesen Gründen keinen
Bestand haben. Mit der Berufung wird daher die Aufhebung des
erstinstanzlichen Urteils und eine angemessene Bestrafung des
Angeklagten wegen Verleumdung erstrebt.

gez. Dr. Groß

Staatsanwalt

Auch bei Angriffen nur gegen die rechtliche Wertung kann - statt Sprung-
revision - Berufung erfolgen:

Beispiel:

Staatsanwaltschaft   Hamburg, den 29.4.1988
Ls 30 Js 728/88

Berufungsbegründung

In der Strafsache gegen den kaufmännischen Angestellten
Erhard Ehrlich aus Heinsberg
wegen Urkundenfälschung
begründe ich die am 15.2.1988 bei Gericht eingegangene Berufung
der Staatsanwaltschaft vom 13.2.1988 (Bl. 80 d.A.) gegen das
freisprechende Urteil des Schöffengerichts Hamburg vom 10.2.1988
(Bl. 75 ff. d.A.) wie folgt:

Das Amtsgericht verkennt, daß eine Urkundenfälschung auch dann
vorliegt, wenn der Aussteller mit seinem richtigen Namen einen
Vertrag unterzeichnet und den Firmenstempel beifügt, ohne ver-
tretungsberechtigt zu sein (BGHSt 17, 11; Dreher/Tröndle § 267
Rz. 20).

In der Berufungsverhandlung wird daher beantragt werden, unter
Aufhebung des erstinstanzlichen Urteils den Angeklagten wegen
Urkundenfälschung angemessen zu bestrafen.

gez. Fern

Staatsanwalt

Beispiel:

Staatsanwaltschaft   Köln, den 29.4.1988
Ls 30 Js 728/88

Vfg.

1.) Herrn Abteilungsleiter zu anliegender Berufungsbegründung
    m.d.B.u.K.u.B.*) (s. Nr. 14 Abs. 2 Nr. 3 OrgStA).

*) "M.d.B.u.K.u.B." bedeutet "Mit der Bitte um Kenntnisnahme und Billigung".

2.) Berufungsbegründung in Reinschrift fertigen (4fach).

3.) Beglaubigte Ablichtung der Berufungseinlegung vom 13.2.1988 wie Bl. 139 d.A. fertigen (zweifach).

4.) Entwurf und Durchschlag der Berufungsbegründung z.d. HA.

5.) Ablichtung wie Nr. 3.) mit der Berufungsbegründung übersenden an Verteidiger*) Bl. 37 d.A. gegen EB**).

6.) Nachricht von Nr. 5.) an Angeklagten***) Bl. 107 d.A. unter Beifügung von je einer Ablichtung wie Nr. 3.) und 4.).

7.) U. m. A.

dem Amtsgericht - Schöffengericht -

Köln

gemäß § 317 StPO unter Bezugnahme auf anliegende Berufungsbegründung übersandt mit der Bitte um Kenntnisnahme und unmittelbare Weiterleitung des Vorgangs - mit Abgabenachricht nach hier -

an das
Landgericht
- große Strafkammer -

Köln

bei der unter Bezugnahme auf die Berufung vom 13.2.1988 Antrag auf Anberaumung eines Termins zur Hauptverhandlung gestellt wird. Es wird beantragt, die Zeugen und Sachverständigen 1. Instanz zu laden.

8.) 30.6.1988.

gez. Fern

Staatsanwalt

b) Revisionsbegründung (Verletzung materiellen Rechts)

Beispiel:

Staatsanwaltschaft   Köln, den 7.5.1988
20 KLs 10 Js 416/88

Revisionsbegründung

In der Strafsache gegen den Kaufmann Günter Kunz aus Köln

wegen Vergehens gegen das Betäubungsmittelgesetz

---

*) Vgl. §§ 320 S. 2, 35 Abs. 2 S. 2.

**) "EB" bedeutet "Empfangsbestätigung".

***) Daß der Angeklagte von der Übersendung der Berufungsbegründung an den Verteidiger zu benachrichtigen ist, bestimmt § 145 a Abs. 3.

wird die mit Schriftsatz vom 25.2.1988 eingelegte und mit der Verletzung materiellen Rechts begründete Revision (Bl. 195 d.A.) gegen das Urteil der 7. großen Strafkammer des Landgerichts Köln vom 23.2.1988 (Bl. 179 ff. d.A.) wie folgt ergänzend begründet:

Die Strafkammer hat den Angeklagten lediglich wegen versuchten Handeltreibens mit Betäubungsmitteln in einem besonders schweren Fall gem. §§ 1 Abs. 1, 3 Abs. 1 Nr. 1, 29 Abs. 1 Nr. 1, Abs. 2, Abs. 3 Nr. 4 Betäubungsmittelgesetz, Anlage I dazu, verurteilt. Sie hat in diesem Zusammenhang ausgeführt, der Angeklagte habe das Rauschgiftgeschäft mit dem Zeugen Akgün zwar in den Einzelheiten abgesprochen und insbesondere den Auftrag zur Beschaffung der bei einem Zwischenhändler im Ausland befindlichen 10 kg Heroin angenommen, das Geschäft sei jedoch nicht zur Durchführung gelangt, weil der Angeklagte diesen Zwischenhändler nicht habe erreichen können (S. 10 - 12 UA*).

Diese Würdigung der Strafkammer ist rechtlich unzutreffend: Unter Handeltreiben i.S.v. § 29 Abs. 1 Nr. 1 Betäubungsmittelgesetz sind alle eigennützigen Bestrebungen, den Umsatz von Betäubungsmitteln zu ermöglichen oder zu fördern, zu verstehen, also auch die nur gelegentliche oder einmalige, ebenso die bloße vermittelnde Tätigkeit ohne Besitzerlangung (BGHSt 6, 246 f.; 25, 290 f.). Unter die Begehungsform des vollendeten Handeltreibens fällt nicht erst der Abschluß eines schuldrechtlichen Vertrages, sondern schon das Verhandeln, das nach der Absicht des Täters - wie im gegebenen Fall - zum Vertragsabschluß führen soll, unabhängig davon, ob die Ware bereits zur Stelle ist.

Das von dem Angeklagten mit dem Zeugen Akgün abgesprochene, jedoch nicht zur Durchführung gelangte Rauschgiftgeschäft ist daher als vollendete Tat zu werten.

Es wird beantragt,
a) das angefochtene Urteil im Schuldspruch dahin zu ändern, daß der Angeklagte wegen Handeltreibens mit Betäubungsmitteln in einem besonders schweren Fall verurteilt wird,
b) den Strafausspruch mit den dazugehörigen Feststellungen aufzuheben und
c) die Sache im Umfang der Aufhebung zur neuen Verhandlung und Entscheidung an eine andere große Strafkammer des Landgerichts Köln zurückzuverweisen.

gez. Salt

Oberstaatsanwalt

---

*) "UA" bedeutet "Urteilsausfertigung".

<u>Beispiel:</u>

```
Staatsanwaltschaft                              Köln, den 7.5.1988
20 KLs 10 Js 416/88
```

<u>Vfg.</u>

1.) Herrn Abteilungsleiter
    zu anl. Revisionsbegründung m.d.B. um K.u.B. (Nr. 14 Abs. 2
    Ziff. 3 OrgStA).

2.) Revisionsbegründung in Reinschrift fertigen (6fach).

3.) Entwurf und Durchschrift der Revisionsbegründung z.d.HA.

4.) <u>U. m. A.</u>

    dem Landgericht
    - 7. große Strafkammer -

    <u>Köln</u>

    übersandt unter Bezugnahme auf die Revisionsbegründung vom
    heutigen Tage gemäß § 345 Abs. 1 S. 1 StPO und zur weiteren
    Veranlassung gemäß § 347 Abs. 1 StPO.

5.) Am 10.6.1988.

```
                                             gez. Sommer
                                             Staatsanwalt
```

c) Revisionsbegründung (Verletzung formellen Rechts)

<u>Beispiel:</u>

```
Staatsanwaltschaft                           Aachen, den 21.4.1988
4 KLs 50 Js 20/88
```

Revisionsbegründung

In der Strafsache gegen den Arbeiter Oskar Müller
aus Aachen
wegen Raubes
wird die am 23.2.1988 bei Gericht eingegangene Revision vom
20.2.1988 (Bl. 200 d.A.) gegen das Urteil der 4. großen Strafkammer des Landgerichts Aachen vom 19.2.1988 (Bl. 186 ff. d.A.)
wie folgt begründet:

Gerügt wird die Verletzung formellen Rechts. Die Strafkammer hat
gegen § 244 Abs. 3 S. 2 StPO verstoßen.

Der Sitzungsvertreter der Staatsanwaltschaft hat in der Hauptverhandlung vom 19.2.1988 folgenden Beweisantrag gestellt
(Bl. 180 d.A.):

    "Ich beantrage die Vernehmung des Zeugen Heinz Lehmann aus
    Aachen, Adalbertstraße 5. Der Zeuge wird bekunden, daß der

Angeklagte am 1.7.1987, um 19.00 Uhr, das Wohnhaus des Geschädigten Müllejans in Aachen, Trierer Straße 114, verlassen hat."

Die 4. große Strafkammer hat durch Beschluß vom selben Tage
diesen Beweisantrag abgelehnt und zur Begründung ausgeführt
(Bl. 181 d.A.):

"Die Tatsache, die bewiesen werden soll, ist für die Entscheidung aus tatsächlichen Gründen ohne Bedeutung."

Auf diesem Verfahrensverstoß beruht das freisprechende Urteil.
Die Strafkammer hat die Einlassung des Angeklagten, er sei zur
Tatzeit um 18.50 Uhr nicht im Hause des Geschädigten Müllejans
gewesen, als unwiderlegt angesehen; sie hat in diesem Zusammenhang ausgeführt, die Beweisaufnahme habe keine Anhaltspunkte für
die Annahme ergeben, der Angeklagte könne mit der Tat zeitlich
und örtlich in Verbindung gebracht werden. Bei der Ablehnung des
Beweisantrages hat die Strafkammer mithin verkannt, daß die unter Beweis gestellte Tatsache geeignet war, diese örtliche und
zeitliche Beziehung des Angeklagten zur Tat herzustellen.

Es wird beantragt,

das angefochtene Urteil aufzuheben und die Sache zur erneuten
Verhandlung und Entscheidung an eine andere große Strafkammer
des Landgerichts Aachen zurückzuverweisen.

Die Begleitverfügung entspricht der zum vorgehenden Beispiel.

d) Revisionsgegenerklärung

Beispiel:

Staatsanwaltschaft   Aachen, den 4.6.1988
6 Kls 42 Js 615/88

In der Strafsache

gegen den Eisendreher Miarem J a t o s c h , geboren am
5.2.1942 in Zagreb (Jugoslawien), wohnhaft in Düsseldorf,
Neusser Straße 152,
wegen gefährlicher Körperverletzung und Trunkenheit im Verkehr
wird auf die Revisionsbegründung des Verteidigers Dr. Klug in
Düsseldorf vom 22.5.1988 - bei Gericht eingegangen am
24.5.1988 - folgende

Revisionsgegenerklärung

abgegeben:

1) Zur Rüge der fehlenden bzw. unvollständigen Belehrung der
   Zeugen Vladimir Henk senior, Vladimir Henk junior und Maria
   Henk über ein Auskunftsverweigerungsrecht gem. § 55 StPO:

Das Protokoll über die am 20.2.1988 durchgeführte
Hauptverhandlung enthält zu Beginn der Niederschrift

Bl. 300, 301   der Aussage des Zeugen Vladimir Henk senior folgenden Vermerk: "Der Zeuge Henk sen. wurde mit Hilfe des Dolmetschers gem. § 55 StPO belehrt."

Bl. 301, 302   In der Niederschrift über die Vernehmung des Zeugen Henk junior ist ein derartiger Vermerk nicht enthalten.

Bl. 309   Bei der Niederschrift der Aussage der Zeugin Maria Henk ist hingegen wieder vermerkt: "Die Zeugin wurde mit Hilfe des Dolmetschers gem. § 55 StPO belehrt."

Bl. 410   Zur Rüge der Unvollständigkeit der den Zeugen Vladimir Henk senior und Maria Henk erteilten Belehrung hat sich der Vorsitzende des Gerichts, Vorsitzender Richter am Landgericht Dr. Schmidt, wie folgt dienstlich geäußert: "Die Zeugen Vladimir Henk und Maria Henk sind, wie sich aus der Niederschrift (Bl. 301 und 309 d.A.) ergibt, gem. § 55 StPO belehrt worden. Diese Belehrung pflege ich stets in vollständiger Form, also auch unter Hinweis auf die eventuelle Belastung von Angehörigen vorzunehmen. So ist es meiner Erinnerung nach auch hier geschehen."

Bl. 409   Der beisitzende Richter, Richter am Landgericht Appeltz, hat hierzu folgende dienstliche Äußerung abgegeben: "Mir ist nicht mehr erinnerlich, ob bzw. in welchem Umfang die Zeugen Vladimir Henk jun. und Maria Henk über ihr Auskunftsverweigerungsrecht belehrt worden sind."

Bl. 412   Der zweite Beisitzer, Richter am Landgericht Toxe, hat sich wie folgt geäußert: "An den genauen Wortlaut der Zeugenbelehrungen kann ich mich nicht mehr erinnern. Ich habe auch keine Anhaltspunkte dafür, daß die Belehrung der Zeugen nicht ordnungsgemäß erfolgt sein soll."

2) Zur Rüge, der Sitzungsvertreter der Staatsanwaltschaft sei während eines wesentlichen Teils der Hauptverhandlung abwesend gewesen (§§ 226, 338 Nr. 5 StPO)

Bl. 337 f.   Die Niederschrift über die Hauptverhandlung (2. Verhandlungstag vom 22.2.1988) enthält folgende Eintragungen:

"2. Verhandlungstag

Öffentliche Sitzung der   Aachen, 22. Februar 1988
6. großen Strafkammer
des Landgerichts Aachen

Gegenwärtig:
Dieselben Gerichtspersonen
wie an dem ersten Verhandlungtag,
Justizangestellter
als Urkundsbeamter der Geschäftsstelle

Dauer der Hauptverhandlung
von 15.00 Uhr bis 19.10 Uhr
Justizangestellter

In der Strafsache

g e g e n

Jatosch

wegen gefährlicher Körperverletzung und Trunkenheit im Verkehr
begann die Fortsetzung der Hauptverhandlung mit dem Aufruf
der Sache.

Der Vorsitzende stellte fest, daß an Ort und Stelle erschienen waren
der Angeklagte und seine Verteidiger
a) Rechtsanwalt Gust aus Schleiden-Gemünd,
b) Rechtsanwalt Dr. Klug aus Düsseldorf.

Ferner waren die Zeugen Adam und Berta erschienen.

Die Zeugen wurden wie Bl. 1 R des Protokolls vom 1. Verhandlungstag - soweit Klammer - belehrt. Der Zeuge Adam entfernte sich.

Zur Person: Ralf Berta, Polizeibeamter, 37 Jahre, Aachen.

Mit dem Angeklagten nicht verwandt oder verschwägert.

Der Zeuge erläuterte seinen damaligen Standort.

Er erklärte:
Ich habe auf dem Fußgängerüberweg der Trierer Straße mit
Blickrichtung Sötenich gestanden. Dabei habe ich mich etwa
in Straßenmitte befunden. Mein Kollege stand ungefähr in
gleicher Höhe am Fahrbahnrand der Trierer Straße in Blick-
richtung Sötenich. Unser Fahrzeug stand etwa in Höhe des
Nebeneingangs des Geschäfts "Schlecker" auf der Trierer
Straße, und zwar in Richtung Sötenich.

Nunmehr erschien der Vertreter der Staatsanwaltschaft. Er
wurde über die bisherigen Bekundungen des Zeugen Berta
unterrichtet."

3) Zur Rüge, das Gericht habe gegen § 244 Abs. 3 und Abs. 2 StPO
   verstoßen durch Ablehnung des von seinem Verteidiger, Rechtsanwalt Dr. Klug, in dessen Schlußvortrag gestellten Hilfsbe-
   weisantrages auf Durchführung einer Rekonstruktion der Verfolgungsfahrt:

   Bl. 341 Das Protokoll über den Gang der Hauptverhandlung
            (2. Verhandlungstag am 22.2.1988) enthält insoweit
            folgende Eintragungen:

"Die Beweisaufnahme wurde im allseitigen Einverständnis geschlossen.

Nach dem Schlusse der Beweisaufnahme erhielten die Staatsanwaltschaft sowie der Angeklagte und dessen Verteidiger - zu
ihren Ausführungen und Anträgen - das Wort, und zwar der Beschwerdeführer zuerst.

Der Vertreter der Staatsanwaltschaft wiederholte seinen Antrag aus der Sitzung vom 20.2.1988.

Der Verteidiger, RA Dr. Klug, wiederholte ebenfalls den am
1. Verhandlungstag gestellten Antrag,
hilfsweise stellte er den aus der Anlage 2) ersichtlichen
Hilfsbeweisantrag."

Bl. 356   Die Anlage 2) zum Sitzungsprotokoll vom 22.2.1988
          hat, soweit sie den der Rüge zugrundeliegenden
          Hilfsbeweisantrag betrifft, folgenden Wortlaut:

"6 Ks 42 Js 615/88   Anlage 2) zum Pr. v. 22.2.1988

                          Eventualantrag

Für den Fall, daß die Berufung der Staatsanwaltschaft nicht
verworfen werden sollte, stellen wir den

                          A n t r a g

durch Rekonstruktion der Verfolgungsfahrt der Polizei nachzuweisen, daß die erste Angabe der Polizeibeamten, innerhalb
von 5 - 7 Minuten ab Beginn des Fluchtweges den Angeklagten
als Fußgänger aufgegriffen zu haben, unzutreffend ist.

                                        gez.: Dr. Klug"

Über diesen Hilfsbeweisantrag hat die Strafkammer in den Ur-
teilsgründen entschieden (UA S. 23 f.).

                                        gez. Jenssen

                                        Staatsanwalt

```
Staatsanwaltschaft                          5100 Aachen, den 21.4.1988
6 Kls 42 Js 615/88

                               Vfg.*)

1.) Anliegende Revisionsgegenerklärung in Reinschrift fertigen
    (7 Stücke).

2.) Revisionsgegenerklärung zustellen
    an Verteidiger, RAe Gust                          Bl. 216 d.A.
                und Dr. Klug                          Bl. 232 d.A.

3.) U. m. A.

    Herrn Vorsitzenden
    der 6. großen Strafkammer
    des Landgerichts

    Aachen

    mit der Bitte um Kenntnisnahme von der Revisionsgegenerklä-
    rung.

4.) Am 20.5.1988.

                                              gez. Jenssen

                                              Staatsanwalt
```

7. Gnadenverfügungen

a) Ablehnung einer Strafunterbrechung

Beispiel:

Sachverhalt:

Die Hausfrau Gertrud Still verbüßt z.Z. in der JVA Köln eine dreijährige Freiheitsstrafe wegen gemeinschaftlichen Raubes. Sie hat einen Antrag auf Strafunterbrechung mit der Begründung gestellt, zur Aufrechterhaltung ihrer Ehe wolle sie die bevorstehenden Pfingsttage bei ihrem Ehemann verbringen. Zuständig für eine Strafunterbrechung ist die Staatsanwaltschaft als Vollstreckungsbehörde (s. § 4 Abs. 1 Nr. 2 i.V.m. § 41 Abs. 1 GnO NW). (Die Möglichkeit eines Urlaubs nach dem Strafvollzugsgesetz soll in diesem Zusammenhang nicht erörtert werden.)

Der Leiter der JVA Köln hat eine Strafunterbrechung nicht befürwortet (s. § 12 Abs. 1 GnO).

---

*) Bei einigen Staatsanwaltschaften ist eine Gegenzeichnung durch den Abteilungsleiter angeordnet; die Verfügung ist dann entsprechend zu ergänzen.

Der Leitende Oberstaatsanwalt   Aachen, den 24.10.1988
Gns 4/88

<u>E i l t !</u>

<u>Vfg.</u>

1.) Als Gnadensache eintragen und Aktenzeichen oben vermerken.

2.) <u>Vermerk:</u> (s. § 17 Abs. 2 GnO)

Die von der Verurteilten vorgetragenen Gründe vermögen einen
Gnadenerweis nicht zu rechtfertigen. Es handelt sich um fa-
miliäre Schwierigkeiten, die Folge eines jeden Strafvoll-
zugs sind und alle Gefangenen gleichermaßen treffen. Aus
Gründen der Gleichbehandlung aller Gefangenen kann ein Gnadenerweis nicht gewährt werden.

3.) Strafunterbrechung wird nicht gewährt.

4.) Herrn Abteilungsleiter zur gefl. Kenntnisnahme
(s. Nr. 14 Abs. 2 Nr. 5 i.V.m. Abs. 1 Nr. 1 b OrgStA).

5.) Schreiben an Antragstellerin Gertrud Still
z.Z. JVA Köln

<u>Betr.:</u> Ihr Strafunterbrechungsgesuch vom ...

Sehr geehrte Frau Still!

Nach Prüfung des Sachverhalts lehne ich aufgrund der mir
durch den Justizminister erteilten Ermächtigung eine gnadenweise Strafunterbrechung ab. Zwingende, außerhalb des Straf-
vollzugs liegende Gründe, die eine solche nur ausnahmsweise
zu gewährende Vergünstigung rechtfertigen könnten, liegen
nicht vor.

Hochachtungsvoll

6.) 1 Durchschlag des Schreibens wie Nr. 5.) zur
gefl. Kenntnisnahme übersenden
an die JVA Köln
zu Gef.-Buch Nr. 423/88.

7.) Zur Frist in den Vollstreckungsakten.

Der Leitende Oberstaatsanwalt

Im Auftrag

gez. Konta

Staatsanwalt

b) Gewährung von Strafaufschub

Beispiel:

Sachverhalt:

Der Bauarbeiter Hans Stephan war zum 1.12.1988 zum Strafantritt
geladen. Terminarbeiten im Ausland, zu denen er sich gegenüber
seinem Arbeitgeber vor seiner Verurteilung verpflichtet hatte,
dauerten bis Anfang Januar 1989. Um ihm den Erhalt seiner Arbeitsstelle nach seiner Strafverbüßung zu sichern - bei Einhaltung seiner Verpflichtung hatte ihm der Arbeitgeber spätere
Wiedereinstellung zugesagt -, war ihm auf seinen entsprechenden
Antrag hin gemäß § 456 begrenzter Vollstreckungsaufschub gewährt worden bis 12.1.1989.

Die kränkliche, psychisch labile Ehefrau Gertrud Stephan, die
wie ihr Ehemann über keine Angehörigen verfügt, hat zum
20.4.1989 mit ihrer Niederkunft zu rechnen. Ärztliches Attest
liegt vor.

Die von der Staatsanwaltschaft zur Überprüfung beauftragte Gerichtshilfe hat die Angaben des Ehemannes in dessen (erneutem)
Strafaufschubsgesuch überprüft und befürwortet einen gnadenwei-
sen Strafaufschub bis nach der Niederkunft der Ehefrau, die im
übrigen derzeit suizidgefährdet erscheint. Die Ehefrau Gertrud
Stephan hat auch selbst um entsprechenden Strafaufschub für
ihren Ehemann gebeten.

Der Leitende Oberstaatsanwalt   Aachen, den 16.2.1989
8O Gns 26/89
(8O VRs 459/88)

Vfg.

1.) Vermerk:

    a) Tag der Rechtskraft des maßgeblichen (vgl. § 41 Abs. 2
       GnO) Urteils: 12.8.1988, Bl. 384 d.A.; Ladung zum Straf-
       antritt: 1.12.1988.

    b) Bereits bewilligt gemäß § 456 StPO Strafaufschub bis zum
       12.1.1989, Bl. 414 d.A.

    c) Nachprüfung der geltend gemachten Gnadengründe, Bl. 6,
       8 d. GnH.

    d) Kurze Begründung des Strafaufschubs: Nach dem (Bl. 6 d.
       GnH) vorliegenden ärztlichen Attest wird die Ehefrau des
       Verurteilten, die - nach dessen von der Gerichtshilfe
       überprüften Angaben (Bl. 8 d. GnH) - über keine Angehöri-
       gen, die ihr zur Seite stehen können, verfügt, voraus-
       sichtlich am 20.4.1989 niederkommen. Die psychische Labi-

lität der Ehefrau erfordert die Anwesenheit des Ehemannes bis nach der Niederkunft, wie durch weitere ärztliche Atteste überzeugend dargetan.

2.) Herrn AL (s. Nr. 14 Abs. 1 c OrgStA).

3.) Weiterer Strafaufschub wird gemäß § 41 GnO bis zum 10. Mai 1989 einschließlich bewilligt.

4.) Schreiben auf LOStA-Kopfbogen an Gesuchsteller Hans Stephan, Bl. 1 d.A. - zustellen -:

Betrifft: Ihr Strafaufschubgesuch vom 5.1.1989

Sehr geehrter Herr Stephan!

Ihnen wird weiterer Strafaufschub bis zum 10.5.1989 einschließlich bewilligt.
Spätestens am 11.5.1989 haben Sie sich unaufgefordert, entsprechend der Ihnen zugegangenen Strafantrittsladung, zur Strafvollstreckung in der Justizvollzugsanstalt Aachen zu stellen.

Hochachtungsvoll

Im Auftrag

5.) Durchschlag des Schreibens zu Nr. 4.) mit der Bitte um gefällige Kenntnisnahme übersenden an:

a) JVA, Bl. 403 d.A. zum Aufnahmeersuchen vom ...,

b) Hausfrau Gertrud Stephan zugleich als Entscheidung auf ihr Gesuch vom 1.2.1989.

6.) Herrn Rechtspfleger.

Im Auftrag

gez. Konta

Staatsanwalt

c) Stellungnahme für Entscheidung der Gnadenstelle
(§§ 12 Abs. 1 b, 26 GnO NW)

Beispiel:

Sachverhalt wie Beispiel 7 b):

Der zu 6 Monaten Freiheitsstrafe ohne Strafaussetzung zur Bewährung verurteilte Bauarbeiter Hans Stephan hat bei der Gnadenstelle bei dem Landgericht Aachen gnadenweise Strafaussetzung zur Bewährung beantragt unter Hinweis auf den Zustand seiner Ehefrau. Er ist bereits häufig und erheblich vorbestraft.

Mehrfach hat er schon Bewährungszeiten nicht durchgestanden, darunter auch eine ihm gnadenweise eingeräumte.

Staatsanwaltschaft Aachen   Aachen, den 16.2.1989
Gns 6/89 Gnadenstelle
(80 VRs 459/88)

                              Vfg.

1.) U. m. Gnadenheften 80 Gns 26/89 sowie Gns 6/89 und Akten
    80 VRs 459/88

    der Gnadenstelle

    h i e r zu: Gns 6/89

    mit der Anregung übersandt, die beantragte gnadenweise
    Strafaussetzung zur Bewährung abzulehnen.

    Das strafrechtliche Vorleben des Verurteilten rechtfertigt
    keinen Gnadenerweis gemäß § 26 GnO NW.

    Sein mehrfaches Bewährungsversagen - darunter auch eines
    hinsichtlich einer gnadenweise bedingt ausgesetzten Frei-
    heitsstrafe - läßt keinen Anhaltspunkt dafür erkennen, daß
    er ohne Vollstreckung der gegen ihn erkannten Strafe künf-
    tig keine Straftaten mehr begehen wird. Seine persönlichen
    Lebensverhältnisse - die bevorstehende Geburt seines 3. Kin-
    des - vermögen demgegenüber nicht eine andere Wertung zu
    begründen, weil auch die früheren Niederkünfte seiner Ehe-
    frau ihn nicht von weiteren Straftaten abgehalten haben.

    Auf meine Entscheidung vom heutigen Tage im anliegenden
    Gnadenheft 80 Gns 26/89 weise ich hin.

2.) Am 10.3.1989.

                                        gez. Konta

                                        Staatsanwalt

8. Berichte

Berichtsanlässe sind vielfältig. Sie können auf einem "Erlaß" des Justizministers oder einem "Auftrag" des Generalstaatsanwalts oder einer "gemein-
samen Verfügung" des Präsidenten des Oberlandesgerichts und des Generalstaatsanwaltes beruhen. Der Erlaß des Ministers kann auf dem Dienstweg
über den Generalstaatsanwalt oder in Eilfällen unmittelbar an die örtliche
Staatsanwaltschaft ergehen. Andererseits kann sich die Berichtspflicht der
Staatsanwaltschaft aus der allgemeinen Anordnung über Berichtspflichten in
Strafsachen (BeStra) ergeben. Mit Bericht werden dem Generalstaatsanwalt
auch die Vorgänge zur Entscheidung über Beschwerden gegen eine Einstellung
eines Ermittlungsverfahrens, über Einwendungen gegen eine Gnadenentschei-
dung oder einen Bescheid in einer Dienstaufsichtssache vorgelegt.

Nach der "BeStra" ist dem Justizminister in solchen Strafsachen zu berichten, die wegen der Art oder des Umfanges der Beschuldigung, wegen der Persönlichkeit oder der Stellung eines Beteiligten oder aus anderen Gründen
weitere Kreise beschäftigen oder voraussichtlich beschäftigen werden oder
die zu Maßnahmen der Justizverwaltung Anlaß geben könnten. Die generalklau-
selhafte Fassung der Nr. 1 BeStra wird in Nr. 2 differenziert.

Danach ist insbesondere zu berichten:

a) in Strafsachen wegen Mordes,

b) in Strafsachen, an denen im politischen Leben stehende Personen beteiligt sind (Sonderregelung für Abgeordnete),

c) in Strafsachen, die über die örtliche Gerichtsberichterstattung hinaus Gegenstand von Erörterungen in der Presse oder im Rundfunk sind oder voraussichtlich sein werden,

d) in Strafsachen gegen Richter und Justizbeamte des höheren Dienstes wegen Verbrechen oder Vergehen, es sei denn, daß offensichtlich unbegründete Vorwürfe erhoben werden.

Die Form der Berichte richtet sich nach Eilbedürftigkeit und Bedeutung der Sache. Während im Regelfall der Bericht schriftlich auf dem Dienstweg zu erstatten sein wird, kann in besonders eiligen und bedeutsamen Fällen eine fernschriftliche Berichterstattung erforderlich sein. An den Bericht über die Einleitung des Verfahrens mit einer knappen Darstellung des Sachverhalts und einem Hinweis auf die in Betracht kommende rechtliche Beurteilung haben sich die weiteren Berichte mit Ausführungen über alle wesentlichen Untersuchungsergebnisse und Maßnahmen nahtlos anzuschließen. Mit dem letzten Bericht muß zu allen früher erwähnten Taten und in Betracht kommenden Tatbeständen Stellung genommen sein.

Zur technischen Seite ist folgendes zu bemerken:

Unter "Betrifft" oder "Betreff" heißt es: "Ermittlungsverfahren gegen ..." bzw. wenn Anklage erhoben ist: "Strafsache gegen ..."; Anzeigen gegen Abgeordnete werden vor Aufhebung der Immunität als "Anzeigesache ..." bezeichnet (und als AR-Sache geführt).

Bei "Betrifft" ist darauf zu achten, daß der Hinweis, außer dem genannten Beschuldigten würden noch weitere Personen beschuldigt, mit "u.a." (gebräuchlich ist entgegen den orthographischen Regeln - wohl tolerierbar - auch "u.A.") und der, daß weitere Straftaten Gegenstand des Verfahrens sind, mit "u.a." (in Gedanken wird ergänzt ...Delikte) erfolgt.

Früher hatte sich teilweise die Handhabung eingebürgert, bei dem ersten Bericht nach dem Einleitungsbericht als gesonderten Hinweis: "Vorbericht vom ..." und bei allen weiteren Berichten: "Letzter Bericht vom ..." anzuführen. Eine einfachere und durchaus genügende Handhabung ist folgende:

Unter "Bezug" wird beim ersten Bericht die entsprechende Angabe aus der BeStra oder der Erlaß mit Aktenzeichen vermerkt. Bei allen weiteren Berichten heißt es unter "Bezug" "Bericht vom ... zum dortigen Vorgang ... Aktenzeichen des Adressaten". Alle weiteren gesonderten Hinweise, z.B. auf BeStra bzw. den dem ersten Bericht zugrundeliegenden Erlaß, erübrigen sich dann. Wird - ausnahmsweise - auf einen Randbericht des Generalstaatsanwaltes Bezug genommen, ist dieser nach der o.a. Angabe, die mit a) zu bezeichnen ist, unter b) anzuführen.

Ist anzunehmen, daß der Justizminister andere Ressorts unterrichten wird (z.B. bei Verfahren gegen Polizeibeamte den Innenminister), ist dem Bericht eine Berichtsdurchschrift - oder ggf. mehrere - beizufügen.

Der vom Staatsanwalt am häufigsten zu fertigende Bericht ist derjenige, mit dem die Vorgänge auf Beschwerde gegen die Einstellung des Ermittlungsverfahrens vom Leitenden Oberstaatsanwalt dem Generalstaatsanwalt gem. § 172 Abs. 1, § 147 GVG zur Entscheidung vorgelegt werden.

Der Bericht wird vom Dezernenten entworfen, vom Abteilungsleiter gegengezeichnet und vom Behördenleiter (Kopf: LOStA) gezeichnet. Es ist darauf zu achten, daß sich in den Akten ein Durchdruck des Einstellungsbescheides befindet. Ist ein Überstück des Bescheides vorhanden, wird es dem Bericht beigefügt, damit es dem Generalstaatsanwalt für seine Akten zur Verfügung steht.

Der Staatsanwalt hat in dem Übersendungsbericht zu dem Vorbringen in der Beschwerdeschrift Stellung zu nehmen. Die bundeseinheitliche Regelung der Nr. 105 Abs. 2 RiStBV trägt auch dem Umstand Rechnung, daß die Gründe für die Einstellung des Verfahrens in den meisten Fällen nicht in einem ausführlichen Aktenvermerk, sondern nur in dem - häufig recht kurzen - Bescheid an den Antragsteller dargelegt werden. Falls sich der Beschwerdeführer mit neuen Tatsachen oder Beweismitteln sowie mit sachlichen Argumenten gegen die Würdigung im Einstellungsbescheid wendet, ist darauf im Übersendungsbericht einzugehen. Kann das Beschwerdevorbringen erst nach geraumer Zeit geprüft und über die Wiederaufnahme der Ermittlungen entschieden werden, ist dem Generalstaatsanwalt - war die Beschwerde von ihm weitergeleitet worden - wie folgt zu berichten:

> Die Beschwerde kann nicht sofort geprüft werden, weil
>
> - die Akten z.Z. versandt sind,
>
> - die zur Beurteilung erforderlichen Beiakten noch nicht zu erlangen sind,
>
> - die in Aussicht gestellte Begründung noch aussteht.
>
> Zur Begründung der Beschwerde habe ich eine Frist bis zum ... gesetzt.

Ferner empfiehlt es sich, bereits im Übersendungsbericht auf sachliche Beanstandungen hinsichtlich der Sachbehandlung und auf etwa daraufhin bereits getroffene oder vorgesehene Maßnahmen, etwa der Dienstaufsicht, hinzuweisen.

Geht die Beschwerde gegen einen Einstellungsbescheid bei der Staatsanwaltschaft ein und nimmt sie die Ermittlungen wieder auf, bedarf es nach Nr. 105 RiStBV keines Berichtes, erst recht nicht laufender Berichte nach der Anordnung über Berichtspflichten in Strafsachen über den Fortgang der wieder aufgenommenen Ermittlungen und den Abschluß des Verfahrens. Der gegenteilige Hinweis von Kunigk, S. 54, 298, bleibt unverständlich.

Ist die Beschwerde beim Generalstaatsanwalt eingegangen und werden die Ermittlungen von der Staatsanwaltschaft wieder aufgenommen, wird dies dem Generalstaatsanwalt nur kurz mitgeteilt (s. Nr. 105 Abs. 3 RiStBV).

a) Bericht auf Beschwerde gegen die Einstellung des Verfahrens

Beispiel:

Der Leitende Oberstaatsanwalt   Aachen, den 18.10.1988*)
27 Js 423/88

                                                 Handakte

                              Vfg.

1.) Herrn AL.

2.) Herrn LOStA.

3.) Zu berichten an den Generalstaatsanwalt in Köln
    - unter Beifügung der Akten -:

    Betrifft: Beschwerde des Monteurs Walter Peermann in
              5180 Eschweiler**)
              - vertreten durch den bevollmächtigten Rechts-
              anwalt Hermann Groß in 5180 Eschweiler -
              gegen die Einstellung des Verfahrens gegen den
              Rentner Karl Bollig in 5190 Stolberg wegen ge-
              fährlichen Eingriffs in den Straßenverkehr

    Bezug: Nr. 105 Abs. 2 RiStBV

    Berichtsverfasser***): Staatsanwältin Harpers

    Abteilungsleiter: Oberstaatsanwalt Selig

    Anlage: 1 Band Akten

    Auf die oben bezeichnete Beschwerde überreiche ich die Vor-
    gänge.

    Die am 21.9.1988 hier eingegangene und mit anwaltlichem
    Schreiben vom 5.10.1988 weiter begründete Beschwerde rich-
****) tet sich gegen den von Staatsanwältin Harpers verfaßten und
    am 3.9.1988 zur Post aufgegebenen Einstellungsbescheid vom
    27.8.1988.

    Der Beschwerdeführer trägt keine neuen wesentlichen Tat-
    sachen vor und benennt keine Beweismittel, die mir zu einer
    Abänderung der Entschließung der Dezernentin Anlaß geben
    könnten.

---

  *) Das Datum wird bei der Zeichnung durch den Behördenleiter eingesetzt;
     der Dezernent zeichnet lediglich mit Paraphe und Datumsangabe.

 **) In manchen Bezirken wird auch das Datum mitgeteilt.

***) Üblich ist auch hinzuzufügen: "und Dezernentin".

****) In umfangreicheren Vorgängen werden die Blattzahlen am Rand ange-
     geben.

Insbesondere ist es nicht geboten, entsprechend der Anregung
des Beschwerdeführers, den Handelsvertreter Roland Möck nochmals als Zeugen zur Fahrweise des Beschuldigten unmittelbar
vor dem Unfall zu hören. Der Zeuge hat nämlich schon bei
seiner eingehenden polizeilichen Vernehmung am 3.3.1988 bekundet, erst durch die Anstoßgeräusche auf das Unfallgesche-
hen aufmerksam geworden zu sein, nachdem er vorher in eine
andere Richtung geschaut habe. Anhaltspunkte dafür, daß er
entgegen dieser Darstellung die Fahrweise des Beschuldigten
schon vor dem Unfall beobachtet habe, bestehen nicht.

Auch die beantragte Unfallrekonstruktion durch einen ver-
kehrstechnischen Sachverständigen würde nicht zu weiteren
erheblichen Erkenntnissen führen. Hinreichend sichere objektive Feststellungen, auf denen ein Sachverständigengutachten
aufbauen könnte, haben an der Unfallstelle nämlich nicht getroffen werden können.

Im übrigen wiederholt der Beschwerdeführer nur früheres Vorbringen, welches bereits in dem angefochtenen Bescheid gewürdigt worden ist.

4.) Am 2O.12.1988.

Aufgrund des unter C III 5 f schon erwähnten Zwangs zur Rationalisierung
bürgern sich auch hinsichtlich der Vorlagen auf Beschwerden gegen die Einstellung des Verfahrens Vereinfachungen ein.

Beispiel:

Staatsanwaltschaft*)   Hamburg, den 28.10.1988
44 Js 622/88

                              Vfg.

1.) U. m. A.

    Herrn
    Generalstaatsanwalt

    Hamburg

    auf die Beschwerde
    des Anzeigenden Detlef Felix Hartmann
    vom 2.9.1988, eingegangen am 7.9.1988 (Bl. 112 d.A.),
    vorgelegt.

    Die Beschwerde richtet sich gegen den Einstellungsbescheid
    vom 24.8.1988 (Bl. 110 d.A.), der von Staatsanwältin Görtz
    entworfen und von Staatsanwalt Werner gezeichnet ist.

    Der Bescheid wurde dem Beschwerdeführer am 30.8.1988
    (Bl. 111 d.A.) zugestellt.

    Es ist nicht beabsichtigt, das Verfahren wieder aufzunehmen.
    Die Beschwerdebegründung vom 2.10.1988 (Bl. 113 d.A.) bie-

_____

*) In Hamburg anstelle der sonst üblichen Angabe des Behördenleiters

tet keinen Anlaß, von der getroffenen Entscheidung abzuweichen.

2.) Am 10.12.1988.

gez. Dr. Ehrig

Oberstaatsanwalt

b) Bericht gem. Nr. 1 u. 2 (a) BeStra

Beispiel:

Der Leitende Oberstaatsanwalt   Bonn, den 24.2.1989
41 UJs 406/89
                                                 Sofort!

                                                 Noch heute!

Vfg.

1.) Herrn AL.

2.) Herrn LOStA.

3.) Zu berichten - durch Fernschreiben - an den Justizminister
    des Landes Nordrhein-Westfalen in Düsseldorf:

    Betrifft: Ermittlungsverfahren gegen Unbekannt wegen Mordes
              an dem türkischen Staatsangehörigen Mohamed Turgal

    Bezug: Nr. 1 Abs. 1 u. 2 (a) BeStra

    Berichtsverfasser: Staatsanwalt Dr. Berg

    Abteilungsleiter: Oberstaatsanwalt Schumann

    In den Abendstunden des 23.2.1989 wurde in dem Hause Rhein-
    bach, Walterstraße 120, der 21 Jahre alte türkische Bauar-
    beiter Mohamed Turgal erstochen aufgefunden.

    Nach den bisher vorliegenden Erkenntnissen ist davon auszu-
    gehen, daß Turgal, der im Jahre 1987 in die Bundesrepublik
    Deutschland gekommen ist und als Lediger allein in einem
    möblierten Appartement im Mansardengeschoß des bezeichneten
    Hauses wohnte, schon am 21.2.1989 von mindestens 2 Tätern
    getötet worden ist.

    Konkrete Täterhinweise haben sich noch nicht ergeben.

    Es erscheint nicht ausgeschlossen, daß dem Tötungsdelikt
    Auseinandersetzungen im Heimatland des Opfers zugrundegele-
    gen haben. Nach den bisherigen Erkenntnissen hatte Turgal
    nämlich vor Verlassen der Türkei einer Gruppe junger Männer
    angehört, die für die Vergewaltigung eines 14jährigen Mäd-
    chens verantwortlich gemacht wurde. Er soll sein Heimatland
    u.a. aus Furcht vor Racheakten der Familie des Mädchens
    verlassen haben.

Die Ermittlungen werden unter Leitung des Dezernenten für Kapitalsachen von meiner Behörde fortgeführt.

Ich werde weiter berichten.

4.) Zu berichten - durch Fernschreiben - an den Generalstaats- anwalt in Köln:

<u>Betrifft:</u>

<u>Bezug:</u>

<u>Berichtsverfasser:</u>   wie unter 3.)

<u>Abteilungsleiter:</u>

Dem Justizminister des Landes Nordrhein-Westfalen habe ich heute fernschriftlich folgenden Bericht erstattet:

- einrücken den gesamten Text des Fernschreibens unter 3.) -

5.) Durchschrift von 3.) und 4.) dieser Vfg. zu den HA.

6.) Wiedervorlage sodann.

c) Petitionsberichte

aa) Allgemeine Hinweise

Beim Landtag eingehende Petitionsschriften erhalten von der Geschäftsstelle des Präsidenten des Landtags eine Registernummer: z.B. Petition Nr. 34/87. Die Petitionen werden alsdann dem Eingabenausschuß überwiesen. Von dem Vor- sitzenden des Eingabenausschusses wird die jeweilige Petitionsschrift dem- jenigen Fachminister zum Bericht zugeleitet, dessen Ressort durch die Ein- gabe betroffen ist. Im Justizbereich gelangen sie an das Justizministerium.

Vom Justizministerium wird die Petitionsschrift mit Berichtsauftrag an die Mittelinstanz weitergegeben, und zwar an den Oberlandesgerichtspräsidenten oder Generalstaatsanwalt oder - häufig - an den Oberlandesgerichtspräsi- denten u n d den Generalstaatsanwalt, wenn beide Geschäftsbereiche be- troffen sind. Die an den Generalstaatsanwalt gerichteten Berichtsaufträge werden von diesem dem jeweils zuständigen Leitenden Oberstaatsanwalt, die beim Oberlandesgerichtspräsidenten u n d Generalstaatsanwalt eingehenden Aufträge von beiden gemeinschaftlich an den Landgerichtspräsidenten u n d Leitenden Oberstaatsanwalt weitergegeben. Sind mehrere Adressaten aufge- führt, so müssen sich diese untereinander darüber verständigen, wer die Federführung übernimmt. Die federführende Behörde erstellt einen Berichts- entwurf für ihren Dienstbereich und leitet ihn nach Zeichnung durch den Behördenleiter dem Mitadressaten zur etwaigen Ergänzung und Mitunterzeich- nung zu.

Die Abgabe der Stellungnahme zu der Petition und die Stellung des Antrages gegenüber dem Landtag sind Aufgabe des Justizministeriums.

Der Petitionsbericht soll die tatsächliche Grundlage für die Stellungnahme bilden, die das Justizministerium gegenüber dem Landtag abgibt. Er soll eine in sich verständliche Darstellung der Tatsachen enthalten, die für die Entscheidung über das Petitum wesentlich sind. (In der Regel sind ihm die Vorgänge beizufügen. Erfolgt das nicht, sind die Gründe dafür anzuführen.)

Dazu gehören eine knappe Schilderung der Prozeßgeschichte, des Gegenstands des Verfahrens sowie der ergangenen staatsanwaltschaftlichen und richterlichen Entscheidungen; in Strafvollstreckungssachen gehören dazu der Stand der Vollstreckung, die Wiedergabe der sich auf die Vollstreckung beziehenden Anträge - auch der an die Gnadenstelle gerichteten - und die getroffenen Entscheidungen. Längere Ausführungen über die Straftaten des Petenten und über den Verfahrensverlauf sind häufig entbehrlich. Wendet der Petent sich zum Beispiel mit breiten Ausführungen gegen eine einwandfrei in gesetzmäßiger Form ergangene rechtskräftige gerichtliche Entscheidung, so bedarf es einer Auseinandersetzung mit den Einzelheiten der Petition nicht, weil von vornherein feststeht, daß eine Nachprüfung der gerichtlichen Entscheidung durch das Parlament oder die Justizverwaltung im Hinblick auf Art. 97 GG nicht zulässig ist. Jedoch können sich Bemerkungen darüber empfehlen, ob die Ausführungen des Petenten etwa Anlaß geben, von Amts wegen die Wiederaufnahme des Verfahrens zu betreiben oder die Prüfung der Gnadenfrage anzuregen. Eingehende materielle Erörterungen sind auch dann entbehrlich, wenn die Prozeßgeschichte ergibt, daß der Rechtsweg noch nicht erschöpft ist. Entsprechendes gilt, wenn die Petition sich als eine Strafanzeige oder Dienstaufsichtsbeschwerde darstellt, deren Nachprüfung erforderlich ist: In diesen Fällen bedarf es nur des Hinweises, daß die Prüfung veranlaßt worden ist.

Nähere Angaben zu der Person des Petenten sind nur dann erforderlich, wenn sie für die Beurteilung seines Vorbringens, insbesondere seiner Glaubwürdigkeit, notwendig sind (z.B. Querulant). Beruf, Alter und etwaige Vorstrafen (sofern von Bedeutung) sollen angegeben werden. Enthält eine Petition mehrere Beschwerdepunkte, so empfiehlt sich im Regelfall, an die Darstellung einer jeden Beschwerde sogleich die Stellungnahme dazu anzuschließen.

Ausnahmsweise kann es zweckmäßig sein, die Beschwerdepunkte zusammenzufassen und eine Stellungnahme zu dem Gesamtvorbringen folgen zu lassen; dies wird der Fall sein, wenn die Darstellung sonst unübersichtlich wird oder Wiederholungen notwendig wären. Dem Bericht sollen nach Möglichkeit keine Anlagen (Abschriften von Urteilen, Beschlüssen, Bescheiden u.a.) beigegeben werden. Durchweg genügt eine kurze Darstellung ihres Inhalts oder eine auszugsweise Wiedergabe ihres Wortlauts.

In formeller Hinsicht ist zu beachten:

- Der Bericht ist unter Wiederbeifügung der Petitionsschrift und einer Berichtsdurchschrift (für den Petitionsausschuß) an den Justizminister des Landes NW zu richten. Die Erstschrift des Berichts ist also für die Akten des Justizministers bestimmt. Die Zweitschrift wird vom Justizministerium - mit seiner Stellungnahme - an den P e t i t i o n s - a u s s c h u ß weitergeleitet. Außer den im Bericht in Bezug genommenen Anlagen werden dem weiterzuleitenden Berichtszweitstück keine Vorgänge beigefügt. Der Bericht muß deshalb in sich verständlich sein und darf keine Hinweise auf Aktenteile, die nicht in Abschrift beigefügt sind, enthalten. Werden die Akten dem Bericht an den Justizminister beigefügt, so wird auf Blattzahlen verwiesen; werden die Akten nicht beigefügt, so wird auch auf Blattzahlen nicht hingewiesen, denn ihre Angabe wäre ohne Sinn. Die Zweitschrift des Berichts wird in keinem Fall mit Blattzahlen versehen, weil die Vorgänge dem Petitionsausschuß eben nicht vorgelegt werden.

Unter Betrifft ist anzuführen: "Petition des ... vom ... Nr. ..."

Von etwaigen dem Bericht beigefügten Anlagen, auf die im Bericht Bezug genommen ist, müssen der Erstschrift wie allen weiteren Stücken des Berichts Abschriften beigefügt werden, die in allen Berichtsstücken als Anlagen aufgeführt werden.

- Auf der Erstschrift des Berichts wird als Bezug der Erlaß des Justizministers nebst Aktenzeichen vermerkt. Auf der Erstschrift werden auch ergänzende Mitteilungen für den Justizminister angebracht, die nicht für den Petitionsausschuß bestimmt sind, z.B. Hinweise wegen der Aktenbearbeitung. Auf diesem Stück wird auch der Name des Berichtsverfassers und des Abteilungsleiters angegeben. Werden der für die Akten des Justizministeriums bestimmten Erstschrift des Berichts die Vorgänge beigefügt, sind sie auf der Erstschrift als Anlagen aufzuführen.

- Je nachdem, ob der Berichtsauftrag des Justizministers nur über den Generalstaatsanwalt oder über den Oberlandesgerichtspräsidenten u n d den Generalstaatsanwalt erfolgt ist, wird der Bericht an den Justizminister über den Generalstaatsanwalt oder über den Oberlandesgerichtspräsidenten u n d den Generalstaatsanwalt vorgelegt. Im letzteren Falle wird der Bericht mit doppeltem Briefkopf vom Landgerichtspräsidenten u n d dem Leitenden Oberstaatsanwalt erstattet.

- Für den Generalstaatsanwalt und evtl. auch den Oberlandesgerichtspräsidenten ist je eine Berichtsdurchschrift für deren Vorgänge beizufügen. Auf diesen Stücken müssen alle Angaben enthalten sein, die auch auf dem Berichtsstück für den Justizminister stehen. Darüber hinaus können z.B. vom Leitenden Oberstaatsanwalt auf dem Stück für den Generalstaatsanwalt weitere Angaben gemacht werden, die nur diesen betreffen.

  Auf den Berichtsstücken für den Generalstaatsanwalt und den Oberlandesgerichtspräsidenten sind rot zu unterstreichende Vermerke anzubringen, mit denen klargestellt wird, für wen die Berichtsdurchschrift bestimmt ist und welchem Vorgang (Aktenzeichen) sie zuzuordnen ist. Ablichtungen der Petition für Generalstaatsanwalt und Justizminister sind nicht erforderlich.

- In VRs-Sachen wird häufig um k u r z e Unterrichtung über den Stand der Vollstreckung - meist durch Fernschreiben - ersucht. In diesen Fällen genügt es, in besonders knapper Form den Petitionsbericht zu erstatten. Dies geschieht - besteht besondere Eilbedürftigkeit oder hat der Justizminister darum ersucht - durch Fernschreiben an den Justizminister. Dieses Fernschreiben wird nachrichtlich dem Generalstaatsanwalt mitgeteilt.

Beispiel:

         Der Leitende Oberstaatsanwalt   Aachen, den 12. Oktober 1988
         3133 E - 588/88

                              Vfg.

         1.) H. AL.

         2.) H. LOStA.

3.) Zu berichten
- in zwei Stücken und unter Beifügung des Originals der
Petition -
an den JM NW in Düsseldorf
durch den GStA in Köln,
für den eine weitere Berichtsdurchschrift beizufügen ist
mit dem Rotvermerk: "Für die Akten 3133 E - S. 7 des
Generalstaatsanwalts in Köln":

Betrifft: Petition des Heinz Schindler, bisher unbekannten
Aufenthalts, vom 8.9.1988
- Nr. 507/88 -

(Auf dem für den JM bestimmten Erststück des Berichts und
auf dem für den GStA bestimmten Drittstück ist zusätzlich
zu vermerken:

Bezug: Erlaß vom 17.9.1988 - 4121 E - III B. 43/88 -

Berichtsverfasser: Staatsanwalt Sommer

Abteilungsleiter: Oberstaatsanwalt Winter

Anlagen: 1 Petitionsschrift
          1 Berichtsdoppel)

                         I.

Der Petition liegt folgender Sachverhalt zugrunde:

Der Petent, der 34 Jahre alte, ledige Bauhilfsarbeiter
Heinz Schindler, der in den letzten Jahren ein unstetes
Leben geführt hat, erhebt den Vorwurf, die Staatsanwaltschaft Aachen führe gegen ihn ein unbegründetes Ermittlungsverfahren und lasse ihn über Grund und Gegenstand des Verfahrens im unklaren; er bittet um Auskunft über die gegen
ihn erhobenen Beschuldigungen.

Gegen den Petenten, der - soweit bekannt - seit langem keiner geregelten Arbeit nachgeht, ist bei meiner Behörde unter
dem Aktenzeichen 40 Js 77/87 ein Ermittlungsverfahren wegen
zweier Diebstähle, jeweils im besonders schweren Fall, anhängig.

Schindler, der schon mehrfach bestraft worden ist, ist verdächtig,

a) in der Nacht zum 23.7.1987 in Gangelt (Kreis Heinsberg)
   aus einer Baubude nach Aufbrechen der Türverriegelung
   verschiedene Werkzeugteile gestohlen zu haben,

b) in derselben Nacht in Heinsberg in eine Bar eingebrochen
   zu sein und einen Pornofilm entwendet zu haben.

Der Tatverdacht gründet sich darauf, daß der damals in
Roermond (Niederlande) wohnhafte Petent am Morgen des

23.7.1987 von einer Polizeistreife in der Nähe des Tatorts zu b) gesehen worden und bei Annäherung der Beamten geflüchtet ist. Sein PKW, den er zu diesem Zeitpunkt vermutlich abholen wollte, ist kurz darauf ebenfalls in unmittelbarer Nähe der Bar - versteckt hinter einem Gebüsch stehend - entdeckt worden. Daß beide Taten von demselben Täter begangen worden sind, ist eindeutig, weil zum Einbruch in die Bar ein Werkzeug benutzt und dort liegengelassen worden ist, welches zuvor aus der Baubude gestohlen worden war.

Der Petent hat zu dem gegen ihn bestehenden Verdacht bisher noch nicht vernommen werden können.

Ein Rechtshilfeersuchen an die Staatsanwaltschaft Roermond vom 19.8.1987 ist unerledigt geblieben, weil der Petent seine Wohnung am 20.8.1987 aufgegeben hat. Sein weiterer Aufenthalt hat nicht ermittelt werden können. Das Verfahren ist deshalb mit Verfügung vom 20.11.1987 vorläufig eingestellt worden (§ 205 StPO entspr., Nr. 104 RiStBV); zugleich ist die Ausschreibung Schindlers zur Aufenthaltsermittlung veranlaßt worden. Von dem Antrag auf Erlaß eines Haftbefehls hat der Dezernent in vertretbarer Weise abgesehen, weil er Zweifel hinsichtlich der erforderlichen Dringlichkeit des Tatverdachts hatte.

Nachdem sich Anhaltspunkte dafür ergeben hatten, daß sich Schindler in Köln aufhalten könnte, hat die Kriminalpolizei in Köln im April/Mai 1988 auf hiesiges Ersuchen entsprechende Ermittlungen durchgeführt. Diese Ermittlungen, deren Ergebnis negativ gewesen ist, sind dem Petenten offenbar zur Kenntnis gelangt. Mit einem an die Kriminalpolizei in Köln gerichteten Schreiben vom 1.6.1988, welches die Absenderangabe "Heinz Schindler, 5000 Köln 1, Hauptpost (postlagernd)" enthielt, hat er nämlich um Auskunft über den Gegenstand des hiesigen Verfahrens gebeten. Dieses Schreiben ist unter dem 13.6.1988 durch den Dezernenten meiner Behörde beantwortet worden; zugleich mit der erbetenen Information über die gegen ihn erhobenen Vorwürfe ist dem Petenten unter Belehrung über seine Rechte als Beschuldigter anheimgestellt worden, zu dem Tatverdacht Stellung zu nehmen. Dieses Antwortschreiben ist jedoch am 14.7.1988 hierher zurückgelangt, weil der Petent es binnen der vorgeschriebenen Liegefrist nicht bei dem Hauptpostamt in Köln abgeholt hatte.

Es ist demnach bisher bei der vorläufigen Einstellung des Verfahrens und der Ausschreibung Schindlers zur Aufenthaltsermittlung geblieben.

II.

Nachdem Schindler in der Petition eine Wohnanschrift in Köln angegeben hat, bin ich bemüht, ihn dort vernehmen zu lassen. Falls er jetzt tatsächlich in Köln erreichbar sein sollte, wird durch die gebotene Vernehmung zwangsläufig

auch seinem Interesse an Unterrichtung über den Gegenstand
des gegen ihn anhängigen Verfahrens entsprochen werden.

III.

Mit Rücksicht auf die gebotene Förderung des Verfahrens habe
ich von einer Beifügung der Akten 40 Js 77/87 StA Aachen
abgesehen.

4.) Sachakten 40 Js 77/87 trennen und Herrn Dez. vorlegen mit
   der Bitte um Rücksprache.

5.) Am 10.12.1988.

D. Anklage

I. Allgemeines

1. Anklagebefugnisse

Nach § 152 Abs. 1 ist die S t a a t s a n w a l t s c h a f t   zur   E r -
h e b u n g   d e r   ö f f e n t l i c h e n   K l a g e   berufen.

Die Zuständigkeit der V e r w a l t u n g s b e h ö r d e n zur Ahndung
von O r d n u n g s w i d r i g k e i t e n ist kein Eingriff in die
Rechte der Staatsanwaltschaften und Gerichte. Denn eine bloße Ordnungswidrigkeit wird mit Bußgeld (oder mit einer Verwarnung und der Erhebung
eines Verwarnungsgeldes gem. § 56 OWiG) geahndet. Es wird eben keine Strafe
mit Vergeltungscharakter wegen des Vorwurfs verhängt, gegen einen Straftatbestand verstoßen und sich auch sittlich verwerflich verhalten zu haben
(BVerfGE 22, 49, 78). Die Entscheidung, ob eine Straftat vorliegt, trifft
die Staatsanwaltschaft gem. § 44 OWiG, die die Vorlage der Akten von der
Verwaltungsbehörde fordern kann (Göhler § 44 Rz. 6). Die Verwaltungsbehörde
ist an die Entscheidung der Staatsanwaltschaft gebunden.

Die F i n a n z b e h ö r d e ist befugt, gem. §§ 386, 400 AO Antrag auf
Erlaß eines Strafbefehls wegen eines A b g a b e n d e l i k t s zu
stellen. Im Verfahren nach Einspruch gegen den Strafbefehl wirkt die
Staatsanwaltschaft wie bei von ihr erhobenen Anklagen mit (§ 406 AO). Die
Finanzbehörde kann auch gem. § 401 AO den Antrag stellen, die Einziehung
oder den Verfall selbständig anzuordnen. Stellt die Finanzbehörde keinen
Antrag auf Erlaß eines Strafbefehls, gibt sie das Verfahren an die Staats-
anwaltschaft ab, die nunmehr alleinige Herrin des Verfahrens ist.

Der verletzte B ü r g e r kann wegen der im § 374 bezeichneten Delikte
P r i v a t k l a g e erheben. Die Privatklage ist unzulässig, wenn das
Privatklagedelikt in Tateinheit mit einem Offizialdelikt steht. Die Staats-

anwaltschaft kann die Verfolgung jederzeit bis zum Eintritt der Rechtskraft ü b e r n e h m e n (§ 377 Abs. 2), als ob sie die Anklage erhoben
hätte (vgl. zu den Einzelheiten die Anmerkungen bei Kleinknecht/Meyer zu
§ 377). Während nach dem bis zum 31.3.1987 geltenden Recht der Privatkläger - ohne daß weitere Prozeßhandlungen notwendig waren - die Stellung
eines Nebenklägers erhielt, gilt dies ab 1.4.1987 nicht mehr: § 377 Abs. 3
ist aufgehoben (vgl. Art. I Nr. 5 des Opferschutzgesetzes). Die Beteiligung
des früheren Privatklägers als Nebenkläger richtet sich nach §§ 395, 396.

2. Öffentliches Interesse und besonderes öffentliches Interesse

Nach § 152 Abs. 2 gilt das L e g a l i t ä t s p r i n z i p , soweit
nicht aufgrund einzelner Vorschriften das Opportunitätsprinzip anzuwenden
ist, vgl. z.B. §§ 153 ff., 376, § 45 JGG. Der Durchsetzung des Verfolgungs-
zwangs dienen die §§ 336, 258 a StGB, § 146 GVG und § 172. Bei den dem
O p p o r t u n i t ä t s p r i n z i p unterstehenden Privatklagedelikten soll nach § 376 die öffentliche Klage nur erhoben werden, wenn ein
Ö f f e n t l i c h e s   I n t e r e s s e an der Strafverfolgung besteht. Dies liegt vor, wenn der Rechtsfrieden über den Lebenskreis des
Verletzten hinaus gestört ist oder die Strafverfolgung wegen der Schwere
der Tat, der Einstellung des Täters oder der Stellung des Verletzten im
öffentlichen Leben im Interesse der Allgemeinheit geboten ist (vgl. RiStBV
Nr. 86, 87, 233 ff.).

Bei vorsätzlichen und fahrlässigen Körperverletzungen (§ 232 StGB), bei
Eigentums- und Vermögensdelikten mit unbedeutendem Schaden (§§ 248 a, 259,
263, 266, 246 StGB), bei der Sachbeschädigung (§ 303 c StGB) und beim Ex-
hibitionismus (§ 183 StGB) kann der sonst erforderliche Strafantrag dadurch ersetzt werden, daß die Staatsanwaltschaft ein b e s o n d e r e s
öffentliches Interesse an der Strafverfolgung bejaht (eine Entscheidung,
die nach h.M. vom Gericht nicht nachprüfbar ist). Regelmäßig wird dies bei
häufig auftretenden gleichartigen Delikten zu bejahen sein (RiStBV Nr. 234
und 243 Abs. 3). Öffentliches Interesse (z.B. § 376) und besonderes öffentliches Interesse (z.B. § 232 StGB) werden gelegentlich von Referendaren
- leider auch von Staatsanwälten, s. Fehler bei Kunigk (S. 203, 204) -
verwechselt; hier ist besondere Aufmerksamkeit am Platze.

II. Wirkungen der Anklage

1. Voraussetzung des Hauptverfahrens

Die Anklage ist eine prozeßtragende Entscheidung (§ 151): Wo kein Kläger,
da kein Richter! Sie ist V o r a u s s e t z u n g   d e s   H a u p t -
v e r f a h r e n s . Durch Beschluß des Gerichts wird sie zur Hauptverhandlung zugelassen, wodurch das Hauptverfahren eröffnet ist (§§ 203, 207
Abs. 1). Ist eine erheblich mangelhafte Anklage erhoben worden, muß das
Gericht das Verfahren einstweilen aussetzen und die Anklage zur Vervoll-
ständigung zurückreichen. Wird der Mangel nicht behoben, so wird die Eröffnung des Hauptverfahrens abgelehnt (§§ 199 Abs. 1, 204 Abs. 1).

2. Begrenzung der gerichtlichen Untersuchung

Durch die in der Anklage bezeichnete T a t wird die g e r i c h t l i -
c h e   U n t e r s u c h u n g in sachlicher und personeller Hinsicht

b e g r e n z t (§ 155 Abs. 1). Das Gericht ist an das Thema der Anklage gebunden. Innerhalb dieser Grenzen ist das Gericht selbständig (§§ 155 Abs. 2 und 156).

Bis zur Eröffnung des Hauptverfahrens grenzt die Anklage den h i s t o - r i s c h e n V o r g a n g für den Eröffnungsbeschluß ab. Nur den an- geklagten Lebenssachverhalt kann der Richter zur Hauptverhandlung zulas- sen, nicht mehr. Über alle in der Anklage enthaltenen geschichtlichen Vor- gänge muß er entscheiden. Nach der Eröffnung des Hauptverfahrens durch Zulassung der Anklage zur Hauptverhandlung übernimmt gem. § 264 Abs. 1 die durch den Eröffnungsbeschluß zugelassene Anklage - bei abgeänderter Zulas- sung der Eröffnungsbeschluß selbst - diese Funktion für das Hauptverfahren und das Urteil. Die nachgeholte Anklage nach abgeänderter Zulassung (§ 207 Abs. 2 u. Abs. 3) hat keine materielle Bedeutung.

3. Die Tat

Die T a t ist ganz und auf einmal so abzuurteilen, wie sie sich nach dem Ergebnis der Hauptverhandlung darstellt. Mit diesem Grundsatz der Unteil- barkeit des Prozeßgegenstandes stehen die V e r f a h r e n s h i n - d e r n i s s e d e r a n d e r w e i t i g e n R e c h t s h ä n g i g k e i t und des V e r b r a u c h s d e r S t r a f k l a g e in Zusammenhang (vgl. hierzu BGH NJW 53, 273).

Der prozeßrechtliche Begriff der T a t (§§ 155, 264), der auch für das Bußgeldverfahren gilt, ist von "derselben Handlung" des materiellen Rechts zu unterscheiden. Zwar gehören alle Vorgänge, die eine einheitliche Hand- lung i.S.v. § 52 StGB bilden, auch zu einer Tat im prozessualen Sinne (vgl. BGH MDR 81, 456).

Doch können in einer Tat i.S.v. § 264 - und auch i.S.v. Art. 103 Abs. 3 GG - mehrere "Handlungen" i.S.v. §§ 53, 54 StGB enthalten sein, selbst wenn die Staatsanwaltschaft dies verkannt und so Vorgänge nicht in die Anklage aufgenommen hat, die zur Tat gehören. Tat im prozeßrechtlichen Sinn ist eben nicht "die Straftat in ihrer gesetzlichen Vertypung", sondern der einheitliche g e s c h i c h t l i c h e V o r g a n g , wie er sich für die natürliche Auffassung nach zugelassener Anklage darstellt (BGHSt 5, 277; 22, 385; BGH NStZ 83, 87; vgl. auch Kleinknecht/Meyer § 264 Rz. 2).

Ist der Angeklagte wegen einer Tat verurteilt worden, wenn auch nur wegen eines Straftatbestandes, so erstreckt sich die Rechtskraft auf alle anderen mit der Tat verwirklichten Delikte, weil sie eben den gesamten geschicht- lichen Vorgang mit allen Tatbestandsverwirklichungen erfaßt. Zu beachten ist § 373 a, durch den die Wiederaufnahme eines durch Strafbefehl abge- schlossenen Verfahrens erleichtert wird.

Beispiel: Anklage und Verurteilung sind nur wegen Vergewaltigung gem. § 177 StGB erfolgt, obwohl der Täter sich auch einer tatein- heitlich begangenen Körperverletzung strafbar gemacht hat, da er sein Opfer über die zur Erzwingung des Geschlechtsverkehrs erforderliche Gewalt hinaus mit den Fäusten ins Gesicht ge- schlagen hat. Die Rechtskraft ergreift auch die in der Tat liegende Körperverletzung.

Das gleiche wäre der Fall, wenn der Angeklagte nur wegen Körperverletzung angeklagt und verurteilt worden, die begangene Vergewaltigung aber unbekannt geblieben wäre: Wegen der Rechtskraftwirkung wäre eine Verfolgung hinsichtlich der Vergewaltigung nicht mehr möglich. (Im Strafbefehlsverfahren wäre § 373 a anwendbar.)

Ist der Angeklagte wegen fahrlässiger Straßenverkehrsgefährdung gem. § 315 c Abs. 1 Nr. 1 a, Abs. 3 StGB verurteilt worden, so ergreift die Rechtskraft auch das unbekannt gebliebene unerlaubte Entfernen vom Unfallort gem. § 142 StGB, das zwar in Tatmehrheit zu § 315 c Abs. 1 Nr. 1 a, Abs. 3 StGB steht, jedoch zu einem historischen Vorgang und damit zu einer Tat im prozessualen Sinne gehört (BGHSt 24, 185; 25, 72; OLG Köln NJW 81, 2367).

Noch weitreichender sind die Folgen der Rechtskraft bei der fortgesetzten Tat: Auch die nicht bekannten, in den Fortsetzungszusammenhang fallenden Straftaten, die bis zur letzten Tatsacheninstanz zur Schuldfrage begangen worden sind, können nicht mehr verfolgt werden (BGHSt 9, 324: Für die nach der ersten Tatsacheninstanz begangenen Teilhandlungen gilt bei Berufung des Angeklagten das Verbot der reformatio in peius nicht). Andererseits vermag die Rechtskraft eines Vor-Urteils, in dem die Voraussetzungen einer fortgesetzten Handlung verneint und mehrere selbständige Einzeldelikte angenommen worden sind, in einem späteren Verfahren nicht eine Einstellung wegen Verbrauchs der Strafklage zu verhindern, wenn der Richter des neuen Verfahrens der Überzeugung ist, die bereits abgeurteilten Delikte seien als fortgesetzte Handlung zu bewerten gewesen und die neu angeklagten Taten fielen in den Rahmen dieser fortgesetzten Handlung (str., vgl. BGH NJW 85, 1173).

Zwei Entscheidungen, eine des BGH (5 StR 284/73) und eine andere des OLG Zweibrücken (NJW 75, 128), machen deutlich, wie einschneidend die Folgen der Rechtskraft sein können und wie sehr sich der Staatsanwalt um eine Aufklärung bemühen muß, will er eine gerechte Verurteilung herbeiführen: Verfahren anderer Behörden, die - nach Einspruch gegen den Bußgeldbescheid - wegen einer begangenen Ordnungswidrigkeit mit gerichtlicher Entscheidung abgeschlossen werden, oder eine Strafsache mit geringem Kriminalitätsgehalt hindern die Verfolgung schwerer krimineller Taten. Unter Umständen kann die gerichtlich geahndete Ordnungswidrigkeit, z.B. ein Verstoß gegen das Kartellgesetz, oder die Ahndung eines Steuerdelikts, z.B. bei einer Abschreibungsgesellschaft, die Verfolgung derselben Täter wegen Betruges zum Nachteil der Gesellschafter verhindern (§ 84 Abs. 2 OWiG).

Beispiel: Gegen einen Autofahrer wird durch den Strafrichter in der auf den Einspruch gegen den Bußgeldbescheid folgenden Hauptverhandlung rechtskräftig ein Bußgeld verhängt, weil er eine Kreuzung bei Rotlicht überfahren hat. Später stellt sich eine Gefährdung des Straßenverkehrs gem. § 315 c StGB heraus. Diese kann nun nicht mehr verfolgt werden.

Zum Strafklageverbrauch für Diebstahlstaten, bei deren Begehung der Täter ein Kraftfahrzeug ohne Fahrerlaubnis gefahren hat und deshalb rechtskräftig verurteilt worden ist, vgl. die informative Entscheidung BGH MDR 81, 417: Liegt Tateinheit zwischen Diebstahl und Fahren ohne Fahrerlaubnis vor, so tritt Strafklageverbrauch ein. Sonst "sachlichrechtlich selbständige Handlungen bilden vielmehr nur dann eine Tat im Sinn des § 264, wenn die einzelnen Handlungen nicht nur äußerlich ineinander übergehen, sondern wegen der ihnen zugrundeliegenden Vorkommnisse unter Berücksichtigung ihrer strafrechtlichen Bedeutung auch innerlich derart miteinander verknüpft sind, daß der Unrechts- und Schuldgehalt der einen nicht ohne die Umstände, die zu der anderen Handlung geführt haben, richtig gewürdigt werden kann und ihre getrennte Würdigung und Aburteilung als unnatürliche Aufspaltung eines einheitlichen Lebensvorgangs empfunden wird", was in aller Regel bei Fahren ohne Fahrerlaubnis und Diebstahlshandlungen nicht der Fall ist (vgl. auch BGHSt 29, 288, 296; 35, 14, 19; 35, 60, 64).

Instruktiv ist eine jüngst ergangene Entscheidung des BGH (16.3.1989, 4 StR 60/89). Es ging um die Frage, ob eine durch Strafbefehl abgeurteilte Tat des Waffenbesitzes und des Führens einer Waffe am 17.1.1986 mit einer am 11.12.1984 begangenen versuchten räuberischen Erpressung, bei der die Waffe eingesetzt worden war, zu einem einheitlichen geschichtlichen Vorgang gehören. Der BGH hat dies verneint, weil die beiden Delikte nach Tatbild, Tatobjekt, Tatzeit und Tatort erheblich voneinander abweichende Geschehnisse und bei natürlicher Betrachtungsweise voneinander abgegrenzt seien.

4. Umgestaltung und Erweiterung der Anklage

Der in der zugelassenen Anklage (im Strafbefehlsverfahren im Strafbefehl gem. § 411) angeklagte Lebensvorgang wird sich in der Hauptverhandlung oft anders darstellen. Dieses Ergebnis ist bei der Urteilsfindung zugrundezulegen (§ 264 Abs. 1 u. 2). Durch das Gericht ist die den Gegenstand der Hauptverhandlung bildende S t r a f k l a g e u m z u g e s t a l t e n . Die einheitliche und vollständige Erfassung der Tat ist bedeutsam für

- die Begrenzung der Rechtshängigkeit,
- die Abgrenzung der Untersuchung und Entscheidung sowie
- die materielle Rechtskraft.

Beispiel: Anklage wegen § 223 a StGB. Nach Eröffnung des Hauptverfahrens stirbt das Opfer an der vorsätzlich beigebrachten Verletzung. Das Gericht hat vor Beginn der Hauptverhandlung gem. § 225 a, nach Beginn gem. § 270, § 74 GVG die Sache an das zuständige Gericht (die Schwurgerichtskammer) zu verweisen. Dieses hat den Tod als zum angeklagten Lebensvorgang gehörig in die tatsächliche und rechtliche Würdigung einzubeziehen (§ 226 StGB).

Daraus ergibt sich, daß ein bestimmter, durch die zugelassene Anklage begrenzter Sachverhalt, der strafbare Handlungen bestimmter Personen enthält,

- a u f g e k l ä r t werden muß nach allen t a t s ä c h l i c h e n
  (§ 244 Abs. 2) Gesichtspunkten und

- zu e n t s c h e i d e n ist nach allen r e c h t l i c h e n
  (§ 265) Gesichtspunkten.

a) Innerhalb des historischen Vorgangs, wie er sich nach der zugelassenen Anklage (vgl. §§ 203, 207) darstellt, kann sich - ohne bedeutsame tatsächliche Umgestaltung - die r e c h t l i c h e B e u r t e i l u n g ä n d e r n . Dann ist vom Vorsitzenden des Gerichts (Hinweise des Verteidigers oder des Staatsanwalts genügen nicht) auf die V e r ä n d e - r u n g d e r r e c h t l i c h e n G e s i c h t s p u n k t e hinzuweisen (§ 265 Abs. 1). Ein solcher Hinweis (der Nachweis kann nur durch das Protokoll geführt werden, §§ 273, 274) ist erforderlich, wenn sich das in der Anklage angeführte Delikt ändert (auch wenn es milder ist; vgl. zu den Einzelheiten Kleinknecht/Meyer § 265 Rz. 6) oder eine im Wesen verschiedene Begehungsform desselben Delikts oder andere Teilnahme- oder Konkurrenzformen angenommen werden.

Beispiel: Wechsel vom engeren Mißbrauchstatbestand zum Treubruchstatbestand; bei Annahme von fortgesetzter Tat statt Einzeltat, von Fahrlässigkeit statt Vorsatz.

Ein Hinweis ist aber nicht erforderlich, wenn statt der Körperverletzung mittels eines anderen gefährlichen Werkzeugs dem Angeklagten nunmehr zur Last gelegt wird, dem Opfer die Körperverletzung mit einem Messer zugefügt zu haben.

Nach § 265 Abs. 2 ist in gleicher Weise zu verfahren, wenn sich erst in der Verhandlung vom Strafgesetz besonders vorgesehene U m s t ä n d e ergeben, die die S t r a f b a r k e i t e r h ö h e n oder die A n o r d n u n g einer M a ß r e g e l der Besserung und Sicherung r e c h t f e r t i g e n .

Beispiel: Dem Angeklagten wird Diebstahl gem. § 242 StGB zur Last gelegt. Während der Hauptverhandlung gesteht er, daß er in ein Gebäude eingestiegen ist (Hinweis auf § 243 Abs. 1 Nr. 1 StGB).

Falls es infolge der geänderten Sachlage zur Vorbereitung der Anklage oder der Verteidigung a n g e m e s s e n erscheint, ist gem. § 265 Abs. 3 u. 4 die Hauptverhandlung auszusetzen (das Gericht trifft also eine Ermessensentscheidung).

b) Es können sich innerhalb der zur Aburteilung stehenden Tat wesentliche t a t s ä c h l i c h e G e s i c h t s p u n k t e - und nur diese, also nicht auch die rechtlichen - ändern. Auch dann ist entsprechend § 265 - über den Wortlaut dieser Vorschrift hinaus - darauf hinzuweisen, daß sich die tatsächlichen Gegebenheiten verändert haben.

Beispiel: Als Tatzeit ist in Anklage, Eröffnungsbeschluß und dem ersten Teil der Beweisaufnahme 24.00 Uhr, später jedoch 22.00 Uhr angenommen worden.

Der Angeklagte soll auf die Notwendigkeit, seine Verteidigung umzustellen (Alibi!), eindringlich hingewiesen werden (vgl. BGH NJW 63, 1115, NStZ 81, 190). Auch in diesem Fall ist § 265 Abs. 3 u. 4 anzuwenden (vgl. BGHSt 8, 92; 19, 141; 28, 196). Im Beschluß des BGH vom 8.3.84 - 2 StR 829/83 - heißt es hierzu: "Hat ein Angeklagter für den in der Anklage genau bezeichneten Zeitpunkt ein Alibi, so darf das Gericht keine andere Tatzeit feststellen, ohne den Angeklagten vorher auf diese Möglichkeit hinzuweisen." Außer bei Änderung der Tatzeit wird ein förmlicher Hinweis jedenfalls noch erforderlich sein bei Ausweitung einer fortgesetzten Handlung auf neue Fälle. Sonst genügt eine formlose Unterrichtung des Angeklagten auf Änderungen der tatsächlichen Urteilsgrundlagen (vgl. KK § 265 Rz. 24).

Zu beachten ist auch folgendes: Hat das Gericht gem. § 154 a Abs. 2 das Verfahren beschränkt, dann darf es die ausgeschiedenen Teile der Tat ohne förmliche Einbeziehung in das Verfahren nur dann zu Lasten des Angeklagten verwerten, wenn es ihn vorher ausdrücklich auf diese Möglichkeit hingewiesen hat (vgl. KK § 154 a Rz. 21 m.w.N.).

c) Sowohl die Tatsachen als auch die rechtliche Beurteilung können sich (innerhalb desselben historischen Vorgangs) ändern oder umgestalten. Dann sind entsprechend § 265 doppelte Hinweise notwendig. Z.B. kann sich eine als Tötung durch Ertränken angeklagte Tat nach dem Ergebnis der Hauptverhandlung als Beihilfe zur Tötung durch Unterlassen darstellen. Es handelt sich aber dennoch um dieselbe Tat (eindringliche Beispiele für eine solche Umgestaltung bietet BGH JZ 55, 343). Treten in der Hauptverhandlung neue Umstände hervor, die die Anwendung eines schwereren Strafgesetzes zulassen oder zu den in § 265 Abs. 2 bezeichneten Folgen führen können, so i s t (das Gericht ist also verpflichtet) die Hauptverhandlung gem. § 265 Abs. 3 auszusetzen, wenn der Angeklagte die Umstände bestreitet und die Aussetzung beantragt.

d) Will der Staatsanwalt in der Hauptverhandlung die Anklage auf w e i - t e r e   T a t e n im prozessualen Sinne (so ist der Begriff "weitere Straftaten" in § 266 zu verstehen, vgl. Achenbach MDR 75, 19) erstrecken, also andere, neue Lebenssachverhalte in die Hauptverhandlung einbeziehen, hat er gem. § 266 N a c h t r a g s a n k l a g e (auf die Einzelheiten wird unten näher eingegangen) zu erheben.

Beispiel: Während einer Schwurgerichtsverhandlung wegen versuchten Totschlags gesteht der Angeklagte, vor dem Tötungsversuch an seiner Ehefrau seiner bei ihm lebenden Schwiegermutter Gift beigebracht zu haben, damit diese in ein Krankenhaus eingeliefert werde. Nachtragsanklage erfolgt wegen des Vorwurfs, sich nach § 229 StGB strafbar gemacht zu haben, und zwar durch eine weitere Tat.

III. Anklagearten

Sind die Ermittlungen abgeschlossen und haben sie genügenden Anlaß (§ 170 Abs. 1) zur Erhebung der öffentlichen Klage gegeben, so hat die Staatsanwaltschaft verschiedene Möglichkeiten, eine gerichtliche Entscheidung über die von ihr dem Beschuldigten zur Last gelegte Straftat herbeizuführen. Die Übersicht auf der folgenden Seite ermöglicht einen ersten Überblick.

1. Anklage gem. § 200

Der Staatsanwalt kann Anklage durch Einreichung einer A n k l a g e - s c h r i f t erheben. Ihren Inhalt legen §§ 199 Abs. 2, 200 fest. Läßt das Gericht die Anklage in geänderter Form (§ 207 Abs. 2) zur Hauptverhandlung zu, so hat es den Beschluß entsprechend zu fassen. Gleichwohl hat die Staatsanwaltschaft in den Fällen des § 207 Abs. 2 Nr. 1 u. 2 eine dem Beschluß entsprechende neue Anklageschrift vorzulegen (§ 207 Abs. 3). Diese Anklage ist jedoch nur nachgeholte Form, sie hat keine konstitutive Bedeutung.

Bis zum Eröffnungsbeschluß kann die Anklage zurückgenommen werden (§ 156).

2. Nachtragsanklage

N a c h t r a g s a n k l a g e gem. § 266 Abs. 1 u. 2 wird - wie bereits oben ausgeführt - erhoben, wenn eine weitere Tat in die Hauptverhandlung einbezogen werden soll. Sie kann schriftlich unter mündlichem Vortrag

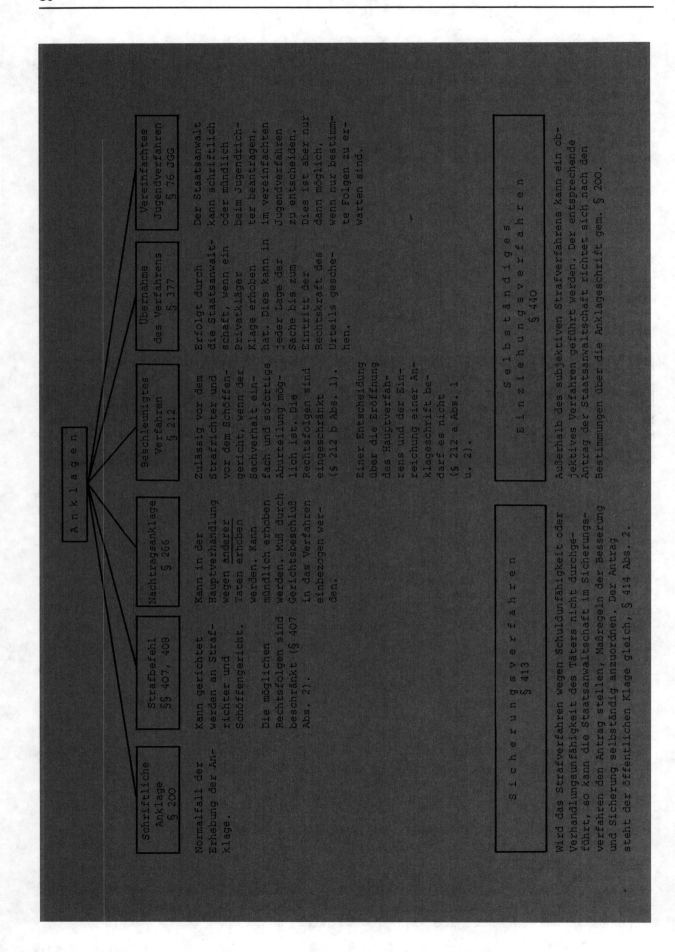

A n k l a g e n

| Schriftliche Anklage § 200 | Strafbefehl §§ 407, 408 | Nachtragsanklage § 266 | Beschleunigtes Verfahren § 212 | Übernahme des Verfahrens § 377 | Vereinfachtes Jugendverfahren § 76 JGG |

Schriftliche Anklage § 200

Normalfall der Erhebung der Anklage.

Strafbefehl §§ 407, 408

Kann gerichtet werden an Strafrichter und Schöffengericht.

Die möglichen Rechtsfolgen sind beschränkt (§ 407 Abs. 2).

Nachtragsanklage § 266

Kann in der Hauptverhandlung wegen anderer Taten erhoben werden. Kann mündlich erhoben werden. Muß durch Gerichtsbeschluß in das Verfahren einbezogen werden.

Beschleunigtes Verfahren § 212

Zulässig vor dem Strafrichter und vor dem Schöffengericht, wenn der Sachverhalt einfach und sofortige Aburteilung möglich ist. Die Rechtsfolgen sind eingeschränkt (§ 212 b Abs. 1).

Einer Entscheidung über die Eröffnung des Hauptverfahrens und der Einreichung einer Anklageschrift bedarf es nicht (§ 212 a Abs. 1 u. 2).

Übernahme des Verfahrens § 377

Erfolgt durch die Staatsanwaltschaft, wenn ein Privatkläger Klage erhoben hat. Dies kann in jeder Lage der Sache bis zum Eintritt der Rechtskraft des Urteils geschehen.

Vereinfachtes Jugendverfahren § 76 JGG

Der Staatsanwalt kann schriftlich oder mündlich beim Jugendrichter beantragen, im vereinfachten Jugendverfahren zu entscheiden. Dies ist aber nur dann möglich, wenn nur bestimmte Folgen zu erwarten sind.

Sicherungsverfahren § 413

Wird das Strafverfahren wegen Schuldunfähigkeit oder Verhandlungsunfähigkeit des Täters nicht durchgeführt, so kann die Staatsanwaltschaft im Sicherungsverfahren den Antrag stellen, Maßregeln der Besserung und Sicherung selbständig anzuordnen. Der Antrag steht der öffentlichen Klage gleich, § 414 Abs. 2.

Selbständiges Einziehungsverfahren § 440

Außerhalb des subjektiven Strafverfahrens kann ein objektives Verfahren geführt werden. Der entsprechende Antrag der Staatsanwaltschaft richtet sich nach den Bestimmungen über die Anklageschrift gem. § 200.

ihres Inhalts in der Hauptverhandlung oder mündlich erhoben werden. Im letzteren Fall sind im Protokoll der Anklagesatz und die Beweismittel aufzunehmen (§§ 266 Abs. 2, 200 Abs. 1). Im ersteren Fall ist die schriftliche Anklage, bestehend aus Anklagesatz und Angabe der Beweismittel, zum Protokoll zu nehmen.

Das Gericht kann die weiteren Taten in die Hauptverhandlung einbeziehen, wenn es zuständig ist und der Angeklagte zustimmt (zweifelhaft für die Berufungsinstanz, weil dem Angeklagten eine Instanz verlorengeht; str., vgl. Löwe/Rosenberg § 266 Rz. 11 m.w.N.; da der Angeklagte der Einbeziehung z u s t i m m e n muß, überzeugt das vorgebrachte Argument des Verlustes einer Instanz nicht, vgl. KMR § 266 Rz. 3).

Für eine Nachtragsanklage ist kein Raum, wenn sich nur ein größerer Umfang der angeklagten fortgesetzten Handlung ergibt, weil das keine weitere Taten i.S. des Verfahrensrechts sind (in diesem Fall ist nach § 265 Abs. 4 zu verfahren).

3. Antrag auf Aburteilung im beschleunigten Verfahren

Der Antrag auf Aburteilung im b e s c h l e u n i g t e n V e r f a h r e n nach § 212 kann gestellt werden, wenn der Sachverhalt einfach und die sofortige Aburteilung möglich ist. Die Überführung des Täters muß also mit geringem Aufwand an sofort zur Verfügung stehenden Beweismitteln möglich sein. Eine schriftliche Anklage ist verfahrensrechtlich nicht erforderlich, soll aber nach Möglichkeit gefertigt werden (Nr. 146 Abs. 2 RiStBV). Wird Anklage nur mündlich in der Hauptverhandlung erhoben, so ist ihr wesentlicher Inhalt gem. § 212 a in das Protokoll aufzunehmen.

Die Rechtshängigkeit tritt mit Vernehmung des Angeklagten zur Sache ein. Dann kann die Anklage nicht mehr zurückgenommen werden.

Im beschleunigten Verfahren und im Strafbefehlsverfahren (vgl. dazu unten VI 2 und 3) gibt es den positiven Eröffnungsbeschluß nicht, der auf die Anklage gem. § 200 das Hauptverfahren eröffnet (§§ 203, 207).

Eine höhere Strafe als Freiheitsstrafe von 1 Jahr oder eine Maßregel der Besserung und Sicherung - mit Ausnahme der Entziehung der Fahrerlaubnis - darf im beschleunigten Verfahren nicht verhängt werden (§ 212 b Abs. 1).

Gegen einen Jugendlichen darf gem. § 79 JGG weder ein Strafbefehl erlassen noch im beschleunigten Verfahren verhandelt werden.

4. Antrag auf Erlaß eines Strafbefehls

Gem. §§ 407, 408, 408 a, 409 kann Antrag auf Erlaß eines S t r a f b e f e h l s gestellt werden (aber nicht gegen Jugendliche!).

Ein Strafbefehl darf nur erlassen werden, wenn es sich um Vergehen handelt (§ 407 Abs. 1). Durch ihn dürfen n u r die in § 407 Abs. 2 bezeichneten Rechtsfolgen festgesetzt werden.

Durch den Antrag auf Erlaß des Strafbefehls wird die öffentliche Klage erhoben. Demgemäß hat der Strafbefehl nach Einspruch die Funktion einer Anklageschrift, deren Tenor in der Hauptverhandlung gem. § 243 Abs. 3 zu verlesen ist. Die Klage und auch der Einspruch gegen den Strafbefehl, der gem. § 410 Abs. 2 auf bestimmte Beschwerdepunkte beschränkt werden kann, können gem. § 411 Abs. 3 bis zur Verkündung des Urteils im ersten Rechtszug zurückgenommen werden, aber nur mit Zustimmung des Gegners (§§ 411 Abs. 3 S. 2, 303); dies gilt jedoch gem. § 411 Abs. 3 S. 3 nicht im Verfahren gem. § 408 a.

5. Übergang vom Bußgeld- zum Strafverfahren

Der Gesetzgeber hat mit der Vorschrift des § 81 OWiG eine verfahrensrechtlich vereinfachte Möglichkeit geschaffen, ohne Anklageerhebung durch richterlichen Hinweis vom Bußgeldverfahren ins Strafverfahren überzugehen und damit das Verfahren wegen einer Straftat anhängig zu machen. Mit dem Hinweis erhält der Betroffene die Rechtsstellung des Angeklagten (§ 81 Abs. 2 OWiG). Das Gericht hat gem. § 81 OWiG den gesamten Sachverhalt nicht nur im Rahmen des Ordnungswidrigkeitenrechts, sondern auch unter dem Gesichtspunkt einer möglichen Straftat tatsächlich und rechtlich voll auszuschöpfen. Ergibt sich im Laufe des Verfahrens ein hinreichender Verdacht dafür (Nr. 290 RiStBV; Göhler § 81 Rz. 2, 8), daß die Tat im verfahrensrechtlichen Sinne außer oder statt als Ordnungswidrigkeit auch als Straftat zu werten ist, so ist ein Hinweis gem. § 81 Abs. 2 S. 1 OWiG zu erteilen.

Der Hinweis, der der Regelung des § 265 nachgebildet ist, erfolgt durch das Gericht von Amts wegen oder auf Antrag der Staatsanwaltschaft. Stellt die Staatsanwaltschaft den Antrag auf Erteilung des Hinweises (siehe dazu Nr. 290 RiStBV), so ist das Gericht (anders als bei der Regelung des § 265 StPO) verpflichtet, dem Antrag zu entsprechen, also ins Strafverfahren überzugehen. Das Gericht darf also den beantragten Hinweis nicht mit der Begründung ablehnen, es bestehe kein hinreichender Tatverdacht oder es bestünden rechtliche Bedenken am Vorliegen einer Straftat; denn im Falle einer Weiterführung des Verfahrens und Verurteilung nur wegen der Ordnungswidrigkeit wäre gem. § 84 Abs. 2 OWiG die Strafklage auch hinsichtlich der möglichen Straftat verbraucht, so daß die Staatsanwaltschaft in einem derartigen Fall wegen der sehr eingeschränkten Rechtsmittelmöglichkeit im Ordnungswidrigkeitsverfahren in der Regel keine Möglichkeit hätte, die ihrer Meinung nach vorliegende Straftat zum Gegenstand einer gerichtlichen Untersuchung und Aburteilung zu machen.

Der Staatsanwalt, dem ein Bußgeldverfahren nach Einspruch gegen den Bußgeldbescheid vorgelegt wird, ist daher gehalten (Nr. 290 RiStBV), den Sachverhalt daraufhin zu überprüfen, ob hinreichender Verdacht einer Straftat gegeben ist.

Beispiel: Im Verfahren wegen einer Ordnungswidrigkeit nach § 24 a StVG schließt der Staatsanwalt im entsprechenden Stadium des Verfahrens aus Fahrfehlern des Täters, daß hinreichender Verdacht eines Vergehens der Trunkenheit im Verkehr nach § 316 StGB besteht.

Der Staatsanwalt kann bei Vorlage der Akten beim zuständigen Gericht den Antrag auf Erteilung des Hinweises nach § 81 OWiG stellen. Er hat jedoch auch die Möglichkeit, Anklage zu erheben. In diesem Fall ist die Verfahrensgrundlage für das gerichtliche Verfahren nicht der Bußgeldbescheid, sondern die zugelassene Anklage (vgl. Göhler § 69 Rz. 28; OLG Düsseldorf JMBl. NW 73, 33).

Beim Übergang vom Bußgeldverfahren ins Strafverfahren ist in prozessualer Hinsicht zu beachten, daß eine etwaige Beweisaufnahme, die nach den vereinfachten Regeln der §§ 77 a, 78 I OWiG durchgeführt wurde, gem. § 81 Abs. 3 S. 2 OWiG im Strafverfahren nicht verwertet werden kann.

6. Übernahme der Verfolgung bei Privatklagen

Die Staatsanwaltschaft kann die V e r f o l g u n g   b e i   P r i v a t -
k l a g e v e r f a h r e n , bei denen sie zu einer Mitwirkung nicht verpflichtet ist (§ 377 Abs. 1), gem. § 377 Abs. 2 übernehmen. Nach Übernahme der Strafverfolgung durch die Staatsanwaltschaft hat die Privatklage die Funktion der öffentlichen Klage, d.h., sie hat den Verfahrensgegenstand bereits festgelegt. Ist das Hauptverfahren noch nicht eröffnet, soll die Staatsanwaltschaft, vor allem in Fällen, in denen die Privatklage unvollkommen ist oder wenn dem Beschuldigten zugleich ein Offizialdelikt zur Last gelegt wird, dem Gericht zur Vorbereitung der Entscheidung gem. §§ 383 Abs. 1, 203, 207 eine Anklageschrift vorlegen, die jedoch keine verfahrensrechtliche Bedeutung hat. Nach § 80 Abs. 1 JGG ist die Privatklage gegen einen Jugendlichen nicht zulässig. Jedoch kann nach § 80 Abs. 2 JGG gegen einen jugendlichen Privatkläger Widerklage erhoben werden.

Die Staatsanwaltschaft kann jedoch die Klage nicht - auch nicht vor Eröffnung des Hauptverfahrens - gegen den Willen des Privatklägers zurücknehmen (vgl. Löwe/Rosenberg § 377 Rz. 20). Als widerrufliche Prozeßhandlung kann sie die übernommene Verfolgung jedoch vor Eröffnung wieder aufgeben, so daß im Privatklageverfahren fortzufahren ist (vgl. KK § 377 Rz. 11).

Die Übernahme der Verfolgung kann für Klage und Widerklage oder auch nur für eine von beiden erfolgen. Wird nur die Privatklage übernommen, so wird die Widerklage zur Privatklage, die von der nunmehrigen öffentlichen Klage abgetrennt werden kann. Umgekehrt gilt das Entsprechende. Ist Widerklage bei Übernahme der Verfolgung durch die Staatsanwaltschaft noch nicht erhoben, ist sie nunmehr nicht mehr zulässig.

7. Antrag auf Entscheidung im vereinfachten Jugendverfahren

Der Staatsanwalt kann schließlich im Verfahren gegen einen Jugendlichen - wenn nur bestimmte Sanktionen zu erwarten sind - gem. § 76 JGG beantragen, im   v e r e i n f a c h t e n   J u g e n d v e r f a h r e n   zu entscheiden. Der Antrag ist beim Jugendrichter mündlich oder schriftlich zu stellen. Er steht gem. § 76 Abs. 1 S. 2 JGG der Anklage gleich.

8. Antragsschrift gem. §§ 413 ff., 440 ff.

Der Anklageschrift entspricht die   A n t r a g s s c h r i f t   im selbständigen Sicherungs- und Einziehungsverfahren gem. §§ 413 ff., 440 ff.

a) Wird ein Strafverfahren wegen Schuld- oder Verhandlungsunfähigkeit des Täters nicht durchgeführt, kann die Staatsanwaltschaft beantragen,   M a ß r e g e l n   d e r   B e s s e r u n g   u n d   S i c h e r u n g   selbständig anzuordnen (§ 413), z.B. die Unterbringung des nicht verantwortlichen Täters. Gem. § 414 Abs. 2 steht der Antrag im Sicherungsverfahren der öffentlichen Klage gleich.

b) Schließlich kann die Staatsanwaltschaft außerhalb des subjektiven Strafverfahrens im   o b j e k t i v e n   V e r f a h r e n   gem. § 440 be-

antragen, die E i n z i e h u n g von Gegenständen selbständig anzuordnen.

IV. Voraussetzungen der Anklage

1. Genügender Anlaß zur Erhebung der Anklage gem. §§ 170 Abs. 1, 200

Anklage wird erhoben, wenn die Ermittlungen g e n ü g e n d e n   A n -
l a ß   d a z u   b i e t e n (§ 170 Abs. 1). Genügender Anlaß liegt vor,
wenn das mit der Anklage angestrebte nächste verfahrensrechtliche Ziel,
also bei Einreichung einer Anklageschrift gem. § 200 die Zulassung der
Anklage zur Hauptverhandlung und somit Eröffnung des Hauptverfahrens
(§§ 199, 203, 207 Abs. 1), erreicht werden kann. Hierfür ist gem. § 203
Voraussetzung, daß der Angeschuldigte einer strafbaren Handlung h i n -
r e i c h e n d   v e r d ä c h t i g erscheint. Demgemäß setzt auch die
Anklage hinreichenden Tatverdacht und damit die Wahrscheinlichkeit einer
Verurteilung voraus (OLG Köln, Beschluß vom 2.12.1968, Zs 810/68, E. Schmidt
§ 170 Rz. 28, Löwe/Rosenberg § 170 Rz. 18 ff., KK § 170 Rz. 3). Die gegen-
teiligen Anmerkungen bei Burchardi/Klempahn/Wetterich Rz. 445 - 447 sind
nicht überzeugend; ist damit zu rechnen, "daß ein sicherer Beweis in der
Hauptverhandlung nicht erbracht wird", so liegt entgegen der Ansicht von
Burchardi/Klempahn/Wetterich eben kein hinreichender Verdacht vor. Auch
ein anderer Hinweis von Burchardi/Klempahn/Wetterich - Rz. 445 - fordert
Widerspruch heraus. Bejaht der Staatsanwalt hinreichenden Tatverdacht,
k a n n er nicht nur - wie Burchardi/Klempahn/Wetterich meinen - anklagen,
sondern er m u ß anklagen (vgl. KK § 170 Rz. 3, 4 m.w.N.). Der Staatsanwalt muß aufgrund einer vorläufigen Bewertung des Endstandes der Ermittlungen nach Aktenlage (vgl. auch Kühne NJW 79, 617) zu der Auffassung gelangen, daß sich alle bedeutsamen, die Strafbarkeit begründenden t a t -
s ä c h l i c h e n   U m s t ä n d e in der Hauptverhandlung mit
W a h r s c h e i n l i c h k e i t   b e w e i s e n lassen und der Anklage keine sonstigen Hindernisse entgegenstehen. Alle Verfahrensvoraussetzungen müssen zu diesem Zeitpunkt vorliegen; es genügt also nicht, wenn
sie - z.B. ein Strafantrag - noch eintreten können.

Beispiel: A beschuldigt B, ihn beleidigt zu haben, behält sich aber die
             Stellung eines Strafantrages vor: Anklage ist nicht möglich.

Der Staatsanwalt wird Anklage erheben, wenn er der Überzeugung ist, daß
die zu erweisenden Tatsachen eine Strafnorm erfüllen. Sodann besteht genügender r e c h t l i c h e r   A n l a ß zur Erhebung der Klage. Bei
seiner Überzeugungsbildung wird der Staatsanwalt die höchstrichterliche
Rechtsprechung beachten. Vor allem wird er davon absehen, aussichtslose
Anklagen zu erheben, wenn nach gefestigter Rechtsprechung oberer Gerichte
der von ihm angenommene Sachverhalt einen Straftatbestand nicht erfüllt.
Nur wenn er wegen neu aufgetretener Gesichtspunkte eine Überprüfung der
bisherigen Rechtsprechung für unbedingt erforderlich hält, ist Anklage geboten (streitig ist, ob der Staatsanwalt sich nach einer gefestigten
höchstrichterlichen Rechtsprechung zu richten hat, vgl. BGHSt 15, 155 f.,
Lüttger GA 57, 193 (212); auf die kurze Zusammenfassung bei Löwe/Rosen-
berg § 170 Rz. 25 - 30 sei verwiesen). Die Entscheidung, ob anzuklagen
ist, darf m.E. nicht davon beeinflußt werden, ob der Beschuldigte eine
geachtete oder schon bestrafte Person ist und ob "berechtigte Wünsche
anderer Dienststellen" vorliegen; entgegen der Meinung von Burchardi/

Klempahn, 4. Aufl., Rz. 174, 175, sollte auch auf den schon Vorbestraften
Rücksicht genommen werden.

Zu den Verdachtsgraden einfacher Anfangsverdacht, "verfahrensträchtiger",
hinreichender und dringender Tatverdacht vgl. Roxin S. 216 f.

2. Andere Anklagearten

a) Für die N a c h t r a g s a n k l a g e gem. § 266 gilt hinsichtlich
des genügenden Anlasses zu ihrer Erhebung das gleiche. Für den Einbezie-
hungsbeschluß ist nicht die strenge Form des § 207 vorgesehen, jedoch hinreichender Tatverdacht Voraussetzung (Löwe/Rosenberg § 266 Rz. 6, Lüttger
GA 57, 193, 206).

Das gleiche gilt für den Hinweis gem. § 81 OWiG, durch den vom Bußgeldverfahren ins Strafverfahren übergegangen wird (vgl. RiStBV Nr. 290, Göhler
§ 81 Rz. 2, 8).

b) Der Antrag auf Aburteilung im b e s c h l e u n i g t e n V e r -
f a h r e n gem. § 212 setzt wie bei Einreichung einer Anklageschrift
nach § 200 ebenfalls hinreichenden Verdacht einer strafbaren Handlung voraus. Wenn eine Anklage nämlich mangels hinreichenden Verdachts gem.
§§ 203, 207 schon nicht zur Hauptverhandlung zuzulassen ist, dann eignet
sich der auf einen gleich schwachen Verdacht gegründete Vorwurf erst recht
nicht zur Aburteilung im beschleunigten Verfahren.

Verneint das Gericht hinreichenden Verdacht, so lehnt es die Aburteilung
im beschleunigten Verfahren gem. § 212 b Abs. 1 S. 1 ab (KK § 212 b
Rz. 1, KMR § 212 b Rz. 6, Löwe/Rosenberg § 212 b Rz. 10 u. § 212 a Rz. 17,
LG Berlin DAR 57, 190). Die Ablehnung der Aburteilung im beschleunigten
Verfahren ist nämlich auch möglich aus "Gründen, die nicht durch die Besonderheiten des beschleunigten Verfahrens bedingt sind" (KK § 212 b
Rz. 1). Ob das Gericht v e r p f l i c h t e t ist, das Vorliegen "hinreichenden Verdachts" zu prüfen, ist streitig (vgl. dazu Löwe/Rosenberg
§ 212 a Rz. 9, 17 m.w.N. sowie KK § 212 a Rz. 1).

c) Für den Antrag auf Erlaß eines S t r a f b e f e h l s gem. §§ 407,
408, 409 besteht genügender Anlaß, wenn hinreichender Tatverdacht eines
Vergehens vorliegt. Praktisch wird hier jedoch eine b e d e n k e n -
f r e i e S a c h l a g e gegeben sein müssen. Denn gem. § 407 Abs. 1
S. 2 stellt die Staatsanwaltschaft den Antrag, wenn sie nach dem Ergebnis
der Ermittlungen eine Hauptverhandlung nicht für erforderlich erachtet.

Aus dem Wesen des summarischen Verfahrens und dem Gedanken der Selbstunter-
werfung des Angeschuldigten ergibt sich, daß der volle Beweis von Täterschaft und Schuld nicht erbracht zu sein braucht (vgl. Kleinknecht/Meyer
§ 408 Rz. 7 und zur gesamten Problematik Lüttger GA 57, 193, 208, insbes.
Anm. 114; vgl. auch Nr. 175 RiStBV). Der Staatsanwalt muß auch der Überzeugung sein, daß die im Strafbefehlsverfahren zulässige Strafe angemessen
ist und daß der Beschuldigte bereit sein wird, sich dem Strafbefehl zu
unterwerfen. Nach Nr. 175 RiStBV soll der Staatsanwalt "in allen geeigneten
Fällen", d.h. in allen einfachen Sachen der kleineren Kriminalität, Erlaß
eines Strafbefehls beantragen, wenn der Aufenthalt des Beschuldigten bekannt ist.

Verneint das Gericht hinreichenden Tatverdacht, so lehnt es den Erlaß eines
Strafbefehls durch Beschluß ab (§ 408 Abs. 2 S. 1). Diese Entscheidung ent-

spricht dem Beschluß, durch den die Eröffnung des Hauptverfahrens abgelehnt worden ist, so daß die Staatsanwaltschaft entsprechend §§ 204, 210 Abs. 2 sofortige Beschwerde einlegen kann (vgl. § 408 Abs. 2 S. 2).

Hat der Strafrichter Bedenken, den Strafbefehl zu erlassen (§ 408 Abs. 3), kann er zunächst die Staatsanwaltschaft darüber unterrichten, damit diese gegebenenfalls den erhobenen Bedenken Rechnung tragen kann, etwa durch Änderung des Antrags im Strafmaß oder der rechtlichen Beurteilung (vgl. § 408 Abs. 3 S. 2).

Durch den seit dem 1.4.1987 geltenden § 408 a ist die Möglichkeit eröffnet, auch nach Erhebung einer Anklage gem. § 200 und Eröffnung des Hauptverfahrens einen Antrag auf Erlaß eines Strafbefehls zu stellen; Voraussetzung ist, daß die Hauptverhandlung wegen Ausbleibens oder der Abwesenheit des Angeklagten oder aus anderem wichtigen Grund nicht durchgeführt werden kann.

d) Die Übernahme der Verfolgung in einem Privatklageverfahren vor Eröffnung des Hauptverfahrens kann nicht vom Vorliegen eines hinreichenden Verdachts abhängen. Denn einerseits ist die Klage schon erhoben und kann ohne Zustimmung des Privatklägers nicht zurückgenommen werden. Andererseits ist der Sachverhalt in der Regel nicht so aufgeklärt wie in einem von der Staatsanwaltschaft geführten Ermittlungsverfahren, so daß die Wahrscheinlichkeit einer Verurteilung kaum beurteilt werden kann, zumal ausreichende Nachforschungen unter Zurückstellung der Übernahmeerklärung und der Entscheidung des Strafrichters nach § 383 nicht immer möglich sind. Schließlich können die vielfältigsten Gründe dafür sprechen, schon vor der Eröffnung und weiteren Ermittlungen die Verfolgung zu übernehmen. Kommt die Staatsanwaltschaft nach Prüfung der Sach- und Rechtslage - ggf. nach weiteren Nachforschungen - zu dem Ergebnis, daß hinreichender Tatverdacht nicht vorliegt, beantragt sie unter Darlegung ihrer Auffassung, das Hauptverfahren nicht zu eröffnen.

e) Für den Antrag auf Aburteilung im vereinfachten Jugendverfahren gem. § 76 JGG ist, da die allgemeinen Vorschriften des Verfahrensrechts gelten, ebenfalls hinreichender Verdacht Voraussetzung. Darüber hinaus ist erforderlich, daß zu erwarten ist, daß der Jugendrichter ausschließlich Weisungen erteilen, die Erziehungsbeistandschaft anordnen, Zuchtmittel verhängen oder auf ein Fahrverbot erkennen oder den Verfall oder die Einziehung aussprechen wird. In der Regel handelt es sich um Verfahren gegen geständige Jugendliche.

f) Das Sicherungsverfahren nach §§ 413, 414 setzt voraus, daß das Strafverfahren wegen Schuld- oder Verhandlungsunfähigkeit nicht durchgeführt werden kann und gesetzlich zulässige Maßnahmen der Besserung und Sicherung zu erwarten sind. Genügender Anlaß für den Antrag auf selbständige Anordnung einer Maßregel der Besserung und Sicherung ist gegeben, wenn mit Wahrscheinlichkeit zu erwarten ist, daß alle Deliktsmerkmale in der Hauptverhandlung festgestellt werden, abgesehen von der Schuldfähigkeit (oder daß Verhandlungsunfähigkeit vorliegt). Denn gerade wegen des Fehlens oder der Nichtbeweisbarkeit der Schuldfähigkeit wird das Strafverfahren nicht durchgeführt.

Mit dem objektiven Verfahren gem. § 440 kann die Anordnung der Einziehung, des Verfalls oder der Unbrauchbarmachung (§ 76 a StGB) angestrebt werden. Es muß feststehen, daß ein subjektives Strafver-

fahren nicht durchgeführt werden kann (§ 76 a StGB), worüber die Staatsanwaltschaft zunächst zu befinden hat (vgl. OLG Hamm NJW 70, 1754, Schönke/
Schröder § 76 a Rz. 11). § 76 a Abs. 1 StGB setzt tatsächliche Hindernisse
(der Tod des Täters schließt eine Einziehung nach h.M. aus, vgl. Schönke/
Schröder § 76 a Rz. 5, Dreher/Tröndle § 76 a Rz. 6, 7), Abs. 2 der genannten Vorschrift rechtliche Hindernisse und Abs. 3 schließlich das Absehen
von Strafe oder die Einstellung des Verfahrens aufgrund einer Ermessensentscheidung voraus. Hinsichtlich des genügenden Anlasses ist zu unterscheiden, ob die Anordnung der Einziehung Sicherungsmaßnahme ist oder auch
Strafcharakter hat. Im ersten Falle setzt das objektive Verfahren voraus,
daß die objektiven Merkmale einer Straftat mit erheblicher Wahrscheinlichkeit erweislich sein werden; rechtliche Verfolgungs- oder Verurteilungs-
hindernisse stehen dem objektiven Verfahren in diesem Fall nicht entgegen.
Im zweiten Fall muß der Täter auch schuldhaft gehandelt haben (Dreher/
Tröndle § 76 a Rz. 6).

V. Inhalt und Form der Anklageschrift gem. § 200

1. Beispiel einer Schöffengerichtsanklage

Beispiel (überwiegend übliche Form):

Anklagesatz		
	Kopf	Staatsanwaltschaft Hagen, den 11.12.1988 - 60 Js 673/88 -
	Adresse	An das Amtsgericht - Schöffengericht H a g e n
		A n k l a g e s c h r i f t
	Personalien (wer?)	Die Hausgehilfin Alwine S c h l ö m e r , geb. am 3.9.1935 in Berlin, wohnhaft Kirchstr. 4, 5270 Gummersbach, ledig,
		wird angeklagt,
	Tatzeit/Tatort (wann, wo?)	am 16.9.1988 in Hagen
	gesetzliche Merkmale der Straftat (was?)	eine fremde bewegliche und ihr anvertrau- te Sache, die sie in Besitz hatte, sich rechtswidrig zugeeignet zu haben.
	Konkretisierung (= Tat) (wie?)	Die Angeschuldigte war bei der Hausfrau Gisela Schmitz als Hausgehilfin tätig und besaß deren volles Vertrauen. Daher erhielt sie von Gisela Schmitz leihweise eine echte Perlenkette, die sie tragen

Anklagesatz

durfte, wenn sie tanzen ging. Am 16.9.1988 schenkte sie die Perlenkette ihrer Freundin Helga Münzinger zum Geburtstag.

gesetzliche Vorschrift

Vergehen der Unterschlagung, strafbar nach § 246 Abs. 1 StGB.

Beweismittel

Beweismittel:

I.   Angaben der Angeschuldigten.

II. Zeugen:

1. Hausfrau Gisela Schmitz,
   5800 Hagen, Kiefernweg 5,

2. Verkäuferin Helga Münzinger,
   5860 Iserlohn, Hauptstraße 156.

III. Urkunde:

Urteil des Schöffengerichts Köln vom 5.1.1987 (Bl. 54 d. Akten 22 Ls 16 Js 1200/86 StA Köln).

IV. Gegenstand des Augenscheins:

Perlenkette - asserviert unter Lü-Nr. 812/88 StA Hagen -.

Wesentliches Ergebnis der Ermittlungen

Ermittlungsergebnis

zur Person

Die Angeschuldigte wuchs in Gummersbach auf und besuchte dort die Volksschule, ohne danach einen Beruf zu erlernen. Nach mehreren Arbeitsverhältnissen - vorwiegend in Fabriken - ist sie seit etwa 5 Jahren als Hausgehilfin tätig. Sie ist bereits einschlägig bestraft: Wegen Unterschlagung eines Brillantringes wurde sie vom Schöffengericht in Köln am 5.1.1987 (22 Ls 16 Js 1200/86 StA Köln) zu einer Freiheitsstrafe von 3 Monaten unter Strafaussetzung zur Bewährung verurteilt.

Die Angeschuldigte war seit Anfang 1987 bei der Zeugin Schmitz und deren Ehemann als Hausgehilfin tätig. Da sie ihre Arbeit stets zur Zufriedenheit verrichtete, wurde sie sehr großzügig behandelt. So stellte die Zeugin Schmitz beispielsweise der Angeschuldigten ihre echte Perlenkette, die einen Wert von ca. 1.000,- DM hatte, zur Verfügung. Die Angeschuldigte durfte die Kette tragen, wenn sie Tanzveranstaltungen besuchte;

Ermittlungsergebnis

zur Sache

> sonst verwahrte sie den Schmuck in ihrem Zimmer.

> Nach der Anschaffung aufwendiger Garderobe befand sich die Angeschuldigte im Sommer 1988 in Geldschwierigkeiten. Als sie von ihrer Freundin Helga Münzinger zur Feier deren 50. Geburtstages eingeladen wurde, verfügte sie nicht über die erforderlichen Mittel, das beabsichtigte aufwendige Geschenk zu kaufen. Sie nutzte einen am 1.9.1988 beginnenden zweimonatigen Auslandsaufenthalt der Zeugin Schmitz aus, um die Perlenkette am 16.9.1988 an die Zeugin Helga Münzinger zu verschenken.

Einlassung

> Die Angeschuldigte bestreitet die ihr zur Last gelegte Tat. Sie läßt sich dahin ein, die Perlenkette müsse, falls die Zeugin Schmitz sie nicht nach Urlaubsrückkehr an sich genommen habe, von einem Unbekannten aus ihrem Zimmer gestohlen worden sein; sie habe die Kette jedenfalls nicht verschenkt.

Beweiswürdigung

> Diese Sachdarstellung wird widerlegt durch die Aussagen der Zeuginnen Münzinger und Schmitz. Die Zeugin Münzinger bekundet, sie habe die bei ihr sichergestellte Perlenkette als Geschenk von der Angeschuldigten erhalten. Die Zeugin Schmitz bestätigt, daß es sich bei der sichergestellten Kette, deren Schloß in einprägsamer Weise mit Rubinen besetzt ist, um das ihr gehörende Schmuckstück handelt, das sie der Angeschuldigten geliehen hatte.

Antrag

> Es wird beantragt, das Hauptverfahren zu eröffnen.*)

Unterschrift

> gez. Zenker
>
> Staatsanwalt

---

*) In manchen Staatsanwaltschaften (so in Nordrhein-Westfalen) wird Wert auf die Formulierung gelegt: "Es wird beantragt, das Hauptverfahren vor dem Schöffengericht ... zu eröffnen" (vgl. unten zu 12.).

Beispiel (der in Bayern üblichen Form):

Kopf	Staatsanwaltschaft bei dem Landgericht Regensburg - 60 Js 673/88 -

A n k l a g e s c h r i f t

Anklagesatz

Personalien (wer?)	In der Strafsache gegen Alwine S c h l ö m e r , geb. am 3.9.1935 in Berlin, ledige Hausgehilfin, wohnhaft Kirchstraße 4, 8940 Memmingen.

Die Staatsanwaltschaft legt aufgrund ihrer Ermittlungen der Angeschuldigten folgenden Sachverhalt zur Last:

Konkretisierung (= Tat) (wie, wann, wo?)	Die Angeschuldigte war bei der Hausfrau Gisela Schmitz in Regensburg als Hausgehilfin tätig und besaß deren volles Vertrauen. Daher erhielt sie von Gisela Schmitz leihweise eine echte Perlenkette, die sie tragen durfte, wenn sie tanzen ging. Am 16.9.1988 besuchte sie ihre Freundin Helga Münzinger in ihrer Wohnung in Regensburg und schenkte ihr die Kette zum Geburtstag.
gesetzliche Merkmale der Straftat (was?) gesetzliche Vorschrift	Die Angeschuldigte wird daher beschuldigt, eine fremde bewegliche und ihr anvertraute Sache, die sie in Besitz hatte, sich rechtswidrig zugeeignet zu haben, strafbar als Vergehen der Unterschlagung gemäß § 246 Abs. 1 StGB.

Wesentliches Ergebnis der Ermittlungen

Ermittlungsergebnis

zur Person	Die Angeschuldigte wuchs in Gummersbach auf und besuchte dort die Volksschule, ohne danach einen Beruf zu erlernen. Nach mehreren Arbeitsverhältnissen - vorwiegend in Fabriken - ist sie seit etwa 5 Jahren als Hausgehilfin tätig. Sie ist bereits einschlägig bestraft: Wegen Unterschlagung eines Brillantringes wurde sie vom Schöffengericht in Köln am 5.1.1987 (22 Ls 16 Js 1200/86 StA Köln) zu einer Freiheitsstrafe von 3 Monaten unter Strafaussetzung zur Bewährung verurteilt.

Ermittlungsergebnis	zur Sache	Die Angeschuldigte war seit Anfang 1987 bei der Zeugin Schmitz und deren Ehemann in Regensburg als Hausgehilfin tätig. Da sie ihre Arbeit stets zur Zufriedenheit verrichtete, wurde sie sehr großzügig behandelt. So stellte die Zeugin Schmitz beispielsweise der Angeschuldigten ihre echte Perlenkette, die einen Wert von ca. 1.000,- DM hatte, zur Verfügung. Die Angeschuldigte durfte die Kette tragen, wenn sie Tanzveranstaltungen besuchte; sonst verwahrte sie den Schmuck in ihrem Zimmer.

Nach der Anschaffung aufwendiger Garderobe befand sich die Angeschuldigte im Sommer 1988 in Geldschwierigkeiten. Als sie von ihrer Freundin Helga Münzinger zur Feier deren 50. Geburtstages eingeladen wurde, verfügte sie nicht über die erforderlichen Mittel, das beabsichtigte aufwendige Geschenk zu kaufen. Sie nutzte einen am 1.9.1988 beginnenden zweimonatigen Auslandsaufenthalt der Zeugin Schmitz aus, um die Perlenkette am 16.9.1988 an die Zeugin Helga Münzinger bei einem Besuch in deren Wohnung in Regensburg zu verschenken. |
	Einlassung	Die Angeschuldigte bestreitet die ihr zur Last gelegte Tat. Sie läßt sich dahin ein, die Perlenkette müsse, falls die Zeugin Schmitz sie nicht nach Urlaubsrückkehr an sich genommen haben, von einem Unbekannten aus ihrem Zimmer gestohlen worden sein; sie habe die Kette jedenfalls nicht verschenkt.
	Beweiswürdigung	Diese Sachdarstellung wird widerlegt durch die Aussagen der Zeuginnen Münzinger und Schmitz. Die Zeugin Münzinger bekundet, sie habe die bei ihr sichergestellte Perlenkette als Geschenk von der Angeschuldigten erhalten. Die Zeugin Schmitz bestätigt, daß es sich bei der sichergestellten Kette, deren Schloß in einprägsamer Weise mit Rubinen besetzt ist, um das ihr gehörende Schmuckstück handelt, das sie der Angeschuldigten geliehen hatte.
	Adresse	Zur Aburteilung ist gemäß §§ 24, 25 GVG, 8 StPO das Amtsgericht - Schöffengericht - in Regensburg zuständig.

Antrag

Ich erhebe dorthin die öffentliche Klage und beantrage

a) die Anklage zur Hauptverhandlung zuzulassen,

b) einen Termin zur Hauptverhandlung zu bestimmen.

Beweismittel

Als Beweismittel bezeichne ich:

1. Zeugen:

a) Hausfrau Gisela Schmitz, Kiefernweg 5, 8400 Regensburg,

b) Verkäuferin Helga Münzinger, Hauptstraße 156, 8400 Regensburg.

2. Urkunde:

Urteil des Schöffengerichts Köln vom 5.1.1987 (Bl. 54 d. Akten, 22 Ls 16 Js 1200/86 StA Köln).

3. Gegenstand des Augenscheins:

Perlenkette - asserviert unter Lü-Nr. 812/88 StA Regensburg -.

Ort, Datum

Regensburg, den 11.12.1988

Unterschrift

gez. Zenker

Staatsanwalt

2. Vorbemerkungen

In §§ 199 Abs. 2, 200 ist normiert, welchen Inhalt eine Anklageschrift haben muß. Die dort gegebenen Leitlinien werden durch die Erfordernisse der verfahrensrechtlichen Bedeutung und der Aufgabe der Anklageschrift ergänzt, die durch Rechtsprechung und Literatur erarbeitet und in Einzelheiten beschrieben worden sind. Der erforderliche Inhalt der Anklageschrift wird - vor allem in Süddeutschland - in verschiedenen Formen zusammengefaßt, auf die noch eingegangen wird. Inhalt und Form einer Anklageschrift stehen aber in einer durch das Verfahrensrecht bedingten Beziehung, die - ebenso wie die Regeln der Sprache und der Logik - eine bestimmte Gestaltung gebieten. Die vielfältigen und zahlreichen Bemühungen von Rechtsprechung und Literatur in dieser Hinsicht sollten nicht - wie Kunigk, S. 196, das tut - leichter Hand und ohne zu problematisieren mit dem Hinweis abgetan werden, das seien dogmatisierende Versuche, die durch die Anforderungen und Entwicklungen in der Praxis überholt seien. Wie leicht Fehler oder Ungereimtheiten sich in einer Anklageschrift (evtl. aufgrund einer Fehlentwicklung in der Praxis) einschleichen, wenn die Form der Anklageschrift als unwesentlich und ohne Beziehung zum Inhalt stehend angesehen wird, zeigen einige Beispiele, die Kunigk als vorbildlich anführt: Die an den Strafrichter in Bochum gerichtete Anklageschrift (Kunigk S. 197) vermag hinsichtlich der Beweiswürdigung nicht zu überzeugen; einerseits können die benannten

Zeugen nichts zur Sache bekunden und andererseits ist nicht dargelegt, wieso es sich bei der im PKW des Angeschuldigten gefundenen Kamera um eben die im Kaufhaus N. vermißte Kamera handelt. In der an das Schöffengericht in Stuttgart gerichteten Anklage (Kunigk S. 206) wird zwar ein Antrag auf Haftfortdauer gestellt, nicht ersichtlich ist aber, daß sich der Angeschuldigte in Untersuchungshaft befindet oder Überhaft notiert ist, von der Angabe des nächsten Haftprüfungstermins ganz zu schweigen. Die doppelte Antragstellung gem. § 199 Abs. 2 in der Anklageschrift der Staatsanwaltschaft Waldshut (Kunigk S. 207) ist ohne Sinn. Diese Beispiele mögen zeigen, wie bedacht und sorgfältig bei der Fertigung von Anklageschriften vorgegangen werden muß: Die folgenden Darlegungen und Argumentationen sollen diese Aufgabe, die durch die Benutzung von "simili" nicht bewältigt werden kann, erleichtern.

a) Bedeutung des Anklagesatzes

Die Bedeutung des A n k l a g e s a t z e s , der gem. § 243 Abs. 3 in der Hauptverhandlung durch den Staatsanwalt verlesen wird, liegt darin, daß durch ihn festgelegt wird, in welchen Grenzen sich

- das Z w i s c h e n v e r f a h r e n mit der Entscheidung über die Eröffnung des Hauptverfahrens und

- nach der Zulassung zur Hauptverhandlung das H a u p t v e r f a h r e n und die Urteilsfindung (§§ 155, 264) zu halten haben.

Die Verlesung des Anklagesatzes ist ein so wesentliches Verfahrenserfordernis, daß die Unterlassung im allgemeinen die Revision begründet; nur in einfach gelagerten Fällen kann u.U. ausgeschlossen sein, daß der Schuldspruch auf dem Gesetzesverstoß beruht (vgl. KK § 243 Rz. 26 m.w.N.).

Die dem Angeschuldigten zur Last gelegte Tat ist in sprachlicher Verbindung, aber auch im Unterschied zu den abstrakten gesetzlichen Merkmalen und getrennt vom wesentlichen Ergebnis der Ermittlungen nach Ort, Zeit und ihren konkreten Umständen so genau zu bezeichnen, daß der historische Vorgang unverwechselbar feststeht. Die Tat muß genügend gekennzeichnet sein, damit bei neu bekannt werdenden Geschehnissen festgestellt werden kann, ob diese schon Gegenstand eines gerichtlichen Verfahrens waren (wozu - bei unsorgfältig formuliertem Anklagesatz - das wesentliche Ergebnis der Ermittlungen der Anklageschrift ergänzend herangezogen werden kann). Im Anklagesatz darf keine Beweiswürdigung erfolgen (BGH MDR 87, 336). Insoweit besteht im wesentlichen Einmütigkeit (Paul NJW 56, 477, Kohlhaas GA 55, 65 ff., KMR zu § 200, Löwe/Rosenberg § 200 Rz. 2 ff., 16, Schneider JZ 56, 594, Burchardi/Klempahn/Wetterich Rz. 466, Rahn S. 34; durch die Neufassung von § 200 StPO überholt: Görke JR 54, 150).

Welche Folgen Anklagen und Eröffnungsbeschlüsse haben, die diesen Anforderungen nicht entsprechen, wird durch eine Entscheidung des BGH (NJW 57, 719) drastisch vor Augen geführt: Mit dem Anklagesatz und dem gleichlautenden Eröffnungsbeschluß wurde - aufgrund eines Geständnisses des Angeklagten - diesem u.a. zur Last gelegt, "in der Zeit von 1951 bis 1955 durch 27 selbständige Handlungen die Leibesfrucht Schwangerer durch Einspritzung von Seifenlauge abgetötet zu haben". Weder die Namen der Frauen noch weitere tatsächliche Umstände waren - auch nicht im wesentlichen Ergebnis der Ermittlungen, das zur Ergänzung von Anklage und Eröffnungsbeschluß hätte herangezogen werden können (BGH NJW 57, 719, RGSt 21, 65) - angegeben. Der BGH hat das Verfahren eingestellt, denn wesentliche Verfahrensvoraussetzungen, nämlich Anklage und Eröffnungsbeschluß, lagen nicht vor, weil beide nicht die dem Angeklagten vorgeworfenen Taten unverwechselbar beschrieben hatten. Lehrreich ist auch die zur gleichen Frage ergangene Entscheidung des OLG Köln vom 6.1.1984, JA 84, 703.

Nur durch unverwechselbare Beschreibung des Gegenstandes der Anklage in der "Konkretisierung" wird verhindert, daß bei Aufdeckung weiterer Taten jede Verurteilung mit dem Hinweis auf die Rechtskraft des früheren Urteils mit dem unbestimmten Sachverhalt unmöglich wird. "Die Tatbeschreibung muß, unterstellt sie sei wahr, die Einzigheitsbedingung erfüllen, und dies muß aus ihrem Inhalt allein anhand allgemeiner Gesetze der Logik und der Erfahrung ableitbar sein" (Puppe NStZ 82, 231). Daß ein Beschuldigter wegen einer nicht näher konkretisierbaren Tat nicht angeklagt und nicht verurteilt werden kann, muß dabei in Kauf genommen werden. Die Forderung einer u n v e r w e c h s e l b a r e n K o n k r e t i s i e r u n g als Voraussetzung einer Verurteilung ist nicht übertrieben. Denn es handelt sich nicht nur darum, daß in einem späteren Verfahren festgestellt werden muß, ob die Strafklage schon verbraucht ist (ob der Grundsatz "in dubio pro reo" gilt, ist eine umstrittene Frage, zu der auf Sarstedt/Hamm Rz. 398 m.w.N. hingewiesen wird), sondern von Bedeutung ist vor allem, einen Sachverhalt zur Überprüfung festzulegen. Geschieht dies nämlich nicht, wie bei der Ergänzung des abstrakten Tatbestandes in dem oben geschilderten Fall durch die Zahl 27 und die Ausführungstat "durch Einspritzen von Seifenlauge", so bleibt der Sachverhalt ein Schemen, das nicht zu erkennen und nicht zu fassen ist. Die R e c h t s s i c h e r h e i t verlangt, daß dem Angeschuldigten ein genügend b e z e i c h n e t e r V o r g a n g und nicht ein auswechselbares und verwechselbares Ersatzstück einer konturenlosen Tat zur Last gelegt wird.

Lehrreich ist in diesem Zusammenhang ein Urteil des BGH (vom 21.12.1983 - NJW 84, 808), dem folgender Sachverhalt zugrunde lag: Die zugelassene Anklage legte dem Angeklagten A. ein Verbrechen des Mordes zur Last; danach sollte A. in der Nacht zum 17. Oktober 1981 eine 14jährige bei dem Versuch, den Geschlechtsverkehr mit ihr auszuführen, mißhandelt und schließlich erwürgt haben. Dem Angeklagten B. warf die Anklage Strafvereitelung vor; er sei von A. nach der Tat geweckt, darüber unterrichtet und dazu bewogen worden, mit ihm zusammen die Leiche des Mädchens aus dem Parterrezimmer in den ersten Stock des Hauses zu schaffen und sie dort in einer Wandnische zu verbergen; B. habe das in dem Bestreben getan, A. der Bestrafung zu entziehen, und zu diesem Zweck auch sein Wissen um den wirklichen Hergang in mehreren polizeilichen Vernehmungen am 11. und 12. November 1981 verschwiegen. - Das Landgericht hat A. freigesprochen, B. wegen Mordes verurteilt und insoweit festgestellt, daß dieser - in Abwesenheit A.s - das Mädchen selbst umgebracht und sich - ohne A.s Mitwirkung - am Wegschaffen der Leiche "zumindest beteiligt" habe. Der BGH hat das Urteil aufgehoben und das Verfahren eingestellt. Er führt aus: Anklage und Urteil beziehen sich, was B. betrifft, nicht auf dieselbe Tat (§ 264); vielmehr ist B., soweit es sich um den Vorwurf des Mordes und der damit in Tateinheit stehenden Delikte handelt, wegen einer anderen als der angeklagten Tat verurteilt worden. Die Frage, ob das Fortschaffen der Leiche mit der vorangegangenen Ermordung des Mädchens "nach der Auffassung des Lebens" einen einheitlichen Vorgang bildet, läßt sich bei der Bestimmung des Prozeßgegenstandes sinnvoll nur stellen, solange vorausgesetzt wird, daß beide Handlungen demselben Täter zuzurechnen sind. Wo nach der Anklage für beide Teile des Gesamtgeschehens verschiedene Personen als Täter beschuldigt werden, ist es ohne Belang, ob ihrer beider Tun sich zu einer "natürlichen

Einheit" zusammenfügt, weil Tat i.S.v. § 264 stets nur das dem einzelnen Angeklagten zur Last gelegte Vorkommnis sein kann.

Aufgabe des Anklagetenors ist es jedoch nicht nur, den historischen Sachverhalt festzulegen, sondern auch für jedes einzelne abstrakte S t r a f t a t s m e r k m a l d i e T a t s a c h e n zu bezeichnen, die unter diese Merkmale subsumiert werden. Anderer Auffassung neigen immer noch Burchardi/Klempahn/Wetterich zu (denn bei Ziffer 467, 468 heißt es: "Der Anklagesatz muß die Tat eindeutig identifizieren, die Gegenstand des gerichtlichen Verfahrens werden soll. Dazu gehört bei Mord und Totschlag der Name des Getöteten; Angaben, die über das für die Identifizierung der Tat Unerläßliche hinausgehen, ... sollten ... unterbleiben"). Die neuere Literatur, mit der sich Burchardi/Klempahn/Wetterich leider nicht befassen, ist von dieser Meinung inzwischen abgerückt (vgl. Kohlhaas GA 55, 67 und JuS 66, 280 ff., KMR § 200 Rz. 8 ff., Löwe/Rosenberg § 200 Rz. 13, Kleinknecht/Meyer § 200 Rz. 8, Solbach DRiZ 72, 235 ff. und DRiZ 74, 186, KK § 200 Rz. 5, Rahn S. 34). Nach ihr sind für a l l e g e s e t z - l i c h e n M e r k m a l e d e r S t r a f t a t T a t s a c h e n anzugeben. Bereits der Anklagesatz muß den Angeschuldigten deutlich ins Bild setzen, welcher Vorwurf ihm auch in tatsächlicher Hinsicht gemacht wird. Nur so kann er sich auf seine Verteidigung ausreichend vorbereiten (§ 201). Nur eine solche Gestaltung des Anklagesatzes wird seiner im § 200 Abs. 1 festgelegten Bedeutung gerecht (vgl. BGHSt 23, 304; KK § 200 Rz. 5 ff.).

Wie bedeutsam der Anklagesatz ist, ergibt sich aus § 267 Abs. 4 S. 1: Unter bestimmten Voraussetzungen kann jedes Gericht auf die Abfassung der Urteilsgründe verzichten und stattdessen auf den zugelassenen Anklagesatz, die Anklage gem. § 212 a Abs. 2 S. 2, den Strafbefehl oder den Strafbefehlsantrag verweisen.

Zu den gesetzlichen Merkmalen der Tat gehören nicht nur die Tatbestandsmerkmale, sondern auch die S c h u l d - und T e i l n a h m e f o r - m e n sowie die K o n k u r r e n z e n .

Die oben genannten Gründe sprechen dafür, auch die gesetzlichen Merkmale der b e n a n n t e n S t r a f s c h ä r f u n g s - oder m i l - d e r u n g s g r ü n d e sowie die Tatsachen, die sie ausfüllen, in den Anklagesatz aufzunehmen. Kleinknecht/Meyer (§ 200 Rz. 10, 11, 14), die einerseits zwar z.B. § 243 StGB in der Paragraphenkette des Anklagesatzes zitiert wissen wollen, andererseits jedoch meinen, die gesetzlichen Merkmale von besonderen Strafzumessungsregeln gehörten nicht zum Anklagesatz, sondern ins wesentliche Ergebnis der Ermittlungen, verweisen zur Begründung ihrer Ansicht lediglich auf BGHSt 16, 47, 48; 22, 336, 338; 29, 124, 126 und KK § 200 Rz. 9. Die Entscheidungen des BGH helfen in dieser speziellen Frage jedoch nicht weiter; in ihnen geht es nämlich nur um die Hinweispflicht nach § 265 und den in diesem Zusammenhang nach Ansicht des BGH notwendigen Inhalt des Anklagesatzes. In den genannten Entscheidungen werden auch ausschließlich allgemeine strafrechtliche Nebenfolgen und Vorschriften über bloße Straffolgen behandelt, für die auch ein Hinweis gem. § 265 nicht erteilt zu werden braucht; es handelt sich etwa um die Verhängung eines Fahrverbotes (vgl. dazu Kleinknecht/Meyer § 265 Rz. 24) oder die Möglichkeit einer Strafaussetzung zur Bewährung oder den Verlust der Amtsfähigkeit, der Wählbarkeit und des Stimmrechts. Es ist der Ansicht zu folgen, daß es der Aufnahme solcher, nicht an besondere tatbestandliche Voraussetzungen geknüpfter Nebenfolgen und Straffolgen in den Anklagesatz nicht bedarf. Der Hinweis von Kleinknecht/Meyer auf die Ausführungen von

Treier in KK geht fehl; denn Treier (§ 200 Rz. 9, 10) erhebt zwar zunächst unter Bezugnahme auf die auch von Kleinknecht/Meyer zitierten BGH-Entscheidungen dogmatische Bedenken gegen die Aufnahme von benannten Strafschärfungs- oder -milderungsgründen in den Anklagesatz, räumt sie aber danach wieder aus.

Eine eigene Begründung ist bei Kleinknecht/Meyer (§ 200 Rz. 10) auch zu der gleichfalls vertretenen Auffassung zu vermissen, von den Voraussetzungen für eine angestrebte Maßregel der Besserung und Sicherung (§§ 63, 64, 66 StGB) seien nur die tatbezogenen Tatsachen in den Anklagesatz aufzunehmen, während die persönlichkeitsbezogenen Angaben lediglich ins wesentliche Ergebnis der Ermittlungen gehörten. Durchgreifende Gründe für diese Ansicht lassen sich nicht finden. Nr. 110 Abs. 2 RiStBV, auf die Kleinknecht/Meyer einleitend verweisen, besagt wenig: Es geht nicht um die Frage, in welchem Teil der Anklageschrift allgemeine Umstände, die für die Strafzumessung von Bedeutung sind, ihren Platz finden, sondern darum, ob die gesetzlichen Merkmale von besonderen, an bestimmte tatsächliche Voraussetzungen geknüpfte Strafzumessungsnormen (z.B. §§ 21, 243 StGB) und die sie ausfüllenden Tatsachen zu den gesetzlichen Merkmalen i.S.v. § 200 gehören. Daher ist auch ein Hinweis auf die Fassung des Urteilstenors (wie in früheren Auflagen von Kleinknecht/Meyer; vgl. BGH NJW 78, 229; 86, 1016) nicht schlüssig: Der Urteilstenor stellt nur in lapidarer Kürze fest, der Anklagesatz soll den Angeschuldigten hingegen voll informieren. § 200 Abs. 1 verlangt für den Anklagesatz sehr viel genauere Angaben als § 260 Abs. 4 u. 5 für den Urteilstenor, nämlich die g e s e t z l i c h e n   M e r k m a l e der Straftat und die dem Angeschuldigten zur Last gelegte T a t .

Die gesetzlichen Merkmale der Straftat sind m.E. nicht nur Tatbestandsmerkmale, sondern dazu gehören alle gesetzlichen Vorschriften mit besonderen Voraussetzungen, die Art und Umfang der strafrichterlichen Sanktion (E. Schmidt § 200 Anm. 9) bestimmen. Das gilt für § 21 StGB, durch den der Strafrahmen verändert wird, sowie für §§ 63, 66, 243 StGB in besonderem Maße. Die gegenteilige Ansicht bei Löwe/Rosenberg (23. Auflage, § 200 Rz. 15), wonach die gesetzlichen Merkmale von Rechtsfolgezumessungstatbeständen nicht in den Anklagesatz aufgenommen werden wollten, ist nunmehr (Löwe/Rosenberg § 200 Rz. 19) aufgegeben. Es wäre auch wenig verständlich, warum der Angeschuldigte im Anklagesatz über Tatsachen zu Rechtsfolgezumessungstatbeständen - und auch nur zum Teil - informiert, ihm jedoch die gesetzlichen Merkmale verschwiegen werden sollten, ohne deren Kenntnis ihm unverständlich bleiben würde, welche Bedeutung den angeführten Tatsachen zukommt.

Auch § 267 Abs. 4 spricht dafür, die benannten Strafschärfungs- und -milderungsgründe sowie die Tatsachen, die sie ausfüllen, in den Anklagesatz aufzunehmen. Denn das Gericht kann von der Abfassung eigener Urteilsgründe absehen und statt dessen auf den Anklagesatz Bezug nehmen. In den Anklagesatz ist auch aufzunehmen, wenn ein besonders schwerer Fall angenommen wird, obwohl die gesetzlichen Merkmale eines Regelbeispiels nicht erfüllt sind. Nur so wird eine genügende Information des Angeschuldigten erreicht, die eine sachgemäße Verteidigung ermöglicht (vgl. Löwe/Rosenberg § 200 Rz. 19, 20), und nur so wird ihm eindringlich die Schwere des gegen ihn erhobenen Vorwurfs vor Augen geführt. Diese Angaben dienen auch der notwendigen Information der Verfahrensbeteiligten (Verlesung des Anklagesatzes), worauf KK (§ 200 Rz. 9) besonders hinweist.

Zusammenfassend ist demnach festzustellen: In den Anklagesatz aufzunehmen sind nicht nur die im Hinblick auf § 265 notwendigen Angaben, sondern alle dem Angeschuldigten den Ernst der Situation deutlich machenden Hinweise über Art und Umfang der an besondere tatbestandliche Voraussetzungen geknüpften strafrechtlichen Sanktionen (so h.M., vgl. Löwe/Rosenberg § 200 Rz. 18 - 20, KK § 200 Rz. 9, 10, KMR § 200 Rz. 19, Solbach DRiZ 72, 235 und 74, 186, Kunigk S. 212, 213; a.A. Kroschel/Meyer-Goßner S. 373, Kinnen MDR 78, 634, Burchardi/Klempahn/Wetterich Rz. 459, 476, 477 ohne Problematisierung, Rahn S. 36 und Muster 23, der wohl der Ansicht von Kleinknecht/ Meyer folgt: In Muster 23 wird zwar der frühere § 48 StGB in der Paragraphenkette zitiert, doch finden sich weder im Anklagesatz noch im wesentlichen Ergebnis der Ermittlungen die gesetzlichen Merkmale der früheren Rückfallbestimmung; selbst die angeführte Vorstrafe erfüllt die Voraussetzungen dieser Norm nicht).

In der Konkretisierung sind dann die Tatsachen anzugeben, die den "besonders schweren Fall" ergeben oder die den ein Regelbeispiel ausfüllenden Tatsachen ähnlich sind. Auch der herausgehobene Hinweis, daß es sich um einen " b e s o n d e r s   s c h w e r e n   F a l l " handelt, erscheint sachdienlich. Unzulässig ist eine solche Handhabung jedenfalls nicht aus dem Grunde, weil solche Zusätze nicht in den Urteilstenor aufgenommen werden dürfen.

b) Aufgabe des wesentlichen Ergebnisses der Ermittlungen

V o m   w e s e n t l i c h e n   E r g e b n i s   d e r   E r m i t t - l u n g e n sagt das Gesetz nur, daß es Teil der Anklage sei (§ 200). Auch die Richtlinien für das Straf- und Bußgeldverfahren (Nr. 110 Abs. 2 lit. g) geben keine weitere Hilfe.

Seine Bestimmung durch Praxis, Rechtsprechung und Literatur ist uneinheitlich. Der BGH (BGH NJW 54, 360) ist der Ansicht, daß die Darstellung des wesentlichen Ergebnisses der Ermittlungen nicht die Tat näher beschreiben, sondern dem Angeschuldigten die hauptsächlichsten Einzelheiten des B e - w e i s s t o f f e s aufdecken solle, die gegen ihn gesammelt worden sind. Dadurch solle dem Angeschuldigten eine sachdienliche Verteidigung ermöglicht werden. Der Entscheidung kann aber nicht entnommen werden, daß eine Schilderung der Tat in ihrem sozialen Kontext unzulässig wäre.
Paul (NJW 56, 478; vgl. auch Görke für die damalige Berliner Praxis JR 54, 150 zur alten Fassung des § 200), dem die Praxis nicht gefolgt ist, meint, der Sachverhalt gehöre ins wesentliche Ergebnis der Ermittlungen, wenn der Täter geständig sei. Leugne er aber die Tat, so sei nur das "Unstreitige" zu berichten und im übrigen seien die Beweisergebnisse mitzuteilen. Dagegen spricht schon, daß bereits im Anklagesatz dargelegt ist, welche Handlungen der Angeschuldigte nach Ansicht der Staatsanwaltschaft begangen haben soll. Kohlhaas (JuS 66, 280 f., 315 ff.; ähnlich E. Schmidt, Nachtragsband 1967, Rz. 9, 19, 20 zu § 200) ist der Ansicht, eine abstrakte Festlegung des Inhalts des wesentlichen Ergebnisses der Ermittlungen lasse sich kaum finden. Das Ermessen des Staatsanwalts und die jeweilige Sachlage des Einzelfalles müßten darüber entscheiden, was ins wesentliche Ergebnis der Ermittlungen aufzunehmen sei.

Z w e c k des wesentlichen Ergebnisses der Ermittlungen ist:

- das G e r i c h t darüber zu unterrichten, welche Gründe die Staatsanwaltschaft veranlaßt haben, Anklage zu erheben;

- den A n g e s c h u l d i g t e n zu unterrichten, was ihm zur Last gelegt wird, und zur Ermöglichung seiner Verteidigung die hauptsächlichen Einzelheiten des Beweisstoffes aufzudecken;

- dem S t a a t s a n w a l t , der in der Hauptverhandlung auftritt und der die Anklage häufig nicht selbst verfaßt hat, als Arbeitsunterlage zu dienen.

Aus den angeführten Zweckbestimmungen (zustimmend Löwe/Rosenberg § 200 Rz. 23 ff. und KK § 200 Rz. 15) - und daraus allein - läßt sich ableiten, wie das wesentliche Ergebnis der Ermittlungen zu fassen ist. Das manchmal angeführte Argument, die Anklage sei zu kopflastig, wenn eine Konkretisierung in den Anklagesatz aufgenommen, die Tat aber nicht im Ermittlungsergebnis nochmals geschildert werde, stammt aus einem ganz anderen Lebensbereich und ist daher untauglich. Daß sämtliche, die gesetzlichen Merkmale erfüllenden Tatsachen des historischen Sachverhalts im Anklagesatz anzugeben sind, ist oben dargelegt worden. Daraus folgt, daß mit der Tatschilderung im Anklagesatz ein verständliches Bild des Lebensvorgangs gezeichnet ist. In einfachen Fällen - z.B. bei der Annahme zweier PKW-Diebstähle - wird es also gestattet sein, auf die wiederholte Darstellung dieser Tatsachen im wesentlichen Ergebnis der Ermittlungen zu verzichten. Denn sie werden schon im Anklagesatz, und zwar genau und ausführlich, geschildert, weil für jedes gesetzliche Merkmal eine Tatsache angeführt wird. Alle oben genannten Aufgaben kann das so vereinfachte wesentliche Ergebnis der Ermittlungen in Verbindung mit dem Anklagesatz durchaus und genausogut wie eine die Konkretisierung wiederholende Darstellung erfüllen (vgl. auch KK § 200 Rz. 16, 17).

Je nach der Schwierigkeit der Sach- und vor allem der Beweislage wird also das wesentliche Ergebnis der Ermittlungen verschieden aussehen. Es muß - in Verbindung mit dem Anklagesatz - den Lebenssachverhalt verständlich wiedergeben und darüber informieren, aufgrund welcher Beweise und Überlegungen, gegebenenfalls gegen die Einlassung des Angeschuldigten, die Staatsanwaltschaft hinreichenden Verdacht angenommen hat (auf weitere Einzelheiten wird unten zu 10. eingegangen). Bei bedeutenden Straftaten und schwieriger Beweislage wird sicherlich die Tat im wesentlichen Ergebnis der Ermittlungen, eingebettet in den weiteren Lebenssachverhalt und die für die Beweiswürdigung wichtigen Vorgänge, eingehend dargestellt werden müssen. Dazu gehören auch die Feststellungen zur Verantwortlichkeit des Angeschuldigten und die wichtigsten Ergebnisse der für die Rechtsfolgen bedeutsamen Umstände.

3. Kopf der Anklageschrift und Adressierung

Die Anklage wird durch die S t a a t s a n w a l t s c h a f t erhoben (§ 170 Abs. 1). Entsprechend lautet die Angabe am K o p f der Anklageschrift. Darunter wird das Aktenzeichen angegeben.

Nach Anklageerhebung wird vor der ersten Zahl des bisherigen Aktenzeichens (etwa 40 Js 267/88) eine weitere Buchstabenkombination hinzugefügt, aus der hervorgeht, bei welchem Gericht die Strafsache anhängig ist:

Beispiel: Ks = Schwurgerichtssachen
           KLs = Sachen der großen Strafkammer
           Ls = Schöffengerichtssachen
           Ds = Sachen des Strafrichters
           Cs = Strafbefehlssachen
           Ns = Berufungssachen

Vor das Unterscheidungsmerkmal wird in arabischen Ziffern die Nummer der Abteilung der Geschäftsstelle des Gerichts gesetzt.

Beispiel: 45 Ds 60 Js 673/89

Um Irrtümern vorzubeugen, sei ausdrücklich darauf hingewiesen, daß die Aufstellung von Kunigk, S. 31, Fehler enthält: Die Buchstabenkombinationen Ms, Dls und KMs sieht die Aktenordnung nicht mehr vor; hinsichtlich Dls auch unzutreffend Rahn, S. 275.

In der Anklageschrift wird rechts oben der Sitz der Staatsanwaltschaft und das Datum der Unterzeichnung der Anklageschrift angegeben. Der Entwurf der Anklageschrift und ein Durchdruck der Reinschrift werden zu den Handakten genommen; die vom Staatsanwalt zu unterzeichnende Reinschrift der Anklageschrift kommt in die Sachakten.

Die Anklage wird an das G e r i c h t gerichtet, das über die Eröffnung des Hauptverfahrens entscheidet, und nicht an den Vorsitzenden des Gerichts.

Der z.T. in der Praxis vertretenen Ansicht, aus § 30 Abs. 2 GVG ergebe sich, daß "Schöffengerichtsanklagen" an den "Richter beim Amtsgericht" oder an "das Amtsgericht - Herrn Vorsitzenden des Schöffengerichts -" zu adressieren seien, ist nicht beizupflichten (a.A. auch Rahn S. 35, 39 ff. u. Kunigk S. 196 ff.). § 30 Abs. 2 GVG bestimmt, daß die außerhalb der Hauptverhandlung zu treffenden Entscheidungen vom Richter am Amtsgericht erlassen werden: Eine Regelung also, wie das Gericht besetzt ist, das entscheidet. Die Entscheidung obliegt gem. § 199 Abs. 1 dem für die Hauptverhandlung zuständigen Gericht, also dem Schöffengericht (vgl. auch § 202 bis § 207), wogegen z.B. gem. § 201 der Vorsitzende des Gerichts die Anklageschrift dem Angeschuldigten mitteilt. Es erscheint daher richtig, die Anklage an das für die Hauptverhandlung wie für die E r ö f f n u n g d e s V e r f a h r e n s zuständige Schöffengericht zu adressieren, zumal dies auch der Fassung von § 209 Abs. 2: "... das Gericht, bei dem die Anklageschrift eingereicht ist, ..." entspricht. Mißverständnisse können nicht auftreten, denn die "Einzelrichteranklage" wird an den S t r a f - r i c h t e r gerichtet und der Antrag nach § 29 Abs. 2 GVG mit dem am Schluß der Anklageschrift stehenden Antrag gem. § 199 Abs. 2 verbunden.

Beispiel: "Es wird beantragt, das Hauptverfahren vor dem Amtsgericht - Schöffengericht - Bonn zu eröffnen und zur H a u p t - v e r h a n d l u n g e i n e n z w e i t e n R i c h - t e r z u z u z i e h e n."

Dem Vorschlag Kunigks (Kunigk S. 215), die Anklage an das "Amtsgericht - erweitertes Schöffengericht -" zu richten, kann nicht beigepflichtet werden. Der Adressat existiert nämlich noch nicht. Erst nach Eröffnung des Hauptverfahrens in der Hauptverhandlung wirkt der zweite Richter mit. Daß im Geschäftsverteilungsplan seine Besetzung festgelegt ist, führt nicht - wie Kunigk meint - zu einer früheren Existenz. Auch der weitere Hinweis Kunigks, der Geschäftsstellenbeamte erkenne durch die Adressierung an das erweiterte Schöffengericht, welchen Weg die Akte zu nehmen habe, führt in die Irre: Die Akte ist eben dem Vorsitzenden des Schöffengerichts vorzulegen. Dann sollte sie auch so adressiert werden. Kunigk stiftet - so meine ich - mit seiner nicht schlüssig begründeten Ansicht Verwirrung; die Praxis folgt ihm nicht.

Die frühere Ausnahme, daß Adressat der Anklage die Strafkammer war, die über die Eröffnung des Hauptverfahrens vor dem Schwurgericht zu entscheiden hatte, besteht nicht mehr, nachdem das Schwurgericht alter Art abgeschafft worden ist.

Bei den Überlegungen, bei welchem Gericht Anklage erhoben werden soll, hat der Anklageverfasser neben den Bestimmungen des GVG Nr. 113 RiStBV zu beachten. Auf zwei Punkte sei in diesem Zusammenhang hingewiesen. Soll (muß!) wegen der besonderen Bedeutung (vgl. die Entscheidung BVerfGE 22, 254 ff., 261) des Falles Anklage beim Landgericht erhoben werden (§ 24 Abs. 1 Nr. 3 GVG), so sind diese Umstände - sofern nicht offensichtlich - aktenkundig zu machen. Der Umfang der Sache allein rechtfertigt dies in der Regel nicht; ihm trägt der Antrag gem. § 29 Abs. 2 GVG Rechnung. Ob ein Fall von "besonderer Bedeutung" vorliegt, unterliegt der gerichtlichen Kontrolle (vgl. BGH GA 80, 220). Von der Befugnis, Anklage vor dem Strafrichter zu erheben (§ 25 Nr. 3 GVG), soll weitgehend Gebrauch gemacht werden.

Unter Ortsangabe und Datum - deutlich abgesetzt - werden K u r z h i n - w e i s e auf wichtige Sonderheiten der Anklage gegeben. Üblich ist dies, wenn einer der Angeschuldigten sich in Untersuchungshaft befindet; mit dem Kurzhinweis - oder mit den nach den Personalien folgenden genauen Angaben zur Haft - verbunden wird die Angabe des nächsten H a f t p r ü f u n g s - t e r m i n s oder die Mitteilung des Ablaufs der F r i s t nach § 121 Abs. 1 (siehe Nr. 110 Abs. 4 RiStBV). Vermerkt wird an dieser Stelle weiter, wenn einer der Angeschuldigten Jugendlicher, Heranwachsender oder Ausländer ist. Unter der Adresse schließlich wird mit der Überschrift " A n k l a g e s c h r i f t " die Art der staatsanwaltschaftlichen Entschließung gekennzeichnet.

Beispiel: "Ausländer-Schutzbestimmungen beachten
             H a f t
             (Nächster Haftprüfungstermin gem. § 117 Abs. 5 StPO: 1.9.88)"

4. Angaben zur Person des Angeschuldigten

Die P e r s o n a l i e n des Angeschuldigten dienen seiner Identifizierung und praktischen Bedürfnissen.

Es sind anzugeben:

- N a m e und alle Vornamen; der Rufname wird unterstrichen; bei verheirateten Personen ist auch ihr Geburtsname mitzuteilen. (Zunehmend haben es die Strafverfolgungsbehörden mit Männern zu tun, die den Namen ihrer Ehefrau angenommen haben - häufig in der Hoffnung, ihre Vorstrafen würden nicht bekannt!) Nicht richtig ist es, bei angeklagten Ehefrauen den Vornamen des Mannes voranzusetzen; es darf also nicht heißen: Frau Josef Schmitz, Maria, geb. Müller. Beigelegte Namen und Aliasnamen sind aufzuführen.

Beispiel: "Georg Müller alias George von Maul",
             "Frau Amalie Maria Müller, geb. Schmitz, genannt Ria Roof"

- G e b u r t s t a g und - o r t mit genauer Bezeichnung (Kreis, Gemeinde, Land), falls dies zur eindeutigen Bestimmung erforderlich ist.

Beispiel: "Geboren am 16.11.1945 in Steinegg, Südtirol, Italien"

- B e r u f , und zwar der jetzt ausgeübte. Genaue Berufsangabe ist erforderlich. Allgemeine Bezeichnungen wie Beamter usw. reichen nicht aus.
Ehrenrührige Bezeichnungen wie Lohndirne, Gelegenheitsarbeiter, Sonder-
schüler oder Fürsorgezögling sind untersagt. In solchen Fällen sollte
eine Berufsangabe unterbleiben. Auch von dem Zusatz "arbeitslos" sollte
abgesehen werden.

Beispiel: "Bauarbeiter", "Postobersekretär"

Hat der früher erlernte oder ausgeübte Beruf eine besondere Bedeutung für
die Sache, weil der Straftatbestand nur von bestimmten Berufsangehörigen
verwirklicht werden kann, sollte der frühere Beruf hinzugesetzt werden.
Denn nur dann wird bei Verlesung des Anklagesatzes sofort klar, wieso der
Angeklagte ein solches Delikt hat begehen können, z.B. bei einer Anklage
wegen Rechtsbeugung oder bei einer Anklage wegen Ungehorsams.

Beispiel: "Der Rechtsanwalt und Landgerichtsrat i.R.",
"der Bauarbeiter und frühere Feldwebel"

So weit wie Kunigk (S. 199), der den früheren Beruf "Schweißer" mit angeben will, wenn dem Angeschuldigten vorgeworfen wird, einen Einbruchsdiebstahl durch Aufschweißen eines Panzerschrankes begangen zu haben, dürfte
jedoch nicht zu gehen sein. Diese Mitteilung sollte im wesentlichen Ergebnis der Ermittlungen erfolgen.

- W o h n o r t   mit Postleitzahl, Straße, Hausnummer, und zwar peinlich
genau. Die Ausführung jeder Zustellungs- oder Ladungsverfügung wird so
erleichtert.

Beispiel: "wohnhaft Am Heilkamp 16 a, bei Familie Schoog,
5300 Bonn-Bad Godesberg 1"

- F a m i l i e n s t a n d

Beispiel: "verheiratet", "geschieden"

- S t a a t s a n g e h ö r i g k e i t - bei Ausländern muß dies sein,
bei Deutschen ist es m.E. nicht notwendig, aber üblich (und entspricht
Nr. 110 Abs. 2 RiStBV).

Beispiel: "niederländischer Staatsangehöriger"

- bei z.Z. der Anklageerhebung Minderjährigen sind Name und Adresse der
g e s e t z l i c h e n   V e r t r e t e r   anzugeben; nicht also, wenn
der Jugendliche bei Anklageerhebung bereits 18 Jahre alt geworden ist.

Beispiel: "Gesetzliche Vertreter: Eltern Gustav und Erna Ennepe,
Im Breitenbenden 18, 5000 Köln 40"

Die oben gewählte Reihenfolge ist sachdienlich und in der Praxis üblich.
Die Angaben in Nr. 110 Abs. 2 a RiStBV geben nicht die Reihenfolge an, in
der die Personen in der Anklageschrift aufzuführen sind.

Im Anklagesatz haben Angaben über Religion, Rasse und B e s t r a f u n -
g e n   keinen Platz. Immer wieder findet man bei den zur Identifizierung
des Angeschuldigten bestimmten Angaben den allgemeinen Vermerk "vorbestraft". Dort gehört er nicht hin. Denn zur Bezeichnung der Person dient

er nicht (Nr. 110 RiStBV, Kohlhaas GA 55, 65 ff., JuS 66, 280 ff., KMR
§ 200 Rz. 9, Löwe/Rosenberg § 200 Rz. 7, Solbach DRiZ 72, 235, Kunigk
S. 200; a.A. ohne Begründung Jäger/Schmidt, Studium und Praxis 66, 307).
Zudem sollen nach § 243 Abs. 4 S. 3 Vorstrafen nur insoweit festgestellt
werden, als sie für die Entscheidung von Bedeutung sind; wann dies geschieht, bestimmt der Vorsitzende (§ 243 Abs. 4 S. 4). Beide Bestimmungen
würden mißachtet, wenn mit der Verlesung des Anklagesatzes öffentlich
bekannt gemacht würde, daß der Angeklagte schon bestraft ist. Und Aus-
lassungen bei der Verlesung - ein scheinbarer Ausweg - sieht § 243 Abs. 3
S. 1 nicht vor.

Die Angaben zu eventueller H a f t oder U n t e r b r i n g u n g folgen im Anschluß an die Personalien. Bei Untersuchungshaft in vorliegender
Sache sind anzugeben: Tag des Erlasses und Aktenzeichen (mit Bezeichnung
des Gerichts) des Haftbefehls, Beginn der U-Haft und die Justizvollzugsanstalt, in der sich der Angeschuldigte befindet.

Beispiel: "In dieser Sache auf Grund des Haftbefehls des Amtsgerichts
              Euskirchen vom 26.6.1988 - 2 Gs 34/88 - in Untersuchungshaft
              in der Justizvollzugsanstalt Bonn seit dem 22.7.1988."

Zwar ist es nicht nötig, den Tag der polizeilichen Festnahme vor dem Beginn der Untersuchungshaft mitzuteilen. Denn für die Frist des § 121 zählt
er nicht (vgl. Löwe/Rosenberg § 117 Rz. 5, 43). Die Angabe ist aber üblich, wohl als Hinweis für die Anrechnung der Untersuchungshaft bei der
Strafzeitberechnung (vgl. § 51 Abs. 1 StGB). Ist der Angeschuldigte inzwischen entlassen, so sollte aus denselben Gründen vermerkt werden, von
wann bis wann er in Untersuchungshaft gewesen ist. Die gleichen Angaben
erfolgen bei Auslieferungshaft, vorläufiger Unterbringung und auch bei
Unterbringung nach § 81, weil auch diese Freiheitsentziehungen nach § 51
Abs. 1 StGB auf die Strafe anzurechnen sind. Eine Strafe, die im Ausland
wegen derselben Tat verbüßt worden ist (vgl. § 51 Abs. 3 StGB), sollte
ebenfalls vermerkt werden.

Es ist üblich, im Zusammenhang mit den Personalien auch Untersuchungs-
oder Strafhaft in anderer Sache mitzuteilen. Einzelheiten über die ander-
weitige Haft sind hier jedoch fehl am Platz; sie gehören in das wesentliche Ergebnis der Ermittlungen.

Beispiel: "Zur Zeit im Verfahren 4 KLs 16 Js 23/89 StA Köln in Untersu-
              chungshaft in der Justizvollzugsanstalt Köln; in vorliegendem
              Verfahren ist aufgrund Haftbefehls des AG Bonn vom 22.8.88
              - 40 Gs 436/88 - Überhaft notiert."
              ("Überhaft notiert" bedeutet, daß der wegen eines Haftbefehls
              in anderer Sache in Haft befindliche Beschuldigte aufgrund
              des Haftbefehls, für den "Überhaft notiert" ist, in Haft ge-
              nommen wird, wenn der zur Zeit vollstreckte Haftbefehl auf-
              gehoben wird oder die Vollstreckung aus ihm unterbleibt.)

Die Angaben zur Haft sind einzurücken, so daß sie deutlich ins Auge fallen.

Nach diesen Hinweisen wird - optisch abgesetzt - gem. § 200 Abs. 1 der
V e r t e i d i g e r benannt, und zwar unter Angabe der Blattzahl seiner
Vollmacht oder des Beschlusses über seine Bestellung als Pflichtverteidiger. Ob es sich um einen Wahl- oder Pflichtverteidiger handelt, ist m.E.
hier nicht anzugeben.

Beispiel: "Verteidiger: Rechtsanwalt Dr. Dörr aus Bonn (Bl. 82 d.A.)"

Werden mehrere Angeschuldigte angeklagt, so werden die einzelnen Angeschuldigten jeweils unter einer arabischen Ziffer aufgeführt und nach Tatbeteiligungsformen, evtl. nach der Schwere des Tatbeitrags geordnet. Schon hier sind Blattzahlen am Rand zu vermerken, wenn es sich um Strafakten handelt, die über einen sofort zu übersehenden Umfang hinausgehen. Bei umfangreichen Verfahren werden für in Haft befindliche Täter Haftbände angelegt, damit aufgrund dieser Vorgänge Haftentscheidungen - ohne die Sachakten - getroffen werden können (vgl. Nrn. 12 Abs. 2 S. 2, 54 Abs. 3 RiStBV).

Die Verbindung der Angabe der Personalien des Angeschuldigten zur Schilderung der gesetzlichen Merkmale und der Tat erfolgt mit den Worten: "Wird angeklagt ..." (abweichende Übungen bestehen in einzelnen Teilen Süddeutschlands, vgl. Rahn Muster 15 ff.; siehe hierzu unten D IX). Ist die Verfolgung gem. § 154 a Abs. 1 beschränkt worden, ist dies mit genauen Angaben in der Begleitverfügung aktenkundig zu machen und in der Anklageschrift zu erwähnen (Nrn. 101 a Abs. 3, 110 Abs. 2 lit. e RiStBV), denn sonst ist die Anklage nicht schlüssig. In der Anklageschrift heißt es: "Wird - unter Beschränkung gem. § 154 a Abs. 1 StPO - angeklagt ...".

Zu beachten ist, daß bei Ausscheiden von Straftatbeständen gem. § 154 a Abs. 1 oder bei Nichtaufnahme in die Anklage, weil ein erforderlicher Strafantrag nicht gestellt worden ist, dieser Straftatbestand andere - angeklagte - Straftatbestände zur Tateinheit zusammenzufassen vermag (vgl. BGH NStZ 84, 135, 262, 408).

5. Zeit und Ort der Tat

Danach werden üblicherweise Zeit und Ort der Taten so genau wie möglich mitgeteilt. Zwar gehören Zeit und Ort der Tat zur Konkretisierung, die nach der Darstellung der gesetzlichen Merkmale folgt. Doch hat sich ihre Voranstellung eingebürgert. So werden vorweg die wegen der Verfolgungsverjährung besonders wichtige Tatzeit und der für die Frage der örtlichen Zuständigkeit bedeutsame Tatort ins Auge fallend herausgehoben. Die Reihenfolge: Zeit und Ort entsprachen § 200; in der Praxis wird häufig auch umgekehrt verfahren.

Beispiel: "... am 24.3.1989 in Düsseldorf"

Ist die genaue Tatzeit nicht zu ermitteln, so ist sie annähernd festzulegen. So kann z.B. dann angegeben werden: "in nicht rechtsverjährter Zeit". Ist der Tatort nicht genau festzustellen, so ist er allgemeiner zu beschreiben, z.B.: "im Landkreis Euskirchen", "in Westfalen" u.a. Bei mehreren Taten und verschiedenen Orten und (oder) zu verschiedenen Zeiten sind die genauen Angaben über Ort und Zeit der Taten bei den einzelnen Konkretisierungen zu machen. Denn sonst ist eine Zuordnung zu den einzelnen Taten nicht möglich. In diesem Fall kann vorweg eine alle Taten umfassende Zeit- und Ortsangabe erfolgen. Bei Orten mit selbständigen Ortsteilen sollten auch diese genannt werden; bei Handlungen auf der Autobahn empfiehlt sich die Angabe des Km-Steins und eine Ortsangabe, etwa: "zwischen A-Dorf und B-Stadt".

6. Gesetzliche Merkmale der Straftat

Anschließend werden die g e s e t z l i c h e n   M e r k m a l e   d e r
S t r a f t a t (§ 200 Abs. 1), die der Angeschuldigte verwirklicht hat,
angeführt (weit überwiegende Praxis; in Bayern wird dagegen zunächst die
Tat geschildert, also der historische Vorgang, und daran anschließend die
gesetzlichen Merkmale; vgl. Rahn Muster 16; siehe unten D IX). Enthält
das Gesetz mehrere Merkmale, von denen eines zur Verwirklichung des Tatbestandes ausreicht (z.B. § 240 StGB: "Gewalt" oder "Drohung ..."), oder
selbständige Alternativen, sind nicht alle Merkmale des verletzten Strafgesetzes anzugeben, sondern nur die M e r k m a l e , die vom Täter
v e r w i r k l i c h t worden sind. Wird ihm z.B. die Verwirklichung des
Mißbrauchstatbestandes des § 266 StGB angelastet, so sind nur die diesen
betreffenden Tatbestandsmerkmale der Untreue, also nicht die des Treu-
bruchstatbestandes anzuführen. Wird dem Angeschuldigten Mord vorgeworfen,
weil er aus Mordlust gehandelt habe, so ist auch nur diese zu nennen. Hat
der Angeschuldigte jedoch mehrere solche Tatbestandsmerkmale erfüllt, so
sind alle diese verwirklichten Merkmale anzugeben.

Beispiel: "... wird angeklagt,
              am 6.5.1989 in Essen
              die ihm durch Rechtsgeschäft eingeräumte Befugnis, einen
              anderen zu verpflichten, mißbraucht und dadurch dem, dessen
              Vermögensinteressen er zu betreuen hatte, Nachteil zugefügt
              zu haben ..."

Der Darlegung der einzelnen Tatbestandsmerkmale werden bestimmte Kennzeichen der Straftat vorangestellt, auch wenn sie sich auf mehrere der angeklagten Straftaten beziehen. Dieses Prinzip der Ausklammerung hat dort
seine Grenzen, wo es zu mangelnder Übersicht führt, insbesondere bei kom-
plizierten oder besonders umfangreichen Anklagen mit zahlreichen Angeschuldigten. Zu den voranzustellenden Merkmalen gehören, ob der Angeschuldigte
als Heranwachsender oder Jugendlicher gehandelt hat, ob die ihm zur Last
gelegten Straftaten im Verhältnis der Realkonkurrenz oder Idealkonkurrenz
stehen und ob eine fortgesetzte Handlung oder Mittäterschaft vorliegt. Im
letzteren Falle ist stets auf den konkreten M i t t ä t e r hinzuweisen.

Beispiel: "... gemeinschaftlich mit dem gesondert verfolgten
              Georg Gork"
              oder
              "... mit dem bereits abgeurteilten Peter Schneider ..."

Die Praxis begnügt sich an dieser Stelle auch vielfach mit dem bloßen Hinweis "gemeinschaftlich" und teilt den Namen des Mittäters sowie den dies-
bezüglichen Verfahrensstand erst bei der Konkretisierung mit. Dogmatische
Vorzüge dieser Handhabung sind nicht zu erkennen; zu größerer Klarheit
führt m.E. die von mir vorgeschlagene Fassung.

Die noch häufig zu findende Wendung "gemeinschaftlich (oder fortgesetzt)
h a n d e l n d " ist überflüssig. Das Verb folgt später; es ist dem
jeweiligen Tatbestand zu entnehmen. Bei Unterlassungsdelikten findet man
gelegentlich sogar: "wird angeklagt, fortgesetzt handelnd es unterlassen
zu haben ...", was die Unsinnigkeit besonders deutlich macht. Beim Vorwurf
des Diebstahls lautet es also: "fortgesetzt ... weggenommen zu haben".

Wird ein Jugendlicher angeklagt, so heißt es: "... wird angeklagt, als
Jugendlicher mit Verantwortungsreife ...". Zwar bedarf es eigentlich kei-

ner besonderen Erwähnung, daß es sich um einen Jugendlichen mit Verantwortungsreife handelt, denn das geht schon aus der Tatsache der Anklageerhebung hervor. Dennoch hat es sich eingebürgert, dies expressis verbis anzuführen.

Idealkonkurrenz wird dadurch bezeichnet, daß es vorweg heißt, "durch d i e s e l b e   H a n d l u n g " und nicht "durch ein und dieselbe Handlung" (eine Formulierung, die das Gesetz nicht mehr kennt und auf deren sprachlichen Unsinn schon Schneider JZ 56, 594 hingewiesen hat). Es kann auch nach der Mitteilung des ersten Delikts angeführt werden: "und tateinheitlich damit", oder: "und dadurch zugleich". Von der für Laien unverständlichen Formulierung "... und in Idealkonkurrenz damit ..." ist ebenso abzusehen wie von der Erwähnung einer "Realkonkurrenz".

> Beispiel: "... wird angeklagt,
>   am 7.6.1989 in Siegen
>   als Jugendlicher mit Verantwortungsreife
>   gemeinschaftlich mit dem Angeschuldigten Wirtz fortgesetzt
>   durch dieselbe Handlung ..."

Diese Fassung ist m.E. gegenüber der Formulierung "... durch dieselbe fortgesetzte Handlung gemeinschaftlich ..." vorzuziehen.

Auf die Selbständigkeit der Handlung kommt es an, nicht auf die der Tat, die mehrere selbständige Handlungen - wie oben dargelegt - umfassen kann. Der Hinweis im Anklagesatz, daß es sich um Realkonkurrenz handelt, sollte daher nicht mit den Worten erfolgen: "durch mehrere selbständige Taten". Daß der Angeschuldigte wegen mehrerer Straftaten (§ 53 StGB) verurteilt wird, ist die Folge davon, daß es sich um mehrere s e l b s t ä n d i g e H a n d l u n g e n gehandelt hat. Hierauf sollte im Anklagesatz abgestellt werden. Auf die Bezeichnung als mehrere " s e l b s t ä n d i g e " Handlungen (statt nur als mehrere Handlungen) sollte nicht verzichtet werden. Denn mehrere "Handlungen" müssen nicht rechtlich selbständig, sondern können rechtlich zu "derselben" Handlung verbunden sein. Die ausdrückliche Benennung als "selbständige" Handlungen steht im verdeutlichenden Gegensatz zu "derselben Handlung".

> Beispiel: "... wird angeklagt,
>   am 1.5. und 24.6.1989 in Olpe
>   durch zwei selbständige Handlungen
>   1. vorsätzlich Früchte auf dem Felde, die fremdes Eigentum
>   waren, und
>   2. in betrügerischer Absicht eine gegen Feuergefahr versicherte Sache
>   in Brand gesetzt zu haben."

Zu diesem Beispiel sei angemerkt, daß dieselben Merkmale in verschiedenen Tatbeständen - wie oben: "in Brand gesetzt" - sowohl bei Real- wie bei Idealkonkurrenz - nur einmal angeführt zu werden brauchen, wenn die Übersicht und das Verständnis nicht beeinträchtigt werden.

Ein Fall gleichartiger Idealkonkurrenz bietet keine Besonderheiten.

> Beispiel: "... wird angeklagt,
>   am 22.4.1989 in Nürnberg
>   durch dieselbe Handlung
>   vorsätzlich drei Menschen getötet zu haben ..."

Daß es sich um mehrfache Erfüllung desselben Tatbestandes durch einen gleichzeitigen Angriff handelt, wird durch die mitgeteilte Zahl der verletzten individuellen Rechtsgutträger in Verbindung mit der Angabe klargestellt, dies sei durch dieselbe Handlung geschehen.

In diesem Zusammenhang sollte nicht von Fällen gesprochen werden. Denn mit dem Wort "Fall" wird eine bestimmte Selbständigkeit des Geschehens ausgedrückt oder doch vielfach assoziiert, die gerade bei der gleichartigen Idealkonkurrenz nicht vorliegt.

Das Wort "Fall" sollte nur verwendet werden als Synonym für eine Teilhandlung bei fortgesetzter Tat, etwa zu deren Bezeichnung im Ermittlungsergebnis, oder als Synonym für eine rechtlich selbständige Handlung zur Unterscheidung von anderen, z.B. um zu kennzeichnen, daß eine Qualifizierung für eine bestimmte selbständige Handlung gegeben ist.

<u>Beispiel:</u>   "... wird angeklagt,
             am 26.5.1989 in Wasserburg
             durch vier selbständige Handlungen
             fremde bewegliche Sachen, die er in Besitz hatte,
             sich rechtswidrig zugeeignet zu haben,
             wobei in einem F a l l die Sache ihm anvertraut war ..."

Vielfach werden, um die Übersichtlichkeit der Anklageschrift zu erhöhen, die nach Angeschuldigten gegliederten Straftaten mit römischen Ziffern bezeichnet, selbständige Handlungen mit arabischen Ziffern und idealkonkurrierende Straftaten mit kleinen Buchstaben.

<u>Beispiel:</u>   "... werden angeklagt,
             in Hagen

             I. der Angeschuldigte <u>Müller</u>
                 als Heranwachsender
                 durch drei selbständige Handlungen
                 1. am 23.2.1989
                    a) ...
                    und tateinheitlich damit
                    b) ...
                 2. am 25.2.1989
                    fortgesetzt ...
                 3. am 6.3.1989
                    gemeinschaftlich mit dem gesondert Verfolgten
                    ...

             II. die Angeschuldigten <u>Schmitz</u> und <u>Weber</u>
                 am 28.2.1989
                 durch dieselbe Handlung gemeinschaftlich
                 a) ...
                 b) ..."

Auch wenn der Staatsanwalt annimmt, daß der Angeschuldigte im Zustand erheblich verminderter Schuldfähigkeit gehandelt hat oder daß zu seinen Gunsten jedenfalls davon auszugehen ist, wird dies üblicherweise der Anführung der Delikte vorangestellt.

<u>Beispiel:</u>   "... wird angeklagt,
             am 26.6.1989 in München
             im Zustand erheblich verminderter Schuldfähigkeit ..."

Die mit der gesetzlichen Überschrift verkürzte Wiedergabe der Merkmale des
§ 21 StGB dürfte sachdienlich sein.

Sind vorsätzliche und fahrlässige Begehungsweisen strafbar, so ist anzugeben, ob die eine oder andere Begehungsweise dem Angeschuldigten vorgeworfen
wird (OLG Düsseldorf JMBl. NW 79, 259). Auch sonst kann es sich empfehlen,
auf den Vorsatz hinzuweisen.

Werden ein Verbot der Berufsausübung (§§ 61 Nr. 6, 70 StGB) oder andere
Maßregeln der Besserung und Sicherung angestrebt, so sollen die besonderen
Voraussetzungen im Anklagesatz aufgenommen werden.

Beispiel: "... wird angeklagt,
             am 2.7.1989 in Saarbrücken
             unter Mißbrauch seines Berufes/unter grober Verletzung
             der mit seinem Beruf verbundenen Pflichten ..."

Strebt die Staatsanwaltschaft eine Einziehung von Gegenständen gem. § 74
Abs. 1, 2 Nr. 1 StGB an, bedarf es keines besonderen Hinweises im Anklagesatz. Denn die Voraussetzungen der Einziehung sind in den gesetzlichen
Merkmalen der dem Angeschuldigten zur Last gelegten Straftat bereits enthalten, und auf die Rechtsfolgen braucht nicht hingewiesen zu werden. Anders sollte bei einer Einziehung nach § 74 Abs. 1, 2 Nr. 2 StGB verfahren
werden; diese besonderen Voraussetzungen sind im Anklagesatz anzuführen.

Beispiel: "... wird angeklagt,
             am 4.4.1989 in Landshut
             mit einem Gegenstand, der nach seiner Art und den
             Umständen die Allgemeinheit gefährdet, einen Menschen
             getötet zu haben ..."

Gleiches gilt für die Entziehung der Fahrerlaubnis. Von den Voraussetzungen
des § 69 StGB ist nur mitzuteilen, daß sich aus der angeklagten Tat ergibt, daß der Angeschuldigte zum Führen von Kraftfahrzeugen ungeeignet ist.

Beispiel: "... wird angeklagt,
             am 14.2.1989 in Düren
             vorsätzlich
             im Verkehr ein Fahrzeug geführt zu haben, obwohl er infolge
             des Genusses alkoholischer Getränke nicht in der Lage war,
             das Fahrzeug sicher zu führen.

             Der Angeschuldigte fuhr mit dem Kraftfahrzeug, Mercedes 190,
             Kennzeichen DN - A 80, ca. eine Stunde in der Stadt Düren
             umher, wobei er - wie er wußte - alkoholbedingt fahruntüch-
             tig war.

             Durch diese Tat hat er sich als ungeeignet zum Führen von
             Kraftfahrzeugen erwiesen.
             ..."

Der in der Praxis häufig anzutreffende weitere Hinweis "so daß ihm die
Fahrerlaubnis entzogen werden muß" gehört, da er nur die möglichen Rechts-
folgen klarstellt, nicht in den Anklagetenor (arg. e contr. aus § 414
Abs. 2 S. 3).

In Nordrhein-Westfalen soll auf das Erfordernis einer Maßregel der Besserung und Sicherung und deren gesetzliche Voraussetzungen erst im Anschluß

an die Konkretisierung der Tat hingewiesen werden, während es z.B. in
Niedersachsen üblich ist, auf die fehlende Eignung zum Führen von Kraft-
fahrzeugen in unmittelbarem Anschluß an die Wiedergabe des gesetzlichen
Tatbestandes hinzuweisen.

Strafschärfende oder strafmildernde gesetzliche Merkmale sind anzuführen,
so z.B., wenn gefährliche Körperverletzung (§ 223 a StGB) oder ein besonders schwerer Fall des Diebstahls (§ 243 StGB) angeklagt wird.

Beispiel: "...
             am 26.5.1989 in Hamburg
             einen anderen mittels eines gefährlichen Werkzeugs
             körperlich mißhandelt zu haben."

Vertritt der Staatsanwalt die Auffassung, es sei nicht sicher festzustellen, welches von zwei Delikten, zwischen denen W a h l f e s t s t e l -
l u n g zulässig ist, vom Täter begangen worden ist, so sind beide in Betracht kommenden Tatbestände und Sachverhalte (vgl. dazu OLG Hamm GA 74,
84; BGHSt 32, 146) alternativ aufzunehmen.

Beispiel: "... wird angeklagt,
             am 3.3.1989 in Freiburg
             entweder
             einem anderen
             eine fremde bewegliche Sache in der Absicht weggenommen zu
             haben, dieselbe sich rechtswidrig zuzueignen,
             oder
             eine Sache, die ein anderer gestohlen hatte, angekauft zu
             haben, um sich zu bereichern.
             Der Angeschuldigte entwendete entweder am 20.7.1988 aus dem
             Fotogeschäft Herbold eine Kleinkamera Minox
             oder
             kaufte diese Kamera am 21.7.1988 von dem nun verstorbenen
             Peter Irs, der sie am Vortage - wie der Angeschuldigte
             wußte - im Geschäft Herbold entwendet hatte, für 85,- DM."

Geht die Staatsanwaltschaft dagegen davon aus, der Angeschuldigte sei, da
ein bestimmtes Delikt nicht sicher nachweisbar ist, nach einem " A u f -
f a n g t a t b e s t a n d " zu verurteilen, so ist nur dieser in den
Anklagesatz aufzunehmen (z.B. § 230 StGB, wenn nicht erweislich ist, daß
der Täter vorsätzlich gehandelt hat, Fahrlässigkeit aber jedenfalls vorliegt). Ebenso ist - wie sich aus § 323 a StGB ergibt - zu verfahren, wenn
nicht sicher ist, ob der Täter volltrunken war und er deshalb wegen Vollrausches angeklagt werden soll.

Auch nach der Neufassung des Versuchstatbestandes ist es sachdienlich, die
gesetzlichen Merkmale des V e r s u c h s mit dem eingebürgerten und
auch Laien verständlichen Verb "versuchen", statt mit dem Gesetzestext:
"unmittelbar zur Verwirklichung des Tatbestandes angesetzt zu haben" zu
beschreiben (vgl. Nr. 110 Abs. 2 lit. c RiStBV).

Bei V e r s u c h s t a t b e s t ä n d e n ist auf die Zuordnung der
s u b j e k t i v e n E l e m e n t e zu achten. Es muß z.B. heißen:
"... wird angeklagt, aus Mordlust versucht zu haben zu töten". Wird dem
Angeschuldigten vorgeworfen, versucht zu haben, einen anderen zu betrügen,
der sich jedoch nicht hat täuschen lassen, so ist der Anklagesatz entsprechend zu fassen.

Beispiel: "... wird angeklagt,
              am 27.5.1989 in Stuttgart
              in der Absicht, sich einen rechtswidrigen Vermögensvorteil zu
              verschaffen, versucht zu haben, durch Vorspiegelung falscher
              Tatsachen einen Irrtum zu erregen und das Vermögen eines ande-
              ren dadurch zu beschädigen."

Durch diese Fassung der gesetzlichen Merkmale wird schon deutlich, an welcher Stelle der Versuch gescheitert ist.

Immer wieder findet sich auch der Fehler bei Anklagen wegen Diebstahls,
daß dem Angeschuldigten vorgeworfen wird, in "rechtswidriger Zueignungsabsicht" gehandelt zu haben. Nicht die Absicht muß rechtswidrig sein, soll
der Tatbestand erfüllt sein, sondern die beabsichtigte Zueignung. Es muß
also heißen:

Beispiel: "... wird angeklagt,
              am 15.6.1989 in Heilbronn
              versucht zu haben, einem anderen eine fremde bewegliche Sache
              in der Absicht wegzunehmen, sich dieselbe rechtswidrig zuzu-
              eignen.
              Der Angeschuldigte entwendete der Kauffrau Anne Meisoll eine
              Handtasche, um sich das darin erhoffte Bargeld anzueignen;
              als er kein Geld fand, warf er die Tasche weg."

Es liegt nur versuchter Diebstahl vor, weil die Zueignungsabsicht des Täters sich nicht auf die weggenommene Tasche richtete und er das erstrebte
Geld nicht erhalten hat.

Da materiellrechtlich die in F o r t s e t z u n g s z u s a m m e n -
h a n g stehenden Einzelhandlungen - wie auch bei der natürlichen Hand-
lungseinheit - eine einzige Straftat bilden (vgl. SK vor § 52 Rz. 47 u.
48), ist der Täter nur wegen eines D e l i k t e s anzuklagen. Die Anklage lautet auf den schwersten vom Täter verwirklichten Tatbestand, und
zwar auch dann auf Vollendung, wenn einzelne Teilhandlungen nicht zur
Deliktvollendung geführt haben (wegen des Streites bei versuchtem, quali-
fiziertem und vollendetem Grunddelikt vgl. SK vor § 52 Rz. 48). Daraus
folgt, daß wegen fortgesetzten Diebstahls anzuklagen ist, wenn der Täter
einen vollendeten und einen versuchten Diebstahl begangen hat, die in Fortsetzungszusammenhang stehen. Die Anklage schildert nur so die materielle
Rechtslage zutreffend. Die Konkretisierung gibt Aufschluß darüber, daß es
sich um zwei Einzelakte handelt, von denen einer im Versuch steckengeblieben ist. Ein falscher Eindruck kann somit nicht entstehen. Gegen den Grundsatz, daß die Anklage wahr sein muß, wird nicht verstoßen, er wird gerade
durch die vorgeschlagene Fassung des Anklagesatzes befolgt.

Schließlich ist zu beachten, daß u n g e s c h r i e b e n e T a t b e -
s t a n d s m e r k m a l e , wie die "Vermögensverfügung" beim Betrug
oder die "wollüstige Absicht" bei der Vornahme exhibitionistischer Handlungen (Dreher/Tröndle § 183 Rz. 5), nicht zu den gesetzlichen Merkmalen im
Sinne von § 200 gehören, also n i c h t in den Anklagesatz aufzunehmen
sind. Gleiches gilt für Teile der Tatbestandsnormen, die keinen Merkmals-
charakter haben. So bedarf es in einer Anklage wegen Totschlags nicht der
Anfügung "ohne Mörder zu sein"; daß dem Angeschuldigten kein Mord zur Last
gelegt wird, ergibt sich schon aus der Nichterwähnung von Mordmerkmalen.
Die Praxis ist insoweit allerdings uneinheitlich.

Nicht anzuführen ist im Anklagesatz ferner das allgemeine Deliktsmerkmal der R e c h t s w i d r i g k e i t , selbst wenn es im Tatbestand (vgl. § 303 StGB) enthalten ist. Die Handhabung in der Praxis ist auch in diesem Fall häufig gegenteilig, was unschädlich ist. Wird Nötigung angeklagt, so ist bei den gesetzlichen Merkmalen § 240 Abs. 2 StGB nicht zu erwähnen. Daß die Tat sozial verwerflich ist, folgt aus der Konkretisierung. Etwaige Ausführungen dazu gehören ins wesentliche Ergebnis der Ermittlungen. Auch daß der Täter schuldfähig war, ist im Anklagesatz nicht mitzuteilen.

Bei der Darstellung der gesetzlichen Merkmale eines unechten Unterlassungsdelikts soll § 13 StGB unberücksichtigt bleiben. Unechte Unterlassungsdelikte können im Anklagesatz durch eine entsprechende Konkretisierung gekennzeichnet werden.

Umstritten ist, wie bei Anklagen wegen Anstiftung, Beihilfe, Hehlerei, Begünstigung oder Strafvereitelung zu verfahren ist, wenn der Haupttäter nicht mitangeklagt ist, also nicht auf die g e s e t z l i c h e n M e r k m a l e   d e r   H a u p t t a t in derselben Anklageschrift verwiesen werden kann. Die gleiche Frage stellt sich bei Anklagen wegen Vollrausches hinsichtlich der im Rausch begangenen rechtswidrigen Tat. In der Praxis wird - soweit ersichtlich - vorherrschend sowohl die rechtswidrige Tat bei einer Anklage nach § 323 a StGB als auch die Haupttat beim Vorwurf der Beihilfe bzw. Anstiftung oder den oben erwähnten Delikten nur mit ihrer gesetzlichen Bezeichnung angeführt, nicht also mit ihren einzelnen Tatbestandsmerkmalen. In Nordrhein-Westfalen werden bei einer Rauschtat lediglich die gesetzlichen Merkmale des § 323 a StGB wiedergegeben. Die im Rausch begangene Straftat wird nur in der Konkretisierung und in der Paragraphenkette gekennzeichnet. M.E. verlangt § 200 jedoch die Angabe auch der gesetzlichen Merkmale der im Zustand der Schuldunfähigkeit begangenen rechtswidrigen Tat sowie der Straftat, zu der angestiftet bzw. Hilfe geleistet worden ist oder auf die sich die anderen oben angeführten Delikte beziehen. Nur dann wird der Angeschuldigte sachdienlich unterrichtet und nur dann kann anhand der folgenden Konkretisierung geprüft werden, ob alle Tatbestandsmerkmale erfüllt sind (so auch KMR § 200 Rz. 21 und Löwe/Rosenberg § 200 Rz. 15, Solbach MDR 78, 900; a.A. Rahn Muster 18). Wie sehr bei anderer Handhabung die notwendige Information des Angeschuldigten und des Gerichts beeinträchtigt ist, zeigt sich, wenn das nur mit seiner gesetzlichen Bezeichnung angeführte Delikt mehrere Tatbestandsalternativen oder Tatbestandsmerkmale hat, von denen eines zur Verwirklichung des Tatbestandes genügt. Es bleibt bei dieser Handhabung im dunkeln, was z.B. dem Rauschtäter eigentlich vorgeworfen wird. Die Konkretisierung hat keinen Bezug mehr zu bestimmten Tatbestandsmerkmalen. Es ist also richtig, alle bedeutsamen Merkmale in den Anklagesatz aufzunehmen.

Beispiel: "... wird angeklagt,
               am 1.1.1989 in Dortmund
               sich vorsätzlich durch alkoholische Getränke in einen die
               Schuldfähigkeit ausschließenden Rausch versetzt und in die-
               sem Zustand eine rechtswidrige Tat begangen, nämlich vor-
               sätzlich einen Menschen getötet zu haben."

Bei dieser Formulierung ist der Gesetzestext: "... wenn er in diesem Zustand eine rechtswidrige Tat begeht und ihretwegen nicht bestraft werden kann, weil er infolge des Rausches schuldunfähig war oder weil dies nicht auszuschließen ist", vereinfacht wiedergegeben worden.

Werden   m e h r e r e   A n g e s c h u l d i g t e angeklagt, so sind möglichst in der bei den Personalien eingehaltenen Reihenfolge die jedem zur Last gelegten Delikte anzugeben. Bei einer Vielzahl von Tätern, Teilnehmern und Delikten ist dies natürlich nicht immer möglich. Dann sind für den Aufbau die Übersichtlichkeit und Verständlichkeit entscheidend. Der Anklagesatz ist so zu gestalten, daß dem Adressaten das Verständnis erleichtert wird. Zur Kennzeichnung der einzelnen Angeschuldigten sollten nicht die bei der Reihenfolge der Personalien verwendeten Nummern, sondern immer die N a m e n der Angeschuldigten dienen. Mehrere selbständige Handlungen werden in der Regel in ihrer h i s t o r i s c h e n R e i h e n f o l g e geschildert. Allerdings kann von dieser Regel dann abgewichen werden, wenn ein Delikt, z.B. Mord, gegenüber den anderen dem Angeschuldigten zur Last gelegten Straftaten erheblich überwiegt, zumal wenn es allein die Zuständigkeit des Gerichts bestimmt.

Bei Annahme von idealkonkurrierenden Delikten wird das Delikt mit der h ö c h s t e n S t r a f a n d r o h u n g vorangestellt. Ist die Strafandrohung die gleiche, so sollte der Tatbestand zunächst angeführt werden, der der Tat das Gepräge gibt.

7. Konkretisierung

An die gesetzlichen Merkmale der dem Angeschuldigten zur Last gelegten Straftaten schließt sich die Konkretisierung an. Sie hat - wie oben dargelegt - alle Tatsachen zu enthalten, die die Verwirklichung des angeklagten Delikts und Art und Umfang der strafrechtlichen Sanktion ergeben. Dazu gehören z.B. auch die Tatsachen, aus denen sich die Fahrlässigkeit ableitet. Bei der Tatsachenschilderung sollte vermieden werden, die Ausdrücke des Gesetzeswortlautes zu wiederholen.

Die Konkretisierung ist mit den abstrakten Tatbestandsmerkmalen sprachlich zu verbinden. Bei kurzen Anklagen mag dies - wie es in der Praxis häufig geschieht - mit einem "indem-Satz", in der Regel aber unter Bildung eines neuen Absatzes erfolgen. Die Sachverhaltsschilderung steht immer im Imperfekt. Andere Personen als der Angeschuldigte oder evtl. eingangs benannte Mittäter sollen in der Konkretisierung nicht als "Zeugen ..." bezeichnet, sondern mit Vor- und Zuname, ggf. auch mit Berufs-, Verwandtschafts- oder ähnlichen Bezeichnungen bestimmt werden; denn ihre Stellung als Zeugen ergibt sich erst aus der späteren Aufstellung der Beweismittel.

Beispiel: "... wird angeklagt,
am 10.4.1989 in Roisdorf
eine fremde bewegliche Sache, die er in Besitz hatte,
sich rechtswidrig zugeeignet zu haben,
indem er
die ihm vom Uhrmacher Uwe Meis geliehene, diesem gehörende goldene Uhr an den Arbeiter Peter Braun für 30,- DM verkaufte."

Dieses Beispiel läßt erkennen, daß die vielfach übliche "indem"-Verknüpfung der Konkretisierung mit den gesetzlichen Merkmalen sprachlich nicht besonders gelungen ist. Man sollte deshalb auch bei einfachen Sachverhalten die Bildung eines neuen Hauptsatzes vorziehen.

Beispiel: "... wird angeklagt,
am 25.8.1989 in Holzheim
das nicht öffentlich gesprochene Wort eines anderen unbefugt auf einen Tonträger aufgenommen zu haben.

Der Angeschuldigte brachte ein Mikrophon im Zimmer seines Nachbarn Felix Müller an und nahm die Unterhaltung zwischen diesem und seiner Ehefrau auf Tonband auf."

Die Konkretisierung kann auch i n n e r h a l b   d e s   G e s e t z e s - t e x t e s   durch Tatsacheneinfügung erfolgen:

Beispiele: "... wird angeklagt,
am 5.7.1988 in Bonn
als Amtsträger, nämlich als Polizeihauptwachtmeister der Schutzpolizei in Bonn, von dem Kraftfahrer Wolfgang Meier 50,- DM dafür angenommen zu haben, daß er es unterließ, eine Anzeige wegen verbotenen Parkens zu erstatten, also für eine Diensthandlung, die eine Verletzung seiner Dienstpflicht enthielt."

"... wird angeklagt,
am 10.6.1988 in Merten
in die Wohnung des Peter Porst durch ein offenstehendes Fenster eingedrungen zu sein und dort die Nacht verbracht zu haben."

Eine solche sprachlich sehr enge Verknüpfung der gesetzlichen Merkmale zu der dem Angeschuldigten zur Last gelegten Tat empfiehlt sich jedoch nur bei einfachen Tatbeständen, bei denen kein Zweifel aufkommt, was zur Tatschilderung gehört und was gesetzliche Merkmale sind. Es ist auch zulässig, allgemein bekannte und verständliche gesetzliche Merkmale durch Tatsachen zu ersetzen. So kann bei einer Anklage wegen Vergewaltigung das Tatbestandsmerkmal "Frau" oder bei einer Anklage wegen Mordes das Tatbestandsmerkmal "Mensch" ersetzt werden durch den Namen des betreffenden Opfers. Gleiches gilt für andere Tatbestände, z.B. hinsichtlich des Tatbestandsmerkmals Sache.

Beispiel: "... dem Kaufmann Mürzer einen diesem gehörenden Ring ..."

Daß Kaufmann Mürzer "ein anderer" und ein Ring "eine bewegliche Sache" ist, ist offensichtlich. Bei jeder möglichen sprachlichen Verbindung zwischen der Wiedergabe der gesetzlichen Merkmale und der Konkretisierung ist darauf zu achten, daß die dem Angeschuldigten zur Last gelegte Tat nicht als unumstößliche Tatsache dargestellt wird. Die Schilderung der Tat wird deshalb teilweise mit dem Hinweis begonnen: "der Angeschuldigte ist nämlich folgender Handlungen hinreichend verdächtig ..." oder "dem Angeschuldigten wird folgendes zur Last gelegt ...", womit eindeutig klargestellt ist, daß es sich um einen noch zu beweisenden Vorwurf handelt.

Andere Wendungen finden sich bei Rahn (vgl. Muster 16, 19, 24, bezugnehmend auf die Praxis in Bayern und Waldshut, ebenso in Niedersachsen). Dort heißt es z.B. hinsichtlich der Schilderung der Tat "wird zur Last gelegt" oder "wird vorgeworfen" sowie "beschuldigt" hinsichtlich des Vorwurfs, einen bestimmten gesetzlichen Tatbestand verwirklicht zu haben; letzterer Vorwurf wird auch mit den Worten "wird angeschuldigt" erhoben. Wird - wie etwa in Nordrhein-Westfalen üblich - ein solcher Hinweis weggelassen, ergibt sich der Umstand, daß es sich noch um einen Vorwurf handelt, hinreichend deutlich aus den Eingangsworten sowie aus dem Kontext. Die Darstellung der Konkretisierung hat demgemäß nicht in der Sollform oder einer anderen Möglichkeitsform zu erfolgen. Auch die Formulierung bei Kraß, S. 85, "erscheint hinreichend verdächtig" ist m.E. nicht zu empfehlen.

Auf folgende Besonderheiten ist noch hinzuweisen: Bei Tatsachenalternati-
vität sind beide geschichtlichen Vorgänge (entweder ist Aussage a) oder b)
falsch) zu schildern. Im Falle eines gleichgelagerten R e i h e n d e -
l i k t e s genügt es, einen Standardfall genau abzuhandeln und bei den
weiteren Taten nur die veränderten wesentlichen Merkmale zu schildern.
Möglich ist auch, den allgemeinen Tathergang vorab zu schildern und dann
auf die Einzeltaten näher einzugehen. Die Teilakte müssen im Anklagesatz
genau und unverwechselbar geschildert werden. Gerade bei fortgesetzten
Taten findet sich der Fehler mangelnder Konkretisierung. Folgendes Beispiel mag dies verdeutlichen:

Beispiel: "...
             in Köln zwischen dem 25.1 und 21.10.1988
             gemeinschaftlich (mit dem Angeschuldigten A.)
             fortgesetzt in 27 Fällen fremde bewegliche Sachen einem ande-
             ren in der Absicht weggenommen zu haben, dieselben sich
             rechtswidrig zuzueignen, wobei die Sachen durch eine Schutz-
             vorrichtung gegen Wegnahme besonders gesichert waren, ...
             indem die Angeschuldigten A. und E.
             in Köln-Sülz in dem genannten Zeitraum
             27 Fahrräder, die durch ein Fahrradschloß besonders gesichert
             waren, entwendeten und weiterverkauften ..."

Diese Anklageschrift (ohne Ermittlungsergebnis) lag dem Urteil des OLG
Köln v. 23.9.1983 - 1 Ss 612/83 - zugrunde. Das OLG stellte das Verfahren
nach § 206 a ein und führt folgendes aus: Damit fehlt es an der bei einer
zur Last gelegten fortgesetzten Handlung erforderlichen hinreichenden Konkretisierung der Einzelakte. Allerdings ist in besonders umfangreichen
Verfahren eine sachgemäße Zusammenfassung zulässig. Sie darf aber nicht zu
Zweifeln über den Umfang der Rechtskraft und der Schuld führen (BGH GA
1973, 111). Zwar sind vorliegend Zeitraum nach Anfang und Ende und Ort der
Einzelakte ebenso angegeben wie die Zahl der Einzelakte und die Art der
Sicherung der Fahrräder. Es hätte jedoch zumindest noch eine Konkretisierung durch Angabe der geschädigten Personen und des näheren Tatortes (Bezeichnung der Straße) erfolgen müssen, um die Einzelakte aus dem Bereich
der abstrakten Schilderung herauszuheben und so zu präzisieren, daß eine
Verwechslung ausgeschlossen ist und dem Angeklagten genügend deutlich gemacht wird, gegen welche Einzelakte er sich verteidigen muß.

Anstelle der oben wiedergegebenen fehlerhaften Fassung hätte der Anklagesatz wie folgt lauten können:

Beispiel: "A. und E.
             werden angeklagt,
             in Köln zwischen dem 25.1. und 21.10.1988
             gemeinschaftlich fortgesetzt
             fremde bewegliche Sachen, die durch eine Schutzvorrichtung
             gegen Wegnahme besonders gesichert waren, anderen in der Ab-
             sicht weggenommen zu haben, dieselben sich rechtswidrig zu-
             zueignen.

             Die Angeschuldigten entwendeten - wie von vornherein einver-
             nehmlich geplant - in arbeitsteiligem Zusammenwirken bei
             bereits eingeplanten Gelegenheiten insgesamt 27 vor einem
             Hochschulinstitut in der Weishausstraße abgestellte, mit Ket-
             ten verschlossene Fahrräder und verkauften sie für jeweils

50,- DM an den in die Taten eingeweihten, gesondert Verfolgten Peter Hahn.

Im einzelnen handelte es sich um:

25.1.1988 Herrenrad "Herkules" des Mathias Minke,
27.1.1988 Damenrad "Rixe" der Petra Schmidt,
zwischen dem
30.1. und
 2.2.1988 Damenrad "Kettler" der Anneliese Rautenburg,
..."

Da sich Fehler bei der Annahme einer fortgesetzten Handlung häufen, sei auf
folgendes hingewiesen:

Gesamtvorsatz setzt voraus, daß sich der Täter der verschiedenen Einzelfälle zwar nicht in allen Einzelheiten bewußt ist, aber doch in seine Vor-
stellung das Rechtsgut, seinen Inhaber sowie Ort, Zeit und ungefähre Begehungsart aufgenommen hat. Dies ist etwa typischerweise der Fall, wenn
ein Rauschgiftdealer sich eines ihm bekannten, eingespielten Bezugs- und
Vertriebssystems bedient. Kann ein so definierter Gesamtvorsatz nicht mit
der erforderlichen Sicherheit festgestellt werden, ist von mehreren Taten
auszugehen (der Grundsatz in dubio pro reo findet keine Anwendung zugunsten der fortgesetzten Handlung).

Eine fortgesetzte Handlung scheidet aus bei Verletzung höchstpersönlicher
Rechtsgüter verschiedener Personen.

Sind mehrere Angeschuldigte angeklagt, so ist bei der Konkretisierung auf
deutliche Übersicht und genaue Hinweise zu achten, denn die Anklage ist
auch ein Arbeitsmittel. Bei den einzelnen Angeschuldigten ist also auf die
entsprechenden Stellen in den Akten zu verweisen.

8. Angabe der verletzten Strafgesetze

Die Angabe der v e r l e t z t e n S t r a f g e s e t z e , d.h. die
Zitierung der Paragraphen, ist der Spiegel der Subsumtion. Sie ist von Bedeutung für § 265. Alle Vorschriften, die Nebenstrafen und Maßregeln der
Besserung und Sicherung enthalten, sind mitzuteilen. Das gilt auch für die
gesetzeskonkurrierenden Delikte, die Nebenstrafen oder eine Mindeststrafe
vorsehen, die das Hauptdelikt nicht kennt, weil die Sanktion auch hieraus
entnommen werden kann (§ 52 Abs. 4 StGB). Nicht anzuführen sind dagegen
allgemeine Strafzumessungsvorschriften wie § 46 StGB und Kostenvorschrif-
ten. Auch § 13 StGB, der nur die Art der Tatbestandsverwirklichung als
unechtes Unterlassungsdelikt betrifft, braucht nicht mitgeteilt zu werden.
Bei unbekannteren Gesetzen sind die Strafvorschriften mit Titel des Gesetzes, Datum des Erlasses und Fundstelle im Gesetzesblatt zu vermerken.
Die Paragraphen sind genau, falls erforderlich mit Absätzen, Nummern und
Buchstaben, wiederzugeben.

Uneinheitlich ist die Praxis, welche Vorschriften des J u g e n d g e -
r i c h t s g e s e t z e s zitiert werden, wenn ein Jugendlicher oder
Heranwachsender angeklagt wird. Nur - wie dies häufig geschieht - die
§§ 1 ff., 105 ff. JGG anzugeben, ist zu allgemein und für den Angeschuldigten, der sich anhand der angegebenen Paragraphen informieren will, nicht
ausreichend. Deutlicher dürfte der Angeschuldigte informiert werden, wenn
§§ 1, 5, 9 - 19, 105 JGG genannt werden.

Die §§ 52, 53 StGB sind nicht zu zitieren, wenn einem J u g e n d l i -
c h e n zur Last gelegt wird, mehrere Tatbestände in Ideal- oder Realkonkurrenz verwirklicht zu haben. Die Tatsache der Ideal- bzw. Realkonkurrenz ist nur verbal vor den abstrakten Tatbeständen mitzuteilen. Damit
wird der verfahrensrechtlichen Notwendigkeit, die rechtlichen Konkurrenzen
zu bezeichnen, genügt; eines speziellen Hinweises, etwa auf § 52 Abs. 4
StGB, bedarf es nicht. Die Erziehungs- und Strafmöglichkeiten bestimmen
sich nach dem Jugendgerichtsgesetz. Bei Realkonkurrenz ist - wird auf
Strafe erkannt - eine E i n h e i t s s t r a f e zu verhängen (§ 31
JGG). Die gesetzlichen Folgen der §§ 52, 53 StGB treten gerade nicht ein.
Mit einem Hinweis auf diese Vorschriften würde also der Angeschuldigte in
die Irre geführt.

Die Nennung der Paragraphen soll möglichst so erfolgen, daß sich auch der
Laie anhand eines Gesetzestextes zurechtfindet. Dazu gehört auch die Angabe des Paragraphen des Grundtatbestandes, wenn ein qualifizierter Fall
angeklagt wird.

Keine Schwierigkeiten bestehen, wenn einem Angeschuldigten eine Tat zur
Last gelegt wird, die nur unter ein Strafgesetz fällt. Vor der Mitteilung
der Strafvorschrift steht dann zweckmäßig deren Wertung als Verbrechen
oder Vergehen und die rechtliche Bezeichnung der Tat (s. dazu auch KK § 200
Rz. 13 sowie Kleinknecht/Meyer § 200 Rz. 14). Zwar wird im Urteilstenor
nicht angegeben, ob die Straftat als Vergehen oder Verbrechen zu qualifi-
zieren ist (vgl. BGH NStZ 86, 40); die dafür geltend gemachten Gründe
treffen jedoch für den Anklagesatz nicht zu. Die Qualifizierung der Straftat gem. § 12 StGB im Anklagesatz dient - wie auch in anderen Bereichen -
im wesentlichen auch der Information des Angeschuldigten. Dieser wird durch
die bloße Mitteilung der Paragraphen des StGB nicht genügend unterrichtet.
Dazu gehören vielmehr die Qualifizierung als Verbrechen oder Vergehen und
die rechtliche Bezeichnung der Tat. Nur mit ihrer Nennung werden auch die
Schöffen und die Öffentlichkeit bei Verlesung des Anklagesatzes ausreichend vom erhobenen Vorwurf in Kenntnis gesetzt.

Da eine Tat nicht zugleich Verbrechen und Vergehen sein kann (vgl. BGH
NStZ 86, 40), ist bei Tateinheit zwischen Verbrechen und Vergehen die Tat
als "Verbrechen" charakterisiert; nur so ist sie zu bezeichnen.

<u>Beispiel:</u>   "Verbrechen des Raubes in Tateinheit mit Körperverletzung,
         strafbar nach §§ 249, 223, 52 StGB."

Hat ein Tatbestand eine gesetzliche Überschrift, so soll sie zur rechtlichen Bezeichnung der Tat verwandt werden. Sie muß allerdings passen, was
z.B. dann nicht der Fall ist, wenn die Überschrift nicht für alle im Tatbestand enthaltenen Tatalternativen zutrifft (z.B. § 132 a StGB). Fehlt eine
gesetzliche Überschrift oder bezeichnet sie die Tat nicht zutreffend, so
ist eine die Tat charakterisierende Bezeichnung zu wählen. Zur rechtlichen
Bezeichnung gehören:

- die Angabe, ob die Tat vorsätzlich oder fahrlässig begangen worden ist,
  wenn es sich um einen Tatbestand handelt, der beide Schuldformen umfaßt,

- die Mitteilung, daß die Tat nur versucht worden ist,

- die Nennung der Teilnahmeformen.

Ob hier wie im Anklagesatz auch die Bezeichnung von t a t b e s t a n d s -
ä h n l i c h gestalteten Strafzumessungsregeln wie "in einem besonders

116

schweren Fall" aufzunehmen ist, ist zweifelhaft. Wegen der Tatbestandsähn-
lichkeit dieser Normen und wegen ihres allgemeinen Bekanntheitsgrades
spricht m.E. mehr auch für ihre Mitteilung. Dies gilt aber nicht für Anklagen gegen Jugendliche; denn anstelle des Strafrahmens, z.B. des § 243 StGB,
tritt der des JGG. Nicht in die rechtliche Bezeichnung aufgenommen wird die
der Tat gem. § 323 a StGB zugrundeliegende "Rauschtat" sowie die Bezeichnung eines Tatbestandes, der zu dem der Anklage in Gesetzeskonkurrenz
steht.

Beispiel: "Vergehen des Diebstahls, strafbar nach § 242 Abs. 1 StGB";
             "Verbrechen des Totschlags und Vergehen der Unterschlagung,
             strafbar nach §§ 212 Abs. 1, 246 Abs. 1, 53 StGB";
             "Vergehen des Vollrausches und des versuchten Diebstahls,
             strafbar nach §§ 323 a (i.V.m. §§ 223 Abs. 1, 232 Abs. 1),
             242, 22, 23, 53 StGB".

Werden mehreren Angeschuldigten viele Taten zur Last gelegt, ist eine sinn-
volle Ordnung nur zu erreichen, wenn solche Angaben für jeden Angeschuldigten gesondert erfolgen. Davon sieht die Praxis - leider - ab. Die überwiegende Übung geht dahin, alle in Betracht kommenden Paragraphen nur einmal
zu zitieren, und zwar zunächst die des Besonderen Teils und dann die des
Allgemeinen Teils des StGB. Die Reihenfolge bestimmt sich nach der Höhe
der Ziffer. Nach den Paragraphen des StGB werden die der anderen Gesetze
angeführt. Bei umfangreichen Anklagen, bei denen so verfahren wird, tritt
ein Schaden für den Angeschuldigten nicht ein. In diesen Fällen steht ihm
stets ein Verteidiger zur Seite, da es sich um Fälle der notwendigen Verteidigung handeln wird.

Nach der Mitteilung der verletzten Strafgesetze wird angegeben, o b und
w a n n ein erforderlicher S t r a f a n t r a g gestellt ist und w o
er sich in den Akten befindet (es reicht also nicht zu sagen: "Strafantrag
ist rechtzeitig gestellt"). Schließlich wird an dieser Stelle auch darauf
verwiesen, daß das b e s o n d e r e ö f f e n t l i c h e I n t e r -
e s s e an der Strafverfolgung besteht, wenn es sich um ein Antragsdelikt
handelt, bei dem der n i c h t gestellte Antrag durch die Bejahung des
besonderen öffentlichen Interesses ersetzt wird. An dieser Stelle wird
auch vermerkt, daß das ö f f e n t l i c h e I n t e r e s s e an der
Strafverfolgung besteht, wenn dem Angeschuldigten nur ein Privatklagedelikt zur Last gelegt wird (vgl. dazu auch die Ausführungen unter D I 2).

Beispiel: "Es besteht ein besonderes öffentliches Interesse an der
             Strafverfolgung der exhibitionistischen Handlung";

             "es besteht ein öffentliches Interesse an der Strafver-
             folgung der Beleidigung."

9. Beweismittel

Der Beweismittelkatalog wird von den meisten Staatsanwaltschaften vor dem
Ermittlungsergebnis angeführt (vgl. Rahn Muster 22).

In Bayern werden die Beweismittel am Schluß des Ermittlungsergebnisses nach
dem vorhergehenden Antrag mitgeteilt. Nach den Beweismitteln folgt sodann
die Adresse, die sonst üblicherweise an den Beginn der Anklageschrift gestellt wird. Die Einzelheiten ergeben sich aus dem Beispiel der Schöffen-

gerichtsklage oben V 1 b und der Strafkammeranklage unten D IX, auf die
verwiesen wird.

Alle be- und entlastenden Beweismittel sind anzuführen, soweit sie erheblich sind (§ 160 Abs. 2). Spurenakten sind nur dann als Beweismittel anzuführen und vorzulegen, wenn sie zur Sachaufklärung Anhaltspunkte bieten
(BGHSt 30, 131, BVerfG NJW 83, 1043).

Üblicherweise wird folgende Reihenfolge der Angaben eingehalten:

- Zunächst wird vermerkt, ob der Angeschuldigte ein G e s t ä n d n i s
  oder Teilgeständnis abgelegt oder ob er sich bestreitend zur Sache ein-
  gelassen hat. Auch bei Geständnissen vor der Polizei - und nicht nur bei
  einem Geständnis vor dem Richter, das nach § 254 verlesen werden kann
  und auch unter den Urkunden aufgeführt wird - kann als Beweis "Geständnis" angeführt werden. Denn es wird bei der Aufstellung des Beweismittelkataloges davon ausgegangen, daß der Angeschuldigte in der Hauptverhandlung gestehen wird, deren angenommener Verlauf hier vorweggenommen
  wird. Eine andere vertretbare Handhabung ist es zu schreiben: "Angaben
  des Angeschuldigten". Von der Wendung "geständnisgleiche Einlassung"
  sollte abgesehen werden; sie ist unklar. Der Staatsanwalt hat die Angaben des Angeschuldigten zu werten. Sieht er ein Geständnis als abgelegt
  an, kann er es auch so bezeichnen.

  Die von Löwe/Rosenberg (§ 200 Rz. 36) gegen diese Handhabung geäußerten
  Bedenken vermögen nicht zu überzeugen. Es wird ausschließlich darauf ab-
  gestellt, daß die Einlassung und das (nicht richterliche) Geständnis des
  Angeschuldigten keine "Beweismittel" i.S. der StPO, sondern Erkenntnis-
  mittel seien. Das ist zwar richtig, trifft aber m.E. nicht den Kern der
  Sache. Die Angabe der "Beweismittel" in der Anklageschrift bezieht sich
  zunächst auf die bei Anklageerhebung bestehende schriftliche Beweislage.
  Diese wird der Anklageschrift zugrundegelegt, um die Argumentation der
  Staatsanwaltschaft, es bestehe hinreichender Tatverdacht, zu verdeutlichen. Der hinreichende Tatverdacht gründet sich natürlich auch auf ein
  nicht richterliches Geständnis. Insoweit wird es korrekt in der Anklageschrift angeführt. Aus dem verfahrensrechtlichen Kontext ergibt sich aber
  auch, daß bei der Nennung der Einlassung oder des Geständnisses des Angeschuldigten unter der Überschrift "Beweismittel" nicht an eine verfahrensrechtliche Zuordnung oder Wertung gedacht ist. Die genannte Anführung
  hat sich in der Praxis eingebürgert, jeder versteht sie richtig als Angabe der jetzigen Beweisgrundlage und als Vorwegnahme des erwarteten
  Verhaltens des Angeschuldigten in der Hauptverhandlung. Die Staatsanwälte
  sollten an dieser Praxis festhalten (zum ganzen: Solbach NStZ 87, 350,
  351).

  Die manchmal anzutreffende Bemerkung, "der Angeschuldigte, dem rechtliches Gehör gewährt worden ist, hat sich nicht geäußert", gehört nicht
  hierhin, sondern in das wesentliche Ergebnis der Ermittlungen. Daß der
  Angeschuldigte rechtliches Gehör gehabt hat, ist zudem selbstverständlich (§ 163 a Abs. 1).

- Dann sind die Z e u g e n in der Reihenfolge anzuführen, in der sie im
  Prozeß vernommen werden sollen. Dies wird in erster Linie durch das zu
  erwartende Gewicht ihrer Bekundungen bestimmt. Bei umfangreichen Anklagen ist es sachdienlich und notwendig, auf die entsprechenden Taten, zu
  denen der Zeuge bekunden soll, hinzuweisen. Hinter der Angabe des Namens
  des Zeugen ist in umfangreichen Strafsachen zu vermerken, welche Blatt-

zahl das in den Akten befindliche Protokoll über seine Vernehmung im Vorverfahren trägt.

Der volle Name des Zeugen und seine genaue Adresse sind anzugeben. Bei Kindern und Jugendlichen sollten die Eltern mit angeführt werden.

Nur die notwendigen Zeugen sind zu benennen. Dabei sind die zur Sachaufklärung brauchbarsten Zeugen heranzuziehen. Liegt ein glaubhaftes Geständnis des Angeschuldigten vor und ist ein Widerruf nicht zu erwarten, so kann in der Regel von der Zeugenbenennung abgesehen werden (vgl. Nr. 111 RiStBV). Falsch ist es, alle Zeugen zu benennen und dem Gericht in der Begleitverfügung anheimzustellen, von den vorsorglich aufgeführten Zeugen nur einen Teil zu laden.

Handelt es sich bei den Zeugen um öffentliche Bedienstete, die über ihrer Verschwiegenheitspflicht unterliegende Vorgänge aussagen sollen, folgt hinter der Bezeichnung des betreffenden Zeugen der Hinweis auf die erteilte Aussagegenehmigung.

- Die S a c h v e r s t ä n d i g e n werden mit Hinweis darauf benannt, zu welchem Tatkomplex oder zu welchem Täter die Gutachten abgegeben werden. Die Stelle der Akten, an der sich ein schon erstelltes schriftliches Gutachten befindet, wird bezeichnet. (Wegen häufiger Fehler in der Praxis ist darauf hinzuweisen, daß in den Akten befindliche schriftliche Sachverständigengutachten außer in den Fällen, in denen sie gem. § 256 Abs. 1 verlesbare Urkunden sind, keine Beweismittel darstellen.)

- U r k u n d e n und andere als Beweismittel dienende Schriftstücke (§ 249), also auch verlesbare Erklärungen des Angeschuldigten gem. § 254 und behördliche Zeugnisse oder Gutachten, die gem. § 256 Abs. 1 verlesen werden können (z.B. Blutalkoholgutachten und ärztliche Berichte über Blutentnahme), sind mit genauer F u n d s t e l l e und Angabe zur genauen I d e n t i f i z i e r u n g zu bezeichnen.

Im Wege des Urkundenbeweises können auch Auskünfte aus dem Bundeszentralregister und dem Erziehungsregister in die Hauptverhandlung eingeführt werden (Kleinknecht/Meyer § 249 Rz. 10); in der Praxis wird allerdings meistens darauf verzichtet, diese Auskünfte in der Anklageschrift als Beweismittel anzugeben, weil - was aber bei einem hartnäckig schweigenden Angeklagten nicht der Fall ist - davon ausgegangen wird, daß die Erkenntnisse über die Vorstrafen des Angeklagten im Wege des Vorhalts in die Beweisaufnahme eingebracht werden können. Da auch Fotokopien von Schriftstücken sowie deren Originale grundsätzlich beweisgeeignete Urkunden sein können (vgl. dazu Löwe/Rosenberg § 249 Rz. 7, Kleinknecht/Meyer § 249 Rz. 6), sind sie ebenfalls hier anzugeben.

- Ebenso werden die A u g e n s c h e i n s o b j e k t e , also z.B. Lichtbilder, Werkzeuge, Beutegegenstände und Pläne, aufgeführt.

Augenschein bedeutet sinnliche Wahrnehmung einer Sache, eines Ortes, eines Vorgangs oder Verhaltens durch Sehen, Hören, Riechen, Fühlen oder Schmecken. Die Bezeichnung "Augenschein" täuscht also. Die Augenscheinseinnahme kann auch mit Hilfe von Personen mit besonderer Sachkunde erfolgen. Tonbandaufnahmen sind nach h.M. (vgl. BGHSt 14, 339, 341, KK § 86 Rz. 6; a.A. Schlüchter Rz. 541) Gegenstände des Augenscheins (durch Hören). Skizzen sind nur dann Augenscheinsobjekte, wenn es nicht auf ihren gedanklichen Inhalt ankommt; dieser muß durch Zeugenbeweis festgestellt werden. Sonst sind Skizzen, wie häufig auch Lichtbilder, wenn sie nur zur Veranschaulichung einer Aussage dienen sollen, und Stadtpläne (die meist offenkundige Tatsachen enthalten) Vernehmungshilfen. Sie dienen oft dem Vorhalt an Zeugen und Angeklagte, um deren Aussagen verständlicher und anschaulicher zu machen. Auf solche Hilfen kann - wenn erforderlich - im Ermittlungsergebnis hingewiesen werden. In der Begleitverfügung werden sie häufig (z.B. Lichtbildmappen) als Bestandteile der Akten gesondert aufgeführt.

- Schließlich werden die A k t e n , insbesondere die Vorstrafakten, die den Hauptakten als Beiakten anliegen, angegeben. Dabei ist zu beachten, daß dann, wenn die Maßregel der Sicherungsverwahrung angestrebt wird, die Vorakten in der Hauptverhandlung zur Verfügung stehen müssen. Die Beiakten sind mit Aktenzeichen und aktenführender Stelle anzugeben. Es entspricht einer verbreiteten praktischen Übung, Akten - auch wenn aus ihnen Schriftstücke als Urkunden verlesen werden sollen - gesondert aufzuführen. Auf die Schriftstücke sollte konkret mit Fundstelle hingewiesen werden, wenn sie nicht - was zu fordern ist - unter der Rubrik "Urkunden" aufgeführt sind.

10. Wesentliches Ergebnis der Ermittlungen

Zu Inhalt und Aufgabe des w e s e n t l i c h e n   E r g e b n i s s e s   d e r   E r m i t t l u n g e n   ist oben unter D V 2 b Stellung bezogen worden. Darüber hinaus ist auf folgendes hinzuweisen:

Nur in Anklagen vor dem S t r a f r i c h t e r   (und dem Jugendrichter, § 33 Abs. 2 JGG) muß das wesentliche Ergebnis der Ermittlungen n i c h t dargestellt werden. In allen anderen Anklagen ist es erforderlich. Im ersteren Fall soll es gem. Nr. 112 Abs. 1 RiStBV in die Anklageschrift aufgenommen werden, wenn Anklage vor dem Strafrichter (und dem Jugendrichter) erhoben wird und die Sach- oder Rechtslage Schwierigkeiten bieten. Da in zunehmendem Maße die ganz einfachen Sachen im Strafbefehlswege verfolgt werden und der Sitzungsvertreter oft Informationen benötigt (Vorstrafen), empfiehlt sich häufig, ein knappes Ermittlungsergebnis zu schreiben oder mittels Vermerk in den Handakten die notwendigen Informationen zu erteilen. Jedenfalls sollte eine Fotokopie der BZR-Auskunft zu den Handakten genommen werden.

Nicht der Verlauf der Ermittlungen, sondern ihr E r g e b n i s   ist zu schildern, und zwar das w e s e n t l i c h e . Alle für den Anklagevorwurf und die Beweisführung bedeutsamen Vorgänge sind darzulegen. Es bedarf also nicht der Wiedergabe aller Einzelheiten, die die Ermittlungen ergeben haben. Was wesentlich ist, hängt von der jeweiligen Sach- und Beweislage, insbesondere auch von der Schwere des Vorwurfs ab. So wird z.B. bei einer Anklage wegen Tötung aus Eifersucht auf die psychische Situation des Angeschuldigten einzugehen sein.

Soll wegen des Umfangs, der Bedeutung des Verfahrens oder der Schwierigkeit der Beweislage die Tat nochmals eingehend geschildert und in ihren sozialen Kontext einbezogen werden, so wird das wesentliche Ergebnis der Ermittlungen wie folgt aufgebaut:

Begonnen wird mit den Angaben zur P e r s o n   der Angeschuldigten, und zwar in der Reihenfolge wie sie im Anklagesatz aufgeführt sind. Der Lebenslauf der Angeschuldigten wird je nach Bedeutung der Sache knapp oder ausführlich dargestellt. Dann werden die persönlichen und wirtschaftlichen

Verhältnisse und - falls erforderlich - die Vorstrafen erörtert. Worauf
hierbei besonders eingegangen werden muß, richtet sich nach dem Einzelfall.
Bedeutsam können sein: Ansichten, Bildung, Ausbildung, technische Kennt-
nisse, manuelle Fertigkeiten, sexuelles Verhalten u.a.m. Anschließend
werden die Vorgeschichte der Tat sowie der T a t h e r g a n g selbst
(im Imperfekt) dargelegt, wie ihn die Staatsanwaltschaft aufgrund der Ermittlungen für erwiesen hält. Bei umfangreichen Anklagen ist auf eine klare
und übersichtliche Gliederung besonderer Wert zu legen. Auf Aktenstellen
und Beweismittel ist jeweils am Rand mit Angabe der genauen Blattzahl hinzuweisen.

Sodann wird die E i n l a s s u n g der Angeschuldigten, nach Taten und
Tätern getrennt, wiedergegeben. Hierfür wird Präsens oder Perfekt benutzt. Daran schließt sich die im Präsens stehende Darlegung an, wie die
Einlassung der Angeschuldigten durch die zur Verfügung stehenden Beweismittel widerlegt wird. Diese B e w e i s w ü r d i g u n g entspricht
nicht derjenigen eines Urteils. Es bedarf nicht einer bis in die letzte
Einzelheit vordringenden Abwägung aller Beweismittel. Aufzuzeigen sind aber
die Leitlinien der Beweisführung aufgrund der Kernstücke der Beweismittel,
die sich im Ermittlungsverfahren ergeben haben. Zu Recht weisen Klein-
knecht/Meyer (§ 200 Rz. 18) darauf hin, daß bloße formelhafte Wendungen
wie "der Angeschuldigte leugnet zwar, wird aber durch die Beweismittel
überführt werden", nicht ausreichen.

Auch die Empfehlung in den vom niedersächsischen Justizministerium heraus-
gegebenen Anleitungen für Referendare, in denen es zur Frage der Beweiswürdigung im wesentlichen Ergebnis der Ermittlungen u.a. heißt: "Daher gehört auch die Würdigung der Zeugenaussagen und sonstiger Beweistatsachen
nicht in die Anklage, sondern ist dem Plädoyer vorbehalten", verkennt die
Aufgabe des wesentlichen Ergebnisses der Ermittlungen. Das Gericht und der
Angeschuldigte sind darüber zu informieren, welche Gründe die Staatsanwaltschaft veranlaßt haben, Anklage zu erheben. Denn nur dann kann das Gericht
seine Entscheidung unter Berücksichtigung der Argumentation der Staatsanwaltschaft zur Beweislage treffen und der Angeschuldigte seine Verteidigung
sachgemäß führen. Daraus folgt, daß die Staatsanwaltschaft ihre Bewertung
der Angaben des Angeschuldigten, die Bedeutung von Indizien ebenso darlegen
muß wie ihre Einordnung von Zeugenaussagen als glaub- oder nicht glaubhaft;
wenn es für das Verständnis der Beweisführung erforderlich ist, ist eine
Beurteilung über das Zusammenspiel aller Beweismittel abzugeben. Eine solche den Angeschuldigten ins rechte Bild setzende Beweiswürdigung entspricht allein auch seinem Anspruch auf ein "faires Verfahren" (vgl. statt
aller KK Einleitung 18, Solbach NStZ 87, 350).

Den Schluß des Ermittlungsergebnisses bilden Rechtsausführungen. Sie sind
in der Regel jedoch nur notwendig bei wenig bekannten Rechtsgebieten, bei
Wahlfeststellungen, bei einer noch nicht bekannten höchstrichterlichen
Rechtsprechung oder bei einer schwierigen Rechtslage. An dieser Stelle
können auch die Umstände, die für die Verhängung einer Maßregel der Besserung und Sicherung oder für die Strafbemessung bedeutsam sind, sowie das
Verhalten des Angeschuldigten nach der Tat und seine soziale Einordnung,
etwa nach Entlassung aus der Untersuchungshaft, dargelegt werden.

Angeschuldigte und Zeugen sollen mit ihrem N a m e n und nicht durch die
Nummer ihrer Anführungen im Anklagesatz oder bei den Beweismitteln gekennzeichnet werden. Die prozessuale Stellung der Zeugen ist nur dann anzugeben, wenn dies zum Verständnis erforderlich ist (so auch Burchardi/Klem-
pahn/Wetterich Rz. 511). Dies ist bei ihrer ersten Nennung und dann der

Fall, wenn sich dies nicht aus dem Kontext ergibt. Häufig ist es zweckmäßig, den Beruf des Zeugen oder eventuelle besondere Beziehungen zum Angeschuldigten - insbesondere ein Verwandtschaftsverhältnis - mitzuteilen.

Bei schwieriger und verwickelter technischer oder wirtschaftlicher Sachlage
empfiehlt es sich, einen Überblick über die zugrundeliegenden Vorgänge voranzustellen. Dem Leser wird so das Verständnis der dem Angeschuldigten zur
Last gelegten Taten erleichtert.

Sind Sachverhalt und Beweisführung einfach sowie der Umfang der Vorwürfe
gering, kann auf die wiederholte Schilderung der im Anklagesatz bereits
ausreichend dargestellten Tat verzichtet werden. Das wesentliche Ergebnis
der Ermittlungen besteht dann nur aus den Angaben zur Person, der eventuell
notwendigen Vorgeschichte und der Beweiswürdigung. Hinsichtlich der Tat
heißt es: "Der Angeschuldigte ist der im Anklagesatz dargelegten Tat hinreichend verdächtig."

Wird gegen einen Jugendlichen Anklage erhoben, ist gem. § 46 JGG das Ermittlungsergebnis so darzustellen, daß die Kenntnisnahme durch den Angeschuldigten möglichst keine Nachteile für seine Erziehung verursacht.

Der Ansicht von Kleinknecht/Meyer (§ 200 Rz. 9), in einer Anklage mit einer
Vielzahl von Geschädigten genüge es, in den Anklagesatz - zu dessen Entlastung - nur die Zahl der Geschädigten, deren Namen aber erst im wesentlichen Ergebnis der Ermittlungen aufzunehmen, kann nicht beigepflichtet
werden. Zu der Schilderung der dem Angeschuldigten zur Last gelegten Tat
gehört auch der Name des Geschädigten. Denn ohne ihn steht nicht einmal
der geschichtliche Vorgang unverwechselbar fest. Bei einer solchen umfangreichen Anklage empfiehlt es sich, vor der ins einzelne gehenden Schilderung der Taten einen Überblick über die Vorwürfe zum besseren Verständnis
für den Leser voranzustellen.

Burchardi/Klempahn/Wetterich (Rz. 509) vertreten - immer noch - die Ansicht, aus dem Ermittlungsergebnis müßten alle diejenigen Umstände ersichtlich sein, die für den Empfänger einer Mitteilung nach der Anordnung über
Mitteilungen in Strafsachen (MiStra), also etwa den Vorgesetzten eines angeklagten Beamten, von besonderem Interesse seien. Dem ist - zum wiederhol-
ten Male - zu widersprechen. In die Anklageschrift ist nur aufzunehmen, was
strafverfahrensrechtlich erforderlich ist. Daher ist beispielsweise nicht
zu erwähnen, daß der Beamte, der einen Verkehrsunfall verschuldet hat,
sich in "anstößiger Gesellschaft" befunden oder "herabsetzende Äußerungen
über seinen Dienst" gemacht hat (Beispiele von Burchardi/Klempahn/Wette-
rich Rz. 509), soweit dies aus sonstigen Gründen nicht notwendig ist. Das
gleiche gilt für Umstände, die mit der Tat nicht mehr unmittelbar im Zusammenhang stehen. Ob ein Verfahren bereits aufgrund einer Amnestie oder
gem. § 154 Abs. 1 eingestellt worden ist oder sich der Angeschuldigte gegenüber Ermittlungspersonen ungehörig verhalten hat (Beispiel von Burchar-
di/Klempahn/Wetterich Rz. 508), gehört meiner Auffassung nach grundsätzlich
nicht in die Anklageschrift. Anders kann es lediglich sein, wenn derartige
besondere Umstände für die Strafzumessung von Bedeutung sein können. Dem
Informationsbedürfnis des Sitzungsvertreters wird regelmäßig genügt, wenn
sich verwertbare Umstände, wie etwa Vorstrafen, die aus einer Anklage vor
dem Strafrichter ohne Ermittlungsergebnis nicht ersichtlich sind, aus den
Handakten ergeben. Aus ihnen sollten sie allerdings unbedingt ersichtlich
sein (Vermerk oder Ablichtung der BZR-Auskunft).

11. Antrag

Leider sind überladene, Überflüssigkeiten enthaltene Anträge in der Anklageschrift an der Tagesordnung. So wird etwa beantragt, "die Anklage zuzulassen, das Hauptverfahren zu eröffnen, Termin zur Hauptverhandlung zu bestimmen und diese vor dem Schöffengericht stattfinden zu lassen". Dabei sagt § 199 Abs. 2 ganz deutlich: Die Anklageschrift enthält den Antrag, d a s   H a u p t v e r f a h r e n   z u   e r ö f f n e n , womit der Antrag auf Haftfortdauer (§ 207 Abs. 4) und der einer evtl. Haftverschonung verbunden werden kann (vgl. Nr. 110 Abs. 3 und 4 RiStBV). Daß der Eröffnungsbeschluß (§ 207) anders zu lauten hat, weiß das Gericht. Termin zur Hauptverhandlung wird von Amts wegen bestimmt, bedarf also keines Antrages. Zwar trägt die Anklage am Kopf - wie oben ausgeführt - die Adresse: "An die Strafkammer ...", "An das Schöffengericht ..." oder "An den Strafrichter ...", so daß klargestellt ist, daß vor dem angegebenen Gericht verhandelt werden soll. Denn es liegt auf der Hand, daß die Staatsanwaltschaft die Anklage nicht an die Strafkammer adressiert und Eröffnung vor dem Schöffengericht begehrt. Der nochmalige Hinweis im Antrag nach § 199 Abs. 2: "Es wird beantragt, das Hauptverfahren vor der Strafkammer ... zu eröffnen", ist jedoch in vielen Bezirken, wie z.B. in Nordrhein-Westfalen, üblich. Der Antrag lautet dann wie im Beispiel.

Beispiel: "Es wird beantragt, das Hauptverfahren vor dem Amtsgericht
                 - Schöffengericht - Bonn zu eröffnen."

(So auch Roxin S. 223 gegen Weiland, JuS 82, 923, vgl. auch Schlüchter Rz. 403; gegen den überladenen Formulierungsvorschlag von Kraß, S. 50, auch Löwe/Rosenberg § 200 Rz. 48.) Soll Haftfortdauer beantragt werden, wird dem Eröffnungsantrag hinzugefügt "... und Haftfortdauer anzuordnen", ggf. auch "... den Vollzug des Haftbefehls auszusetzen" (vgl. § 116). Dieser Antrag kann jedoch auch in der Begleitverfügung, in der zu den Maßnahmen des § 116 Stellung genommen werden kann, gestellt werden. Hier findet auch ein Antrag auf Verbindung mit einem anderen Verfahren sowie ein Antrag auf Bestellung eines Pflichtverteidigers seinen Platz.

VI. Inhalt und Form anderer Anklagen und Anträge

1. Nachtragsanklage

Der Inhalt der N a c h t r a g s a n k l a g e entspricht dem Anklagesatz (§§ 266 Abs. 2 S. 2, 200 Abs. 1). Es fehlt also das wesentliche Ergebnis der Ermittlungen. Der A n t r a g lautet, die mit der Nachtragsanklage dem Angeklagten zur Last gelegten weiteren Taten in das Verfahren einzubeziehen.

2. Antrag auf Aburteilung im beschleunigten Verfahren

§ 212 a Abs. 2 bestimmt für den A n t r a g   a u f   A b u r t e i l u n g   i m   b e s c h l e u n i g t e n   V e r f a h r e n , daß der wesentliche Inhalt der mündlich erhobenen Anklage in das Sitzungsprotokoll aufgenommen wird. Das ist der durch § 200 Abs. 1 festgelegte Inhalt des Anklagesatzes. Denn nur so wird der Verfahrensgegenstand ausreichend festgelegt und der Angeklagte hinreichend über die gegen ihn im beschleunigten Verfahren (für das auch § 265 gilt) erhobenen Vorwürfe unterrichtet (so auch Löwe/Rosenberg § 212 Rz. 15, vgl. auch Dünnebier GA 59, 272). Der Antrag in der schriftlichen Anklage lautet, den Angeschuldigten (der mit mündlichem Vortrag zum Angeklagten wird) im beschleunigten Verfahren abzuurteilen.

> **Beispiel:** "Es wird beantragt, Termin zur Aburteilung des Angeschuldigten im beschleunigten Verfahren anzuberaumen."

Soll die Anklage nur mündlich erhoben werden, ist der Antrag auf Aburteilung im beschleunigten Verfahren vorher schriftlich oder mündlich während einer Gerichtssitzung zu stellen. Da der Antrag den Abschluß der Ermittlungen - und den Vermerk gem. § 169 a - voraussetzt und der Antrag als Anklage zu werten ist, wird wie in der Anklage vom "Angeschuldigten" gesprochen.

3. Strafbefehl

Der Inhalt des S t r a f b e f e h l s wird durch § 409 festgelegt. Er entspricht dem Anklagesatz nach § 200 Abs. 1 und enthält zudem die Festsetzung der Rechtsfolgen und den Hinweis, daß er rechtskräftig und vollstreckbar wird, wenn der Angeklagte nicht Einspruch nach § 410 einlegt (Frist: zwei Wochen nach Zustellung beim Amtsgericht schriftlich oder zu Protokoll der Geschäftsstelle). Dem Antrag auf Erlaß eines Strafbefehls wird in der Regel ein vollständiger Strafbefehl (vgl. Nr. 176 RiStBV) mit Überstücken für die Akten, den Angeklagten und Dritte beigefügt. Der Richter kann ihn - ohne daß die Kanzlei des Amtsgerichts noch tätig werden muß - unterzeichnen. Die Angaben zur Person des Angeklagten (einschließlich des Datums und des Orts der Geburt sowie des Berufs) werden üblicherweise in die Adresse des Strafbefehls eingesetzt. Der Vorwurf kann (nach den zum 1.4.1987 in Kraft getretenen Gesetzesänderungen, vgl. insbesondere § 407 Abs. 1 S. 4) mit den Worten: "die Staatsanwaltschaft klagt Sie an ..." erhoben werden; die Praxis ist allerdings bisher überwiegend bei der Formulierung "die Staatsanwaltschaft beschuldigt Sie ..." geblieben. Dies entspricht auch dem Text der benutzten Formulare. Anschließend werden die gesetzlichen Merkmale der Straftaten angeführt. Mit dem Antrag auf Erlaß des Strafbefehls ist die öffentliche Klage erhoben (§ 407 Abs. 1 S. 4).

> **Beispiel:** "Die Staatsanwaltschaft klagt Sie an
> (beschuldigt Sie),
> am 5.7.1989 in Bochum
> eine fremde bewegliche Sache einem anderen in der Absicht
> weggenommen zu haben, dieselbe sich rechtswidrig zuzueignen."

Die Schilderung der Tat erfolgt mit direkter Anrede.

> **Beispiel:** "Sie entwendeten dem Bauarbeiter Götz Gerlach dessen Aktentasche, um sie an den Maurer Mörser zu verkaufen."

Da der Strafbefehl die Wirkung eines rechtskräftigen Urteils erlangt, wenn kein Einspruch eingelegt wird, also auch den Ansprüchen von § 260 genügen muß, sind nicht nur die angewandten Vorschriften (§ 409 Abs. 1 Nr. 4), sondern auch die rechtliche Bezeichnung der Tat anzugeben (vgl. Kleinknecht/ Meyer § 409 Rz. 5, Schlüchter Rz. 304.4; verkannt von Kunigk S. 227). Vergleiche dazu die Ausführungen unter D V 8 zur Anklageschrift.

> **Beispiel:** "Vergehen des versuchten Diebstahls,
> strafbar nach §§ 242, 22, 23 StGB."

Darauf folgt die Anführung der Beweismittel.

> Beispiel: "Als Beweismittel hat sie bezeichnet:
> 1. Ihr Geständnis,
> 2. Zeuge: Bauarbeiter Georg Mörser, Hoffstr. 17, 4630 Bochum."

Die Festsetzung der Rechtsfolgen (§§ 407 Abs. 2, 409 Abs. 1 Nr. 6) schließt sich an. Zu beachten ist, daß gem. § 409 Abs. 1 S. 3, § 267 Abs. 6 S. 2 entsprechend gilt, d.h. es muß dargelegt werden, weshalb vom Regelfall der §§ 69, 69 a StGB abgewichen wird.

> Beispiel: "Auf Antrag der Staatsanwaltschaft wird gegen Sie eine Geld-
> strafe von 20 Tagessätzen von je 100,- DM (insgesamt
> 2.000,- DM) festgesetzt."

Der Klammersatz ist vielfach üblich; er empfiehlt sich zur Verdeutlichung, obwohl - wie Kleinknecht/Meyer (§ 407 Rz. 11) zutreffend sagen - die Summe sich auch aus der im Strafbefehl enthaltenen Berechnung des zu zahlenden Betrages ergibt. Zur Information des Angeschuldigten sollten in der §§-Kette §§ 40, 43 StGB zitiert werden. Kleinknecht/Meyer (§ 407 Rz. 12) und KK (§ 407 Rz. 7, 11) halten sogar den Zusatz, daß bei Uneinbringlichkeit der Geldstrafe an deren Stelle die Ersatzfreiheitsstrafe in Höhe der Zahl der Tagessätze tritt (§ 43 StGB), für sachdienlich.

Den Antrag auf Erlaß des Strafbefehls richtet die Staatsanwaltschaft an den Strafrichter oder den Vorsitzenden des Schöffengerichts (§ 407). An den Vorsitzenden des Schöffengerichts wird der Antrag gestellt, wenn die Strafsache von erheblicher Bedeutung ist, sich aber gleichwohl für eine Er-ledigung im Strafbefehlsverfahren eignet. Eines besonderen Antrages, bei Einspruch (oder wenn der Richter die Sache gem. § 408 Abs. 3 zur Hauptver-handlung bringt) vor dem Strafrichter oder dem Schöffengericht zu verhan-deln, bedarf es nicht (verkannt von Kunigk S. 240). Im Falle des Ein-spruchs bestimmt sich die Zuständigkeit danach, ob der Vorsitzende des Schöffengerichts oder der Strafrichter den Strafbefehl erlassen hat. Vor-her - also vor Erlaß des Strafbefehls oder vor Anberaumung der Hauptver-handlung gem. § 408 Abs. 3 - geschieht die Prüfung der sachlichen Zustän-digkeit gem. § 408 Abs. 1: Ist von der Staatsanwaltschaft der Antrag auf Erlaß des Strafbefehls an den Vorsitzenden des Schöffengerichts gerichtet worden, so gibt dieser die Sache durch Vermittlung der Staatsanwaltschaft an den Strafrichter ab, wenn er dessen Zuständigkeit für gegeben hält. Der Staatsanwaltschaft steht gegen diesen für den Strafrichter bindenden Be-schluß die sofortige Beschwerde zu. Ist von der Staatsanwaltschaft der An-trag an den Strafrichter gerichtet worden, so legt dieser die Akten durch Vermittlung der Staatsanwaltschaft dem Vorsitzenden des Schöffengerichts vor, wenn er dessen Zuständigkeit für gegeben hält. Dieser entscheidet bindend. Die Staatsanwaltschaft reicht die Vorgänge also mit dem Strafbe-fehlsentwurf (Nr. 176 RiStBV) an den ihrer Ansicht nach zuständigen Richter nur noch mit dem Antrag weiter, einen Strafbefehl gemäß dem Entwurf zu er-lassen.

4. Übergang vom Bußgeld- zum Strafverfahren

Der Übergang vom Bußgeld- zum Strafverfahren geschieht durch den richter-lichen Hinweis gem. § 81 OWiG. Der darauf zielende Antrag der Staatsanwalt-schaft kann in der Hauptverhandlung mündlich oder schriftlich gestellt werden. Da die Tat im verfahrensrechtlichen Sinne schon durch den Bußgeld-bescheid festgelegt ist, bedarf es nur des Hinweises auf die Strafnorm, zweckmäßigerweise durch Nennung der gesetzlichen Überschrift und der Paragraphen.

Beispiel: Ich beantrage, den Betroffenen darauf hinzuweisen, daß der hinreichende Verdacht besteht, er habe sich durch die ihm zur Last gelegte Tat der vorsätzlichen Trunkenheit im Straßenverkehr - § 316 Abs. 1 StGB - strafbar gemacht.

5. Übernahme der Strafverfolgung in einem Privatklageverfahren

Die Übernahme der Strafverfolgung in einem Privatklageverfahren erfolgt durch eine darauf gerichtete ausdrückliche Erklärung (§ 377 Abs. 2), und zwar entweder schriftlich oder auch in der Hauptverhandlung mündlich (was gem. §§ 272, 273 zu protokollieren ist). Erklärungsempfänger ist das Gericht. In der Einlegung eines Rechtsmittels durch die Staatsanwaltschaft ist die Übernahme der Verfolgung gem. § 377 Abs. 2 S. 2 enthalten. Auch wenn das Gericht gem. § 377 Abs. 1 S. 2 die Akten der Staatsanwaltschaft vorgelegt hat, bedarf es einer ausdrücklichen Erklärung gegenüber dem für die Privatklage zuständigen Gericht, wenn die Staatsanwaltschaft die Verfolgung übernehmen will.

Der Ansicht des OLG Saarbrücken (OLGSt Nr. 2 zu § 377), einer ausdrücklichen Erklärung der Staatsanwaltschaft gegenüber dem Gericht bedürfe es nicht, wenn das Gericht die Akten gem. § 377 Abs. 1 S. 2 vorgelegt habe, kann nicht beigepflichtet werden. Das OLG ist der Auffassung, es genüge zur wirksamen Übernahme ein Aktenvermerk oder auch die "Anklageerhebung" vor dem für Offizialdelikte zuständigen Gericht. Die "Anklageerhebung" (von der in der Anmerkung zu OLGSt Nr. 2 zu § 377 - unter Verkennung der Rechtslage bei der Übernahme - gesagt wird, sie sei die allerstärkste Form der Übernahme) scheidet als Übernahmehandlung schon deshalb aus, weil die Übernahmeerklärung bewirken soll, daß die schon anhängige Privatklage zur öffentlichen Klage wird. Die Einreichung einer Anklageschrift macht deutlich, welche Auffassung die Staatsanwaltschaft vertritt, sie hat aber keine prozessuale Bedeutung. Die gesetzliche Forderung einer ausdrücklichen Erklärung dient der Verfahrensklarheit. Vermerke und "Anklageerhebungen" lassen nicht einmal immer mit Sicherheit erkennen, ob die von ihnen beschriebene oder ins Auge gefaßte Tat mit der der Privatklage übereinstimmt, zumal wenn die Privatklage mehrere Taten zum Gegenstand hat. Um der Klarheit willen, auch hinsichtlich des Zeitpunktes der Übernahme, ist daran festzuhalten, daß die Erklärung gegenüber dem für die Privatklage zuständigen Gericht ausdrücklich abgegeben wird.

Beispiel:

Staatsanwaltschaft   Aachen, den 23.1.1989

Vfg.

1.) Als Js-Sache eintragen.

2.) Aktenzeichen oben links vermerken.

3.) Vermerk:

Die dem Angeklagten zur Last gelegte Körperverletzung hat so erhebliche Folgen gehabt und hat in der Öffentlichkeit sol-

ches Aufsehen erregt (siehe Bl. 15, 22 d.A.), daß ein
öffentliches Interesse an der Verfolgung besteht.

4.) U. m. A.

dem Amtsgericht
- Strafrichter -

Aachen

zurückgesandt.

An der Verfolgung der dem Angeklagten zur Last gelegten Tat
besteht ein öffentliches Interesse. Die Strafverfolgung der
ihm mit der Privatklage zur Last gelegten Tat, am 10.1.1989
in Aachen durch Fausthiebe den 15jährigen Schüler Peter
Meier körperlich verletzt zu haben - §§ 223 Abs. 1, 232
Abs. 1 StGB -, wird übernommen.

Da ergänzende Feststellungen erforderlich sind, bitte ich,
mir den Vorgang nochmals zurückzuleiten.

5.) 10.2.1989.

gez. Moll

Staatsanwalt

6. Antrag auf Aburteilung im vereinfachten Jugendverfahren

Über Form und Inhalt des A n t r a g s   a u f   A b u r t e i l u n g   im
v e r e i n f a c h t e n   J u g e n d v e r f a h r e n   sagt das Gesetz
nur, daß er schriftlich oder mündlich gestellt werden kann (§ 76 JGG).
Rechtsprechung und Literatur (Dallinger/Lackner § 76 Rz. 9, Potrykus
§ 76 Anm. 4, Pentz NJW 54, 1351, 1352) haben - das Interesse an einer
schnellen und sofortigen Aburteilung überbetonend - immer mehr auf Form
und Inhalt des Antrags verzichtet. So wird angenommen, der Antrag könne
auch fernmündlich gestellt werden, selbst wenn der Staatsanwalt die Akten
nie gesehen, sondern der Jugendrichter ihn nur telefonisch unterrichtet
habe. Auch in einem Verzicht des Staatsanwalts auf Teilnahme an der Verhandlung (§ 78 Abs. 2 JGG) könne - so wird geäußert - ein solcher Antrag
gesehen werden. Eine Begründung für diese Auffassung sucht man vergebens.
Als Inhalt des Antrags soll - neben den Angaben zur Person - genügen, wenn
eine "bestimmte Straftat" (vgl. Pentz NJW 54, 1353) bezeichnet wird (Nr. 76
der Richtlinien zum Jugendgerichtsgesetz verlangt darüber hinaus die Angabe des anzuwendenden Strafgesetzes). Diese Auffassungen werden weder der
Pflicht des Staatsanwalts gerecht, mit seinem Antrag aufgrund seiner eigenen Erkenntnisse den Prozeßgegenstand eindeutig festzulegen und - für Gericht und Beschuldigten aktenkundig - zu entscheiden, welche gesetzlichen
Merkmale der Beschuldigte durch welche Tat verwirklicht hat, noch dienen
sie den wohlverstandenen Interessen des Jugendlichen, der bei einem solch
beschränkten Inhalt des Antrags nicht einmal weiß, welche von den vielen
Begehungsweisen und gleichrangigen Tatbestandsmerkmalen einer Strafnorm
er denn verwirklicht haben soll, was am Beispiel von § 315 c StGB besonders deutlich wird. Die Ansichten des Jugendstaatsanwalts und des Jugend-
richters können so weit auseinandergehen, daß der letztere eine Straftat
für gegeben hält, die der erstere gar nicht anklagen wollte. Es ist daher
- wie beim Antrag auf Aburteilung im beschleunigten Verfahren - zu verlangen, daß dem Beschuldigten die ihm vorgeworfene Tat sowie die gesetzlichen

Merkmale und die anzuwendende Strafvorschrift genannt werden (so auch
Brunner § 77 Rz. 2).

Beispiel:

Staatsanwaltschaft   Aachen, den 27.4.1989
24 Js 241/89 jug.

                            Vfg.

1.) Die Ermittlungen sind abgeschlossen.

2.) Schreiben:

    An den Oberstadtdirektor - Jugendamt -

    Aachen

    Gegen die Jugendliche Marianne Gehlen, geb. am 24.1.1973 in
    Aachen, Erziehungsberechtigte: Eltern Peter und Anna Gehlen,
    alle wohnhaft in Aachen, Ludwigsallee 47 b, habe ich bei dem
    Amtsgericht - Jugendrichter - Aachen im vereinfachten Ju-
    gendverfahren Anklage wegen Diebstahls eines Mopeds am
    20.1.1989 in Aachen, Peterstraße, erhoben.

    Ich bitte um kurzen Jugendbericht an das benannte Gericht.

2.) U. m. A.

    dem Amtsgericht
    - Jugendrichter -

    Aachen

    mit dem Antrag übersandt, bzgl. der Schülerin Marianne
    Gehlen, geb. am 24.1.1973 in Aachen, Erziehungsberechtigte:
    Eltern Peter und Anna Gehlen, alle wohnhaft in Aachen,
    Ludwigsallee 47 b, gem. §§ 76 ff. JGG im vereinfachten
    Verfahren zu entscheiden. Es dürften Verwarnung und Auf-
    erlegung besonderer Pflichten in Betracht kommen.

    Die Jugendliche ist hinreichend verdächtig,
    am 20.1.1989, gegen 12.30 Uhr,
    im Bushof Peterstraße in Aachen
    das dem Schüler Georg Petereit gehörende Moped, Sax,
    Nr. 27043, in der Absicht weggenommen zu haben, es sich
    rechtswidrig zuzueignen, indem sie das unverschlossene
    Fahrzeug entwendete, um es zu verkaufen.

    Vergehen des Diebstahls nach § 242 Abs. 1 StGB, §§ 2, 5, 9,
    13 JGG.

    Beweismittel: Geständnis der Jugendlichen.

    Auf Teilnahme an der mündlichen Verhandlung wird verzichtet.
    Ich bitte um formlose Mitteilung der Rechtskraft an die Ge-
    schäftsstelle der Staatsanwaltschaft.

4.) Nach ...

                                        gez. Holzklau

                                        Staatsanwalt

7. Antrag im Sicherungsverfahren

Der Antrag im S i c h e r u n g s v e r f a h r e n gem. §§ 413, 414
Abs. 2 entspricht der Anklageschrift gem. § 200. Ergibt sich im Laufe des
Verfahrens, daß der Beschuldigte (auch im Sicherungsverfahren heißt der Betroffene so, vgl. § 415) entgegen der bisherigen Annahme schuldfähig ist,
so gilt die Antragsschrift nunmehr als Anklage. Der Antrag im Sicherungsverfahren lautet auf Eröffnung des Hauptverfahrens im Sicherungsverfahren.
Die Staatsanwaltschaft hat gem. § 414 Abs. 2 S. 3 in der Antragsschrift
schon die Maßregel der Besserung und Sicherung zu bezeichnen, deren Anordnung sie beantragt. Dies geschieht im Antragssatz und nicht in Verbindung
mit dem Antrag auf Eröffnung des Hauptverfahrens am Schluß der Antragsschrift, wie Kleinknecht/Meyer (38. Aufl., § 414 Rz. 3, jetzt insoweit
ohne Stellungnahme vgl. § 414 Rz. 4; wie hier Rahn Muster 32) vorschlagen.
Im Antragssatz ist ferner mitzuteilen, daß der Beschuldigte schuldunfähig
war oder verhandlungsunfähig ist. Die Darstellung der gesetzlichen Merkmale und der Tat sollte - hat der Beschuldigte die Tat im Zustand der
Schuldunfähigkeit begangen - nicht mit den Worten "wird angeklagt ...",
sondern mit "ist hinreichend verdächtig, im Zustand der Schuldunfähigkeit
..." begonnen werden (so auch Rahn Muster 32).

Beispiel: "... ist hinreichend verdächtig,
im Mai 1989 in Siegburg im Zustand der Schuldunfähigkeit
durch zwei selbständige Handlungen
1. einem anderen, um dessen Gesundheit zu beschädigen,
   Gift, welches die Gesundheit zu zerstören geeignet war,
   beigebracht,
2. einen Menschen getötet zu haben.

Der an fortgeschrittener Hirnarteriosklerose leidende
Beschuldigte mischte am 25.5.1989 Fliegenpilze unter die
Suppe, die er seiner bettlägerig erkrankten Ehefrau ein-
gab, um diese für mehrere Stunden besinnungslos zu machen.

Am 27.5.1989 stieß er im Verlaufe einer tätlichen Auseinandersetzung seiner Vermieterin Else Braus mit einem Brotmesser in
die Brust, um sie zu töten; Frau Braus starb nach wenigen
Minuten an den erlittenen Herzverletzungen.

Zwar war der Beschuldigte bei Begehung der beiden Taten noch
fähig, das Unrecht seines Verhaltens einzusehen, aber infolge
seiner Krankheit nicht in der Lage, nach dieser Einsicht zu
handeln.

Infolge seines Zustandes sind von dem Beschuldigten erhebliche rechtswidrige Taten zu erwarten; er ist deshalb für die
Allgemeinheit gefährlich, so daß seine Unterbringung in
einem psychiatrischen Krankenhaus erforderlich ist.

Rechtswidrige Taten des Totschlags und der Vergiftung nach
§§ 212 Abs. 1, 229 Abs. 1, 63 StGB."

8. Antrag auf selbständige Anordnung einer Einziehung

Die Antragsschrift auf selbständige A n o r d n u n g   e i n e r
E i n z i e h u n g hat gem. § 440 Abs. 2 der Anklageschrift zu entspre-

chen. Außerdem ist der Gegenstand zu bezeichnen, welcher eingezogen werden
soll. Weiterhin ist darzulegen, welche Tatsachen die Zulässigkeit der selbständigen Einziehung begründen.

Beispiel:

> Staatsanwaltschaft   Siegen, den 23.1.1989
> - 42 Js 377/89 -
>
> An das
> Landgericht
> - Strafkammer als Schwurgericht -
>
> Siegen
>
> In dem Verfahren
> gegen
> den Maurermeister Wilhelm Wegner, geb. am 27.6.1901 in Frank-
> furt, wohnhaft im Augusta-Stift, Breitenstr. 17, Siegen, ver-
> witwet,
> wird beantragt,
> das ihm gehörende Kraftfahrzeug BMW 528, Baujahr 1977,
> Fahrgestell-Nr. 31467, Motor-Nr. 68223,
> einzuziehen.
>
> Wilhelm Wegner, der wegen dauernder Verhandlungsunfähigkeit
> strafrechtlich nicht verfolgt werden kann, tötete am 16.9.1988
> aus Habgier seine Ehefrau Amalie, geborene Ammer, dadurch, daß
> er sie mit dem oben bezeichneten Kraftfahrzeug auf seinem
> Grundstück überfuhr, um sie zu beerben (§§ 211, 74, 76 a StGB).

VII. Anklagebeispiele

1. Anklage vor der Schwurgerichtskammer

Beispiel:

> Staatsanwaltschaft Bonn   5300 Bonn, den 16.9.1988
> - 20 Js 200/88 -
>   H a f t !
>
> An das   Ablauf der Frist gem.
> Landgericht   §§ 121, 122 StPO: 7.1.1989!
> - 1. Schwurgerichtskammer -
>
> Bonn
>
>   A n k l a g e s c h r i f t
>
> Bl. 8   Der technische Zeichner Peter Hubert K o r n ,
>   geboren am 30.6.1958 in Bonn, wohnhaft Am Hafen 12,
>   5300 Bonn, verheiratet, Deutscher,
>
> Bl. 21,   - vorläufig festgenommen am 8.7.1988 und seit diesem
> 23, 81   Tage in Untersuchungshaft aufgrund Haftbefehls des

Amtsgerichts Bonn vom 8.7.1988 - 41 Gs 1110/88 - in
der JVA Bonn (Gef.-Buch Nr. ...),

Bl. 33   <u>Verteidiger:</u> Rechtsanwälte Dr. Walter Kassen und
                      Hans-Günter Lüdtke in Bonn,

wird angeklagt,

in Bonn am 26.6.1988
durch dieselbe Handlung

a) versucht zu haben,
   heimtückisch und mit gemeingefährlichen Mitteln
   einen Menschen zu töten,

b) vorsätzlich die Sicherheit des Straßenverkehrs dadurch beeinträchtigt zu haben, daß er ein Fahrzeug
   beschädigte und dadurch vorsätzlich Leib und Leben
   eines anderen und fremde Sachen von bedeutendem
   Wert gefährdete, wobei er in der Absicht handelte,
   einen Unglücksfall herbeizuführen.

In der Nacht zum 26.6.1988, gegen 2.30 Uhr, durch-
schnitt der angetrunkene Angeschuldigte mit einem
Bolzenschneider die beiden Bremsschläuche des in der
Gregorstraße in Bonn abgestellten LKW, amtliches
Kennzeichen BN - S 108, des Kraftfahrers Walter
Polzius. Er beabsichtigte, daß Polzius, auf den er
eifersüchtig war, am nächsten Morgen nach Fahrt-
antritt einen schweren Verkehrsunfall wegen der fehlenden Bremsmöglichkeiten erleide; daß Polzius dabei
den Tod finde, nahm er zumindest bewußt und billigend in Kauf.

Am 26.6.1988, gegen 7.40 Uhr, befuhr Polzius mit dem
LKW die Pappelallee. An der stark befahrenen Kreuzung zur Viktoriastraße wollte er anhalten, weil die
Verkehrssignalanlage für ihn "Rot" zeigte. Da weder
die Fuß- noch die Handbremse funktionierte, fuhr er
ungebremst bei "Rot" in den Kreuzungsbereich hinein,
in den bereits von beiden Seiten mehrere Fahrzeuge
eingefahren waren. Polzius konnte den Querverkehr
durch sofortiges Hupen noch rechtzeitig auf die akute
Gefahrensituation aufmerksam machen; durch Not- und
Gewaltbremsungen wurde ein schwerer Verkehrsunfall
vermieden. Durch Herunterschalten der Gänge und Abstellen des Motors gelang es Polzius, seinen LKW
ca. 8 m hinter der Kreuzung zum Stillstand zu bringen.

Verbrechen des versuchten Mordes und des vorsätzli-
            chen gefährlichen Eingriffs in den
            Straßenverkehr, strafbar gem. §§ 211,
            315 b Abs. 1 Nr. 1, Abs. 3 i.V.m. § 315
            Abs. 3 Nr. 1, 22, 23, 52, 74 Abs. 1 StGB.

Beweismittel:

Bl. 8 ff.,   I. Angaben
15 ff.,   des Angeschuldigten.
26 R

        II. Zeugen:

Bl. 1 f.   1. Kraftfahrer Walter Polzius, Georgstraße 20,
                       5300 Bonn,

Bl. 74 f.   2. Kontoristin Kunigunde Korn, Am Hafen 12,
                       5300 Bonn,

Bl. 72 f.   3. Gastwirt Karl Dahm, Rochusstraße 31,
                       5300 Bonn,

        III. Sachverständige:

Bl. 40 f.,   1. Dr. Peter Meinen, c/o TÜV Bonn,
84   Rheindorfer Straße 17, 5300 Bonn,

Bl. 38 f.,   2. Prof. Dr. med. G. Jung, zu laden über die
54 ff.   Abt. Rechtsmedizin der Universität Bonn
                       (zu Alk.-Nr. 3114 II).

        IV. Gegenstände des Augenscheins:

            1. 1 Lichtbildmappe,

            2. 1 Bolzenschneider,

            3. 1 Kneifzange.

         V. Urkunde:

            Auskunft des Bundeszentralregisters (in Hülle
            vor Bl. 1 d.A.).

Wesentliches Ergebnis der Ermittlungen

                            I.

Zur Person:

Bl. 8 f.   Der 30 Jahre alte Angeschuldigte Peter Hubert Korn
            ist als ältester Sohn der Eheleute Werner Korn und
            Elisabeth, geborene Gans, in Bonn geboren worden;
            zusammen mit einem 6 Jahre jüngeren Bruder wuchs er
            im Haushalt der Eltern auf.

            Korn besuchte die Hauptschule in Bonn, aus deren
            9. Klasse er entlassen wurde. Nach der Schulentlas-
            sung absolvierte er eine Lehre als technischer Zeich-
Bl. 9,   ner, die er mit der Gesellenprüfung abschloß. Bis zum
74   Jahre 1982 war er - lediglich unterbrochen von der
            15monatigen Bundeswehrzeit - in seinem erlernten Be-
            ruf tätig. Er kündigte schließlich seine Stellung als
            technischer Zeichner und arbeitete bei mehreren Fir-
            men im Baugewerbe. Im Mai 1984 machte er sich im
            Baugewerbe selbständig und gründete die Firma Korn-
            Bauunternehmung GmbH mit 5 bis 6 Arbeitern.

Bl. 8 f.,   Der Angeschuldigte ist seit dem 5.9.1983 mit der Kon-
74   toristin Kunigunde Korn, geborene Maier, kinderlos
verheiratet. Die Eheleute leben seit Anfang März 1988
getrennt. Die Scheidungsklage wurde vom Angeschuldigten eingereicht.

Am 10.10.1986 wurde der Angeschuldigte durch das
Amtsgericht Bonn wegen fahrlässiger Trunkenheit im
Verkehr zu einer Geldstrafe von 30 Tagessätzen zu
30,- DM verurteilt (4 Ds 64 Js 100/86 StA Bonn).

II.

Zur Sache:

1) Vorgeschichte der Tat:

Bl. 9 f.,   Wegen verschiedener Verhältnisse der Ehefrau zu ande-
15 R,   ren Männern trennten sich die Eheleute Korn am
74   6.3.1988 im gegenseitigen Einvernehmen und haben
seitdem getrennt gelebt; sie beschlossen, sich scheiden zu lassen. Der Angeschuldigte wohnte weiter in
der ehelichen Wohnung im Hause Am Hafen 12 in Bonn,
während seine Ehefrau Kunigunde zu ihren im selben
Hause wohnenden Eltern zog.

Etwa 3 Monate nach der Trennung von dem Angeschuldigten - Anfang Juni 1988 - lernte Frau Korn den Kraftfahrer Walter Polzius kennen. Während dieser Zeit
verbüßte der Angeschuldigte eine zweiwöchige Ersatzfreiheitsstrafe wegen des o.a. Verkehrsdelikts.

Am 18.6.1988 - am Tage seiner Entlassung - rief der
Angeschuldigte, der bis zu diesem Zeitpunkt nichts
von dieser Bekanntschaft wußte, in der Wohnung seiner
Schwiegereltern an und wollte seine Ehefrau sprechen.
Diese befand sich jedoch zu dieser Zeit - was dem Angeschuldigten ebenfalls nicht bekannt war - in sta-
tionärer Krankenhausbehandlung. Zu seiner Überraschung
meldete sich am Telefon in der Wohnung seiner Schwiegereltern der Zeuge Polzius. Der Angeschuldigte, der
sogleich vermutete, daß es sich um einen Liebhaber
seiner Ehefrau handelte, wurde diesem gegenüber aus-
fallend und drohte, er werde ihn verprügeln. Der in
seiner Eitelkeit gekränkte und eifersüchtige Angeschuldigte begab sich sofort zur Wohnung seiner
Bl. 10,   Schwiegereltern, um Polzius dort zu treffen. Im Trep-
17, 64 R   penhaus kam es zu Handgreiflichkeiten zwischen beiden
Männern. Im Anschluß hieran kündigte Korn dem Zeugen
Polzius an, er werde noch von ihm hören.

2) Ausführung der Tat:

Bl. 2,   Am Abend des 25.6.1988, gegen 23.00 Uhr, traf der An-
10, 15 R,   geschuldigte in der Gaststätte "Brunnen", Ring-
74 R, 82   straße 31 in Bonn, wo er sich bereits seit etwa

16.30 Uhr aufgehalten hatte, seine Ehefrau. Er machte ihr Vorhaltungen wegen ihres Verhältnisses mit Polzius. Seine Frau wies ihn zurück, woraufhin der Angeschuldigte in Wut geriet, ihr einen Schlag ins Gesicht versetzte und sie sodann zur Seite stieß.

Bl. 2, 10, 15 R, 74 R, 83   Kurze Zeit später erschien Polzius in der Gaststätte und rief, nachdem er von dem Vorfall unterrichtet worden war, die Polizei an. Der Angeschuldigte versetzte dem Zeugen Polzius aus Wut darüber, daß dieser die Polizei benachrichtigt hatte, plötzlich einen so heftigen Faustschlag ins Gesicht, daß dieser eine Platzwunde an der Oberlippe erlitt*).

Bl. 10 f., 15 R, 72   Der Angeschuldigte wurde wegen der Tätlichkeiten von dem Gastwirt Dahm aus dem Lokal gewiesen; er hielt sich bis gegen 2.00 Uhr in der nahegelegenen Gaststätte "Bei Charly" auf, trank aber nur wenig. Als der Angeschuldigte, der nur leicht angetrunken war, sich schließlich auf den Weg zu seiner nur wenige Häuser weiter gelegenen Wohnung machte, entdeckte er zufällig den auf einem freien Baugrundstück abgestellten schweren LKW der Marke Mercedes, Typ LP 1113 B, mit dem amtlichen Kennzeichen BN - S 108, den - wie er wußte - der Zeuge Polzius ständig fuhr.

Bl. 11, 16   Der Angeschuldigte begab sich zunächst in seine Wohnung und legte sich zu Bett, wobei er in seiner Eifersucht überlegte, wie er sich an Polzius rächen könne. Dabei kam er zu dem Entschluß, heimlich die gesamte Bremsanlage des LKW des Zeugen Polzius außer Funktion zu setzen. Mit einem sogenannten Bolzenschneider begab er sich gegen 2.30 Uhr zu dem in der Nähe abgestellten LKW und trennte mit dem Werkzeug die jeweils an den beiden vorderen Rädern angebrachten Bremsschläuche durch, so daß die Fußbremsanlage nicht mehr funktionierte. Außerdem kroch er unter das

Bl. 1 R, 40   Fahrzeug und schnitt das 8 mm dicke Rundeisen des Handbremsgestänges durch. Durch diese geschickten und gezielten Manipulationen an den beiden über Kreuz arbeitenden Bremskreisen der Fuß- und Handbremse war - wie der Angeschuldigte wußte und worauf es ihm auch ankam - die gesamte Bremsanlage des LKW ausgeschaltet. Korn wollte, daß der Zeuge Polzius mit dem nicht zu bremsenden LKW am nächsten Morgen einen schweren Verkehrsunfall erlitt. Er nahm - zumindest - bewußt und billigend in Kauf, daß Polzius an den erhofften Verletzungen sterbe.

Bl. 1 R   Am Morgen des 26.6.1988, gegen 7.40 Uhr, bestieg der Zeuge Polzius - wie der Angeschuldigte erwartet hatte - nichtsahnend seinen LKW, um zu dem in Bonn, Feldchen 19, gelegenen Betriebsgelände der Transportfirma Lauser zu fahren. Die erste Ampelanlage

---

*) Insoweit ist bzgl. § 223 StGB nach § 154 Abs. 1 verfahren worden.

an der stark befahrenen Kreuzung Pappelallee/Viktoria-
straße, die Polzius ohne bremsen zu müssen erreicht
hatte, zeigte für seine Fahrtrichtung "Rot". Als der
Zeuge die Fußbremse betätigte, stellte er fest, daß
sie keinerlei Bremswirkung zeigte. Daraufhin zog er
reaktionsschnell die Handbremse, was jedoch ebenfalls
ohne Wirkung blieb. Der Zeuge Polzius fuhr somit völlig ungebremst bei "Rot" in den Kreuzungsbereich
hinein, in den von beiden Seiten bereits mehrere
Fahrzeuge eingefahren waren. Er hupte, um auf diese
Weise die anderen Verkehrsteilnehmer vor der Gefahr
zu warnen. Da die Insassen der anderen Wagen die Gefahrensituation schnell erfaßten und noch rechtzeitig
Not- und Gewaltbremsungen vornahmen, konnte ein Verkehrsunfall vermieden werden. Polzius gelang es
schließlich, sein Fahrzeug durch Herunterschalten der
Gänge und Abstellen des Motors bei gleichzeitigem
Betätigen der Motorbremse ca. 8 m hinter der Kreuzung
zum Stillstand zu bringen.

III.

Einlassung und Beweiswürdigung:

Bl. 11, 16 Der Angeschuldigte gibt die ihm zur Last gelegte Tat
hinsichtlich des objektiven Geschehensablaufs im wesentlichen zu. So räumt er insbesondere ein, mit seinem Bolzenschneider an dem LKW "hantiert" und "etwas
durchtrennt" zu haben, um Polzius "eins zu lappen".
Infolge des genossenen Alkohols habe er jedoch hinsichtlich der näheren Einzelheiten der Tatausführung
keine oder nur eine unvollständige Erinnerung. Gedanken über die Tragweite seines Handelns habe er sich
nicht gemacht; dazu sei er infolge seiner Trunkenheit
nicht in der Lage gewesen.

Diese Einlassung ist unglaubhaft und wird in der
Hauptverhandlung widerlegt werden. Das Vorgehen des
Angeschuldigten zeigt nicht nur Zielorientiertheit,
sondern auch eine von Sachkenntnis und Geschicklich-
keit zeugende Ausführung mit einem für sein Vorhaben
besonders geeigneten Werkzeug. Durch diese Umstände
sind - wie der Sachverständige Dr. Jung bestätigen
wird - Bewußtseinsleistungen bewiesen, die nur dann
möglich sind, wenn eine entsprechende Einsichtsfähig-
keit vorhanden ist. Im übrigen ergibt sich aus der
Aussage des Zeugen Dahm, daß der Angeschuldigte nur
leicht angetrunken war, als er die Gaststätte gegen
2.00 Uhr verließ. Daß er zu Hause weitergetrunken
habe, behauptet der Angeschuldigte selbst nicht.

Es wird beantragt,

a) das Hauptverfahren vor dem Landgericht Bonn - Schwurgerichtskammer - zu eröffnen*),

_____

*) Zur teilweisen anderen Fassung vgl. oben zu V 11.

b) Haftfortdauer anzuordnen.

gez. Meyer

Staatsanwalt

2. Anklage vor dem Strafrichter

Beispiel:

Staatsanwaltschaft Köln   Köln, den 25.5.1989
- 60 Js 170/89 -

An das
Amtsgericht
- Strafrichter -

K ö l n

A n k l a g e s c h r i f t

Der Schreiner Simon O s c h , geboren am 1.11.1958 in Bonn,
wohnhaft Aachener Straße 400, 5000 Köln, ledig, Deutscher,

Verteidiger: Rechtsanwalt Müller aus Bonn,

wird angeklagt,

in Köln am 20.2.1989
durch zwei selbständige Handlungen

1) wider besseres Wissen einer Behörde vorgetäuscht zu haben,
   daß eine rechtswidrige Tat begangen worden sei,

2) in der Absicht, sich einen rechtswidrigen Vermögensvorteil
   zu verschaffen, versucht zu haben, durch Vorspiegelung falscher Tatsachen einen Irrtum zu erregen und das Vermögen
   eines anderen dadurch zu beschädigen.

Zu 1): Der Angeschuldigte zeigte am 20.2.1989 bei der Kriminal-
       polizei in Köln bewußt wahrheitswidrig an, ein unbekann-
       ter Täter habe ihm Euroscheckkarte und einen Euroscheck
       entwendet, den Scheck über einen Betrag von 2.300,- DM
       ausgestellt, seine Unterschrift gefälscht und den auf
       sein Konto bei der Stadtsparkasse Köln gezogenen Bar-
       scheck dort präsentiert. Der Betrag sei auch ausgezahlt
       und sein Konto entsprechend belastet worden.

Zu 2): Obwohl der Angeschuldigte den vorgenannten Betrag mittels
       eines unbekannten Mittäters selbst kassiert hatte, sprach
       er am selben Tage bei der Stadtsparkasse Köln vor, um
       aufgrund der Diebstahlversicherung der Euroscheckkarte
       den ihm angeblich entstandenen Schaden von der Kasse er-
       setzt zu bekommen. Der Forderung des Angeschuldigten
       wurde jedoch nicht entsprochen, da die Bank den Erklä-
       rungen des Angeschuldigten nicht traute.

Vergehen des Vortäuschens einer Straftat und des versuchten Betruges, strafbar nach §§ 145 d Abs. 1 Nr. 1, 263, 22,
23, 53 StGB.

Beweismittel:

  I. Einlassung des Angeschuldigten.

 II. Zeugen:

    1. Bankkauffrau Josefa Hendrich, zu laden über die Stadt-
sparkasse Köln,

    2. KHM Gerry, zu laden über die Kriminalpolizei in Köln.

III. Sachverständiger:

    Heinrich Klobe, Geibelstraße 1, 5000 Köln 41
    (Gutachten Bl. 27-31).

 IV. Urkunden:

    1) Scheck vom 20.2.1989, Nr. 27426 - Bl. 16 d.A. -,

    2) Anzeige vom 20.2.1989 - Bl. 4 d.A. -.

Es wird beantragt, das Hauptverfahren vor dem Amtsgericht
- Strafrichter - Köln zu eröffnen.

                                            gez. Frongs

                                            Staatsanwalt

3. Anklage vor dem Jugendschöffengericht

Beispiel:

Staatsanwaltschaft   5100 Aachen, den 9.3.1989
- 20 Js 137/89 -

An das
Amtsgericht
- Jugendschöffengericht -   Jugendlicher zur Tatzeit!

5100 A a c h e n

                     A n k l a g e s c h r i f t

Der z.Z. beschäftigungslose Peter Wirms, geboren am 3.12.1970
in Aachen, wohnhaft Auf der Brink 6, 5100 Aachen, ledig,
Deutscher,

wird angeklagt,

in Aachen
als Jugendlicher mit Verantwortungsreife
durch zwei selbständige Handlungen

1) am 16.11.1988
   mit Gewalt gegen eine Person eine fremde bewegliche Sache

einem anderen in der Absicht weggenommen zu haben, sich dieselbe rechtswidrig zuzueignen,

2) am 28.11.1988
   eine fremde Sache beschädigt zu haben.

Am Nachmittag des ersten Tattages beobachtete der Angeschuldig-
te den Rentner Gerhard Stubben, als dieser das Kaufhaus "Horten"
verließ; er folgte ihm bis zur nahegelegenen Komphausbadstraße.
Dort trat er von hinten an ihn heran, entriß ihm mit erheblichem
Kraftaufwand die in der linken Hand an einem Riemen getragene
Herrenhandtasche und flüchtete.

Am Abend des 28.11.1988, kurz nach 22.00 Uhr, trat der Angeschuldigte mehrfach gegen den an der Ecke Kupferstraße/Ludwigs-
allee in Aachen anhaltenden PKW, VW Käfer, AC - XY 233, des Kaufmanns Dieter Savel und beschädigte dadurch das rechte Rücklicht
und die Beifahrertür, die eingebeult wurde.

Verbrechen des Raubes und Vergehen der Sachbeschädigung, straf-
          bar gem. §§ 249 Abs. 1, 303 Abs. 1, 303 c StGB,
          §§ 1, 3, 5, 9 - 19 JGG.

Strafantrag ist bezüglich der Sachbeschädigung am 28.11.1988
gestellt (Bl. 22 d.A.).

Beweismittel:

  I. Geständnis des Angeschuldigten.

 II. Zeugen:

      1. Rentner Gerhard Stubben, Im Oberdorf 37, 5100 Aachen,

      2. Kaufmann Dieter Savel, Aktstraße 169, 5120 Herzogenrath.

III. Urkunden:

      1. Niederschrift über die richterliche Vernehmung des Ange-
         schuldigten vom 20.12.1988 (Bl. 18 - 19 d.A.),

      2. Auskunft aus dem Erziehungsregister (Hülle vor
         Bl. 1 d.A.).

Wesentliches Ergebnis der Ermittlungen

Zur Person:

Der Angeschuldigte wurde am 3.12.1970 in Aachen als Kind der
Eheleute Karl und Agnes Wirms geboren. Er wuchs zusammen mit
einer älteren Schwester im Elternhaus auf und besuchte die
Gemeinschaftshauptschule in Aachen-Brand, die er im Jahre 1986
mit dem Hauptschulabschluß verließ. Danach besuchte er zunächst
für einige Monate die Berufsfachschule, Fachrichtung Metall. Im
Herbst 1986 begann er eine Schreinerlehre, welche er nach wenigen Monaten abbrach. Auch die darauf begonnene Lehre als Polste-
rer beendete er vorzeitig nach sechs Monaten im August 1987,
weil er - wie er angibt - Schwierigkeiten mit seinem damaligen

Meister hatte. Seither ist der Angeschuldigte ohne Arbeit. Seit Anfang Dezember 1988 arbeitet er bei der "Organisation jugend- licher Arbeitsloser" mit. Der Angeschuldigte lebt noch im El- ternhaus; er erhält von seinen Eltern ein wöchentliches Taschen- geld in Höhe von 30,- DM.

Durch Urteil des Amtsgerichts Aachen (67 Ds 22 Js 50/86 StA Aachen) vom 9.5.1987 ist dem Angeschuldigten wegen Diebstahls einer geringwertigen Sache in Tatmehrheit mit Bedrohung eine Verwarnung erteilt und durch Urteil des Amtsgerichts Aachen (58 Ds 22 Js 501/87 StA Aachen) vom 9.2.1987 sind gegen ihn wegen Diebstahls zwei Freizeitarreste verhängt worden.

Zur Sache:

Der Angeschuldigte ist der ihm zur Last gelegten, im Anklagesatz angeführten Straftaten hinreichend verdächtig. Er hat bei seinen polizeilichen Vernehmungen und - bezüglich des ihm vorgeworfenen Raubes - auch bei seiner richterlichen Vernehmung die Vorwürfe glaubhaft eingestanden. Der Angeschuldigte hat hinsichtlich des Raubes angegeben, er habe sich auf diese Weise Bargeld verschaf- fen wollen; hinsichtlich der Sachbeschädigung hat er behauptet, er habe sie begangen, weil er sich über die Fahrweise des Fah- rers des PKW geärgert habe.

Es wird beantragt,

das Hauptverfahren vor dem Amtsgericht - Jugendschöffengericht - Aachen zu eröffnen.

                                            gez. Mainz-Ach
                                            Staatsanwalt

VIII. Beispiel eines Strafbefehls

Beispiel:

Amtsgericht Aachen   Aachen, den 23.12.1988
Geschäfts-Nr.: 4 Cs 40 Js 36/89

Herrn
Hubertus Terbül   Verteidiger:
Schreiner   Rechtsanwalt Dr. Kochs,
geb. am 12.9.1941 in Regensburg   Aachen
Im Fuchsbau 13

5100 A a c h e n

              S t r a f b e f e h l

Die Staatsanwaltschaft Aachen klagt Sie an (oder beschuldigt Sie),
in Aachen
am 11.11.1988

vorsätzlich ohne Erlaubnis der zuständigen Behörde die tatsächliche Gewalt über eine Schußwaffe ausgeübt zu haben.

Zur Tatzeit waren Sie im Besitze des bei der zuständigen Polizeibehörde nicht angemeldeten Kleinkalibergewehrs "Mauser",
Nr. 140753, Kaliber .22 Lr, für das Ihnen keine Waffenbesitz-
karte erteilt war.

Vergehen nach §§ 53 Abs. 3 Nr. 1 a, 28 Abs. 1, 56 Waffengesetz

Als Beweismittel hat sie bezeichnet:

Ihre Angaben.

Auf Antrag der Staatsanwaltschaft wird gegen Sie eine Geldstrafe von 30 Tagessätzen zu je 50,- DM festgesetzt.

Das sichergestellte Kleinkalibergewehr "Mauser" Nr. 140753
wird eingezogen.

Zugleich werden Ihnen die Kosten des Verfahrens auferlegt. Ihre
eigenen Auslagen haben Sie selbst zu tragen.

Dieser Strafbefehl wird rechtskräftig und vollstreckbar, wenn
Sie nicht innerhalb von zwei Wochen nach der Zustellung bei
dem umstehend bezeichneten Amtsgericht schriftlich oder zu
Protokoll der Geschäftsstelle Einspruch einlegen. Bei schrift-
licher Einlegung ist die Frist nur gewahrt, wenn die Ein-
spruchsschrift vor Ablauf von zwei Wochen bei dem Gericht
eingegangen ist. Sie können den Einspruch auf bestimmte Beschwerdepunkte beschränken ...

IX. Besonderheiten in Bayern und Baden-Württemberg

1. Allgemeine Hinweise

In Teilen Süddeutschlands haben sich etwas andere Formen der Anklageschrift
herausgebildet und erhalten, für die Rahn (Rahn Muster 12, 13, 15, 16, 18,
19, 21 u. 22) Beispiele bringt. Auf die wesentlichen Unterschiede sei kurz
hingewiesen.

In Bayern wird der Anklagesatz mit der Darstellung der Tat eingeleitet, beginnend mit den Worten: "Die Staatsanwaltschaft legt dem Angeschuldigten
folgenden Sachverhalt zur Last". Daran schließt sich die Wiedergabe der gesetzlichen Merkmale an, die mit den Worten eingeleitet wird: "Der Angeschuldigte wird daher beschuldigt ...". Nach der Anführung der verletzten
Strafgesetze folgt das wesentliche Ergebnis der Ermittlungen. Den Schluß
bildet nach dem Hinweis, welches Gericht zuständig ist und daß öffentliche
Klage erhoben werde, der Antrag (der allerdings nicht § 199 Abs. 2 entspricht und Überflüssiges enthält, vgl. Rahn Muster 16 u. 22), die Anklage
zur Hauptverhandlung zuzulassen, sowie die Angabe der Beweismittel.

In Baden-Württemberg (vgl. Rahn Muster 15 u. 21) werden im Anklagesatz
auch zunächst die Tat und sodann die gesetzlichen Merkmale geschildert, da-

nach die verletzten Strafgesetze mitgeteilt und anschließend der Antrag
gem. § 199 Abs. 2 gestellt. Der Aufbau der Anklageschrift im übrigen entspricht im wesentlichen der oben unter V dargestellten Form.

2. Anklageschrift in Bayern

Beispiel:

Staatsanwaltschaft   Augsburg, den 8.3.1989
bei dem Landgericht
- 40 Js 466/89 -   - Ausländerschutz-Bestimmungen
                                        beachten -

A n k l a g e s c h r i f t

in der Strafsache

gegen

Irfan T u r k m e n , geboren am 25.5.1966 in Ankara/Türkei,
Metallarbeiter, wohnhaft Kolpingstraße 2, Augsburg, ledig,
Türke, Eltern: Hilmi und Fatima Turkmen,
Verteidiger: Rechtsanwalt Dr. Pflicht, Herberstr. 6,
Augsburg (Vollmacht Bl. 106 d.A.).

Die Staatsanwaltschaft legt aufgrund ihrer Ermittlungen dem
Angeschuldigten folgenden Sachverhalt zur Last:

Am 23.12.1988, gegen 12.30 Uhr, stieß der Angeschuldigte dem
Maurer Peter Pauls im Verlaufe einer Auseinandersetzung auf der
Krausstraße in Augsburg ein 25 cm langes Messer mit voller Wucht
rechts neben dem Nabel in den Bauch, um ihn zu töten; Pauls erlitt schwere Verletzungen an Darm und Leber.

Der Angeschuldigte wird daher beschuldigt, versucht zu haben,
einen Menschen zu töten
- ein Verbrechen des versuchten Totschlags gem. §§ 212 Abs. 1,
22, 23 StGB -.

Wesentliches Ergebnis der Ermittlungen

I.

Zur Person:

Bl. 10   Der 22 Jahre alte, ledige Angeschuldigte ist türki-
          scher Staatsangehöriger. Er ist am 25.5.1966 in
          Ankara/Türkei als Sohn des inzwischen verstorbenen
          Hilmi Turkmen und dessen Ehefrau Fatima geboren wor-
          den und zusammen mit drei Brüdern und zwei Schwestern
          im elterlichen Haushalt aufgewachsen.

          Der Angeschuldigte besuchte bis zum Alter von 19 Jah-
          ren eine Schule in Ankara. Unmittelbar nach seiner
          Schulentlassung verließ er die Türkei und reiste in
          die Bundesrepublik Deutschland ein. Seit 1985 arbei-

tet er bei der Firma Weinich in Augsburg; er verdient ca. 1.400,- DM netto monatlich.

Der Angeschuldigte ist nicht vorbestraft.

II.

<u>Zur Sache:</u>

Bl. 5,
29, 42 f.

Der Angeschuldigte lernte etwa im Juli 1988 die 25jährige Renate Rolfs kennen, zog alsbald zu ihr und lebte seitdem mit ihr zusammen. Am 24. August heiratete er die Zeugin, die von 1985 bis 1988 mit dem Zeugen Peter Pauls zusammengelebt hatte. Ihre Beziehungen verschlechterten sich, nachdem der Angeschuldigte von der früheren Verbindung der Zeugin mit Pauls, die Frau Turkmen alsbald nach der Heirat wieder aufgenommen hatte, Kenntnis erlangte. Mit sich stetig stei-

Bl. 7,
29 f.,
43, 72 f.

gernder Eifersucht, die durch von ihm gefundene Liebesbriefe genährt wurde, verfolgte der Angeschuldigte seit Anfang Oktober 1988 seinen Nebenbuhler. Er kündigte ihm unter Vorhalt eines Brotmessers an, er werde ihn töten.

Bl. 53

Am Morgen des 17.11.1988 traf er Pauls in einer Gaststätte und brüllte: "Komm raus, ich bringe dich um!"

Bl. 6,
43

Auf Grund des Verhaltens des Angeschuldigten brach die Zeugin die Beziehungen zu ihrem Mann ab und verwies ihn mit Hilfe von Nachbarn aus ihrer Wohnung.

Bl. 6,
11, 29

Am 23.12.1988 suchte der Angeschuldigte gegen Mittag seine Ehefrau auf, um die Beziehungen wieder aufzunehmen. Einige Minuten nach seinem Eintreffen erschien auch Peter Pauls, entfernte sich jedoch sofort wieder, als er den Angeschuldigten sah.

Bl. 6,
11, 29

Der Angeschuldigte, der sich in seiner Eifersucht bestätigt sah und in Wut geriet, folgte Pauls und rief ihm zu stehenzubleiben. Der Angeschuldigte holte den Zeugen schließlich in der Krausstraße ein. Er drohte ihn zu schlagen, falls er seine Beziehung zu seiner Frau nicht beende. Pauls erwiderte, er wolle nicht wegen Renate streiten, das lohne sich nicht; er höhnte: "Aber sie will es, um dich zu vergessen. Sie ist eine Hure." Der Angeschuldigte war tief gekränkt. Er ergriff Pauls und rief: "Ich bringe dich um!" Als Pauls ihn weiter schmähte, zog der Angeschuldigte ein mitgeführtes Messer und versetzte Pauls hiermit in Höhe des Nabels einen wuchtigen Stich in die rechte Bauchseite, wodurch dieser schwere Verletzungen an Darm und Leber erlitt. Der Angeschuldigte wollte Pauls töten.

Der Angeschuldigte ist geständig. Den Ablauf der Tat wird auch der Zeuge Pauls bekunden. Die Persönlichkeit des Angeschuldigten und die Vorgeschichte der Tat wird die Zeugin Turkmen schildern.

Zur Aburteilung ist gem. § 7 StPO, § 74 Abs. 2 Nr. 5 GVG die Strafkammer - Schwurgerichtskammer - des Landgerichts Augsburg zuständig.

Ich erhebe öffentliche Anklage und beantrage,

die Anklage zur Hauptverhandlung vor der Strafkammer zuzulassen und Termin zur Hauptverhandlung anzuberaumen*).

Als Beweismittel bezeichne ich:

  I. Geständnis des Angeschuldigten.

 II. <u>Zeugen:</u>

    1. Maurer Peter Pauls, Rederstraße 6, Augsburg,

    2. Hausfrau Renate Turkmen, Albertstraße 2, Augsburg.

III. <u>Sachverständiger Zeuge:</u>

    Prof. Dr. med. Poll, Franziskushospital in Augsburg.

 IV. <u>Gegenstände des Augenscheins:</u>

    Lichtbilder von der Bekleidung des Geschädigten Pauls, 1 Parka, 1 Oberhemd und 1 Unterhemd des Geschädigten Pauls, asserviert unter Asservatennummer 937/88.

Mit den Akten an das Landgericht Augsburg - Strafkammer -.

gez. Kundig

Staatsanwalt

3. Anklageschrift in Baden-Württemberg

<u>Beispiel:</u>

Staatsanwaltschaft   Stuttgart, den 25.3.1988
- 1 Kls 40 Js 260/88 -

Beilagen: Bl. 1 - 145,
           Führerschein Bl. 144,
           1 Strafakte 5 Ds 13/88
           AG Stuttgart

---

*) Entgegen § 199 Abs. 2 (vgl. auch Roxin S. 224 und Peters S. 433). Ein evtl. erforderlicher Haftbefehlsantrag ist hier außer Betracht geblieben.

```
                    1 Strafakte 3 Ds 48/81
                    AG Stuttgart
                    1 Beweisstück, Liste
                    Nr. 81/88
```

An das
Landgericht
- 1. Große Strafkammer -

S t u t t g a r t

E i l t ! Haftsache!

Haftprüfungstermin durch das
Oberlandesgericht Stuttgart
nach 6 Monaten am 1.8.1989

A n k l a g e s c h r i f t

Der am 20.7.1951 in Stuttgart geborene, geschiedene
Bauzeichner Josef Maria Stass, ohne festen Wohnsitz,

- aufgrund Haftbefehls des Amtsgerichts Stuttgart vom 2.2.1989
  - 43 Gs 22/89 - in Untersuchungshaft seit dem 2.2.1989 in der
  Vollzugsanstalt Stuttgart -

wird angeschuldigt,

er habe sich eines anderen bemächtigt, um die Sorge eines Dritten
um das Wohl des Opfers zu einer Erpressung (§ 253 StGB) auszunutzen und tateinheitlich hierzu einen anderen rechtswidrig unter
Anwendung von Drohungen mit gegenwärtiger Gefahr für Leib und
Leben zu einer Handlung genötigt und dadurch dem Vermögen des Ge-
nötigten einen Nachteil zugefügt und bei der Tat ein Werkzeug
bei sich geführt, um den Widerstand eines anderen durch Drohung
mit Gewalt zu verhindern

- weshalb er sich als ungeeignet zum Führen von Kraftfahrzeugen
  erwies -,

indem er

am 23.12.1988, gegen 10.50 Uhr, in Stuttgart, nachdem er sich
mit einem Küchenmesser versehen zur Zweigstelle Botnang der
Stadtsparkasse Stuttgart begeben hatte, der dort weilenden Kundin Anna Müller das Messer an den Hals hielt und die Filialleiterin Hildegard Haller aufforderte, ihm das Geld herauszugeben, und durch sein Verhalten unmißverständlich zum Ausdruck
brachte, daß er andernfalls die Kundin Müller umbringen werde,
weshalb die Zweigstellenleiterin einen Betrag von 180,- DM dem
Angeschuldigten übergab und dieser daraufhin im mitgebrachten
Fluchtauto mit verdecktem Kennzeichen davonfuhr.

1 Verbrechen des erpresserischen Menschenraubes gem. § 239 a
Abs. 1 StGB,

1 Verbrechen der schweren räuberischen Erpressung gem. §§ 253,
255, 250 Abs. 1 Nr. 2 StGB,

verglichen mit § 52 StGB, §§ 69, 69 a, 74 Abs. 1 StGB.

Beweismittel:

1. Die Angaben des Angeschuldigten.

2. Zeugen: a) Hausfrau Anna Müller, geb. Zimmermann,
   Goethestraße 1, 7000 Stuttgart 50,

   b) Filialleiterin Hildegard Haller, geb. Rottweiler,
   Königstraße 20, 7000 Stuttgart 1.

3. Gegenstand des Augenscheins: 1 Messer.

Wesentliches Ermittlungsergebnis

I. Persönliche Verhältnisse:

Der am 20.7.1951 geborene Angeschuldigte ist geschieden. Er hat keine abgeschlossene Berufsausbildung. Nach dem Besuch der Grund- und Hauptschule lernte er 3 Jahre den Beruf eines Vermessungstechnikers. Danach war er u.a. als Bauzeichner tätig und wechselte öfters seine Arbeitsstelle. Zur Tatzeit war er bereits ca. 5 Monate ohne Arbeit.

Der Angeschuldigte ist mehrfach vorverurteilt, und zwar überwiegend wegen Vermögens- bzw. Eigentumsdelikten. Bereits im Jahre 1971 wurde er wegen Betrugs zu einer Geldstrafe verurteilt. Schon 9 Monate nach dieser Verurteilung sprach das Amtsgericht Stuttgart gegen ihn eine 3monatige Freiheitsstrafe wegen Untreue aus. In den Jahren 1973 und 1974 folgten drei weitere Verurteilungen zu Geldstrafen wegen Betrugs bzw. Unterschlagung. Im November 1981 verurteilte ihn das Amtsgericht Stuttgart wegen Betrugs u.a. zu einer zweimonatigen Freiheitsstrafe, die er nicht verbüßen mußte. Die letzte Verurteilung war am 19.2.1988 wegen Unterschlagung in Tatmehrheit mit fortgesetztem Betrug. Die damals festgesetzte Freiheitsstrafe von 5 Monaten mit Bewährung verbüßte er, nachdem die Strafaussetzung widerrufen worden war.

Der Angeschuldigte befindet sich aufgrund Haftbefehls des Amtsgerichts Stuttgart vom 2.2.1989 zur Zeit in Untersuchungshaft in der Justizvollzugsanstalt Stuttgart. Am selben Tage war er vorläufig festgenommen worden.

II. Zur Tat:

Der Angeschuldigte, der zur Tatzeit in schlechten finanziellen Verhältnissen lebte, faßte den Entschluß, durch strafbare Handlungen zu Geld zu kommen. Er suchte sich als Tatort die Sparkassenzweigstelle in Stuttgart-Botnang aus und fuhr am Tattag mit dem PKW seiner Freundin dorthin. Er führte ein Küchenmesser bei sich, um es erforderlichenfalls bei der Tat gegen einen anderen Menschen zu verwenden. Damit er möglichst unerkannt bleibe, deckte er das Kennzeichen des PKW in einem Waldstück bei Botnang mit einer Plastiktüte zu, welche er in dem Wagen gefunden hatte. Um einen für ihn günstigen Augenblick zu finden, beobachtete er aus dem in der Nähe abgestellten Fahrzeug die Zweigstelle. Den richtigen Moment glaubte er gefunden zu haben, als Anna Müller die Zweigstelle aufsuchte. Er fuhr sogleich mit dem PKW vor die Bank und begab sich - mit dem Messer in der Brusttasche - in den

Schalterraum. Dort trat er hinter Anna Müller und hielt ihr das
Messer, das er nunmehr in der linken Hand hatte, an den Hals.
Auf diese Weise verlieh er seiner Aufforderung an die Zweigstellenleiterin Hildegard Haller Nachdruck. Diese gab ihm dann auch
einen Geldbetrag in Höhe von 180,- DM. Mehr Geld hatte sie zu
diesem Zeitpunkt nicht zur Verfügung.

Mit der Aufforderung an die Kundin und die Zweigstellenleiterin,
sich ruhig zu verhalten, verließ er die Bank und fuhr mit dem
mitgebrachten PKW weg.

III. Beweiswürdigung:

Der Angeschuldigte hat bei der kriminalpolizeilichen Vernehmung
die ihm zur Last gelegte Tat eingeräumt.
Er wird im übrigen durch die Zeuginnen Hildegard Haller und
Anna Müller der Tat überführt.

IV. Rechtliche Würdigung:

Die Tat stellt sich als ein Verbrechen des erpresserischen Menschenraubes gem. § 239 a Abs. 1 StGB in Tateinheit (vgl. BGHSt
26, 24, 28) mit einem Verbrechen der schweren räuberischen Erpressung dar. Unbeachtlich ist, daß sich die angedrohte Gefahr
für Leib und Leben nicht auf die Person der über das Geld verfügenden Zweigstellenleiterin, sondern auf die in der Gewalt des
Angeschuldigten befindlichen Kundin Müller bezog. Denn auch eine
gegen einen Dritten verübte Gewalt ist ausreichend, wenn sie dazu geeignet und bestimmt ist, den Verfügungsberechtigten zu nötigen.

Es wird beantragt,
1) das Hauptverfahren zu eröffnen,
2) Haftfortdauer zu beschließen sowie
3) dem Angeschuldigten gem. § 141 Abs. 1 StPO in Verbindung mit
   § 140 Abs. 1 Nr. 1 u. 2 StPO einen Pflichtverteidiger zu bestellen.

gez. Häberle
Staatsanwalt

X. Begleitverfügung zur Anklageschrift

In der die Anklageschrift begleitenden Verfügung sind zunächst wie bei allen Verfügungen links oben das Aktenzeichen und rechts oben der Ort und
das Datum zu vermerken. Da jede Akte mit fortlaufenden Blattzahlen zu versehen ist (§ 3 Abs. 3 AktO), ist auch auf der Begleitverfügung in der rechten oberen Ecke die Blattzahl anzugeben. Der Entwurf der Anklageschrift ist
wie alle in der Handakte zusammengefaßten Schriftstücke mit roten Blattzahlen zu versehen. Bei Haftsachen ist außerdem im rechten oberen Teil der
Begleitverfügung mit Rotstift besonders zu verzeichnen: "Haft! Sofort!"
Sofort-Sachen sind vorrangig zu bearbeiten und von Hand zu Hand zu reichen.
Bei anderen eilbedürftigen, jedoch nicht unbedingt noch am selben Tage zu
bearbeitenden Sachen ist mit Rotstift "Eilt" zu vermerken.

In der ersten Ziffer der die Anklageschrift begleitenden Verfügung ist gem. § 169 a zu vermerken: "D i e E r m i t t l u n g e n s i n d a b - g e s c h l o s s e n ". Dadurch wird die Trennung zwischen Ermittlungs- verfahren und Zwischenverfahren vollzogen. Dieser Vermerk des Abschlusses der Ermittlungen hat verfahrensrechtliche Wirkungen. Das Recht des Vertei- digers auf Akteneinsicht kann nicht mehr beschränkt werden (§ 147 Abs. 2 u. 3); auf Antrag des Staatsanwalts muß - in den Fällen notwendiger Vertei- digung - ein Verteidiger bestellt werden (§ 141 Abs. 3 S. 3). Der Staats- anwalt hat jedoch gem. § 141 Abs. 3 S. 2 schon im Vorverfahren die Be- stellung eines Verteidigers zu beantragen, wenn nach seiner Auffassung in dem gerichtlichen Verfahren die Mitwirkung eines Verteidigers nach § 140 Abs. 1 oder 2 notwendig sein wird. Der uneingeschränkte Abschluß der Er- mittlungen darf nur dann vermerkt werden, wenn die Staatsanwaltschaft er- wägt, gegen alle Beschuldigten und bezüglich aller einem Beschuldigten vor- geworfenen Taten Anklage zu erheben. Wenn z.B. ein Beschuldigter nicht oder nicht hinsichtlich aller ihm zur Last gelegten Taten als hinreichend ver- dächtig angesehen wird oder aus anderen prozessualen Gründen von einer Anklage abgesehen wird, ist bezüglich dieser Taten zunächst das Verfahren einzustellen oder abzutrennen, und es sind die insoweit erforderlichen Verfügungen zu treffen (vgl. hierzu unter E).

Soweit dies im Einzelfall erforderlich erscheint, sind in den Einleitungs- vermerk der Begleitverfügung zur Anklage weiterhin Darlegungen zur Sach- und Rechtslage aufzunehmen, die ihrer Art nach nicht in die Anklageschrift gehören. So kann etwa angeführt werden, aus welchen Gründen trotz des zu- nächst bestehenden Verdachts eines versuchten Tötungsdelikts gegen den Beschuldigten nur der Vorwurf einer vollendeten gefährlichen Körperverlet- zung erhoben werden kann oder aufgrund welcher Erwägungen der Sachverhalt entgegen der Auffassung des Anzeigenden nicht als Untreue, sondern nur als Unterschlagung zu werten ist. Hierher gehören auch Ausführungen zur Nicht- erweislichkeit einzelner Gesetzesverletzungen im Zusammenhang mit einer im übrigen zum Gegenstand der Anklage gemachten Tat im prozessualen Sinne.

Sodann ist zu bestimmen, daß die Kanzlei die Anklage in Reinschrift fer- tigt. Die Anordnung lautet: "A n k l a g e s c h r i f t i n R e i n - s c h r i f t f e r t i g e n ". Es muß eine ausreichende Zahl von Durchschriften gefertigt werden, die erforderlichenfalls zu bestimmen ist, damit die Anklageschrift dem Angeschuldigten sowie seinem Verteidiger zu- gestellt werden kann (§ 201) und genügend Stücke für etwaige Benachrichti- gungen, Mitteilungen und als Arbeitsunterlage für die Berufsrichter einer Strafkammer und die Handakten der Staatsanwaltschaft vorhanden sind.

Die Anweisung "E n t w u r f u n d D u r c h s c h l a g d e r A n k l a g e s c h r i f t z u d e n H a n d a k t e n " stellt sicher, daß der Sitzungsvertreter der Staatsanwaltschaft in der Hauptver- handlung, dem in der Regel nur die Handakte, aber kein Aktendoppel vor- liegt, über Urschrift und Reinschrift der Anklageschrift verfügt.

Die Weisung "A u s k u n f t a u s d e m B u n d e s z e n - t r a l r e g i s t e r oder/und aus V e r k e h r s z e n t r a l - r e g i s t e r / E r z i e h u n g s r e g i s t e r (§§ 41, 61 BZRG) be- züglich des/der Beschuldigten ... einfordern" wird in der Regel bereits im Laufe des Ermittlungsverfahrens getroffen; bei Vorstrafen können dann ggf. unverzüglich die entsprechenden Strafakten angefordert werden. Nur in Aus- nahmefällen - etwa wenn sich aus Vermerken der Polizei ergibt, daß keine oder nur geringfügige Verurteilungen vorliegen - kann die Auskunft aus dem

"Bundeszentralregister" erst mit der Abschlußverfügung eingeholt werden. Für alle Personen wird das BZR in Berlin geführt.

Eine M i t t e i l u n g von der Anklageerhebung (auch von anderen Entscheidungen) hat zu erfolgen, wenn der Angeschuldigte sich im betreffenden Verfahren in Untersuchungshaft befindet. Zu benachrichtigen ist das Amtsgericht, das den Haftbefehl erlassen hat; denn mit Anklageerhebung geht die Zuständigkeit für Haftentscheidungen vom Haftrichter beim Amtsgericht auf das für die Eröffnung des Hauptverfahrens zuständige Gericht über (§§ 125 Abs. 2, 126 Abs. 2). Eine solche Mitteilung - gegebenenfalls unter Übersendung der Anklageschrift - ist auch an die Justizvollzugsanstalt, in der der Angeschuldigte sich in Haft befindet, zur Information über Inhalt und Stand des Verfahrens, insbesondere über die mit Anklageerhebung geänderte Zuständigkeit, zu richten (verkannt von Kraß S. 15).

Wenn eine Mitteilungspflicht nach der Anordnung über M i t t e i l u n - g e n i n S t r a f s a c h e n (MiStra) besteht, ist anzuordnen, daß entsprechende Mitteilungen erfolgen. Dieser Teil der Verfügung lautet z.B.: "Drei beglaubigte Abschriften der Anklageschrift mit grünem Klebezettel oder Aufdruck mit folgendem Inhalt versehen: 'Mitteilung nach Nr. ... der Anordnung über Mitteilungen in Strafsachen' und senden an ..."

Mitteilungspflichten sind auf dem Aktendeckel kenntlich zu machen (Nr. 5 MiStra); sie bestehen insbesondere in folgenden Fällen:

Nr. 10 MiStra: Wenn ein Interesse einer Behörde an Unterrichtung besteht, sind entsprechende Mitteilungen zu machen (z.B. Fahrgeldhinterziehungen, Beschädigungen zum Nachteil der Bundesbahn oder Bundespost).

Nr. 13 MiStra: Ist gegen den Angeschuldigten in einem anderen, bereits abgeurteilten Verfahren eine Strafe zur Bewährung ausgesetzt, so muß die entsprechende Staatsanwaltschaft oder Gnadenbehörde über die Anklage unterrichtet werden, damit sie die Frage des Widerrufs der Strafaussetzung zur Bewährung unverzüglich prüfen kann.

Nrn. 15, 20, 23, 26, 27 und 28 MiStra: Ist der Angeschuldigte z.B. Angehöriger des öffentlichen Dienstes (Nr. 15), Soldat der Bundeswehr (Nr. 20), Notar oder Rechtsanwalt (Nr. 23), Arzt oder Apotheker (Nr. 26), Lehrer oder Erzieher (Nr. 27), Student oder Inhaber eines akademischen Grades (Nr. 28) u.a.m., so sind jeweils die Dienstvorgesetzten, Justizbehörden, Notar- bzw. Rechtsanwaltskammern, obersten Landesbehörden, Berufskammern, Aufsichtsbehörden bzw. die Hochschule von der Anklageerhebung zu unterrichten. Es unterliegen jedoch nicht alle Straftaten der Mitteilungspflicht. In den einzelnen Nrn. der MiStra ist dies im einzelnen geregelt, ebenso, was außer der Anklage mitzuteilen ist.

Nr. 32 MiStra: Ist der Angeschuldigte Jugendlicher oder Heranwachsender, ist die Mitteilung an die Jugendgerichtshilfe (Jugendamt) zu machen.

Nr. 42 MiStra: In Strafsachen gegen Ausländer ist Mitteilung von der Anklageerhebung an das für den inländischen Wohnort des Ausländers zuständige Ausländeramt zu richten. Dieses prüft dann, ob gegebenenfalls eine Ausweisung des Ausländers in Betracht kommt.

Berichte an vorgesetzte Dienststellen - insbesondere aufgrund der Anordnung über Berichtspflichten in Strafsachen, z.B. zur Unterrichtung in

Mordfällen - betreffen nur innerdienstliche Vorgänge. Solche Berichte werden daher nicht in den Akten, sondern in den Handakten verfügt.

Wird gegen einen Jugendlichen oder Heranwachsenden Anklage erhoben, so ist die J u g e n d g e r i c h t s h i l f e zu bitten, einen Bericht über ihn zu erstatten. Sie wird dann über dessen Entwicklung sowie häusliche, persönliche und wirtschaftliche Verhältnisse schriftlich berichten und diese Erkenntnisse in der Hauptverhandlung mitteilen (s. auch §§ 38, 43 JGG).

Mit dem Vermerk "KPS" (= keine Prüfungssache) wird festgestellt, daß der Vorgang sich z.B. wegen zu geringer oder zu großer rechtlicher oder tatsächlicher Schwierigkeiten nicht für eines der juristischen Staatsexamina eignet.

Sodann ist zu verfügen:
"U.m.A." (Urschriftlich mit Akten),
ggf. auch "mit BA" (Beiakten) "und Asservaten" - beides genau zu bezeichnen - "dem Amtsgericht - Strafrichter -"
oder: "der Frau/dem Herrn Vorsitzenden des (Jugend-)Schöffengerichts/des Amtsgerichts"
oder: "der Frau/dem Herrn Vorsitzenden der Strafkammer des Landgerichts

    ... (Ort)

unter Bezugnahme auf die beiliegende Anklageschrift
übersandt".

Hinsichtlich der Adressierung ist die Praxis uneinheitlich. Gebräuchlich ist auch: "U.m.A. dem Amtsgericht - Schöffengericht -" bzw. "U.m.A. dem Landgericht - Strafkammer -". Die Adressierung an den Vorsitzenden richtet sich danach, daß gem. § 201 der Vorsitzende des Gerichts dem Angeschuldigten die Anklageschrift mitteilt und erst nach Beendigung des Zwischenverfahrens gem. § 203 das gesamte Kollegium der Strafkammer über die Eröffnung des Hauptverfahrens entscheidet. Aus diesem Grunde ist es vertretbar, in der Begleitverfügung den Vorsitzenden des Gerichts als Adressaten zu benennen. Die zweite Form richtet sich bereits in der Aktenzuschrift nach der Eröffnungszuständigkeit. Sie lautet:
"U.m.A.
dem Landgericht
- 4. Strafkammer -

A a c h e n "

Schließlich ist ein Zeitpunkt zu nennen, zu dem der Geschäftsstellenverwalter dem Staatsanwalt die Handakte vorzulegen hat, damit dieser den Fortgang des Verfahrens bei Gericht verfolgen kann. Zweckmäßig ist es, einen Zeitpunkt von 6 Wochen bis 2 Monaten (in Haftsachen jedoch kürzer) nach dem Datum der Anklageerhebung zu verfügen. Stellt der Staatsanwalt dann fest, daß das Gericht dem Verfahren noch keinen Fortgang gegeben hat, kann er sachdienliche Maßnahmen ergreifen.

Die Begleitverfügung ist vom Staatsanwalt mit vollem Namen unter Angabe seiner Dienstbezeichnung zu unterzeichnen (§ 12 Abs. 2 S. 2 der Anordnung über Organisation und Dienstbetrieb der Staatsanwaltschaft Nordrhein-Westfalen).

Beispiel:

Staatsanwaltschaft   5100 Aachen, 14.3.1989
- 21 Js 656/89 -

Vfg.

1.) Vermerk:

    a) Die Ermittlungen sind abgeschlossen.

    b) Den Beschuldigten Peter Schmitz und Georg Müller wird
       Wegnahme eines Paars Rollschuhe zum Nachteil des Ralf
       Meier zur Last gelegt: Gemeinschaftlicher Diebstahl
       §§ 242 Abs. 1, 25 Abs. 2 StGB.

    c) Der Beschuldigte Peter Schmitz, Bl. 10 d.A., ist straf-
       unmündig.

    d) Der Beschuldigte Georg Müller, Bl. 14 d.A., ist Jugend-
       licher. Er ist strafrechtlich noch nicht in Erscheinung
       getreten. Insoweit soll gem. § 45 Abs. 2 Nr. 1 JGG ver-
       fahren werden.

       Der Jugendliche ist bereits durch den sachbearbeitenden
       Staatsanwalt selbst vernommen worden; bei der Vernehmung
       ist Georg Müller eindringlich belehrt und über mögliche
       Folgen von Straftaten unterrichtet worden; er zeigte sich
       sehr einsichtig. Diese erzieherischen Maßnahmen machen
       eine Ahndung durch den Richter entbehrlich.

    e) Der Beschuldigte Ralf Schulze, Bl. 17 d.A., ist Heran-
       wachsender. Er ist Bundeswehrangehöriger. Die Dienst-
       stelle nach Nr. 25 MiStra ergibt sich aus Bl. 4 d.A.
       Gegen ihn wird Anklage erhoben wegen Diebstahls in einem
       besonders schweren Fall.

2.) Einstellung bzgl. Peter Schmitz, da strafunmündig.

3.) Nachricht von 2.) an Anzeigenden, Bl. 2 d.A.
    Zusatz: Ich habe jedoch die Akten dem Vormundschaftsgericht
    vorgelegt zwecks Prüfung, ob wegen der Straftat erzieheri-
    sche Maßnahmen geboten sind.

4.) Einstellung bzgl. des Beschuldigten Georg Müller gem. § 45
    Abs. 2 Nr. 1 JGG, § 242 Abs. 1 StGB aus den Gründen des
    Vermerks zu 1. d) dieser Verfügung.

5.) Nachricht von 4.)
    a) an Beschuldigten Georg Müller, Bl. 14 d.A.,
    b) an die gesetzlichen Vertreter des Jugendlichen, Bl. 14
       d.A.,
    c) unter Beifügung einer Abschrift des Vermerks unter Nr. 1
       der Vfg. (Buchstaben b) und d)) an Kreisjugendamt Aachen,
    (zu a) und b) in einem Umschlag versenden).

6.) Ablichtungen fertigen von Bl. 10 - 18 d.A. (alle Peter
    Schmitz betreffenden Vorgänge) und beglaubigen.

7.) Ablichtungen fertigen von Bl. 14 - 15 d.A. (Personalbogen
    und Vernehmung Georg Müller) und beglaubigen.

8.) Ablichtungen zu 6.) der Vfg. mit beglaubigter Abschrift des Vermerks unter Nr. 1 der Vfg. (Buchstaben b) und c)) sowie Nr. 2 der Vfg. übersenden an das Amtsgericht - Vormundschaftsgericht - Aachen zur gefl. Kenntnisnahme und evtl. w.V. bzgl. des Strafunmündigen Peter Schmitz.

9.) Ablichtungen zu 7.) der Vfg. mit beglaubigter Abschrift des Vermerks unter Nr. 1 (Buchstabe b)) und der Nr. 4 der Vfg. übersenden dem Amtsgericht - Zentrale Mitteilungsstelle - Aachen gem. § 60 Abs. 1 Nr. 7 BZRG zur w.V. bzgl. des Jugendlichen Georg Müller.

10.) Anklageschrift übersenden an:
a) Kreisjugendamt Aachen,
b) gemäß MiStra Nr. 25 an Bl. 4 d.A.
   Zusatz: "Vertrauliche Personalsache" z. Hd. des Personaldezernenten, wie Bl. 4 d.A.

11.) Anklage in Reinschrift fertigen mit 7 Durchschriften.

12.) Entwurf und Durchschrift zu den HA.

13.) KPS.

14.) U. m. A.

dem Amtsgericht - Jugendschöffengericht - Düren

übersandt unter Bezug auf die anliegende Anklageschrift.

15.) 2 Monate.

gez. Becker
Staatsanwalt

E. Einstellung des Verfahrens

I. Vorbemerkungen

1. Verfahrensabschluß

Wenn Anklage nicht erhoben wird, wird das E r m i t t l u n g s v e r f a h r e n mit der Einstellung des Verfahrens a b g e s c h l o s s e n . Diese Entscheidung soll das Verfahren endgültig beenden (§ 170 Abs. 2). Ist der Beschuldigte verstorben (was der Staatsanwalt feststellen muß), so hat sich das Verfahren durch den Tod erledigt. Diese Feststellung wird dem Anzeigenden entsprechend einer Einstellung des Verfahrens mitgeteilt. Kann eine endgültige Abschlußentscheidung noch nicht ergehen, so wird das Verfahren in bestimmten Fällen vorläufig eingestellt, so z.B. entspr. § 205, wenn der Beschuldigte abwesend (flüchtig!) oder z.B. vorübergehend verhandlungsunfähig ist. § 205 betrifft zwar das Zwischenverfahren, gilt jedoch entsprechend für das Vorverfahren (h.M. vgl. KMR § 170 Rz. 2, Eb. Schmidt § 170 Anm. 30, Kleinknecht/Meyer § 205 Rz. 3, Löwe/Rosenberg § 170 Rz. 2, Nr. 104 RiStBV).

Mit Rücksicht auf gelegentliche Unsicherheiten in der Praxis ist darauf hinzuweisen, daß es einer Einstellung des Verfahrens durch die Staatsanwaltschaft nicht bedarf, wenn das Gericht nach Anklageerhebung die Eröffnung des Hauptverfahrens ablehnt (§ 204). Denn es ist diese gerichtliche Entscheidung, die mit dem Eintritt ihrer Rechtskraft (vgl. § 210 Abs. 2, 3) das Verfahren abschließt.

2. Legalitäts- und Opportunitätsprinzip

Eine das Verfahren beendende Einstellung erfolgt entweder aufgrund des L e g a l i t ä t s - oder des O p p o r t u n i t ä t s p r i n z i p s (hinsichtlich der Berechtigung dieses immer noch gebräuchlichen Begriffs vgl. KK § 153 Rz. 2). Im ersten Fall muß die Staatsanwaltschaft das Verfahren einstellen, weil kein genügender Anlaß zur Erhebung der öffentlichen Klage vorliegt. Im zweiten Fall liegt es im Beurteilungsspielraum der Staatsanwaltschaft, ob sie - trotz aller Voraussetzungen für eine Anklage - das Verfahren einstellt, wozu sie zum Teil der Zustimmung des Gerichts bedarf. In jedem Einzelfall hat sich die Staatsanwaltschaft um eine sachgerechte Anwendung der §§ 153 ff. zu bemühen.

3. Wirkungen der Einstellung

Die W i r k u n g e n der endgültigen Einstellung sind verschieden. Während z.B. bei einer Einstellung mangels Beweises der Staatsanwalt nicht gehindert ist, die Ermittlungen wieder aufzunehmen, tritt bei einer Einstellung gem. § 153 a Abs. 1 S. 4 beschränkter Strafklageverbrauch ein. Auf die Wirkungen der verschiedenen Einstellungen wird unten jeweils eingegangen.

4. Verfügung

Die V e r f ü g u n g , mit der das Verfahren ohne Anklageerhebung beendet wird, lautet immer: "Einstellung" oder: "Das Verfahren wird eingestellt", gleichgültig, ob diese Einstellung ohne oder nach Durchführung von Ermittlungen getroffen wird (und nicht - wie häufig in Referendar-Entwürfen zu lesen - "einstellen"). § 170 Abs. 2 und § 171 S. 1 2. Alternative gehen davon aus, daß die Entscheidung nach der Durchführung von Ermittlungen erfolgt: Das Verfahren wird eingestellt. § 171 S. 1 1. Alternative meint, daß die Anzeige von vornherein - aus welchen Gründen auch immer - keinen Verdacht einer Straftat ergibt oder die Staatsanwaltschaft das öffentliche Interesse an der Verfolgung von Privatklagedelikten verneint (vgl. Kleinknecht/Meyer § 170 Rz. 7) und deshalb Ermittlungen (§ 160 Abs. 1) unterbleiben. Diese Fälle der Beendigung des Verfahrens entsprechen der Einstellung und sind ebenso zu behandeln (so auch Burchardi/Klempahn/Wetterich S. 140 Anm. 1, Löwe/Rosenberg § 171 Rz. 5). Die Verfügung lautet daher auch: "Einstellung". Nur der Inhalt der Mitteilung an denjenigen, der Strafanzeige erstattet oder Strafantrag gestellt hat, ändert sich, wie unten noch näher auszuführen ist.

Die Gründe der Einstellung können entweder in einem Vermerk oder in einem zu erteilenden Bescheid niedergelegt werden, auf den Bezug genommen wird. Die das Verfahren einstellende Verfügung kann aber auch wie ein gerichtlicher Beschluß mit Tenor und Gründen gefaßt werden. Über die verschiedenen Fassungen unterrichten die folgenden drei Beispiele:

Beispiel:

Staatsanwaltschaft   Aachen, den 25. Januar 1989
- 42 Js 33/89 -

Vfg.

1.) Vermerk:

Der Beschuldigte, dem zur Last gelegt wird, aus dem Felix Rost gehörenden PKW AC-SX 3 einen Fotoapparat entwendet zu haben, bestreitet, die Tat begangen zu haben. Er behauptet, er sei nicht der Täter; er sei am Tattage in Urlaub in der Schweiz gewesen. Diese Einlassung ist mit der für eine Anklage erforderlichen Sicherheit nicht zu widerlegen. Der den Täter beobachtende Polizeibeamte hat den Beschuldigten bei einer Gegenüberstellung nicht wiedererkannt. Die Ehefrau des Beschuldigten und seine Tochter haben seine Behauptung, er sei am Tattag in der Schweiz gewesen, bestätigt. Das Verfahren ist daher einzustellen.

2.) Einstellung gem. § 170 Abs. 2 StPO aus den Gründen des Vermerks zu Nummer 1.).

3.) Nachricht von 2.) an Beschuldigten, Blatt 17 d.A.

4.) Sonst ohne Bescheid (übliche Abkürzung: o.B.), weil Verfahren von Amts wegen.

5.) KPS.

6.) Weglegen.

gez. Gossel
Staatsanwalt

Staatsanwaltschaft   Aachen, den 25. Januar 1989
- 42 Js 33/89 -

Vfg.

1.) Einstellung gem. § 170 Abs. 2 StPO aus den Gründen des Bescheids zu Nummer 2.).

2.) Schreiben an Anzeigenden Felix Rost, Seilgraben 17, 5100 Aachen:

Betr.: Ihre Strafanzeige vom 3. Januar 1989
       gegen Guglielmo Ragusi wegen Diebstahls

Sehr geehrter Herr Rost,

der Beschuldigte, dem Sie die Entwendung eines Fotoapparates
aus Ihrem PKW AC-SX 3 vorgeworfen haben, bestreitet, die
Tat begangen zu haben. Er behauptet, er sei nicht der Täter,
er sei vielmehr am Tattage mit seiner Frau und seiner Tochter in der Schweiz gewesen. Diese Einlassung ist dem Beschuldigten mit der für eine Anklage erforderlichen Sicherheit nicht zu widerlegen. Der den Täter beobachtende Polizeibeamte hat ihn bei einer Gegenüberstellung nicht wiedererkannt. Zudem haben die Ehefrau und die Tochter des Beschuldigten glaubhaft bestätigt, daß der Beschuldigte mit
ihnen am Tattage in der Schweiz in Urlaub gewesen sei.

Ich habe deshalb das Verfahren eingestellt.

Beschwerdebelehrung nach §§ 171 S. 2, 172 Abs. 1 S. 1, 2
StPO.

                                               Hochachtungsvoll

3.) Nachricht von Einstellung an Beschuldigten, Bl. 17 d.A.

4.) KPS.

5.) 1 Monat (Beschwerde?).

                                               gez. Gossel
                                               Staatsanwalt

Staatsanwaltschaft   Aachen, den 25. Januar 1989
- 42 Js 33/89 -

                              Vfg.

1.) Das Ermittlungsverfahren gegen Guglielmo Ragusi wegen Dieb-
    stahls wird gem. § 170 Abs. 2 StPO eingestellt.

                      G r ü n d e :

Dem Beschuldigten wird vorgeworfen, am 3. Januar 1989 aus
dem Felix Rost gehörenden PKW AC-SX 3 einen Fotoapparat entwendet zu haben. Der Beschuldigte bestreitet, die Tat begangen zu haben. Er läßt sich ein, er sei nicht der Täter, er
sei vielmehr mit seiner Ehefrau und seiner Tochter zum Tatzeitpunkt in Urlaub in der Schweiz gewesen.

Diese Einlassung ist mit der für eine Anklage erforderlichen
Sicherheit nicht zu widerlegen. Der die Tat beobachtende Polizeibeamte, der Zeuge Grosser, hat bei einer Gegenüberstellung den Beschuldigten nicht wiedererkannt. Zudem haben die
Ehefrau und die Tochter des Beschuldigten glaubhaft bestä-

tigt, sie seien zum Tatzeitpunkt zusammen mit dem Beschuldigten in der Schweiz gewesen.

2.) Nachricht von 1.) an Beschuldigten, Bl. 17 d.A.

3.) Sonst ohne Bescheid, weil Verfahren von Amts wegen.

4.) KPS.

5.) Weglegen (1994)*).

gez. Gossel
Staatsanwalt

5. Unterrichtung des Beschuldigten

Gem. § 170 Abs. 2 ist der B e s c h u l d i g t e von der Einstellung
des Verfahrens zu u n t e r r i c h t e n , wenn er verantwortlich vernommen worden ist, ein Haftbefehl gegen ihn erlassen war, er um einen Bescheid gebeten hat oder wenn ein besonderes Interesse an der Bekanntgabe
ersichtlich ist. Wenn sich ergeben hat, daß der Beschuldigte unschuldig ist
oder daß gegen ihn kein begründeter Verdacht mehr besteht, so ist dies nach
Nr. 88 RiStBV im Bescheid auszusprechen. Sonst sind dem Beschuldigten die
Gründe der Einstellung nur auf Antrag und auch dann nur insoweit mitzuteilen, als kein schutzwürdiges Interesse entgegensteht.

6. Unterrichtung des Anzeigenden

Gem. § 171 S. 1 ist der A n t r a g s t e l l e r , d.h. derjenige, der
einen Strafantrag gestellt, eine Strafanzeige erstattet, die Ermächtigung
zur Strafverfolgung gegeben oder ein Strafverlangen gestellt hat, über die
Einstellung des Verfahrens (bzw. die Zurückweisung des Antrags auf Erhebung der öffentlichen Klage) "unter Angabe der Gründe zu bescheiden". Auch
bei Verfahrenseinstellungen gem. §§ 153 ff., 154 ff. ist dem Anzeigenden
ein begründeter Bescheid zu erteilen. § 171 bezieht sich nicht - wie bei
oberflächlicher Betrachtung aufgrund des unmittelbaren Zusammenhangs zu
der vorhergehenden Vorschrift des § 170 angenommen werden könnte - nur auf
die dort geregelten Verfahrenseinstellungen "mangels Beweises". Die Vorschrift betrifft vielmehr alle selbständigen Verfahrenseinstellungen. Dies
ergibt sich schon aus § 172, der ersichtlich davon ausgeht, daß dem Anzeigenden auch über die nach § 154 Abs. 1 erfolgte Verfahrenseinstellung ein
Bescheid gem. § 171 zu erteilen ist.

Zu dem Bescheid über eine Einstellung des Verfahrens gem. § 154 Abs. 1 ist
zu bemerken, daß sich die Staatsanwaltschaft hierbei (vgl. Nr. 101 Abs. 2
i.V.m. Nr. 89 Abs. 2 RiStBV) grundsätzlich nicht auf allgemeine oder
nichtssagende Redewendungen beschränken soll; es ist vielmehr wie in allen
anderen Einstellungsbescheiden möglichst konkret darzulegen, warum eine
Anklageerhebung unterbleibt. Einer solchen konkreten Begründung sind jedoch durch das Urteil des Bundesverfassungsgerichts zum Volkszählungsgesetz
enge Grenzen gesetzt. Die Mitteilung von personenbezogenen Daten des Be-

---

*) Statt einer Frist ist hier "Weglegen" verfügt, weil eine Beschwerde
   nicht eingelegt werden wird (Verfahren von Amts wegen!); die Aufbewah-
   rungszeit richtet sich nach den "Aufbewahrungsbestimmungen", die bundeseinheitlich gelten.

schuldigten hinsichtlich einer von ihm begangenen, näher bezeichneten anderen Straftat und der deswegen verhängten konkret angegebenen Strafe oder Maßregel dürfte ebenso unzulässig sein wie die Information, wegen einer bestimmten Straftat werde eine ins Gewicht fallende Strafe oder Maßregel erwartet. Der Anzeigende bedarf auch einer solchen Information nicht, weil eine Überprüfung seiner Anzeige auf ihre Begründetheit nicht erfolgt. Noch weniger dürfen solche Informationen erteilt werden, wenn der Beschuldigte die die vorläufige Einstellung veranlassende Tat als Jugendlicher begangen hat, weil das vom Erziehungsgedanken geprägte Jugendstrafrecht Verschwiegenheit verlangt. Bei einer Einstellung nach § 154 Abs. 1 wird daher dem Antragsteller nur noch der Wortlaut dieser Vorschrift als Begründung mitzuteilen sein.

Liegen dem Verfahren mehrere Anzeigen v e r s c h i e d e n e r Personen zugrunde, so besteht bei Beschränkung der Strafverfolgung gem. § 154 a Abs. 1 meines Erachtens eine Pflicht der Staatsanwaltschaft zur Unterrichtung des davon betroffenen Anzeigenden ebenso wie beim Absehen von Verfolgung (analog § 170 Abs. 2) wegen Annahme der Nichterweislichkeit hinsichtlich einzelner Teile einer einzigen Tat im verfahrensrechtlichen Sinn (z.B. Einzelfälle einer fortgesetzten Handlung). In Nr. 101 a Abs. 1 RiStBV, die eine Verweisung auf Nr. 101 Abs. 2 RiStBV nicht enthält, ist für den Fall des § 154 a Abs. 1 eine Bescheidung des Anzeigenden allerdings nicht ausdrücklich vorgesehen (vgl. zur Gesamtproblematik Solbach NStZ 87, 352).

Die Abschlußverfügung muß den gesamten Sachverhalt und das gesamte Vorbringen des Anzeigenden erfassen. Wird eine Tat angeklagt, so braucht einem einzelnen Anzeigenden, der den gesamten Sachverhaltskomplex mit dem Begehren um Strafverfolgung unter bestimmten Aspekten unterbreitet hat, allerdings nicht mitgeteilt zu werden, weshalb die Staatsanwaltschaft von seiner in der Anzeige dargelegten Rechtsauffassung abgewichen ist oder Tatteile (die auch realkonkurrierende Delikte enthalten können) nicht mit in die Anklage aufgenommen hat. Denn in diesen Fällen wird das Verfahren eben nicht "eingestellt". Die dem Beschuldigten zur Last gelegte Tat wird gerade zur gerichtlichen Entscheidung gestellt. Wird wegen einer Tat Anklage erhoben und wegen einer anderen das Verfahren eingestellt, bleibt es bei der Pflicht, dem Anzeigenden hinsichtlich der Einstellung Bescheid zu erteilen. Derjenige Antragsteller, dem das Klageerzwingungsverfahren offensteht, ist über die Möglichkeit der Anfechtung der Einstellungsverfügung und die hierfür vorgesehene Frist zu belehren (§§ 171 S. 2, 172 Abs. 1); siehe hierzu E III 4. Ein Bescheid kann unterbleiben, wenn der Anzeigende darauf verzichtet hat. Dies kann auch konkludent erfolgen (Kleinknecht/Meyer § 171 Rz. 2, KK § 171 Rz. 7). Zu den Fällen hartnäckiger und uneinsichtiger Querulanz vgl. B VII, Kleinknecht/Meyer § 171 Rz. 2, Franzheim GA 78, 142, Solbach DRiZ 79, 181, KK § 171 Rz. 7 sowie oben unter B VII. Ein Verzicht kann nicht darin erblickt werden, daß der Anzeigende weitere Angaben auf Aufforderung hin nicht macht.

Nach den Richtlinien (Nr. 91 RiStBV) soll dem Antragsteller, der zugleich der Verletzte ist, der Einstellungsbescheid förmlich zugestellt werden, wenn ihm die Beschwerde nach § 172 zusteht und es aus besonderen Gründen geboten erscheint, den Nachweis für die Einhaltung oder den Ablauf der Beschwerdefrist (§ 172 Abs. 1) zu führen. Im Regelfall kann der Staatsanwalt die Bekanntgabe der Einstellung durch einfachen Brief anordnen.

II. Die verschiedenen Einstellungsverfügungen

1. Einstellung gem. § 170 Abs. 2

Die Einstellung gem. § 170 Abs. 2 erfolgt, wenn hinreichender Verdacht einer Straftat verneint wird.

Beispiel: Die angezeigte Handlung stellt keine Straftat dar. Der Täter kann nicht ermittelt werden. Die Tat ist dem Beschuldigten nicht mit der erforderlichen Gewißheit nachzuweisen. Die Strafverfolgung ist verjährt. Ein - zur Strafverfolgung erforderlicher - Strafantrag ist nicht gestellt.

Eine Einstellungsverfügung einfacher Art lautet etwa:

Beispiel:

Staatsanwaltschaft   Köln, den 23.1.1989
- 32 Js 16/89 -

                                Vfg.

1.) Einstellung (gem. § 170 Abs. 2 StPO).

Der Täter des angezeigten versuchten Einbruchsdiebstahls ist nicht ermittelt worden; Beweismittel stehen nicht zur Verfügung.

2.) Schreiben an Anzeigende Frau Elvira Voos,
Breibergstr. 17, 5000 Köln 1:

Betrifft: Ihre Strafanzeige vom 1.11.1988 wegen versuchten Einbruchsdiebstahls in Ihr Haus

Sehr geehrte Frau Voos!

Das Verfahren habe ich eingestellt, da die Nachforschungen nach dem Täter ergebnislos geblieben sind.

Sollte nachträglich Sachdienliches bekannt werden, werde ich die Ermittlungen wieder aufnehmen.

                                        Hochachtungsvoll

3.) KPS.

4.) Weglegen bis ...

                                        gez. Fritz
                                        Staatsanwalt

Einstellung des Verfahrens

Endgültige Einstellung

Vorläufige Einstellung

Auf der Grundlage des Opportunitätsprinzips

§ 153 Abs. 1
(Bei Vergehen und geringer Schuld sowie mangelndem öffentlichen Interesse an der Erhebung der öffentlichen Klage)

§ 153 a Abs. 1 S. 4
(Nach Erfüllung der Auflagen - das Opportunitätsprinzip bezieht sich auf die Vorstufe; ist die Auflage erfüllt, so "muß" wegen des dann bestehenden Verfahrenshindernisses eingestellt werden)

§ 153 b Abs. 1
(Wenn nach StGB durch das Gericht von Strafe abgesehen werden kann)

§ 154 a Abs. 1
(Beschränkung der Strafverfolgung bei selbständigen Teilen einer Tat oder bei mehreren Gesetzesverletzungen, die zusammentreffen)

§ 154 c
(Zugunsten des Opfers einer Erpressung)

§§ 153 c - 153 e, 154 b
(Sonderfälle kriminalpolitischer oder außerstrafrechtlicher Erwägungen)

Auf der Grundlage des Legalitätsprinzips

§ 170 Abs. 2
(Weil kein genügender Anlaß zur Erhebung der öffentlichen Klage - kein hinreichender Tatverdacht - besteht, z.B. aus Rechtsgründen, mangels Beweisen oder wegen Vorliegens eines Verfahrenshindernisses)

Verfahrenserledigung durch Tod
(Keine Einstellung im eigentlichen Sinne)

§ 154 Abs. 1
(Verfahrensbeschränkung bei "Mehrfachtätern")

Ist Strafe wegen einer anderen Tat noch zu erwarten: vorläufig

Ist Strafe schon rechtskräftig verhängt, so ist die Einstellung als endgültig gedacht. Das Verfahren kann aber wieder aufgenommen werden.

Vorläufige Einstellung

§ 205 analog
(Abwesenheit des Beschuldigten)

§ 153 a
(Bis zur Erfüllung der Auflagen/Weisungen)

§ 154 d
(Zuwarten mit der Strafverfolgung hinsichtlich eines Vergehens bis zur Entscheidung einer zivil- oder verwaltungsrechtlichen Vorfrage)

§ 154 e
(Zuwarten bei dem Vorwurf der Verfolgung einer falschen Verdächtigung oder Beleidigung bis zum Abschluß des auf die Anzeige oder die Behauptung hin eingeleiteten Straf- oder Disziplinarverfahrens)

§ 45 Abs. 1 u. 2 JGG
(Absehen von der Strafverfolgung nach dem Prinzip Erziehung statt Strafe)

§ 37 Abs. 1 BtMG
(Einstweilige Zurückstellung der Strafverfolgung nach dem Prinzip Therapie vor Strafe bei Verstößen gegen das Betäubungsmittelgesetz)

Die Entscheidung der Staatsanwaltschaft hat keine Rechtskraftwirkung. Der Staatsanwalt kann die Ermittlungen jederzeit wieder aufnehmen.

Ist vom Anzeigenden und Verletzten das Klageerzwingungsverfahren betrieben, sein Antrag auf Erhebung der öffentlichen Klage jedoch verworfen worden (§ 174 Abs. 1), so kann nunmehr gem. § 174 Abs. 2 Anklage nur noch aufgrund neuer Tatsachen oder Beweismittel erhoben werden (entspricht der Regelung nach Ablehnung der Eröffnung des Hauptverfahrens gem. § 211).

2. Einstellung gem. § 170 Abs. 2 durch Verneinung des öffentlichen Interesses bei Privatklagedelikten

Zu beachten ist, daß bei Zusammentreffen von Privatklagedelikten und Offizialdelikten in einer Tat im prozessualen Sinne das Privatklageverfahren unzulässig ist, also nur das Offizialverfahren in Betracht kommt (vgl. Kleinknecht/Meyer § 376 Rz. 9, KK § 376 Rz. 7). Sofern nicht nach § 154 a Abs. 1 verfahren wird, ist das "Privatklagedelikt" mitanzuklagen. Denn sonst bliebe - wegen der Rechtskraftwirkung - das Privatklagedelikt ungesühnt.

Geht es um eine Straftat, die im Wege der Privatklage verfolgt werden kann, so prüft der Staatsanwalt zunächst, ob die Strafverfolgung im öffentlichen Interesse liegt. Sobald er dies verneint, stellt er das Verfahren ein und verweist den Privatklageberechtigten, der Anzeige erstattet hat, auf den Weg der Privatklage. Zur Vorbereitung seiner Entscheidung über das Vorliegen eines öffentlichen Interesses kann er Ermittlungen anstellen. Seine Entscheidung - positiv oder negativ - unterliegt nicht der gerichtlichen Nachprüfung (vgl. Löwe/Rosenberg § 376 Rz. 11 - 13, KMR § 376 Anm. 1 a, BVerfGE 51, 176, 182 ff.). Sie kann, insbesondere bei Auftreten neuer Gesichtspunkte, geändert werden.

Nr. 86 Abs. 2 und Nr. 87 Abs. 2 RiStBV geben sachdienliche und zu beachtende Weisungen.

Nr. 86 Abs. 2 S. 1: Ein öffentliches Interesse wird in der Regel vorliegen, wenn der Rechtsfrieden über den Lebenskreis des Verletzten hinaus gestört und die Strafverfolgung ein gegenwärtiges Anliegen der Allgemeinheit ist, z.B. wegen des Ausmaßes der Rechtsverletzung, wegen der Roheit oder Gefährlichkeit der Tat, der niedrigen Beweggründe des Täters oder der Stellung des Verletzten im öffentlichen Leben.

Nr. 86 Abs. 2 S. 2: Ist der Rechtsfrieden über den Lebenskreis des Verletzten hinaus nicht gestört worden, so kann ein öffentliches Interesse auch dann vorliegen, wenn dem Verletzten wegen seiner persönlichen Beziehungen zum Täter nicht zugemutet werden kann, die Privatklage zu erheben, und die Strafverfolgung ein gegenwärtiges Anliegen der Allgemeinheit ist.

Nr. 87 Abs. 2: Kann dem Verletzten nicht zugemutet werden, die Privatklage zu erheben, weil er die Straftat nicht oder nur unter großen Schwierigkeiten aufklären könnte, so soll der Staatsanwalt die erforderlichen Ermittlungen anstellen, bevor er den Verletzten auf die Privatklage verweist, z.B. bei Beleidigungen durch namenlose Schriftstücke. Dies gilt aber nicht für unbedeutende Verfehlungen.

Für bestimmte Deliktsgruppen geben die RiStBV weitere Hinweise (vgl. z.B. für Beleidigungen Nr. 229, für Körperverletzungen Nrn. 233 ff., für Verkehrsdelikte Nr. 243 Abs. 3 RiStBV).

Bei Delikten, die häufig auftreten und einer energischen Bekämpfung bedürfen, wie z.B. bei Körperverletzungen im Straßenverkehr, wird das öffentliche Interesse - schon wegen einer Gleichbehandlung der Beschuldigten - nur in Ausnahmefällen zu verneinen sein. Beleidigende Auseinandersetzungen oder Körperverletzungen ohne erhebliche Folgen unter Nachbarn, in Familien oder Gaststätten begründen ein öffentliches Interesse an der Strafverfolgung in der Regel nicht.

Von Bedeutung für die Entscheidung werden sein: Gesinnung des Täters, seine Vorstrafen, Verletzungen und Schäden, die er selbst erlitten hat, schwere Verletzungen des Geschädigten, Wiedergutmachung des angerichteten Schadens u.a.m.

Stellt der Staatsanwalt das Verfahren, das nur ein Privatklagedelikt zum Gegenstand hat, gem. § 170 Abs. 2 ein, weil die durchgeführten Ermittlungen keinen hinreichenden Tatverdacht ergeben haben, bleibt das Klageerzwingungsverfahren unzulässig (§ 172 Abs. 2). Eine Beschwerdebelehrung gem. § 172 Abs. 1 wird daher auch in diesem Fall nicht erteilt. Der Privatklageberechtigte kann jedoch Privatklage erheben.

Die Privatklage gegen zur Tatzeit Jugendliche ist ausgeschlossen (§ 80 Abs. 1 S. 1 JGG). Privatklagedelikte, die zur Tatzeit Jugendliche begangen haben, verfolgt der Staatsanwalt auch (also neben den Voraussetzungen des § 376) dann, wenn Gründe der Erziehung oder ein berechtigtes Interesse des Verletzten, das dem Erziehungszweck nicht entgegensteht, es erfordern (§ 80 Abs. 1 S. 2 JGG). Ist das nicht der Fall, wird das Verfahren mangels öffentlichen Interesses an der Strafverfolgung eingestellt.

Bei Zusammentreffen von Offizial- und Privatklagedelikt (oder deren Alternativität) in einer Tat im prozessualen Sinne wird häufig hinsichtlich des Offizialdelikts der hinreichende Tatverdacht und hinsichtlich des Privatklagedelikts das öffentliche Interesse an der Erhebung der öffentlichen Klage zu verneinen sein. Das wegen der "Tat" geführte Verfahren wird dann gem. § 170 Abs. 2 eingestellt, und zwar hinsichtlich des Offizialdelikts, weil hinreichender Tatverdacht nicht vorliegt, und hinsichtlich des Privatklagedelikts, weil durch die Verneinung des öffentlichen Interesses ein Verfahrenshindernis für das Offizialverfahren besteht. Damit ist auch der folgende prozessuale Weg vorbestimmt (vgl. unten zu III 4). Die Schwierigkeiten, die Weiland (JuS 83, 125 ff.) sieht, bestehen nicht; Weiland, der wohl meint, das Verfahren könne nur wegen eines Delikts eingestellt werden, verkennt, daß das Verfahren wegen einer dem Beschuldigten zur Last gelegten T a t geführt und insgesamt eingestellt wird. Es handelt sich um einen der häufigen Fälle, daß die Einstellung eines Verfahrens auf unterschiedlichen Gründen, die für verschiedene in Betracht kommende Delikte zutreffen, beruht. Natürlich steht dem Verletzten, der behauptet, es liege ein Offizialdelikt vor, das Klageerzwingungsverfahren offen. Ob diese Behauptung unzutreffend ist (eine Eigenschaft, der Weiland unrichtigerweise Bedeutung zumißt), soll sich ja erst im Klageerzwingungsverfahren herausstellen.

3. Einstellung gem. § 45 Abs. 1 JGG

Voraussetzung für ein Absehen von der Verfolgung nach dieser Vorschrift ist, daß der Beschuldigte geständig ist, der Jugendstaatsanwalt eine Ahndung durch Urteil für entbehrlich hält und der Jugendrichter der Anregung des Jugendstaatsanwalts nachkommt, dem Jugendlichen Auflagen zu machen, ihm aufzugeben, Arbeitsleistungen zu erbringen, am Verkehrsunterricht teilzunehmen oder ihm eine Ermahnung auszusprechen.

4. Einstellung gem. § 45 Abs. 2 Nr. 1 und 2 JGG

Der Jugendstaatsanwalt hat stets zu überlegen, ob nach dem Subsidiaritätsprinzip (Erziehung vor der Verhängung von Zuchtmitteln oder Strafe) nicht von einer Anklageerhebung abgesehen werden kann. Diesem Gedanken entspricht vor allem die Regelung der Nr. 1 in Abs. 2 des § 45 JGG. Häufig werden erzieherische Maßnahmen, die eine Ahndung durch den Richter entbehrlich machen, aus Anlaß der Straftat bereits geschehen sein. Zu denken ist in diesem Zusammenhang an Erziehungsmaßnahmen der Eltern, des Jugendamtes, aber auch an die erzieherische Wirkung von Vernehmungen durch Kriminalpolizei oder Jugendstaatsanwalt.

Eine Einstellung nach Nr. 2 unter den Voraussetzungen des § 153 kommt sicherlich weniger in Betracht; denn ein Absehen von der Verfolgung ohne jegliche Einwirkung auf den Jugendlichen kann häufig negative erzieherische Wirkung haben.

Der Jugendstaatsanwalt wird daher - scheidet die Anwendung von § 45 JGG aus - immer überlegen, ob er nicht eine erzieherische Maßnahme allgemeiner Art herbeiführt oder nach § 153 a Abs. 1 verfährt. Zwar ist die Frage, ob § 153 a in einem Verfahren gegen einen Jugendlichen anwendbar ist oder ob diese Vorschrift durch § 45 JGG verdrängt wird, streitig (ablehnend Brunner § 45 Rz. 2 und KK § 153 a Rz. 11; für die Anwendung bei nicht geständigen Jugendlichen Kleinknecht/Meyer § 153 a Rz. 4). Eine an dem das Jugendstrafrecht bestimmenden Erziehungsgedanken ausgerichtete Auslegung der §§ 2, 45 JGG dürfte zu dem Schluß führen, daß § 153 a dann anwendbar ist, wenn die besonderen Voraussetzungen des § 45 Abs. 1 JGG (geständiger Jugendlicher) oder die des Abs. 2 des § 45 JGG nicht vorliegen, sich aber aus erzieherischen Gründen ein Verfahren nach § 153 a aufdrängt.

5. Einstellung wegen Geringfügigkeit gem. § 153 Abs. 1 und nach Erfüllung von Auflagen gem. § 153 a Abs. 1

Beide Einstellungsmöglichkeiten setzen voraus, daß es sich um Vergehen, nicht also um Verbrechen handelt. Außer im Falle einer Straftat gegen das Vermögen (d.h. Vermögens- und Eigentumsdelikte), die nicht mit einer im Mindestmaß erhöhten Strafe bedroht ist und durch die nur geringer Schaden verursacht worden ist (§ 153 Abs. 1 S. 2, § 153 a Abs. 1 S. 6), bedarf die Staatsanwaltschaft zur Einstellung der Zustimmung des für die Eröffnung des Hauptverfahrens zuständigen Gerichts. Die Auferlegung von Auflagen und Weisungen gem. § 153 a Abs. 1 bedarf auch der Zustimmung des Beschuldigten. Bei der Beurteilung, ob der Schaden gering ist, bleiben die Vermögensverhältnisse des Geschädigten und Beschuldigten außer acht; die Bewertung erfolgt objektiv (Löwe/Rosenberg § 153 Rz. 49). Die Wertgrenze - ebenso wie bei § 248 a StGB - dürfte sich zur Zeit bei etwa 50,- DM eingependelt haben (vgl. Kleinknecht/Meyer § 153 Rz. 15, 16, Löwe/Rosenberg § 153 Rz. 49, Schönke/Schröder § 248 a Rz. 10). Es erscheint jedoch sachgerecht, die Wertgrenze etwas höher anzusetzen (ebenso KMR § 153 Rz. 10; KK § 153 Rz. 53 setzt sie für § 153 Abs. 1 S. 2 auf 100,- DM).

Die Entscheidung, ob ein Schaden als gering zu werten ist, trifft die Staatsanwaltschaft; ihre Auffassung unterliegt keiner gerichtlichen Überprüfung. Ist die Staatsanwaltschaft der Ansicht, sie bedürfe der Zustimmung des Gerichts, weil der Schaden nicht mehr als gering angesehen werden könne, so ist das Gericht verpflichtet zu entscheiden (vgl. Löwe/Rosenberg § 153 Rz. 52). Gegen die Verweigerung, eine Entscheidung zu treffen, kann Beschwerde eingelegt werden. Lehnt das Gericht eine Zustimmung ab, kann die Staatsanwaltschaft - bei unveränderter Sachlage - nicht mehr nach § 153 Abs. 1 S. 2 verfahren. Trotz vorliegender Zustimmung kann die Staatsanwaltschaft das Verfahren fortsetzen.

a) Eine Einstellung des Verfahrens gem. § 153 Abs. 1 kann erfolgen, wenn die Schuld als gering anzusehen w ä r e . Die Schuld des Täters muß also nicht mit hinreichender Wahrscheinlichkeit festgestellt sein. Es ist vielmehr nur erforderlich, daß der Beschuldigte einer Straftat verdächtig ist, deren Umstände jedoch so aufgeklärt sind, daß mit Wahrscheinlichkeit angenommen werden kann, daß die Schuld als gering anzusehen wäre. Hinsichtlich der Zuständigkeit der Staatsanwaltschaft, wenn Tatort und Wohnort nicht sicher feststehen, vgl. oben B II 1.

Kann schon oder mit geringem Ermittlungsaufwand (vgl. Kleinknecht/Meyer § 153 Rz. 3) festgestellt werden, daß zureichende Anhaltspunkte für eine Anklage nicht vorliegen, etwa weil die angezeigte Handlung überhaupt nicht strafbar oder nicht mehr verfolgbar ist oder sich die Unschuld des Beschuldigten herausgestellt hat, so ist für die Anwendung von § 153 Abs. 1 kein Raum.

Die Bewertung der Schuld als gering hat sich an § 46 Abs. 2 StGB zu orientieren. Die Schuld dürfte dann als gering zu bezeichnen sein, wenn sie im Grade nicht unerheblich unter der Schuld eines Täters einer ähnlichen Straftat durchschnittlichen Charakters liegt (vgl. Eckl JR 75, 99, Schlüchter Rz. 406.3).

Ob ein ö f f e n t l i c h e s I n t e r e s s e an der Verfolgung besteht, richtet sich nach den Umständen des Einzelfalles. F ü r e i n e Strafverfolgung können sprechen: generalpräventive Gesichtspunkte; Stellung des Verletzten; Tatfolgeschäden, auch wenn sie nicht verschuldet sind; gleichmäßige Behandlung von Tätern bei Straßenverkehrsdelikten. G e g e n eine Strafverfolgung können ins Gewicht fallen: Zeitablauf; Ahndung im Disziplinarverfahren; Zahlung von Vertragsstrafen; Wiedergutmachung des angerichteten Schadens.

Die Entscheidung ist zu begründen. Es ist sachdienlich, bei der Zuschrift an das Gericht mit der Bitte um Zustimmung schon die Gründe für die beabsichtigte Einstellung wegen Geringfügigkeit darzulegen. Die Entscheidung obliegt der Staatsanwaltschaft (die Polizeibehörden sind zu ihr nicht befugt). Sie unterliegt nicht der gerichtlichen Nachprüfung. Die auf Antrag der Staatsanwaltschaft gegebene Zustimmung des Gerichts bindet die Staatsanwaltschaft nicht; sie kann trotz der Zustimmung Anklage erheben. Verweigert das Gericht die Zustimmung zur beabsichtigten Einstellung wegen Geringfügigkeit, steht der Staatsanwaltschaft (nur ihr, nicht dem Beschuldigten) die Beschwerde zu (so die früher absolut h.M. und ständige Praxis, vgl. Gössel § 9 B II a 3, Löwe/Rosenberg, 22. Aufl., § 153 Anm. 7 m.w.H.; im Schrifttum hat sich in den letzten Jahren allerdings ein Meinungsumschwung vollzogen, vgl. Löwe/Rosenberg, 24. Aufl., § 153 Rz. 43, Kleinknecht/Meyer § 153 Rz. 11 und KK § 153 Rz. 31). Die im neueren Schrifttum für die Ablehnung eines staatsanwaltschaftlichen Beschwerderechts gegebene Begründung, die Verweigerung der Zustimmung zur beabsichtigten Einstellung des Verfahrens gem. § 153 sei keine "gerichtliche Entscheidung", deshalb sei eine Anfechtung gem. § 304 ausgeschlossen, überzeugt nicht. Zwar "entscheidet" die Staatsanwaltschaft formal über die Einstellung des Verfahrens. Jedoch nimmt die vom Gesetz vorgesehene Mitwirkung des Gerichts gleichrangig und damit so stark auf das Verfahren Einfluß, daß diese Erklärung, die Zustimmung zur beabsichtigten Einstellung des Verfahrens werde verweigert, wie eine Entscheidung gewertet werden muß und damit der Anfechtung mit der Beschwerde unterliegt. Nur so kann im übrigen sichergestellt werden, daß gleiche Fälle von der Staatsanwaltschaft gleich entschieden werden.

Hat eine Behörde Strafanzeige erstattet oder ist sie an dem Verfahren interessiert, so tritt der Staatsanwalt mit ihr in Verbindung, bevor er die Zustimmung des Gerichts einholt, um alle Gesichtspunkte, die bei einer solchen Einstellung zu berücksichtigen sind, bei seiner Entscheidung verwerten zu können (vgl. Nr. 93 Abs. 1, 2 RiStBV).

Ein Verbrauch der Strafklage tritt durch die Einstellung nach § 153 Abs. 1 nicht ein (BGH MDR 54, 151 und 54, 399, BGHSt 12, 217).

Da das Klageerzwingungsverfahren gem. § 172 Abs. 2 bei einer Einstellung wegen Geringfügigkeit nicht zulässig ist, wird dem Anzeigenden und Verletzten keine Beschwerdebelehrung erteilt.

b) Die Einstellung gem. § 153 a Abs. 1 (zu ihrer Bedeutung als zügiger Erledigung der geringeren Kriminalität unter Auferlegung von Sanktionen ohne die Folgen des Bestraftseins vgl. Eckl JR 75, 99) erfolgt in z w e i S t u f e n :

aa) Die Staatsanwaltschaft stellt das Verfahren mit Zustimmung des für die Eröffnung des Hauptverfahrens zuständigen Gerichts (es sei denn, die Voraussetzungen von § 153 Abs. 1 S. 2 liegen vor, § 153 a Abs. 1 S. 6) und des Beschuldigten v o r l ä u f i g unter Erteilung von Weisungen und (oder) Auflagen ein. Dies geschieht, wenn die Schuld des Täters gering ist und ein öffentliches Interesse an der Strafverfolgung zwar besteht, jedoch durch die dem Beschuldigten auferlegten Sanktionen entfällt. Im Gegensatz zur Regelung bei § 153 muß hinsichtlich der Straftat und des Merkmals "geringe Schuld" hinreichender Verdacht vorliegen.

bb) Durch die vorläufige Einstellung wird ein vorläufiges Verfahrenshindernis geschaffen, das durch die Einstellung nach Erfüllung der dem Beschuldigten auferlegten Sanktionen insofern e n d g ü l t i g wird, als die Tat nicht mehr als Vergehen verfolgt werden kann (§ 153 a Abs. 1 S. 4).

Die vorläufige Einstellung unterliegt dem Opportunitätsprinzip, ein Klageerzwingungsverfahren ist insoweit ausgeschlossen (§ 172 Abs. 2 i.V.m. § 153 a Abs. 1 S. 1).

Hinsichtlich der endgültigen Einstellung, die wegen des infolge Auflagenerfüllung eingetretenen Verfahrenshindernisses erfolgt, gilt das Legalitätsprinzip: Erfüllt der Beschuldigte die ihm auferlegten Pflichten, muß die Staatsanwaltschaft das Verfahren einstellen.

Die Überprüfung dieser Entscheidung kann (soweit nicht der Fall des § 153 a Abs. 1 S. 6 gegeben ist, vgl. § 172 Abs. 2 S. 3) im Klageerzwingungsverfahren nur erfolgen, wenn die gesetzlichen Voraussetzungen nicht vorlagen (kein Vergehen, sondern Verbrechen) oder die Auflagen entgegen der Ansicht der Staatsanwaltschaft nicht erfüllt sind (vgl. Kleinknecht/Meyer § 172 Rz. 3 und Eckl JR 75, 99). Daraus folgt, daß im gleichen Maße dem verletzten Anzeigenden eine Belehrung gem. § 172 Abs. 1 zu erteilen ist.

Beispiel (einer Anfrage an die Beschuldigte gem. § 153 a Abs. 1):

Staatsanwaltschaft   Bonn, den 23.12.1988
- 10 Js 388/88 -

Vfg.

1.) Schreiben an Beschuldigte:
    Annette Scholz
    Alter Bastionsweg 17
    5300 Bonn 1

Sehr geehrte Frau Scholz!

In dem Ermittlungsverfahren gegen Sie wegen Diebstahls eines
Bademantels im Werte von etwa 120,- DM (§ 242 StGB) wird er-
wogen, gem. § 153 a Abs. 1 Strafprozeßordnung vorläufig von
der Erhebung der öffentlichen Klage abzusehen und Ihnen auf-
zuerlegen, binnen 2 Monaten eine Buße von 500,- DM an das
Deutsche Rote Kreuz - Ortsverband Bonn - zu zahlen.

Sind Sie und das Gericht, dessen Zustimmung noch eingeholt
werden muß, damit einverstanden und erfüllen Sie die o.a.
Auflage, wird das Verfahren endgültig eingestellt werden;
die von Ihnen begangene Tat kann alsdann als Vergehen nicht
mehr verfolgt werden. Falls Sie einverstanden sind, bitte
ich, mir dies innerhalb von 2 Wochen nach Erhalt dieses
Schreibens mitzuteilen.

Sollte Ihre Einverständniserklärung bis zu diesem Tage nicht
bei mir eingegangen sein, werde ich den Erlaß eines Strafbefehls beantragen oder Anklage erheben.

                                            Hochachtungsvoll

2.) Am ...

                                            gez. Boutelier

                                            Staatsanwalt

Hinweis:

Das Gesetz sieht eine Frist bis zu 6 Monaten (bei der Weisung, Unterhalts-
pflichten nachzukommen: bis zu 1 Jahr) vor. Bei kleineren Beträgen sollte
die Frist verkürzt werden (auch um die Anhängigkeitsdauer der Verfahren
herabzusetzen). Dem Beschuldigten kann es überlassen bleiben, um Fristver-
längerung zu bitten, wenn er wirklich in ernstliche Zahlungsschwierigkei-
ten gerät. Die Frist kann einmal bis zu 3 Monaten verlängert werden.

Beispiel (einer vorläufigen Einstellung):

Staatsanwaltschaft   Bonn, den 23.1.1989
- 10 Js 388/88 -

Vfg.

1.) Vermerk:

    a) Zustimmung der Beschuldigten zu 2.), Bl. 16 d.A.

    b) Zustimmung des Gerichts zu 2.), Bl. 18 d.A.

164

2.) In dem Ermittlungsverfahren gegen Annette Scholz wegen Ladendiebstahls, strafbar nach § 242 Abs. 1 StGB, wird gem. § 153 a Abs. 1 Strafprozeßordnung von der Erhebung der öffentlichen Klage vorläufig abgesehen. Mit Zustimmung des Gerichts und der Beschuldigten wird dieser auferlegt, eine Geldbuße von 500,- DM an das Deutsche Rote Kreuz, Ortsverband Bonn, zu zahlen.

Erfüllt die Beschuldigte die Auflage bis zum 30.3.1989 und weist sie dies der Staatsanwaltschaft gegenüber durch entsprechende Belege nach, so wird das Verfahren endgültig eingestellt; die Tat kann sodann nicht mehr als Vergehen verfolgt werden.

Wird die Auflage bis zum o.a. Zeitpunkt nicht erfüllt oder wird die Erfüllung nicht nachgewiesen, so verfallen die erbrachten Leistungen und es wird Anklage erhoben.

3.) Begl. Abschrift der Vfg. wie 2.) an:

a) Beschuldigte Annette Scholz (zustellen),
   Alter Bastionsweg 17, 5300 Bonn 1,

b) Anzeigenden Peter Gyp, Siegburger Str. 160, 5300 Bonn 1
   (übersenden) unter Bezugnahme auf seine Strafanzeige
   vom 10.10.1988.

Sehr geehrte(r) Frau/Herr ...!

Die anliegende Verfügung übersende ich mit der Bitte um Kenntnisnahme.

Hochachtungsvoll

4.) Verwaltungsgeschäftsstelle
   zur Eintragung in die Liste "Geldauflagen in Strafverfahren und Bußgeldverfahren zugunsten gemeinnütziger Einrichtungen".

5.) Frau/Herrn Rechtspfleger in drei Monaten.

gez. Georg

Staatsanwältin

Bei den einzelnen Staatsanwaltschaften sind verschiedene Formulare in Gebrauch, die von Zeit zu Zeit geändert werden. Der Referendar wird sich über die Praxis bei seiner Staatsanwaltschaft unterrichten. Die Reihenfolge der Anfragen (vgl. dazu Kleinknecht/Meyer § 153 a Rz. 32) richtet sich nach praktischen Gesichtspunkten. Jedenfalls aber müssen nach dem eindeutigen Wortlaut des § 153 a Abs. 1 vor der vorläufigen Einstellung des Verfahrens sowohl die Zustimmung des Gerichts als auch die Zustimmung des Beschuldigten vorliegen. Die in einigen Regionen übliche Praxis, zunächst nur die gerichtliche Zustimmung zu der beabsichtigten vorläufigen Einstellung einzuholen, dann die vorläufige Einstellung zu vollziehen und erst danach dem Beschuldigten zugleich mit der Nachricht über die getroffene Entscheidung eine als nachträgliche Zustimmung zu wertende Erfüllung der ihm gemachten Auflagen anheimzustellen, ist nicht korrekt.

Beispiel (einer endgültigen Einstellung):

Staatsanwaltschaft   Bonn, den 30.4.1989
- 10 Js 388/88 -

                               Vfg.

1.) Vermerk:

    Die Beschuldigte hat die ihr gem. § 153 a Abs. 1 StPO aufer-
    legten Pflichten erfüllt.

2.) Frau/Herrn Dez.

                                        gez. Pflicht

                                        Rechtspfleger

Staatsanwaltschaft   Bonn, den 5.5.1989
- 10 Js 388/88 -

                               Vfg.

1.) Einstellung:

    gem. § 153 a Abs. 1 S. 4 StPO.

2.) Schreiben an Anzeigenden Peter Gyp, Siegburger Str. 160,
    5300 Bonn 1:

    Betrifft: Ermittlungsverfahren gegen Annette Scholz
              wegen Ladendiebstahls

    Bezug: a) Ihre Anzeige vom 10.10.1988
              b) Bescheid der Staatsanwaltschaft Bonn
                 vom 31.1.1989

    Sehr geehrter Herr Gyp!

    Die Beschuldigte hat die ihr auferlegten Pflichten erfüllt.
    Gem. § 153 a Abs. 1 S. 4 der Strafprozeßordnung kann die
    von ihr begangene Tat nicht mehr als Vergehen verfolgt wer-
    den.

    Das Verfahren ist daher endgültig eingestellt worden.

    Gegen diese Entscheidung können Sie - aber nur, soweit Sie
    geltend machen wollen, die Beschuldigte habe die ihr aufer-
    legten Pflichten nicht erfüllt - das Rechtsmittel der Be-
    schwerde einlegen. Diese muß binnen einer Frist von 2 Wochen
    nach Eingang dieses Schreibens bei der Generalstaatsanwalt-
    schaft in Köln oder bei der hiesigen Behörde eingegangen
    sein.

                                        Hochachtungsvoll

3.) Schreiben an Beschuldigte Annette Scholz,
    Alter Bastionsweg 17, 5300 Bonn 1:

    Betrifft: Ermittlungsverfahren gegen Sie
              wegen Ladendiebstahls

Bezug: Verfügung der Staatsanwaltschaft Bonn
vom 31.1.1989

Sehr geehrte Frau Scholz!

Nachdem Sie die Ihnen auferlegten Pflichten erfüllt haben, ist das Verfahren gem. § 153 a Abs. 1 S. 4 der Strafprozeßordnung eingestellt worden.

Hochachtungsvoll

4.) KPS.

5.) Weglegen (1994).

gez. Boutelier

Staatsanwalt

Erfüllt der Beschuldigte die ihm gemachten Auflagen dagegen nicht, so wird das Verfahren fortgesetzt. Zur verfahrensrechtlichen Klarstellung, auch dem Beschuldigten gegenüber, sollte dies mit einer formellen Entscheidung und einer entsprechenden Mitteilung an den Beschuldigten erfolgen.

6. Einstellung gem. § 153 b Abs. 1

Nach § 153 b Abs. 1 k a n n die Staatsanwaltschaft mit Zustimmung des Gerichts, das für die Hauptverhandlung zuständig ist, das Verfahren endgültig einstellen, wenn die Strafwürdigkeit der Tat wegen besonderer Umstände herabgesetzt und Milde angebracht erscheint. Es handelt sich um Fälle, in denen das Gericht von Strafe absehen kann, z.B. wenn ein noch nicht Eidesmündiger uneidlich falsch ausgesagt hat (§ 157 Abs. 2 StGB) oder ein Meineidiger die falsche Angabe rechtzeitig berichtigt (§ 158 Abs. 1 StGB) oder bei wechselseitig begangenen Straftaten gem. § 233 StGB; auch die Fälle des § 60 StGB gehören hierzu (str., vgl. Kleinknecht/Meyer § 153 b Rz. 1, Löwe/Rosenberg § 153 b Rz. 1, 3 m.w.N. und Beispielen).

Die Staatsanwaltschaft kann ihre Entscheidung jedoch erst treffen, wenn aufgrund der Ermittlungen "zuverlässig entschieden werden kann, ob die materiellen Voraussetzungen für Anklageerhebung und Absehen von Strafe gegeben sind" (Löwe/Rosenberg § 153 b Rz. 4).

Das Absehen von der Erhebung der öffentlichen Klage gem. § 153 b Abs. 1 hat keine Rechtskraftwirkung. Ein Klageerzwingungsverfahren ist nicht zulässig (§ 172 Abs. 1).

7. Einstellung gem. §§ 154 Abs. 1 und Beschränkung der Strafverfolgung gem. 154 a Abs. 1

Von der Verfolgung u n w e s e n t l i c h e r   N e b e n d e l i k t e (§ 154 Abs. 1) und unwesentlicher, abtrennbarer T e i l e   e i n e r   T a t oder unwesentlicher G e s e t z e s v e r l e t z u n g e n , die durch eine Tat begangen worden sind (§ 154 a Abs. 1), sieht die Staatsanwaltschaft ab, wenn sie angesichts der auch sonst zu erwartenden Strafe oder Maßregel nicht beträchtlich ins Gewicht fallen (in der Anklageschrift ist ein entsprechender Vermerk aufzunehmen, vgl. oben D V 4). Auch in diesen beiden Fällen ist das Klageerzwingungsverfahren ausgeschlossen (bzgl. § 154 Abs. 1 gem. § 170 Abs. 2; bzgl. § 154 a Abs. 1, weil die "Tat" angeklagt ist). Eine weitere Möglichkeit, von der Verfolgung einer Tat abzusehen, ist in § 154 Abs. 1 Nr. 2 geregelt. Beide Bestimmungen schaffen Ausnahmen vom Legalitätsprinzip, sie dienen der Vereinfachung und Beschleunigung des Strafverfahrens. Die Staatsanwaltschaft entscheidet nach ihrem Ermessen.

§ 154 setzt voraus, daß es sich um eine a n d e r e   T a t (i.S. des Verfahrensrechts) handelt. Wird das Verfahren im Hinblick auf eine schon r e c h t s k r ä f t i g erkannte Sanktion eingestellt, so handelt es sich - entgegen dem Wortlaut des § 154 Abs. 3 (die Absätze 3 - 5 des § 154 betreffen nicht die staatsanwaltschaftlichen Ermittlungsverfahren, sondern nur vom Gericht eingestellte Verfahren, vgl. Löwe/Rosenberg § 154 Rz. 33) - in Wahrheit um eine endgültige Einstellung. Denn eine Überprüfung der Entscheidung ist zwar möglich, jedoch nicht in Aussicht genommen. Die entsprechende Verfügung endet also mit der Anordnung "Weglegen". Da dieser keine Rechtskraft zukommt, kann die Staatsanwaltschaft das Verfahren wieder aufnehmen, insbesondere dann, wenn die rechtskräftig erkannte Sanktion nachträglich wegfällt (§ 154 Abs. 3).

V o r l ä u f i g wird das Verfahren gem. § 154 Abs. 1 eingestellt, wenn dies im Hinblick auf eine Strafe oder Maßregel der Besserung oder Sicherung geschieht, die der Beschuldigte wegen einer anderen Tat zu   e r - w a r t e n hat. Die endgültige Entscheidung trifft die Staatsanwaltschaft, wenn das andere Verfahren rechtskräftig abgeschlossen ist. Die zugunsten des Angeklagten vorgesehene Drei-Monats-Frist des § 154 Abs. 4 gilt nur für eine Einstellung des Verfahrens durch das Gericht, nicht also für die Einstellungsverfügung der Staatsanwaltschaft. Die Staatsanwaltschaft kann somit das Verfahren auch nach Ablauf von 3 Monaten nach Urteilserlaß wieder aufnehmen (vgl. BGH NStZ 86, 469).

Von der Einstellung gem. § 154 Abs. 1 sind der Beschuldigte und der Anzeigende zu unterrichten, und zwar sowohl bei zunächst vorläufiger als auch bei endgültiger Einstellung. Beide Entscheidungen sind also mitzuteilen (vgl. Nrn. 101 Abs. 2, 89 RiStBV).

Beispiel:

Staatsanwaltschaft   Aachen, den 18.2.1989
- 42 Js 18/89 -

Vfg.

1.) Vermerk:
    Der Beschuldigte ist des Mietbetruges zum Nachteil des Gastwirts Gustav Ganser verdächtig. Der evtl. entstandene Schaden beträgt 37,50 DM. Der Beschuldigte ist am 14.1.1989 rechtskräftig zu einer Freiheitsstrafe von 1 Jahr wegen Einbruchsdiebstahls verurteilt worden (Schöffengericht Düren 60 Ls 42 Js 46/88 StA Aachen). Gegenüber dieser Strafe fällt die wegen des Betruges zu erwartende Strafe nicht beträchtlich ins Gewicht.

2.) Einstellung gem. § 154 Abs. 1 Nr. 1 StPO
    aus den Gründen des Vermerks zu Nummer 1.).

3.) Schreiben an:
Gastwirt Gustav Ganser
Prellstraße 17
5100 Aachen

Betrifft: Ermittlungsverfahren gegen Sebastian Saus
wegen Betruges

Bezug: Ihre Strafanzeige vom 15.1.1989

Sehr geehrter Herr Ganser!

Gegenüber einer gegen den Beschuldigten wegen einer anderen
Tat rechtskräftig erkannten Strafe fällt die Strafe, zu der
die Verfolgung wegen des von Ihnen angezeigten Mietbetruges
mit einem Schaden von 37,50 DM führen kann, nicht beträchtlich ins Gewicht. Das Verfahren gegen Sebastian Saus ist
daher gem. § 154 Abs. 1 Nr. 1 StPO eingestellt worden.

Hochachtungsvoll

4.) Schreiben an Beschuldigten:
Sebastian Saus
Adalbertsteinweg 92
5100 Aachen

Betrifft: Ermittlungsverfahren gegen Sie wegen Mietbetruges
zum Nachteil des Gastwirts Ganser

Bezug: Ihre verantwortliche Vernehmung vom 30.1.1989

Sehr geehrter Herr Saus!

Das o.g. Ermittlungsverfahren ist gem. § 154 Abs. 1 Nr. 1
StPO im Hinblick auf die gegen Sie in dem Verfahren 60 Ls
42 Js 46/88 StA Aachen rechtskräftig erkannte Freiheitsstrafe von einem Jahr eingestellt worden.

Hochachtungsvoll

5.) KPS.

6.) Weglegen (1994).

gez. Dr. Tillmann

Staatsanwalt

§ 154 a Abs. 1 durchbricht die Regelung des § 264, wonach die Tat in tatsächlicher und rechtlicher Hinsicht vollständig zu prüfen ist. Es können
Teilakte einer fortgesetzten Handlung ausgeschieden werden, ein Teil einer
Dauerstraftat oder der Teil einer Tat, der zu einem anderen Teil derselben
Tat in Realkonkurrenz steht, sowie im Falle der Idealkonkurrenz ("durch
dieselbe Straftat" i.S.v. § 154 a Abs. 1 ist zu verstehen als "durch dieselbe Handlung") einzelne Gesetzesverletzungen. Die Beschränkung ist aktenkundig zu machen, z.B. in einem Vermerk in der die Anklageschrift begleitenden Verfügung. Da die "Tat" angeklagt wird, ist für eine Einstellung
kein Raum. Gem. § 154 a Abs. 3 können auch nach Anklageerhebung die ausgeschiedenen Teile einer Tat oder ausgeschiedene einzelne Gesetzesver-

letzungen in das Verfahren wieder einbezogen werden. Eines Bescheides an den Anzeigeerstatter bedarf es nicht, wenn einzelne von idealkonkurrierenden Gesetzesverletzungen oder Teile einer Dauerstraftat ausgeschieden werden (vgl. Nr. 101 a Abs. 3 RiStBV im Gegensatz zu Nr. 101 Abs. 2 RiStBV). Werden jedoch Teilakte einer fortgesetzten Handlung oder eine von mehreren realkonkurrierenden Straftaten ausgeschieden, die durch eine Tat i.S.v. § 264 begangen worden sind, so ist dem Anzeigenden dann ein Bescheid zu erteilen, wenn er nur durch den ausgeschiedenen Teil verletzt worden ist (Solbach NStZ 87, 352; a.A. Kunigk S. 186, der auf diese Fallgestaltungen jedoch nicht eingeht). Die Beschränkung der Verfolgung ist aktenkundig zu machen; dazu gehört auch die Bezeichnung der ausgeschiedenen Tatteile oder Gesetzesverletzungen (vgl. Nr. 101 a Abs. 3 RiStBV). Hinsichtlich der Kenntlichmachung in der Anklage s. D V 4.

8. Einstellung gem. § 154 d

Zivil- und verwaltungsrechtliche V o r f r a g e n (also nicht etwa die Frage, ob aus der behaupteten Straftat Schadensersatzansprüche erwachsen sind), von deren Beantwortung die Strafbarkeit abhängt, beurteilt der Staatsanwalt in der Regel selbst. Häufig wird die Strafanzeige jedoch dazu benutzt, durch das Ermittlungsverfahren ein anderes Verfahren mit schwierigen Rechtsfragen vorzubereiten, insbesondere durch die Strafverfolgungsbehörden entsprechende Nachforschungen vornehmen zu lassen (vgl. Peters S. 440). Dem beugt § 154 d vor, wenn es sich (nur) um Vergehen handelt. Die Staatsanwaltschaft kann dem Anzeigenden eine - zeitlich angemessene, evtl. zu verlängernde - F r i s t zur Austragung der Frage im Z i v i l - oder V e r w a l t u n g s s t r e i t v e r f a h r e n setzen (für andere Verfahren, z.B. arbeits- oder sozialgerichtliche Fragen, gilt die Vorschrift entsprechend). Gegen die Fristsetzung ist das Klageerzwingungsverfahren nicht zulässig, sondern nur gegen die endgültige Einstellung gem. § 154 d S. 3 (vgl. OLG Hamm NJW 59, 161). Entsprechend ist nur bei der zweiten Entscheidung eine Beschwerdebelehrung gem. §§ 171 S. 2, 172 Abs. 2 S. 2 zu erteilen. Ist ein anderes Verfahren schon anhängig, so kann die Staatsanwaltschaft entsprechend der Regelung in § 262 Abs. 2 mit ihrer Entschließung bis zur Entscheidung in jenem Rechtsstreit warten (vgl. Kaiser NJW 63, 1190, Löwe/Rosenberg § 154 d Rz. 8). Bis zum Abschluß des die Vorfrage entscheidenden Rechtsstreits wird das Ermittlungsverfahren nicht weiterbetrieben, es wird vorläufig eingestellt. Wird Klage nicht erhoben, so kann die Staatsanwaltschaft das Verfahren endgültig einstellen. Ob sie dies tut oder das Verfahren weiterbetreibt, liegt in ihrem Ermessen.

Beispiel:

Staatsanwaltschaft   Aachen, den 24.2.1989
- 66 Js 99/89 -

Vfg.

1.) Vorläufige Einstellung gem. § 154 d StPO aus den Gründen des Schreibens zu Nummer 2.).

2.) Schreiben an:
Herrn
Gereon Pick
Ellerstraße 64
5100 Aachen

Betrifft: Ihre Anzeige vom 10.1.1989 gegen Ihren Bruder
Hans Pick aus Stolberg wegen Unterschlagung

Sehr geehrter Herr Pick!

Der Beschuldigte bestreitet, sich strafbar gemacht zu haben.
Er ist der Ansicht, nicht Sie, sondern er selbst sei Allein-
erbe nach Ihrem verstorbenen Vater; er sei daher befugt gewesen, über das von ihm geerbte Tier zu verfügen. Ob der Beschuldigte sich wegen Unterschlagung strafbar gemacht hat,
hängt vor allem davon ab, wer Ihren verstorbenen Vater be-
erbt hat. Dieses ist eine nach Zivilrecht zu beurteilende
Frage, zu deren Austragung im bürgerlichen Streitverfahren
ich Ihnen gem. § 154 d der Strafprozeßordnung eine Frist von
6 Monaten setze.

Die Erhebung der Klage und die ergangene Entscheidung bitte
ich mir zu dem oben angegebenen Aktenzeichen mitzuteilen.

Nach fruchtlosem Ablauf der Frist werde ich das Verfahren
gem. § 154 d S. 3 StPO einstellen.

Hochachtungsvoll

3.) Am 30.8.1989.

gez. Till

Staatsanwalt

9. Einstellung gem. §§ 153 c, 153 d, 153 e, 154 b, 154 c

Die in den §§ 153 c, 153 d, 153 e, 154 b, 154 c vorgesehenen Möglichkeiten,
von der Strafverfolgung aus bestimmten Gründen abzusehen und das Ermittlungsverfahren einzustellen, sind sowohl in der Praxis selten als auch für
die Ausbildung der Referendare bei der Staatsanwaltschaft wie für die Auf-
sichtsarbeit im Examen ohne Bedeutung. Auf sie soll daher hier nicht eingegangen werden. Der Referendar möge diese Vorschriften aufmerksam lesen,
um sich einen Überblick zu verschaffen (vor allem § 153 c: "Nichtverfolgung
von Auslandstaten" sowie § 154 b: "Auslieferung und Ausweisung"; z.T. Ent-
scheidungsbefugnis des GStA, vgl. Nr. 94 RiStBV).

10. Die vorläufige Einstellung gem. §§ 154 e Abs. 1, 205

a) Die vorläufige Einstellung eines Ermittlungsverfahrens wegen falscher
Verdächtigung oder Beleidigung (§§ 164, 185 bis 187 a StGB) soll gem.
§ 154 e Abs. 1 angeordnet werden, solange wegen der angezeigten oder behaupteten Handlung ein Straf- oder Disziplinarverfahren anhängig ist
(nach Anklageerhebung ist bei derartiger Sachlage die vorläufige Einstellung des Verfahrens zwingend, vgl. § 154 e Abs. 2). Bis zum endgültigen
Abschluß des wegen der angezeigten oder behaupteten Handlung eingeleiteten
Straf- und Disziplinarverfahrens ruht gem. § 154 e Abs. 3 die Verjährung.
Ist das Klageerzwingungsverfahren möglich, erlischt das Verfahrenshindernis erst mit Ablauf der Antragsfrist bzw. mit der Entscheidung des OLG.

b) Schließlich kann das Ermittlungsverfahren entsprechend der für das gerichtliche Verfahren geltenden Bestimmung des § 205 vorläufig eingestellt
werden, wenn es aus in der Person des Beschuldigten liegenden Gründen zeit-
weilig nicht fortgeführt werden kann. Dies ist insbesondere dann der Fall,

wenn der B e s c h u l d i g t e für längere Zeit v e r h a n d - l u n g s u n f ä h i g oder u n b e k a n n t e n A u f e n t - h a l t s ist. Eine vorläufige Einstellung kann also nicht erfolgen, wenn Zeugen oder Sachverständige aus irgendwelchen Gründen nicht zur Verfügung stehen oder Akten nicht erlangt werden können.

Von beiden Fällen der vorläufigen Einstellung ist der Anzeigende zu unter-richten (Nr. 103, 104 RiStBV); eine Beschwerdebelehrung wird nicht erteilt, da das Klageerzwingungsverfahren unzulässig ist.

Beispiel:

Staatsanwaltschaft   Bonn, den 18.5.1988
- 40 Js 400/88 -

Vfg.

1.) Vorläufige Einstellung des Verfahrens gem. § 154 e Abs. 1
    hinsichtlich des aufgrund der Strafanzeige des Beschuldigten
    gegen Michael Bott schwebenden Ermittlungsverfahrens wegen
    Diebstahls (90 Js 211/88 StA Bonn).

2.) Schreiben an Anzeigenden:
    Michael Bott
    Georgstraße 127
    5300 Bonn

    Betrifft: Ihre Strafanzeige vom 26.4.1988 gegen
              Arnim Stork wegen falscher Verdächtigung

    Sehr geehrter Herr Bott!

    Das Verfahren gegen Arnim Stork ist gem. § 154 e Abs. 1 StPO
    vorläufig eingestellt worden, bis das aufgrund der Anzeige
    gegen Sie eingeleitete Ermittlungsverfahren wegen Diebstahls
    abgeschlossen ist.

                                                  Hochachtungsvoll

3.) Am 30.9.1988.

                                                  gez. Dr. Berger
                                                  Staatsanwalt

Beispiel:

Staatsanwaltschaft   Köln, den 26.5.1988
- 53 Js 672/88 -

Vfg.

1.) Vermerk:

    Der Beschuldigte ist flüchtig. Aufgrund des gegen ihn erlas-
    senen Haftbefehls sind die erforderlichen Fahndungsmaßnahmen
    ergriffen.

2.) Vorläufige Einstellung entsprechend § 205 StPO.

172

3.) Schreiben an Anzeigenden:
Herrn Schreinermeister
Gustav Neker
Waldstr. 1 b
5303 Bornheim-Merten

Betrifft: Ihre Strafanzeige vom 9.5.1988 gegen
Erich Schatton wegen Raubes

Sehr geehrter Herr Neker!

Das Ermittlungsverfahren ist vorläufig entspr. § 205 StPO
eingestellt worden, da der Beschuldigte flüchtig ist. Die
erforderlichen Fahndungsmaßnahmen sind ergriffen.

Hochachtungsvoll

4.) Am 30.9.1988.

gez. Teuerkauf

Staatsanwalt

11. Vorläufige Einstellung gem. § 37 Abs. 1 BtMG

Nach dem Prinzip "Therapie statt Strafe" gibt § 37 Abs. 1 S. 1 BtMG der
Staatsanwaltschaft die Möglichkeit, mit Zustimmung des für die Eröffnung
des Hauptverfahrens zuständigen Gerichts vorläufig von der Erhebung der
Anklage abzusehen, wenn

- der Verdacht besteht, daß die Straftat aufgrund einer Betäubungsmittel-
abhängigkeit begangen worden ist,

- keine höhere Freiheitsstrafe (oder Jugendstrafe, vgl. § 38 Abs. 2 BtMG)
als bis zu 2 Jahren zu erwarten ist,

- der Beschuldigte nachweist, daß er sich seit 3 Monaten der in § 35
Abs. 1 BtMG bezeichneten Behandlung unterzieht und

- die Resozialisierung des Beschuldigten zu erwarten ist.

Aus bestimmten, in Abs. 1 S. 3 des § 37 BtMG bezeichneten Gründen, die
darauf hindeuten, daß Heilung und Resozialisierung nicht zu erwarten sind,
wird das Verfahren fortgesetzt.

Die Tat kann endgültig nicht mehr verfolgt werden, wenn das Verfahren nicht
innerhalb von 4 Jahren fortgesetzt wird (§ 37 Abs. 1 S. 5 BtMG).

12. Abgabe an die Verwaltungsbehörde nach Einstellung (§ 43 Abs. 1 OWiG)

Im Strafverfahren ist der Staatsanwalt auch für die Verfolgung der Tat als
Ordnungswidrigkeit zuständig (§ 40 OWiG). Stellt nun die Staatsanwaltschaft
das Verfahren nur wegen der Straftat ein und übernimmt sie nicht die Verfolgung der mit der zunächst verfolgten Straftat zusammenhängenden Ordnungswidrigkeit (§ 42 OWiG), so gibt sie die Sache an die Verwaltungsbehörde ab, wenn Anhaltspunkte dafür bestehen, daß die Tat als Ordnungswidrigkeit verfolgt werden kann (§ 43 Abs. 1 OWiG). Wie auch in den sonstigen Fällen der Einstellung wird dem Anzeigenden ein Bescheid (ggf. mit
Rechtsmittelbelehrung) hinsichtlich der Straftat erteilt; auf die Abgabe
an die Verwaltungsbehörde wird hingewiesen.

War vorher eine Maßnahme i.S.v. § 2 StrEG erfolgt, z.B. Sicherstellung des Führerscheins, so ist der Beschuldigte mit der Einstellungsnachricht entsprechend mit Fristsetzung zu belehren, es sei denn, die Maßnahme bleibt im Bußgeldverfahren bestehen oder wäre auch in diesem Verfahren zulässig (Kleinknecht/Meyer Anhang A 5, § 9 Rz. 1; a.A. Göhler § 110 Rz. 25, Schätzler § 18 Rz. 10). Göhler und Schätzler sind der Auffassung, im Hinblick auf § 4 Abs. 2 StrEG sei mit der Entscheidung und der Belehrung wegen eines entschädigungspflichtigen Tatbestandes bis nach Abschluß des Bußgeldverfahrens zu warten; denn das Bußgeldverfahren sei sozusagen "die Fortsetzung des Strafverfahrens mit anderen Mitteln". Das trifft aber gerade nicht zu. Das Bußgeldverfahren ist ein aliud. Da das strafrechtliche Verfahren mit der Einstellungsentscheidung abgeschlossen ist, muß m.E. mit dieser Entscheidung belehrt werden. Jedoch: Der Beschuldigte ist - ähnlich wie im Falle, daß noch ein Klageerzwingungsverfahren möglich ist - darauf hinzuweisen, daß eine Entscheidung über eine Entschädigung erst nach Abschluß des Bußgeldverfahrens getroffen werde. Der Staatsanwalt trägt dafür Sorge, daß das Gericht n i c h t vor Abschluß des Bußgeldverfahrens - bzw. solange nicht, als das Klageerzwingungsverfahren noch zulässig ist - entscheidet.

Die Belehrung ist zuzustellen (§ 9 Abs. 1 S. 4 StrEG).

Beispiel:

Staatsanwaltschaft Aachen   Aachen, den 13.3.1989
- 32 Js 19/89 -

Vfg.

1.) Vermerk:

   a) Ein Vergehen der fahrlässigen Gefährdung des Straßenverkehrs durch Trunkenheit nach § 315 c Abs. 1 Nr. 1 a, Abs. 3 StGB ist nicht mit der für eine Anklageerhebung erforderlichen Sicherheit nachweisbar:

   Zwar hat der Beschuldigte, der zur Tatzeit unter einer Blutalkoholkonzentration von 0,9 Prom. stand, mit seinem PKW durch Vorfahrtsverletzung einen Unfall mit fremdem Sachschaden verursacht; jedoch besteht kein hinreichender Verdacht, daß seine verkehrswidrige Fahrweise auf alkoholbedingte Ausfallerscheinungen zurückzuführen ist. Es verbleiben Ordnungswidrigkeiten nach §§ 8, 49 Abs. 1 Nr. 8 StVO, §§ 24, 24 a StVG, zu deren Verfolgung gem. §§ 35, 43 OWiG die Verwaltungsbehörde zuständig ist.

   b) Der sichergestellte Führerschein ist schon zurückgegeben (siehe Bl. 8 d.A.).

2.) Einstellung gem. § 170 Abs. 2 StPO.

3.) Ohne Bescheid (Verfahren von Amts wegen).

4.) Schreiben an Beschuldigten Volker Heidebrink, Bl. 6 d.A., zustellen mit Belehrungsformular Nr. ... nach Strafentschädigungsgesetz:

<u>Betrifft:</u> Ermittlungsverfahren gegen Sie
wegen des Verdachts der fahrlässigen Gefährdung
des Straßenverkehrs durch Trunkenheit

Sehr geehrter Herr Heidebrink!

Das Verfahren, in dem Sie am 19.2.1989 verantwortlich vernommen worden sind, habe ich eingestellt, soweit es sich um
den Verdacht einer Straftat, nämlich der fahrlässigen Gefährdung des Straßenverkehrs durch Trunkenheit nach § 315 c
Abs. 1 Nr. 1 a, Abs. 3 StGB, handelt.

Soweit Sie sich durch die Tat ordnungswidrig verhalten haben
könnten, habe ich das Verfahren zuständigkeitshalber an die
Verwaltungsbehörde, nämlich an den Oberstadtdirektor - Ordnungsamt - in Aachen, abgegeben.

Von dort erhalten Sie über den endgültigen Ausgang des Bußgeldverfahrens zu gegebener Zeit weiteren Bescheid.

Soweit Ihnen wegen der Sicherstellung des Führerscheins ein
Schaden entstanden ist und Ihnen ein entsprechender Scha-
densersatzanspruch zustehen könnte, wird auf anliegendes
Belehrungsformular verwiesen.

Hochachtungsvoll

5.) Durchschrift dieser Verfügung fertigen und mit Ablichtung
des Vorgangs (Bl. 1 - 8 d.A.) zu den Handakten nehmen.

6.) KPS.

7.) <u>U. m. A.</u>

dem Oberstadtdirektor
- Ordnungsamt -

<u>in Aachen</u>

zur Verfolgung der Ordnungswidrigkeit in dortiger Zuständigkeit gem. § 43 OWiG übersandt.

8.) 1 Monat (Zustellungsurkunde, Entschädigungsantrag?).

gez. Geuel

Oberamtsanwalt

Verbleibt nach der Einstellung und Verweisung auf den Privatklageweg der
Tatbestand einer Ordnungswidrigkeit (z.B. wegen eines Verkehrsverstoßes),
so wird es sich häufig empfehlen, das Verfahren nicht zur Verfolgung der
Ordnungswidrigkeit an die Verwaltungsbehörde abzugeben, sondern in eigener
Zuständigkeit (z.B. nach dem Opportunitätsprinzip des § 47 OWiG) einzustellen. In der Literatur wie in der Rechtsprechung (vgl. BayObLG MDR 77, 246
sowie Kellner MDR 77, 626) wird m.E. zu Recht darauf verwiesen, daß vieles
dafür spreche, daß die Staatsanwaltschaft die Frage, ob das öffentliche
Interesse ein Einschreiten erfordere, bei rechtlichem Zusammentreffen von
Privatklagedelikt mit einer Ordnungswidrigkeit nur einheitlich beurteilen
dürfe. Für eine derartige Einstellung ist der Staatsanwalt in diesem Stadium des Verfahrens gem. § 40 OWiG zuständig.

Würde die Staatsanwaltschaft nach Verweisung des Verletzten auf den Privatklageweg das Verfahren zur Verfolgung der Ordnungswidrigkeit an die Verwaltungsbehörde abgeben, so würde damit die Gefahr heraufbeschworen, daß wegen einer Tat eventuell zwei getrennte Verfahren bei Gericht anhängig würden. Im Privatklageverfahren könnte es zu einer Verurteilung wegen des Privatklagedelikts ebenso kommen wie im Verfahren nach Einspruch gegen den Bußgeldbescheid gem. § 81 OWiG, wenn beiden Richtern das jeweils andere Verfahren nicht bekannt ist und der Betroffene in Unkenntnis schweigt (vgl. hierzu BayObLG VRS 52, 203 ff. und 54, 294 ff.).

Liegt neben der Straftat innerhalb der Tat im prozessualen Sinne zugleich eine Ordnungswidrigkeit vor, so kann diese nach Einstellung des Verfahrens wegen der Straftat nach § 153 a Abs. 1 - im Gegensatz etwa zu der Einstellung nach § 153 Abs. 1 - nicht mehr weiter verfolgt werden. Die Einstellung nach § 153 a Abs. 1 ist nämlich im Hinblick auf den Verbrauch der Strafklage eine Sachentscheidung i.S.v. § 21 Abs. 2 OWiG, die eine Weiterverfolgung der Ordnungswidrigkeit verbietet (vgl. Göhler § 21 Rz. 27, Kleinknecht/Meyer § 153 a Rz. 35).

Wird das Verfahren wegen der Straftat nach § 153 Abs. 1 - z.B. bei einem leichten Auffahrunfall mit unbedeutender Verletzung - eingestellt und das Verfahren zur Ahndung der Ordnungswidrigkeit an die Verwaltungsbehörde abgegeben, so taucht die Frage auf, ob nach einem Einspruch gegen den Bußgeldbescheid das Gericht nur über die Ordnungswidrigkeit oder auch über die Straftat zu befinden hat. Zu dieser Frage vertritt die h.M. (vgl. Kellner MDR 77, 626 m.w.N., Rotberg § 81 Rz. 2, Rebmann/Roth/Hermann § 81 Rz. 2) die Ansicht, der Überleitungszwang nach § 81 OWiG habe zur Folge, daß das Gericht die Tat auch unter dem Gesichtspunkt eines kriminellen Delikts zu beurteilen habe; dies sei möglich, weil durch die Einstellung gem. § 153 Abs. 1 ein Strafklageverbrauch nicht eingetreten sei. Die Staatsanwaltschaft könne (Argument aus § 154 a Abs. 3) nicht mit bindender Wirkung für das Gericht die Verfolgung auf einzelne Gesetzesverletzungen beschränken. Richtig ist, daß durch die Einstellung nach § 153 Abs. 1 ein Strafklageverbrauch nicht eintritt, jedoch ist zu beachten, daß die Aufnahme des Verfahrens - außer in dem hier zu entscheidenden Fall - einer Entschließung der Staatsanwaltschaft bedarf, die diese Behörde gerade hier nicht treffen soll. Das zweite Argument scheint brüchig, wenn man bedenkt, daß bereits ein Gericht mit der Prüfung der Sache befaßt war und der Einstellung des Verfahrens hinsichtlich des kriminellen Delikts zugestimmt hat. Zudem: Die Staatsanwaltschaft kann in den von der h.M. beschriebenen formalen Machtbereich des Gerichts ohnehin einbrechen, indem sie die Klage nach Einspruch gegen den Bußgeldbescheid zurücknimmt und nun das Verfahren wegen der Ordnungswidrigkeit nach § 47 OWiG einstellt. Praktische Gesichtspunkte sprechen m.E. dafür, die mit Zustimmung des Gerichts getroffene Entscheidung der Staatsanwaltschaft gem. § 153 Abs. 1 als Verfahrenshindernis für die Verfolgung des Vergehens im Ordnungswidrigkeitsverfahren zu werten. Es ist nicht einzusehen, warum die Prüfung der Voraussetzung des § 153 Abs. 1 vor der Hauptverhandlung oder in der Hauptverhandlung im Ordnungswidrigkeitsverfahren vom Strafrichter und der Staatsanwaltschaft noch einmal wiederholt werden soll, zumal die Staatsanwaltschaft - wie oben schon dargelegt - eine ihr nicht richtig erscheinende negative Entscheidung durch Rücknahme der Klage unterlaufen könnte. Die von der h.M. hervorgehobenen dogmatischen Gesichtspunkte wiegen m.E. - eben weil bereits ein Gericht an der Entscheidung gem. § 153 Abs. 1 beteiligt war - nicht so schwer, daß nicht dem aus § 153 Abs. 1 abzuleitenden Gebot einer rationellen Verfahrensweise der Vorzug gegeben werden könnte. Wenn - was unstreitig ist (vgl. Löwe/Rosenberg § 153 Ez. 14) - bei Tateinheit von Vergehensstraftat und

Ordnungswidrigkeit hinsichtlich des Vergehens eine Einstellung gem. § 153 Abs. 1 erfolgen kann, so sollte dieser nach § 21 Abs. 2 OWiG eröffnete Weg nicht wieder verschüttet werden, wenn der Betroffene Einspruch gegen den gegen ihn ergangenen Bußgeldbescheid einlegt. Es konkurrieren die aus § 81 OWiG einerseits und aus § 21 Abs. 2 OWiG, § 153 andererseits abzuleitenden Prinzipien. Eine Reihe von Argumenten und praktische Gesichtspunkte sprechen m.E. für die oben aufgezeigte Lösung.

Folgt man der hier vertretenen Auffassung, so wird nach Einspruch bei der Verhandlung vor Gericht nur über die Ordnungswidrigkeit entschieden.

Die Straftat mangels öffentlichen Interesses nicht, die Ordnungswidrigkeit aber gleichwohl zu verfolgen, ist nur scheinbar widersprüchlich: Das öffentliche Interesse an der Verfolgung einer Straftat kann sehr wohl fehlen, weil die s t r a f r e c h t l i c h e Schuld des Täters gering ist und straftatbestandliche Folgen unerheblich sind, also eine Ahndung aus strafrechtlicher Sicht nicht erforderlich erscheint (hinsichtlich der Zulässigkeit der Abschichtung der Straftat vgl. KK § 153 Rz. 14 m.w.N.).

Eine Sanktion wegen der begangenen Ordnungswidrigkeit kann häufig dagegen im öffentlichen Interesse liegen: Einmal wegen der Notwendigkeit, z.B. Verkehrsverstöße gleichmäßig zu ahnden, zum anderen, um den Täter, der neben der Ordnungswidrigkeit einen Straftatbestand verwirklicht hat, nicht besser zu stellen als den Täter, der nur eine Ordnungswidrigkeit begangen hat ("Punkte in der Flensburger Kartei"!).

III. Einstellungsbescheid

1. Form

Über die F o r m d e s B e s c h e i d e s enthält die Strafprozeßordnung keine Bestimmung, wie sie auch zur Form des gerichtlichen Beschlusses nichts sagt. Der Bescheid der Staatsanwaltschaft muß ebenso wie der Beschluß des Gerichts eine geeignete Grundlage für die Nachprüfung bei der Beschwerde sein (vgl. Solbach DRiZ 71, 310).

"Bescheiden" bedeutet nichts anderes als Unterrichtung über die Entscheidung der Staatsanwaltschaft unter Angabe von Gründen. Zwei Formen haben sich herausgebildet und werden in der Praxis verwandt (vgl. Rahn Muster 1 bis 10). Manche Länder neigen der einen, manche der anderen Form zu.

a) Die Fassung des Einstellungsbescheides entspricht der Form des g e - r i c h t l i c h e n B e s c h l u s s e s .

Beispiel:

Staatsanwaltschaft   Hannover, den 5.4.1989
- 82 Js 1076/89 -

Vfg.

1.) Das Ermittlungsverfahren gegen Peter Meier wegen Begünstigung wird gem. § 170 Abs. 2 StPO eingestellt.

<u>Gründe:</u>

Dem Beschuldigten wird vorgeworfen, er habe dem flüchtigen, mit Haftbefehl gesuchten Elmar Werner ...

Der Beschuldigte bestreitet, Elmar Werner die weitere Flucht ermöglicht zu haben. Er läßt sich ein, er ...

Seiner Einlassung steht zwar die Bekundung des Zeugen Mais entgegen, er habe ... Jedoch ist diese Aussage in sich insofern widersprüchlich, als ... Die Behauptungen des Beschuldigten werden bestätigt durch die Bekundungen der Zeugen ...

Angesichts dieser Beweislage ist dem Beschuldigten die ihm vorgeworfene Straftat nicht mit der für eine Anklage erforderlichen Gewißheit nachzuweisen.

2.) ...

gez. Dr. Groß

Staatsanwalt

Diese den gerichtlichen Entscheidungen entsprechende Form empfiehlt sich vor allem bei Entscheidungen nach § 153 a Abs. 1 mit ihren weitreichenden Wirkungen und einer dem Urteil und dessen Folgen angenäherten Bedeutung. Die "Beschlußform" schafft Distanz zum Anzeigenden und vermittelt ihm den Eindruck größerer Sachlichkeit, weil die Person des Entscheidenden zurücktritt. Die in dieser Form getroffene Entscheidung wird sodann - ggf. mit Rechtsmittelbelehrung - dem Anzeigenden bekanntgemacht (in Nordrhein-Westfalen entsprechend der RV d. JM NRW vom 11.1.1971 - JMBl. NRW 71/25 - durch ein besonderes, mit Anrede und Schlußformel versehenes Anschreiben).

b) Eingebürgert hat sich aber auch der Einstellungsbescheid in Form eines an den Anzeigenden gerichteten p e r s ö n l i c h e n   S c h r e i - b e n s   mit Anrede und Schlußformel.

<u>Beispiel:</u>

Staatsanwaltschaft   Düsseldorf, den 21.4.1989
- 101 Js 503/89 -

<u>Vfg.</u>

1.) <u>Einstellung</u> (gem. § 170 Abs. 2 StPO)

aus den Gründen des Bescheides zu Nummer 2.).

2.) Schreiben an Herrn Pott ...:

<u>Betrifft:</u> Ihre Strafanzeige vom 23.1.1989 gegen
Gregor Hauer wegen Sachbeschädigung

Sehr geehrter Herr Pott!

Der Beschuldigte bestreitet ... Da sich mit der für eine Anklage notwendigen Sicherheit nicht nachweisen läßt, daß der Beschuldigte eine Straftat begangen hat, ist das Verfahren eingestellt worden.

Hochachtungsvoll

> 3.) Nachricht von der Einstellung an Beschuldigten Gregor Hauer.
>
> 4.) ...
>
> gez. Fernstein
>
> Staatsanwalt

2. Aufbau und Inhalt

a) Auch hinsichtlich A u f b a u und I n h a l t haben sich zwei Hand-
habungen eingebürgert. Zum Teil besteht die Übung, zu Anfang des Bescheides
den vom Anzeigenden vorgetragenen Sachverhalt, aus dem er seine Vorwürfe
herleitet, in knapper Form zu wiederholen, zum Teil wird darauf verzichtet. Im letzteren Fall beginnt der Bescheid in der Regel mit der Einlassung
des Beschuldigten. Für diese Form spricht einmal, daß dem Anzeigenden die
ihm bekannte Beschuldigung nicht wieder vorgetragen zu werden braucht, zum
anderen wird dadurch Arbeitszeit eingespart. Bei umfangreichen Anzeigen
wird sich jedoch eine erläuternde Erklärung zu Beginn jedes Abschnittes
empfehlen.

Bei besonders w i c h t i g e n V o r g ä n g e n , in denen die Bedeutung der Abschlußentscheidung weit über das Verfahren hinausreicht und bei
anderen Behörden Beachtung findet, wird man auf eine G e s a m t d a r -
s t e l l u n g nicht verzichten können. Der Bescheid ähnelt in diesem
Fall einem freisprechenden Urteil.

b) Die G r ü n d e d e r E i n s t e l l u n g sind mitzuteilen. Es
ist weise, im Bescheid dem Anzeigenden nicht zu viele Angriffsflächen zu
bieten. Deshalb sollen alle Zweifelsfragen tatsächlicher und rechtlicher
Art möglichst unerörtert bleiben, sofern sie nicht die Entscheidung tragen.
Es ist zulässig, ja empfehlenswert, sich e i n e n die Entscheidung
t r a g e n d e n G r u n d herauszugreifen, und zwar einen solchen,
der dem Anzeigenden einleuchtet und den er am ehesten zu akzeptieren bereit sein wird. Das sind vor allem rechtliche Erwägungen, die die Tat-
sachenbehauptungen des Anzeigenden nicht tangieren. Ein besonders treffen-
des Beispiel bietet die Einstellung wegen Verjährung oder fehlenden Straf-
antrages. Wird der Anzeigende über die gesetzliche Vorschrift unterrichtet und ihm die zwingende Folgerung mitgeteilt, wird er die Entscheidung
verstehen und hinnehmen. Als sachdienlich hat sich auch herausgestellt,
dem Anzeigenden zunächst möglichst weit zu folgen und dann deutlich und genau darzulegen, weshalb gleichwohl eine Strafverfolgung ausscheidet. Dabei
kann durchaus erwähnt werden, daß ein Verdacht gegen den Beschuldigten zwar
bestehe, aber nicht in so starkem Maße, wie das Gesetz es für die Erhebung
einer öffentlichen Anklage voraussetzt. Stehen sich - wie häufig - die Bekundungen des Anzeigenden und die Einlassung des Beschuldigten unvereinbar
gegenüber, ohne daß mehr für die eine oder andere spricht, kann etwa formuliert werden:

Beispiel: "Der Beschuldigte bestreitet, die ihm vorgeworfene Tat begangen zu haben; er behauptet, die Scheckformulare nicht entwendet zu haben. Diese Einlassung läßt sich mit der für eine
Anklageerhebung erforderlichen Sicherheit nicht widerlegen.
Unbeteiligte Zeugen des Vorfalls gibt es - wie Sie selbst angeführt haben - nicht. Der Einlassung des Beschuldigten steht
somit nur Ihre Bekundung gegenüber. Ihre Aussage reicht zur
Überführung des Beschuldigten nicht aus. Denn es sind nicht

genügend objektive Anhaltspunkte vorhanden, aus denen sich die Richtigkeit Ihrer Aussage mit der erforderlichen Sicherheit ableiten ließe; sie vermag daher allein einen hinreichenden Tatverdacht, den das Gesetz zur Erhebung der öffentlichen Klage verlangt, nicht zu begründen. Bei dieser Sachlage hat eine Anklage keine Aussicht auf Erfolg. Ich habe deshalb von ihrer Erhebung abgesehen und das Verfahren eingestellt."

Es sollte also nicht geschrieben werden: "Ihre Glaubwürdigkeit reicht nicht aus", oder: "ist nicht größer als die des Beschuldigten", oder: "angesichts der Feindschaft, die zwischen Ihnen besteht, sind weder Sie noch der Beschuldigte glaubwürdig". Argumente hierfür sollen in einem Vermerk niedergelegt werden.

Häufig werden Anzeigen erstattet, die Bezug nehmen auf Verfahren und Vorgänge anderer Behörden, so gegen Zeugen eines Zivil- oder Strafverfahrens. Im Bescheid kann dann z.B. auf die Entscheidung des Gerichts Bezug genommen werden (vgl. Burchardi/Klempahn/Wetterich Rz. 387). Es kann dann etwa – wählt man die Beschlußform – formuliert werden:

Beispiel:

Staatsanwaltschaft   Münster, den 8.5.1988
- 34 Js 616/88 -

Vfg.

1.) Das Verfahren gegen den Gärtner Sebastian Hopfe wegen Betruges wird gem. § 170 Abs. 2 StPO eingestellt.

Gründe:

Der Beschuldigte bestreitet, sich strafbar gemacht zu haben. Er hält – entgegen der Darstellung des Anzeigenden Friedrich Klapp – an seiner in dem gegen diesen geführten Zivilprozeß (3 S 86/87) aufgestellten Behauptung fest, er habe Klapp ein Darlehen von 1.000,- DM gegeben. Die Zeugen Grote und Molz haben diese Angabe in dem geführten Rechtsstreit und bei ihrer neuerlichen Vernehmung bestätigt. Im Zivilrechtsstreit haben das Amts- und das Landgericht in Bonn die Glaubwürdigkeit der Zeugen und die Glaubhaftigkeit ihrer Aussagen mit überzeugender Begründung bejaht. Auf die Gründe der Urteile des Amts- und Landgerichts vom 10.11.87 und 14.2.88 wird – zur Vermeidung von Wiederholungen – Bezug genommen. Die weiter angestellten Ermittlungen geben keinen Anlaß zu einer anderen Beurteilung. Weitere Erkenntnisquellen stehen nicht zur Verfügung. Daraus folgt, daß jedenfalls nicht mit genügender Sicherheit bewiesen werden kann, daß der Beschuldigte Hopfe die Unwahrheit gesagt hat.

2.) ...

                                        gez. Zimmermann

                                        Staatsanwalt

180

In Anzeigen gegen Beamte und Richter wird immer wieder der Vorwurf erhoben, diese hätten falsch entschieden. Dabei werden häufig keine neuen Tatsachen vorgetragen, sondern der alte Streitstoff nur umgewendet und aufgewärmt. Es ist sachdienlich, solche - häufig in völlig uneinsichtiger Weise - vorgebrachten Anzeigen nur in k u r z e r F o r m zu bescheiden.

Beispiel: "Auf Ihre Anzeige vom ... gegen ... sind die betreffenden Vorgänge beigezogen worden. Die Überprüfung der Sachbehandlung und der Entscheidungen hat den Verdacht einer Straftat nicht ergeben. Das Verfahren ist daher eingestellt worden. Rechtsmittelbelehrung."

Soweit auf Einzelheiten des Vorbringens einzugehen ist, kann dies in einem Vermerk erfolgen.

Anzeigende, aus deren Vorbringen sich ergibt, daß ein zur Aufnahme von Ermittlungen ausreichender Verdacht (§ 160) nicht besteht, werden darüber unterrichtet, daß ihr Antrag auf Erhebung der öffentlichen Klage zurückgewiesen wird.

Beispiel:

Staatsanwaltschaft   Köln, den 13.8.1988
- 130 Js 970/88 -

Vfg.

1.) Einstellung gem. § 170 Abs. 2 StPO aus den Gründen des
    Bescheides zu Nummer 2.).

2.) Schreiben an:
    Herrn Josef Piel
    Karstgasse 4
    5000 Köln

    Betrifft: Ihre Strafanzeige vom 3.8.1988 gegen Gregor Warbo
             wegen Diebstahls

    Sehr geehrter Herr Piel!

    Ihr Antrag auf Erhebung der öffentlichen Klage wird zurückgewiesen. Ihre Darlegungen begründen keinen zur Aufnahme von Ermittlungen ausreichenden Verdacht. Wie Sie selbst vortragen, haben Sie weder das Gesicht noch die Gestalt des Mannes erkennen können, der in Ihr Haus eingedrungen ist. Sie haben auch nicht festgestellt, daß Sachen entwendet worden sind. Ihr Hinweis, der Täter könne Ihr Nachbar Gregor Warbo sein, ist von Ihnen selbst als Vermutung bezeichnet und nicht begründet worden. Das Verfahren ist daher eingestellt worden.
    - Rechtsmittelbelehrung -

                                                      Hochachtungsvoll

3.) ...

                                                      gez. Leut
                                                      Staatsanwältin

Ist die Anzeige " u n s c h l ü s s i g " , d.h. erfüllt der vorgetragene Sachverhalt keinen Straftatbestand, kann der Bescheid im Rahmen einer Einstellungsverfügung folgendermaßen gefaßt werden:

Beispiel:

Staatsanwaltschaft   Frankfurt, den 3.5.1989
- 133 Js 888/89 -

Vfg.

1.) Die Anzeigesache gegen Werner Opst wegen Diebstahls wird
    gem. § 170 Abs. 2 StPO eingestellt.

Gründe:

Der Anzeigende Peter Plum wirft dem Beschuldigten vor, er
habe für zwei Stunden seine Skier ohne Erlaubnis benutzt. Er
ist der Ansicht, dies sei Diebstahl. Ein Diebstahl liegt
gem. § 242 StGB jedoch nur vor, wenn der Täter die weggenommene Sache dem Berechtigten auf Dauer entziehen will. Der
Beschuldigte wollte die Skier jedoch nicht behalten, sondern
nur für kurze Zeit benutzen; dies hat er auch getan, ohne
daß eine ins Gewicht fallende Wertminderung der Skier eintreten sollte oder eingetreten ist. Eine solche Verwendung
ist vorübergehende Nutzung, nicht jedoch Zueignung.
Zur Aufnahme von Ermittlungen besteht deshalb kein Anlaß.
- Rechtsmittelbelehrung -

2.) ...

gez. Volk

Staatsanwalt

Zu diesem Beispiel ist anzumerken, daß auch "unschlüssige" Anzeigen nach § 47 Abs. 1 (Buchstabe a und b) der Aktenordnung als Ermittlungsverfahren (unter Js-Aktenzeichen) zu registrieren sind, obwohl sie mangels eines Anfangsverdachts (§§ 152 Abs. 2, 160 Abs. 1) nicht zur Aufnahme von Er-mittlungen führen. Es wäre daher in einem Bescheid an den Anzeigenden un-korrekt und irreführend, die Formulierung "Einstellung des Ermittlungsver-fahrens" zu wählen. Dem Anzeigenden ist vielmehr mitzuteilen, daß die Staatsanwaltschaft seinem Begehren auf Durchführung von Ermittlungen nicht entsprechen könne oder daß sie es ablehne, aufgrund seiner Anzeige Ermitt-lungen durchzuführen (vgl. auch Kleinknecht/Meyer § 171 Rz. 3).

c) Auch die Verweisung auf den Weg der P r i v a t k l a g e (stellt die Staatsanwaltschaft das Verfahren aus anderen Gründen ein, werden nur diese angeführt; eine Verweisung auf den - möglichen - Privatklageweg ist in die-sem Fall nicht angebracht, vgl. Kleinknecht/Meyer § 171 Rz. 4) und die Ein-stellung des Verfahrens wegen Geringfügigkeit gem. § 153 Abs. 1 (für die Behandlung in der Assessorklausur vgl. Solbach DRiZ 74, 288 ff.) bedürfen einer Begründung. Die folgenden Beispiele dienen dazu, solche Entscheidun-gen anschaulich zu machen:

Beispiel:

```
Staatsanwaltschaft                              Bonn, den 21.4.1989
- 62 Js 366/89 -
```

                            Vfg.

1.) Einstellung gem. §§ 170 Abs. 2, 376 StPO aus den Gründen
    des Bescheides zu Nr. 2.).

2.) Schreiben an:
    Frau Emilie Emmer
    Burgstraße 17 III
    5300 Bonn-Duisdorf

    Betrifft: Ihre Anzeige vom 10.2.1989 gegen
              Frau Marlene Klein wegen Beleidigung und
              Körperverletzung

Sehr geehrte Frau Emmer!

Ihrer Auseinandersetzung mit der in Ihrem Haus wohnenden Beschuldigten lag ein Streit um die Reinigung des Treppenhau-
ses zugrunde, bei dem es zu Beschimpfungen und Handgreiflichkeiten gekommen sein soll. Es handelt sich um eine typische
Hausstreitigkeit unter Mietern. Da der Rechtsfrieden über
Ihren Lebenskreis hinaus nicht gestört ist, die von Ihnen
behaupteten Rechtsverletzungen nicht schwerwiegend sind und
auch bei der Erstattung Ihrer Anzeige schon 2 Monate zurück-
lagen, ist die Strafverfolgung kein gegenwärtiges Anliegen
der Allgemeinheit. Da ein öffentliches Interesse an der Erhebung der öffentlichen Klage wegen der von Ihnen behaupteten
strafbaren Handlungen nicht besteht, ist das Verfahren eingestellt worden. Es bleibt Ihnen anheimgestellt, gegen die
Beschuldigte im Wege der - mit allen Rechtsgarantien ausge-
statteten - Privatklage vorzugehen.

                                        Hochachtungsvoll

                                        gez. Brockhaus

                                        Staatsanwalt

Beispiel:

```
Staatsanwaltschaft                            München, den 11.5.1989
- 63 Js 489/89 -
```

                            Vfg.

1.) Das Ermittlungsverfahren gegen Martin Dett wegen des Ver-
    dachts der falschen Versicherung an Eides Statt wird mit
    Zustimmung des zuständigen Gerichts gem. § 153 Abs. 1 S. 1
    StPO eingestellt.

                            Gründe:

Die von dem Beschuldigten in dem Zivilrechtsstreit Meier ./.
Schulze abgegebene eidesstattliche Versicherung ist in einem
Punkte unrichtig. Der Beschuldigte bestreitet, vorsätzlich

etwas Falsches angegeben zu haben. Dies ist mit der für eine Anklage erforderlichen Gewißheit nicht zu widerlegen, da sowohl er wie auch die streitenden Parteien wußten, daß es sich um eine unbedeutsame Frage handelte, die für die Entscheidung in keinem Falle wesentlich war. Der Beschuldigte mag ihr nicht die genügende Aufmerksamkeit geschenkt haben, zumal er den fraglichen Vorfall nur beiläufig und kurz beobachtet hat. Läge Fahrlässigkeit vor, wäre sein Verschulden aufgrund der oben geschilderten Umstände gering. Angesichts dessen besteht kein öffentliches Interesse an der Erhebung der öffentlichen Klage, zumal auch die Parteien des Zivilrechtsstreites erklärt haben, sie legten auf eine Verfolgung keinen Wert.

2.) ...

gez. Irstried
Staatsanwalt

3.) Beispiel eines umfangreicheren Einstellungsbescheides

Beispiel:

Staatsanwaltschaft   5300 Bonn, den 23.5.1989
- 52 Js 42/89 -

Herren Rechtsanwälte
Dres. Franz und Gersten
Wilhelmstraße 22

5300 B o n n

Betrifft: Ermittlungsverfahren gegen Berthold Münz
         wegen Körperverletzung u.a.

Bezug: Die im Auftrage Ihres Mandanten Lintzen erstattete
        Strafanzeige vom 22.3.1989

Sehr geehrte Herren Rechtsanwälte,

nach Durchführung der Ermittlungen im Rahmen dieses sowie des gegen Ihren Mandanten gerichteten Ursprungsverfahrens - 52 Js 41/89 StA Bonn - und abschließender Prüfung des Sachverhalts sehe ich mich zu strafrechtlichen Maßnahmen gegen den Beschuldigten nicht in der Lage. Ein hinreichender Tatverdacht besteht nicht. Das Ermittlungsverfahren ist daher gemäß § 170 Abs. 2 StPO eingestellt worden.

1. Was den Vorwurf einer Beleidigung, verwirklicht durch die vorgetragenen "Beschimpfungen" Ihres Mandanten am 19.9.1988 in dem Lokal "Barabas" in Rheinbach anbetrifft, steht einer weiteren Verfolgung jedenfalls das Fehlen eines wirksamen Strafantrags entgegen (§ 194 Abs. 1 StGB). Die Strafanzeige vom 22.3.1989 richtet sich zwar in gleicher Weise wie der zugleich gestellte Strafantrag gegen Berthold Münz. Da die beleidigenden Äußerungen aber - wie in der Strafanzeige vorgetragen und von Ihrem Mandanten bei seiner Vernehmung bestätigt worden

ist - durch den ihm bekannten Beschuldigten in seiner Gegenwart geäußert worden sind, ist der Strafantrag verspätet gestellt worden (§ 77 b Abs. 1, 2 StGB).

2. Zu meinem Bedauern ist es nicht gelungen, den oder die für
die anonymen Drohanrufe bei Ihrem Mandanten verantwortlichen
Personen eindeutig zu identifizieren. Der Beschuldigte selbst
hat durch seine Anwälte den Vorwurf in Abrede gestellt und
vortragen lassen, er sei seinerseits von Telefonanrufen be-
helligt worden. Zwar besteht im Hinblick auf die Zeitfolge
der Anrufe und ihr jähes Ende, nachdem der Beschuldigte von
den Ermittlungen erfuhr, ein geringer Tatverdacht gegen ihn.
Doch reichen diese Umstände, vor allem auch unter Berücksichtigung der Bekundungen Ihres Mandanten und des Zeugen
Schumacher, die Stimme des Anrufers sei verstellt gewesen,
so daß sie den Beschuldigten als Täter nicht sicher "identifizieren" könnten, nicht aus, die Einlassung des Beschuldigten
mit der für eine Anklageerhebung erforderlichen Sicherheit zu
widerlegen.

3. Der genaue Anlaß und Verlauf der zwischen Ihrem Mandanten
und dem Beschuldigten erfolgten tätlichen Auseinandersetzung
vom 20.12.1988 in Beuel haben durch die Ermittlungen nicht
mit der notwendigen Gewißheit geklärt werden können. Die
Schilderung Ihres Mandanten, der Beschuldigte habe plötzlich
und unerwartet auf ihn eingeschlagen und versucht, ihn zu
treten, hat keine zureichende Bestätigung erfahren. Zwar hat
der Sohn Ihres Mandanten bei seiner zeugenschaftlichen Vernehmung im wesentlichen die Aussage seines Vaters bestätigt.
Diesen Angaben steht aber die Einlassung des Beschuldigten
gegenüber, er habe weder geschlagen noch getreten, er sei
vielmehr an jenem Abend von Ihrem Mandanten mit den Worten
"Die Drecksau ist das" beschimpft und sofort mit einem Faustschlag gegen seine Schläfe mißhandelt worden, woraufhin er
aus Furcht vor weiteren Tätlichkeiten sogleich das Weite gesucht habe.

Welche Schilderung der Wahrheit entspricht und den tatsächlichen Verlauf der Auseinandersetzung widerspiegelt, ist angesichts der widersprüchlichen Angaben Ihres Mandanten und seines Sohnes einerseits und des körperlich deutlich unterlege-
nen Beschuldigten, der sich zwei stärkeren Gegnern gegen-
übersah, andererseits nicht sicher zu entscheiden. Da weitere
Zeugen den eigentlichen Verlauf der Tätlichkeiten nicht beobachtet haben, sind nicht ausgeschöpfte Erkenntnisquellen nicht
vorhanden. Das Verfahren war daher auch insoweit einzustellen.

Hochachtungsvoll

gez. Vollmer

Staatsanwalt

4. Rechtsmittelbelehrung

Ist der Anzeigende nach der von ihm behaupteten Tat auch V e r l e t z -
t e r i.S.v. §§ 171, 172, d.h. unmittelbar in einem von der Strafrechts-

ordnung anerkannten Rechtsgut verletzt, so ist er über sein Beschwerderecht zu b e l e h r e n , § 171 S. 2 (vgl. Löwe/Rosenberg § 171 Rz. 14 ff.).

Verletzter i.S.v. § 172 ist jeder, dessen eigene Rechtssphäre unmittelbar durch die behauptete Handlung beeinträchtigt worden ist (vgl. OLG Bremen NJW 50, 960, OLG Hamburg NJW 54, 1619). Es reicht nicht aus, daß der Anzeigende wie jeder andere Staatsbürger von der behaupteten Rechtsverletzung betroffen ist, wie z.B. bei der Verbreitung pornographischer Filme. Verletzt sind z.B. die Parteien eines Zivilrechtsstreits und ein Angeklagter, wenn ein Zeuge falsch aussagt (vgl. OLG Hamburg NJW 54, 1619), und zwar unabhängig davon, ob die Beweisführung im Verfahren zuungunsten des Anzeigeerstatters erschwert worden ist (unklar insoweit Kleinknecht/Meyer § 172 Rz. 11). Die gegen diese Auffassung vom OLG Hamm (NJW 61, 1687) erhobenen Bedenken greifen nicht durch. Das OLG Hamm begründet seine Bedenken damit, daß nach der Auffassung des OLG Hamburg als Verletzter auch derjenige angesehen werden müsse, zu dessen Gunsten die Eidesverletzung erfolgt sei; in derartigen Fällen könne aber von einer Beeinträchtigung der Rechtssphäre nicht die Rede sein. Das OLG Hamm (wie auch das OLG Bremen NStZ 88, 39 m.w.N.) engt m.E. den Begriff der "eigenen Rechtssphäre" zu sehr ein, indem es auf den Ausgang des Verfahrens und die vordergründigen Beweisinteressen des Anzeigeerstatters abstellt. Der Begriff der eigenen Rechtssphäre wird mit dem des eigenen Schadens gleichgesetzt. Jede Partei eines gerichtlichen Verfahrens, jeder Angeklagte eines Strafverfahrens hat aber einen - unverzichtbaren - Anspruch darauf, daß das Verfahren rechtsstaatlich geführt und daß das Urteil auf einer Klärung des Sachverhalts aufgrund wahrer Zeugenbekundungen gefällt wird. Dieser Anspruch gehört zur Rechtssphäre des Angeklagten und jeder Partei eines gerichtlichen Verfahrens; sie sind daher ausnahmslos, wenn sie Anzeige wegen falscher Zeugenaussage erstatten, als Verletzte anzusehen (str., vgl. OLG Bremen NStZ 88, 39, OLG Düsseldorf MDR 88, 695).

Verletzt sind auch die nach § 395 Abs. 2 Nr. 1 zur Nebenklage berechtigten Angehörigen des durch eine Straftat Getöteten (vgl. Kleinknecht/Meyer § 172 Rz. 9 - 11). Der Dienstvorgesetzte, dem ein Antragsrecht nach § 194 Abs. 3 S. 1 StGB zusteht, ist Verletzter im Sinne dieser Vorschrift. Verletzter kann auch eine Behörde und eine juristische Person sein. Auch die Angehörigen eines "Teils der Bevölkerung" i.S.v. § 130 StGB sind Verletzte (vgl. OLG Karlsruhe NJW 86, 1276).

Eine Behörde kann jedoch nur dann als Verletzte angesehen werden, wenn es nicht um die Wahrnehmung allgemeiner Interessen des Bürgers geht, wie z.B. bei Aufgaben des Umweltschutzes, der Energieversorgung oder der Straßenverkehrsordnung. Der Entscheidung des OLG Hamm (GA 73, 156), das Kreiswehrersatzamt sei im Ermittlungsverfahren wegen Wehrpflichtentziehung durch Täuschung Verletzter, kann nicht zugestimmt werden. Die Beeinträchtigung der Einsatzbereitschaft der Truppe betrifft allgemeine öffentliche Interessen, deren Durchsetzung im Klageerzwingungsverfahren m.E. nicht dem Normzweck von § 172 entspricht. Zu Recht ist daher die Verletzteneigenschaft einer Rechtsanwaltskammer bei Verstößen gegen das Rechtsberatungsmißbrauchsgesetz (OLG Karlsruhe in "Justiz" 66, 105, OLG Celle JR 67, 343) und einer Ärztekammer bei unerlaubter Ausübung der Heilkunde (OLG Stuttgart NJW 69, 569) sowie einer Naturschutzbehörde bei Verstößen gegen das Naturschutzgesetz (OLG Celle MDR 67, 515) verneint worden.

Immer dann, wenn privatrechtliche Güter verletzt worden sind, wie etwa bei Diebstahl von Einrichtungsgegenständen, bei betrügerischer Schädigung von Vermögen oder bei Sachbeschädigung von im Eigentum einer Kommune stehenden

Gegenständen ist die Behörde - wie der einzelne Bürger - verletzt. Auch bei einer Störung von Fernmeldeanlagen (§ 317 StGB) ist der Eigentümer der Anlage als Verletzter anzusehen. Die Erben sind dagegen nicht als Verletzte anzusehen, wenn es sich um ein Vermögensdelikt zum Nachteil des Erblassers handelt (vgl. OLG Hamm NJW 77, 64).

Der Antrag auf Klage kann noch nach Einleitung und sogar nach Einstellung des Ermittlungsverfahrens gestellt werden und löst damit die Pflicht der Staatsanwaltschaft zur Erteilung eines Bescheides aus; erst mit dem Bescheid beginnt die Frist des § 172 Abs. 1.

Die Beschwerde gegen den Einstellungsbescheid gem. § 172 Abs. 1 S. 1 ist V o r s c h a l t b e s c h w e r d e (Solbach DRiZ 77, 181, Kleinknecht JZ 52, 488, 490, Kleinknecht/Meyer § 172 Rz. 6) für das Klageerzwingungsverfahren. Daraus folgt, daß die Beschwerde nur zulässig ist, wenn dem Anzeigenden und Verletzten das Klageerzwingungsverfahren offensteht (KK § 172 Rz. 5 - 7, KMR § 171 Anm. 3 b cc; a.A. Lueder MDR 60, 189). Nur in diesen Fällen wird nach h.M. eine Rechtsmittelbelehrung erteilt. Denn Praxis und Literatur haben sich den extremen Auffassungen zu dieser Frage nicht angeschlossen: Die Ansicht des OLG Oldenburg (Niedersächsische Rechtspflege 67, 160, 161, Lueder MDR 60, 189, 190), jedem ablehnenden Bescheid des vorgesetzten Beamten der Staatsanwaltschaft (und jedem Einstellungsbescheid der Staatsanwaltschaft) sei eine Rechtsmittelbelehrung beizufügen, hat keine Anhänger gefunden. Und auch die Meinung von Kohlhaas (in Löwe/Rosenberg, 22. Aufl., § 171 Anm. 7, vgl. auch Reimers MDR 55, 211 und Glang MDR 54, 586), bei Einstellung des Verfahrens wegen Nichtermittlung des Täters sei eine Rechtsmittelbelehrung zu erteilen, hat sich nicht durchgesetzt.

Eine Rechtsmittelbelehrung wird also nicht erteilt, wenn n u r ein P r i v a t k l a g e v e r g e h e n Gegenstand des Verfahrens ist, gleichgültig, ob mangels Beweises oder mangels eines öffentlichen Interesses an der Erhebung der öffentlichen Klage eingestellt wird. Dies gilt auch dann, wenn sich das Verfahren wegen eines Privatklagedelikts gegen einen Jugendlichen richtet, also das Privatklageverfahren gem. § 80 Abs. 1 S. 1 JGG unzulässig ist. Die gegenteilige Ansicht (vgl. KK § 172 Rz. 46 m.w.N.), ein Klageerzwingungsverfahren sei bei Privatklagedelikten zulässig, wenn die Staatsanwaltschaft das Verfahren gegen einen Jugendlichen nach § 170 Abs. 2 einstellt, führt als Argument an, anderenfalls könne in diesen Fällen das Legalitätsprinzip bei jugendlichen Tätern nicht gesichert werden. (Das OLG Braunschweig NJW 60, 1214 stützt seine Ansicht auf die frühere Fassung des § 153, weil dessen Anwendung wie die des § 45 JGG zunächst die Feststellung eines hinreichenden Tatverdachts voraussetze.) Das vermag nicht zu überzeugen. Denn bei Jugendlichen, denen ein Privatklagedelikt zur Last gelegt wird, hat das Legalitätsprinzip gerade keine Geltung. Der Jugendstaatsanwalt entscheidet nach pflichtgemäßem Ermessen (§ 80 Abs. 1 S. 2 JGG). Er verfolgt das Privatklagedelikt eines Jugendlichen im Offizialverfahren nur, wenn

- ein öffentliches Interesse an der Strafverfolgung besteht oder

- Gründe der Erziehung oder

- ein berechtigtes Interesse des Verletzten, das dem Erziehungszweck nicht entgegensteht, die Verfolgung gebieten.

Daß in einem Vorstadium das Verfahren mangels Beweises eingestellt werden kann (wie auch bei Privatklagedelikten Erwachsener), ändert nichts daran, daß die letzte Entscheidung über die Anklageerhebung immer eine Frage der Opportunität ist. Auf das prozessuale Endziel der Anklageerhebung aber zielt das Klageerzwingungsverfahren ab. Nur wenn die Anklage letztlich erzwungen werden kann, gilt das Legalitätsprinzip. Hat die Staatsanwaltschaft s t e t s - auch - ein Ermessen, gilt das Opportunitätsprinzip. Die Erziehungsmaxime geht dem Legalitätsprinzip vor. Für ein Anklageerzwingungsverfahren ist aus pädagogischen Gesichtspunkten kein Raum. Der Jugendliche soll eben nicht dem Verfolgungsverlangen eines Privatmannes, weder im Privatklageverfahren noch im Klageerzwingungsverfahren, ausgesetzt sein, wenn der Gegenstand des Vorwurfs nur ein Privatklagedelikt ist. Im übrigen ist ein "wirklicher" Zwang zur Anklage gegen einen Jugendlichen nicht vorstellbar, denn der Jugendstaatsanwalt müßte nach einer im Klageerzwingungsverfahren erstrittenen anderen Entscheidung über die Beweisfrage gem. § 80 Abs. 1 S. 2 JGG immer noch prüfen, ob Gründe der Erziehung oder ein berechtigtes Interesse des Verletzten, das dem Erziehungszweck nicht entgegensteht, die Erhebung der öffentlichen Klage erfordern. Die Fürsorge für den Jugendlichen hat meiner Auffassung nach der "scheinbaren" Sicherung des Legalitätsprinzips vorzugehen. Daraus folgt, daß ein Klageerzwingungsverfahren gegen einen Jugendlichen, dem nur ein Privatklagedelikt vorgeworfen wird, generell unzulässig ist (so auch Brunner § 80 Rz. 2, Eisenberg § 80 Rz. 8, Kleinknecht/Meyer § 172 Rz. 2, OLG Frankfurt MDR 59, 415; a.A. Löwe/Rosenberg (23.) § 172 Rz. 31, KK § 172 Rz. 46, OLG Oldenburg MDR 70, 164, OLG Braunschweig NJW 60, 1214).

Eine Belehrung erfolgt weiterhin nicht, wenn das Verfahren im Geltungsbereich des Opportunitätsprinzips nach den in § 172 Abs. 2 S. 3 genannten Vorschriften eingestellt wird. Für § 153 a Abs. 1 gilt dies jedoch - wie oben dargelegt - nicht für die endgültige Einstellung gem. § 153 a Abs. 1 S. 4, weil insoweit der Opportunitätsgrundsatz nicht zur Anwendung kommt (KK § 172 Rz. 42, Eckl JR 75, 101). Bei Einstellungen gem. § 45 JGG ist von einer Belehrung abzusehen (vgl. Kleinknecht/Meyer § 72 Rz. 3).

Da die öffentliche Klage gegen einen u n b e k a n n t e n T ä t e r nicht erhoben werden kann, also ein Klageerzwingungsverfahren gegen Unbekannt unzulässig ist (OLG Köln, Beschluß vom 10.5.1971, Zs 233/70, OLG Celle MDR 56, 120, Glang MDR 54, 586, KK § 172 Rz. 47, KMR § 171 Rz. 8 cc; a.A. Reimers MDR 55, 211, 212), steht dem Anzeigenden eine Einstellungsbeschwerde gem. § 172 Abs. 1 nicht zu. Eine Belehrung hierüber scheidet also aus. Erfährt der Anzeigende erst durch den Einstellungsbescheid, daß wichtige Hinweise auf die Täterschaft einer bestimmten Person nicht beachtet worden sind, hat er die Möglichkeit, seinen Verdacht gegen diese Person zu begründen und die Wiederaufnahme der Ermittlungen gegen einen bestimmten Beschuldigten zu beantragen. Dem neuerlichen Bescheid ist sodann eine Rechtsmittelbelehrung anzufügen. Denn nun steht dem Antragsteller das Klageerzwingungsverfahren offen. Bei mehrfacher Einstellung des Ermittlungsverfahrens ist jeweils eine Rechtsmittelbelehrung zu erteilen. Denn für die Zulässigkeit des Klageerzwingungsverfahrens ist entscheidend, daß der letzte Einstellungsbescheid rechtzeitig angefochten wird (vgl. Kohlhaas, Goltdammers Archiv 54, 129, 135, Kleinknecht JZ 52, 489; 53, 137, KK § 172 Rz. 9 m.w.N.; a.A. Niese JZ 52, 647, OLG Celle JZ 52, 488; vgl. auch OLG Braunschweig NdsRPpfl. 53, 94 und OLG Oldenburg NJW 54, 166, OLG Hamm JMBl. NW 76, 286; 63, 45). Die Auffassung, es komme auf die rechtzeitige Anfechtung des ersten oder gar beider Einstellungsbescheide an, übersieht, daß mit der Wiederaufnahme der Ermittlungen die erste Einstellung von der Staatsanwaltschaft aufgehoben, der Bescheid mit der Mitteilung von der Wiederaufnahme der Ermittlungen an den Beschwerdeführer widerrufen worden ist: Das Verfahren wird - wie bei einer Neuanzeige mit neuen Tatsachen -

fortgeführt. Diese neue Entscheidung, die dem zunächst stets auf Beseitigung der verfügten Einstellung des Verfahrens abzielenden Begehren des Beschwerdeführers entspricht, ist verfahrensrechtlich geboten und führt das Verfahren in den früheren Zustand des noch geführten Ermittlungsverfahrens zurück. Eine teleologische Auslegung der entsprechenden Bestimmungen muß daher m.E. zu der oben dargelegten Ansicht führen. Die gegenteilige, mehr formal begründete Ansicht wird den Interessen des Verletzten und Antragstellers nicht gerecht.

Ein P r o z e ß u n f ä h i g e r kann das Klageerzwingungsverfahren nicht betreiben, weil es vermögensrechtliche Folgen haben kann (§ 177). Dem Prozeßunfähigen ist daher im Einstellungsbescheid eine Rechtsmittelbelehrung nicht zu erteilen (Löwe/Rosenberg § 172 Rz. 75, Kleinknecht/Meyer § 172 Rz. 7). Hat allerdings der gesetzliche Vertreter die Anzeige erstattet oder sich ihr angeschlossen, so ist der an ihn zu richtende Bescheid mit einer Rechtsmittelbelehrung zu versehen.

Bei Beschränkung der Verfolgung einer Tat nach § 154 a Abs. 1 oder bei von der Anzeige abweichender eingeschränkter rechtlicher und tatsächlicher Beurteilung ist ein Klageerzwingungsverfahren unzulässig (vgl. Kleinknecht/ Meyer § 172 Rz. 37, KMR § 172 Rz. 5, Löwe/Rosenberg § 172 Rz. 13, KK § 172 Rz. 48; a.A. OLG Hamburg JR 65, 189). Denn der geschichtliche Vorgang, die T a t im prozessualen Sinne (vgl. dazu BGHSt 16, 200; 23, 141, 150; 24, 185, 186), w i r d a n g e k l a g t und unterliegt der Beurteilung des Gerichts auch dann, wenn die Straftaten im Verhältnis der Tatmehrheit stehen. Die Staatsanwaltschaft stellt in diesen Fällen das Verfahren auch nicht ein, weil der selbständigen Einstellung nur andere, nicht angeklagte Taten zugänglich sind.

Die Ansicht des OLG Hamm (NJW 74, 68, 69 und MDR 65, 765), die "Anklage" könne auch erzwungen werden, wenn eine einheitliche Tat dem Gericht nicht in ihrem ganzen strafbaren Umfang - sei es in tatsächlicher oder rechtlicher Hinsicht - unterbreitet wird, vermag nicht zu überzeugen. Auf die Unstimmigkeiten der Argumentation hat das die entgegengesetzte Auffassung vertretende OLG Karlsruhe (NJW 77, 62) überzeugend hingewiesen. Das OLG Hamm verkennt, daß keine Einstellung des Verfahrens und somit kein Fall der §§ 171, 172 vorliegt, vielmehr gerade das schon erfolgt ist, was im Klageerzwingungsverfahren begehrt werden kann (§ 175): daß die Staatsanwaltschaft mit einer Anklage die Zuständigkeit des Gerichts zur Aburteilung des Lebenssachverhalts in jedweder Hinsicht begründet. Es besteht keinerlei Notwendigkeit, nach Anklageerhebung zugleich ein weiteres Gericht mit derselben Entscheidung zu befassen, die zudem für die Beurteilung des für die Hauptverhandlung zuständigen Gerichts keinerlei Bedeutung hat. Am deutlichsten wird dies bei der vom OLG Hamm entschiedenen Fallgestaltung, daß nur wegen einer von vielen in einem Schreiben aufgestellten tatsächlichen Behauptungen Anklage wegen falscher Verdächtigung erhoben wird, die anderen Behauptungen der Anklage jedoch nicht zugrunde gelegt werden. Dem Legalitätsgrundsatz ist Genüge getan, und nur seiner Durchsetzung dient das Klageerzwingungsverfahren (s. Schlüchter Anm. 225 b).

In den angeführten Fällen ist daher dem Anzeigenden - außer er behauptet, es liege eine selbständige Handlung vor - kein Einstellungsbescheid gem. § 171, geschweige denn eine Beschwerdebelehrung zu erteilen. Handelt es sich um eine Einstellung hinsichtlich einzelner selbständiger Taten im Sinne des Verfahrensrechts (§ 264), so richtet sich die Erteilung eines Einstellungsbescheides wie die Rechtsmittelbelehrung nach den einzelnen Taten.

Treffen in einer Tat im prozessualen Sinne P r i v a t k l a g e - und
O f f i z i a l d e l i k t e   z u s a m m e n (sei es tateinheitlich
oder tatmehrheitlich wie etwa in BGHSt 23, 141, 150; 24, 185, 186) und
wird das Verfahren eingestellt, so wird zum Teil eine einheitliche, uneingeschränkte Rechtsmittelbelehrung erteilt, zum Teil jedoch auch die Belehrung getrennt und nach der Art der Delikte unterschieden (zum ganzen eingehend Solbach DRiZ 84, 476). Bei Tateinheit von Beleidigung und falscher
Verdächtigung heißt es dann etwa: "Soweit durch diesen Bescheid die Verfolgung wegen falscher Verdächtigung abgelehnt worden ist, können Sie ...".
Richtiger Ansicht nach ist eine   e i n h e i t l i c h e ,   u n e i n -
g e s c h r ä n k t e   Rechtsmittelbelehrung zu erteilen. Dies folgt daraus, daß - wie oben dargelegt - Gegenstand des Klageerzwingungsverfahrens
die dem Beschuldigten vom Antragsteller zur Last gelegte Tat im prozessualen Sinne in jeglicher rechtlicher Ausgestaltung ist (KMR § 172 Rz. 39,
40). Die oben angeführte Belehrungsformel ist deshalb bereits unzutreffend,
weil sie nicht auf die Tat, sondern auf ein (von mehreren) durch die Tat
verwirklichtes Delikt abstellt. (Wird bei mehreren Taten hinsichtlich
einer auf die Möglichkeit der Anfechtung hingewiesen und dabei zur Kennzeichnung der Tat eine Deliktsbezeichnung angeführt, so ist dies unschädlich, weil in der Regel auch für Laien klar ist, welcher Sachverhalt ge-
meint ist.) Die Entscheidung über die Möglichkeit des Klageerzwingungsverfahrens und damit über die Art der Rechtsmittelbelehrung erfolgt aufgrund
des vom Antragsteller dem Beschuldigten zur Last gelegten Sachverhalts. Die
Rechtsmittelbelehrung richtet sich nach der der Einstellungsentscheidung
zugrundeliegenden Behauptung, der Beschuldigte habe neben dem Privatklagedelikt auch ein Offizialdelikt verwirklicht. Es ist also nicht abzuheben
auf in Zukunft mögliche Beschränkungen der vom Antragsteller erhobenen Beschuldigungen. Die Auffassung, die Rechtsmittelbelehrung sei nach Delikten
zu erteilen, verkennt, daß die nächste Instanz prüft, ob die gesamte Tat
i.S.v. § 264 richtig beurteilt worden ist, und daß nur die Frage der Zulässigkeit dieser Prüfung davon abhängt, daß der Antragsteller dem Beschuldigten ein Offizialdelikt vorwirft. Zudem: Lebenshilfe und Rechtsauskunft
(zu den damit zusammenhängenden schwierigen Rechtsfragen vgl. Kohlhaas
GA 54, 131) bietet die eingeschränkte Rechtsmittelbelehrung dem Antragsteller nicht, denn er erfährt zum Beispiel weder, daß er Privatklage erheben
kann, daß diese aber unzulässig ist, wenn der Strafrichter zu der Auffassung gelangt, es liege auch ein Offizialdelikt vor, noch, daß im Klageerzwingungsverfahren auch geprüft wird, ob der Beschuldigte neben dem Offizialdelikt auch ein Privatklagedelikt begangen hat. In Wahrheit ist Rechts-
beratung nötig. Die Rechtsmittelbelehrung muß konkret und eindeutig sein
(vgl. KK § 272 Rz. 13). Es spricht also alles für die uneingeschränkte
einheitliche Rechtsmittelbelehrung. Trifft allerdings ein Privatklagedelikt (etwa § 303 StGB) mit einem Offizialdelikt (etwa § 130 StGB) zusammen,
hinsichtlich dessen der Antragsteller nicht als Verletzter anzusehen ist,
so wird - natürlich - eine Rechtsmittelbelehrung   n i c h t   erteilt.

Nicht einheitlich sind auch die Ansichten dazu, wie zu verfahren ist, wenn
Zweifel bestehen, ob der   A n t r a g s t e l l e r   durch die behauptete
Tat   v e r l e t z t   worden ist. Glang (MDR 54, 586) schlägt vor, in solchen Fällen auf die Zweifelsfrage und die sich hieraus ergebende Folge für
die Anfechtung hinzuweisen. KMR § 172 Rz. 19 sind der Ansicht, in Zweifelsfällen solle die Belehrung weggelassen werden. Gegen Glang ist einzuwenden,
daß nur eine unbedingte Rechtsmittelbelehrung fristwahrende Wirkung hat.
KMR ist entgegenzuhalten, daß in solchen Zweifelsfällen die Justiz nicht
auf die Nichtausübung von Rechten hinwirken darf. Der Justizgewährungs-
pflicht (vgl. E. Schmidt § 172 Rz. 10) entspricht es vielmehr, das Strafverlangen des evtl. in seinen Interessen beeinträchtigten Antragstellers

anzuerkennen und ihn über die Möglichkeiten der Anfechtung des Einstellungsbescheides zu belehren; sonst würde gerade in zweifelhaften Fällen praktisch eine gerichtliche Entscheidung nicht herbeigeführt (Löwe/Rosenberg § 171 Rz. 15, § 172 Rz. 118 und KK § 172 Rz. 16 verlangen dagegen stets eine Entscheidung des Staatsanwalts und eine Belehrung gem. dieser Entscheidung). Nicht richtig wäre es, die Belehrung mit der Bemerkung einzuleiten: "Soweit Sie durch die angezeigte Tat verletzt sind, können Sie ..."; denn dem Anzeigenden darf die Entscheidung, ob er Verletzter i.S.v. § 172 ist, nicht aufgebürdet werden.

IV. Unterrichtung des Beschuldigten

Von der Einstellung des Verfahrens hat der Staatsanwalt den Beschuldigten in Kenntnis zu setzen (§ 170 Abs. 2), vor allem, wenn er als Beschuldigter vernommen worden ist oder ein Haftbefehl erlassen war. Da der Beschuldigte ein - häufig erhebliches - Interesse daran hat, von der Einstellung des Verfahrens unverzüglich unterrichtet zu werden, kann damit nicht bis zum Ablauf der Beschwerdefrist oder gar der Beschwerdeentscheidung gewartet werden. Dies gilt selbst dann, wenn der Beschuldigte nach dem Strafrechtsentschädigungsgesetz zu belehren ist; in diesem Fall sollte ein Hinweis auf die eventuelle Beschwerde erfolgen. Die gegenteilige Ansicht von Kunigk (S. 55, 88) entspricht nicht der überwiegenden praktischen Handhabung, sie vermag auch nicht zu überzeugen (vgl. KMR § 170 Rz. 16). Ein Zuwarten bis zum Abschluß des Beschwerdeverfahrens - was Monate dauern kann - sieht die Verfahrensordnung nicht vor. Der Hinweis auf die Zählkartenanordnung geht fehl, weil diese nur statistischen Zwecken dient. Die seelische Belastung, die Kunigk ins Feld führt, dürfte eher stärker sein, wenn der Beschuldigte weiter von einem anhängigen Ermittlungsverfahren ausgeht.

Auf die Rechte des Verletzten nach § 172 StPO wird nicht hingewiesen.

Während im Regelfall dem Beschuldigten die Einstellungsgründe nicht mitgeteilt werden, soll dies nach Nr. 88 RiStBV jedenfalls dann geschehen, wenn er es beantragt und kein schutzwürdiges Interesse entgegensteht. Hat sich die Unschuld ergeben oder liegt kein begründeter Verdacht mehr vor, ist dies auszusprechen. Ist dem Beschuldigten eine Einstellungsnachricht erteilt worden, so ist ihm auch die Wiederaufnahme der Ermittlungen mitzuteilen. Ausnahmsweise kann davon abgesehen werden, wenn vorhersehbar ist, daß es in Kürze, ohne (nochmalige) Vernehmung des Beschuldigten, erneut zur Verfahrenseinstellung kommt oder wenn anderenfalls der Ermittlungszweck gefährdet würde.

V. Sonstige Anordnungen

Mit der Einstellung des Verfahrens sind weitere Anordnungen zu treffen. So sind evtl. nach der MiStra Mitteilungen zu machen, das Bundeszentralregister ist bei Einstellungen wegen Schuldunfähigkeit zu unterrichten, Beiakten sind zu trennen, Asservate zurückzugeben u.a.m. Besonders bedeutsam ist die Anordnung der Freilassung des in Haft befindlichen Beschuldigten, wenn das Verfahren gegen ihn eingestellt wird (§ 120 Abs. 3). Gleichzeitig ist die Aufhebung des Haftbefehls zu beantragen. Stehen dem Beschuldigten möglicherweise Ansprüche aufgrund des Gesetzes über die Entschädigung für Strafverfolgungsmaßnahmen zu, so ist er hierüber nach Maßgabe dieser Vorschriften zu belehren (vgl. hierzu Schönfelder, C III 3 a). Die Belehrung ist zuzustellen (§ 9 Abs. 1 S. 4 StrEG).

F. Plädoyer des Staatsanwalts

I. Vorbemerkungen

Der Sitzungsvertreter der Staatsanwaltschaft kann seiner Aufgabe während der Beweisaufnahme und beim Plädoyer (Schlußvortrag) nur gerecht werden, wenn er sich darauf vor der Verhandlung v o r b e r e i t e t hat. Dazu gehören vor allem das sorgfältige Studium der Anklageschrift sowie Überlegungen darüber, wo die Schwerpunkte der Beweisführung liegen und welche anderen rechtlichen Wertungen in Betracht kommen können. Falls erforderlich, wird der Sitzungsvertreter vor Beginn der Verhandlung den Richter aufsuchen (bei dem der Referendar sich immer vorstellen sollte) und Einsicht in die Akten nehmen.

Der Vorsitzende des Gerichts leitet die Verhandlung (§ 238 Abs. 1), er vernimmt den Angeklagten, die Zeugen und Sachverständige. Der Staatsanwalt hat bei der A u f k l ä r u n g   m i t z u w i r k e n ; ihm steht gem. § 240 Abs. 2 S. 1 ein Fragerecht zu. Insbesondere hat er darauf hinzuwirken, daß der Vorsitzende ungeeignete oder nicht zur Sache gehörende Fragen zurückweist (vgl. § 241 Abs. 2). Das sind unzulässige Wiederholungsfragen, Suggestivfragen, das Verlangen nach Bekundungen, die nicht zur prozessualen Aufgabe des Befragten gehören, sowie Fragen, die unnötigerweise Intimbereich und Ehre des Befragten berühren. Schließlich sind Fragen an Zeugen unzulässig, die berechtigterweise das Zeugnis verweigert haben.

Auch in anderer Weise hat der Staatsanwalt an der Hauptverhandlung mitzuwirken. Vornehmlich hat er, wenn dies erforderlich ist, durch eigene B e w e i s a n t r ä g e auf die Ermittlung der Wahrheit hinzuwirken. Dabei ist für den Referendar wichtig, daß er das Recht der Beweisanträge beherrscht (vgl. dazu Solbach/Vedder JA 80, 99 u. 161). Für den Beweisantrag ist wesentlich, daß eine bestimmte Beweistatsache behauptet, ein bestimmtes Beweismittel benannt und an das Gericht das bestimmte Begehren gerichtet wird, Beweis zu erheben.

Beispiel: "Ich beantrage, den Kriminalkommissar Gerhard Hess als Zeugen zu vernehmen; er wird bekunden, daß er die entwendeten Diamanten in der Wohnung des Angeklagten, Peterstraße 17 in Aachen, aufgefunden hat."

Zu Beweisanträgen des Verteidigers und des Nebenklägers hat der Sitzungsvertreter der Staatsanwaltschaft Stellung zu nehmen und dabei darauf zu achten, daß sie den Regelungen in §§ 244, 245 entsprechen. Einfluß auf die Hauptverhandlung kann - und ggf. muß - der Staatsanwalt noch dadurch nehmen, daß er die Vereidigung von Zeugen beantragt (vgl. dazu §§ 59 - 61, § 79).

In wichtigen Verfahrenssituationen kann der Staatsanwalt gem. § 257 Abs. 2 eine E r k l ä r u n g abgeben.

Er hat auch, wenn dies erforderlich ist (insbesondere wenn es sich um eine Straftat handelt), den Antrag zu stellen, daß bestimmte Vorgänge p r o - t o k o l l i e r t werden (vgl. dazu §§ 271, 273 sowie § 183 GVG). So schafft er die Grundlage für einzuleitende Verfahren.

Die Ausübung der Sitzungspolizei ist Aufgabe des Gerichts. Für die M i t - w i r k u n g des Staatsanwalts gilt Nr. 128 Abs. 1 u. Abs. 2 RiStBV:

Wahrung der Ordnung

(1) Der Staatsanwalt wirkt darauf hin, daß die Hauptverhandlung geordnet abläuft. Obwohl ihm kein förmliches Recht, Ordnungsmittel zu beantragen, zusteht, ist er nicht gehindert, unter Umständen sogar verpflichtet, eine Ungebühr zu rügen und ein Ordnungsmittel anzuregen, vor allem, wenn die Ungebühr mit seiner Amtsausübung in der Verhandlung zusammenhängt. Eine bestimmte Maßnahme soll er grundsätzlich nicht anregen. Ist die Ungebühr auf Ungewandtheit, Unerfahrenheit oder verständliche Erregung zurückzuführen, so wirkt der Staatsanwalt gegebenenfalls darauf hin, daß von einem Ordnungsmittel abgesehen wird.

(2) Auf Vorgänge, welche die Erforschung der Wahrheit vereiteln oder erschweren können, hat der Staatsanwalt das Gericht unverzüglich hinzuweisen, z.B. wenn ein Zuhörer Aufzeichnungen macht und der Verdacht besteht, daß er sie verwenden will, um einen noch nicht vernommenen Zeugen über den Verlauf der Verhandlung zu unterrichten.

Häufig wird Kritik am Verhalten der Staatsanwaltschaft und ihrer Hilfsbeamten geübt. Bei der Entscheidung, ob sie als ungebührlich zurückzuweisen ist, wird der Staatsanwalt sich vor übertriebener Empfindlichkeit hüten. Er darf aber nicht zulassen, daß staatliche Organe bei der pflichtgemäßen Erfüllung ihrer Dienstaufgaben ungerechtfertigt Verdächtigungen und Angriffen anderer ausgesetzt werden.

Häufig ist die Frage zu entscheiden, ob es geboten ist, die Öffentlichkeit für die ganze Hauptverhandlung oder für einen Teil derselben auszuschließen. Unabhängig vom Gericht hat der Staatsanwalt dies zu prüfen und einen eventuellen Antrag zu begründen; zu entsprechenden Anträgen der Verteidigung nimmt er Stellung.

Wichtigste Aufgabe des Staatsanwalts in der Hauptverhandlung ist es, den S c h l u ß a n t r a g zu stellen und zu begründen.

§ 258 Abs. 1 bestimmt, daß nach dem Schluß der Beweisaufnahme zunächst der Staatsanwalt und sodann der Angeklagte zu ihren Ausführungen und Anträgen das Wort erhalten. In der Berufungs- und Revisionsinstanz wird gem. § 326 bzw. § 351 Abs. 2 demjenigen zuerst das Wort erteilt, der das Rechtsmittel eingelegt hat. Bei beiderseitigen Rechtsmitteln erhält derjenige zuerst das Wort, der das Urteil weitergehend angefochten hat, sonst der Staatsanwalt. Dem Wortlaut der §§ 258, 326, 351 Abs. 2 ist zwar nicht zu entnehmen, daß der Staatsanwalt einen Schlußvortrag zu halten hat, jedoch ist es einhellige Meinung, daß er dazu verpflichtet ist (vgl. statt aller Kleinknecht/ Meyer § 258 Rz. 9, 10, OLG Düsseldorf NJW 63, 1167). Zur Schuld- und Sanktionsfrage hat er in jedem Fall einen bestimmten Antrag zu stellen. Hat etwa das Gericht einem von ihm gestellten Beweisantrag, dessen unterstelltes Ergebnis er für die Überführung des Angeschuldigten für erforderlich hält, nicht stattgegeben, wird er unter Hinweis darauf Freispruch beantragen. Eine Korrektur des darauf folgenden freisprechenden Urteils ist nur mit der Berufung oder Revision möglich.

Nachdem der Vorsitzende die Beweisaufnahme geschlossen hat, erteilt er dem Sitzungsvertreter der Staatsanwaltschaft das Wort. Ohne in der Regel die Möglichkeit zu längerem ungestörtem Nachdenken gehabt zu haben, wie der Richter vor der Urteilsverkündung sie in der Beratung hat, beginnt der Staatsanwalt seine Ausführungen. Er kann aber den Vorsitzenden bitten, insbesondere in schwierigen und umfangreichen Fällen, die Verhandlung für angemessene Zeit zu unterbrechen, um sein Plädoyer vorbereiten zu können. Während der Beweisaufnahme, an der er mit "angespannter Aufmerksamkeit mitarbeitet" (Burchardi/Klempahn/Wetterich Rz. 602), muß der Staatsanwalt alle Beweisergebnisse auswerten, sie ihrer Bedeutung nach ordnen und zuordnen.

Handelt es sich um eine Strafsache gegen mehrere Angeklagte oder wegen mehrerer Taten, sollten die Notizen sachgemäß entsprechend geordnet und belastende wie entlastende Aussagen usw. farblich kenntlich gemacht werden. Zweckmäßig ist es, Schwerpunkte der vorauszusehenden Verteidigung zu vermerken und gleichzeitig zu überlegen, ob und wie ihnen begegnet werden kann. Die Notizen sind so zu gestalten, daß mit einem Blick sowohl Argumentationsebenen wie Argumentationsketten als auch die Strukturen der vorzutragenden Strafzumessung, also Strafzumessungstatsachen und Strafzumessungserwägungen, erfaßt werden können.

Zum Inhalt des Schlußvortrages, zu dem die Strafprozeßordnung nichts sagt, gibt Nr. 138 der RiStBV Hinweise. Danach soll der Staatsanwalt das Gesamtergebnis der Hauptverhandlung erörtern, es tatsächlich und rechtlich würdigen und, falls er die Schuld des Angeklagten für bewiesen hält, die Strafzumessungsgründe sowie gegebenenfalls Maßregeln der Besserung und Sicherung, Nebenstrafen, Nebenfolgen und die Frage der Strafaussetzung zur Bewährung erörtern.

In seinen Ausführungen hat der Staatsanwalt jegliche Einseitigkeit, auch schon ihren Anschein, zu vermeiden. Er hat alle f ü r und g e g e n den Angeklagten sprechenden U m s t ä n d e darzulegen und sorgfältig zu würdigen. Vermeidet der Staatsanwalt nicht einseitige und übertriebene sowie mit Emotionen beladene Darstellungen, so erfüllt er seine Aufgaben nicht korrekt, sondern setzt sich auch unnötigen Angriffen der Verteidigung aus und erweckt Zweifel an dem sachlich überzeugenden Teil seiner Ausführungen. Falls notwendig, kann der Staatsanwalt auf das Plädoyer des Verteidigers erwidern; dies kommt vor allem auch bei unbegründeten Angriffen auf Zeugen und Sachverständige sowie bei bisher nicht erörterten Rechtsfragen in Betracht.

Eine Rede ist keine "Schreibe". Frei, nur mit Hilfe von Notizen, laut genug, deutlich, allgemein verständlich und überzeugend soll der Sitzungsvertreter seinen Schlußvortrag halten. Dazu gehört auch, daß er aufrecht steht und sich nicht während seiner Ausführungen am Tisch oder Stuhl festhält. Von unangebrachten Emotionen soll er sich ebenso fernhalten wie von unangemessener Sprache. Nicht mit Gefühlen, sondern mit Argumenten soll er überzeugen. Das gilt auch für den Strafantrag, der seiner sachlichen Überzeugung zu entsprechen hat. Zu Recht wird (vgl. Günter JA, Sonderheft Referendare, Seite 43) darauf hingewiesen, daß eine Überhöhung des Strafantrags, um Wirkung bei Gericht zu erzielen, unzulässig ist.

II. Allgemeines

Referendare können mit der Wahrnehmung der Aufgaben des Amtsanwalts beauftragt werden (§ 142 GVG) und damit auch als Sitzungsvertreter der Staatsanwaltschaft vor dem Straf- und Jugendrichter tätig werden.

Nach § 20 OrgStA regelt der Behördenleiter die Vertretung der Staatsanwaltschaft in der Hauptverhandlung. Die Sitzungsliste wird jeweils für die folgende Woche aufgestellt. Mehrere Tage vor der Sitzung erhält der Sitzungsvertreter die Sitzungsmappe mit den Handakten der anstehenden Strafsachen. Der Referendar soll sie mit seinem Ausbilder in tatsächlicher und rechtlicher Hinsicht, vor allem aber auch hinsichtlich des evtl. Strafmaßes besprechen. Die Erklärungen des Ausbilders können aber für den Referendar nur Anhaltspunkte nach der Aktenlage sein: Das Ergebnis der Hauptverhandlung entscheidet!

Schon vor Erscheinen des Gerichts muß der Staatsanwalt seinen Platz im Sitzungssaal einnehmen. Er hat seine Amtstracht anzulegen; sie ist in allen Verhandlungen und zur Verkündung von Entscheidungen zu tragen. Beim Eintritt des Gerichts zu Beginn der Sitzung, bei der Vereidigung von Zeugen und Sachverständigen sowie bei der Verkündung der Urteilsformel erheben sich sämtliche Anwesende von ihren Plätzen (vgl. Nr. 124 Abs. 2 RiStBV).

Sein Verhalten muß der Staatsanwalt so einrichten, daß jeder Anschein einer Befangenheit oder einer unzulässigen Einflußnahme auf das Gericht vermieden wird. Deshalb soll er den Sitzungssaal nicht gemeinsam mit dem Gericht betreten oder verlassen. Der Staatsanwalt soll sich auch nicht in das Beratungszimmer begeben und sich während der Verhandlungspause nicht mit Gerichtsmitgliedern unterhalten.

Ob eine A n r e d e d e s G e r i c h t s (z.B. "Herr Vorsitzender", "Meine Damen und Herren Richter", "Hohes Gericht") und des Verteidigers sowie des Vertreters des Nebenklägers erfolgt, steht im Belieben des Sitzungsvertreters. Höflicher ist dies auf jeden Fall. Üblicherweise wird der Angeklagte nicht angesprochen; bei einem Antrag mit Freispruch kann dies jedoch durchaus richtig sein.

Bei der Verlesung des Anklagesatzes sollte die dort verwandte Bezeichnung "Angeschuldigter" ersetzt werden durch "Angeklagter", eine Benennung, die der jetzigen verfahrensrechtlichen Stellung entspricht (vgl. Kleinknecht/ Meyer § 243 Rz. 15; Rautenberg NStZ 85, 265). Bei Verlesung eines Strafbefehls ist dieser entsprechend umzuformulieren, d.h. auch Umstellung von "Sie" zu "er".

Der Referendar hat in der Sitzung die gleichen Rechte wie der Staatsanwalt, kann also auch einen Freispruch beantragen und Erklärungen, die einen Rechtsmittelverzicht enthalten oder auf die Einstellung des Verfahrens gem. §§ 153 ff. abzielen, abgeben, sofern nicht interne Anweisungen entgegenstehen (Weisung, vor Abgabe bestimmter Erklärungen die Entscheidung eines Staatsanwalts einzuholen). Ist dies der Fall, so ist um eine kurze Unterbrechung der Sitzung zu bitten und anschließend der Sachverhalt dem Ausbilder, dem Anklageverfasser oder dem zuständigen Abteilungsleiter zur Entscheidung vorzutragen. Zu beachten ist, daß auftragswidrige Erklärungen des Referendars dem Gericht gegenüber wirksam sind, weil eine Vertretungsbefugnis des amtierenden Staatsanwalts (§ 144 GVG) nicht beschränkbar ist.

III. Ausführungen beim Antrag auf Verurteilung in einfachen Strafsachen

1. Erwiesener Sachverhalt

Zu Beginn des Plädoyers ist der a l s   e r w i e s e n   a n g e s e -
h e n e   S a c h v e r h a l t gestrafft vorzutragen, in der Regel allerdings nur, soweit er die Deliktsmerkmale der in Frage kommenden Strafgesetze ausfüllt. Falls es für das Verständnis jedoch erforderlich ist,
sollte er in den Kontext des Lebenssachverhaltes eingebunden werden.

Zur Verurteilung ist erforderlich, daß der Richter - beim Plädoyer: der
Staatsanwalt! - aufgrund der nach den Prinzipien der Unmittelbarkeit und
Mündlichkeit durchgeführten Hauptverhandlung von der Täterschaft voll überzeugt ist. Es genügt ein nach der Lebenserfahrung ausreichendes Maß an
Sicherheit, demgegenüber vernünftige Zweifel nicht mehr aufkommen (mit an
Sicherheit grenzender Wahrscheinlichkeit). Die Gesetze der Logik, der Na-
turwissenschaften, ihre feststehenden Erkenntnisse, über jeden Zweifel er-
habene Erfahrungssätze und Tatsachen der Lebenserfahrung dürfen dabei
nicht außer acht gelassen werden. Ein theoretischer Zweifel bleibt unberücksichtigt. Andererseits können auch bloße Vermutungen eine für eine Verurteilung ausreichende Überzeugung nicht begründen.

Es kann sich empfehlen - dies gilt in der Regel z.B. in Strafsachen wegen
Kapitalverbrechen -, zu Beginn der Ausführungen die Persönlichkeit, den
Lebenslauf und Werdegang des Angeklagten zu schildern. Im Verfahren vor
dem Strafrichter ist dies meist entbehrlich. Dasjenige, was zur Person
des Angeklagten zu sagen ist, kann bei der Strafzumessung - hier ist es vor
allem bedeutsam - zwanglos und sachdienlich eingeordnet werden.

Beispiel (für den Beginn):

"Nach dem Ergebnis der Hauptverhandlung steht folgender Sachverhalt fest ..."

"Die Hauptverhandlung hat ergeben, daß ..."

"Es ist erwiesen, daß ..."

Oder unmittelbar mit der Sachverhaltsschilderung beginnend:

"Der Angeklagte nahm am ... in ..."

"Die Beweisaufnahme hat den Anklagevorwurf bestätigt: Der Angeklagte hielt sich am ... in der Gaststätte ... auf und ..."

Wie bei der Schilderung des wesentlichen Ergebnisses der Ermittlungen kann
es sich empfehlen, bestimmte Vorgänge technischer oder buchungstechnischer
Art vorweg zu erläutern. Gelegentlich ist auch ein kurzer Hinweis auf bestimmte Tatbestandsmerkmale und ihre Auslegung angebracht. So werden Gericht, Angeklagter und Verteidiger gleich darauf aufmerksam gemacht, worauf
sie bei der Sachdarstellung besonders achten müssen. Komplizierte Vorgänge
müssen sprachlich so dargestellt werden, daß der Sachverhalt für jeden verständlich wird. Dazu gehört auch - wie oben bei den Ausführungen zur Anklageschrift schon gesagt -, daß Fremdwörter und Abkürzungen vermieden oder
jedenfalls erläutert werden. All dies macht den Schlußvortrag übersicht-
licher und verständlicher. Diesem Zweck können auch ausdrückliche Hinweise
darauf dienen, zu welchem Teilsachverhalt, zu welcher Beweis- oder recht-

lichen Frage nun Stellung genommen werden soll, gleichsam als Überschriften zu einzelnen Teilen des Schlußvortrages.

2. Beweiswürdigung

Vorweg sei darauf hingewiesen, daß die Begriffe Glaubwürdigkeit und Glaubhaftigkeit richtig zu verwenden sind. Glaubwürdigkeit bezieht sich auf die Person, Glaubhaftigkeit auf die Aussage!

a) Nicht geständiger Angeklagter

Beispiel (für Ansätze):

- "Der Angeklagte bestreitet, sich strafbar gemacht zu haben. Er läßt sich dahin ein, ... Seine Behauptung (Einlassung, Darstellung, Angaben) wird aber durch die Bekundung des Z e u g e n ... w i d e r l e g t . Der Zeuge hat ausgesagt, ..."

  Die E r g i e b i g k e i t der Bekundung wird dargelegt.

- "Es gibt keinen Grund, die G l a u b w ü r d i g k e i t des Zeugen ... zu bezweifeln, denn ... Für die Glaubwürdigkeit des Zeugen spricht vielmehr, daß ..."

- "Die Bekundung ist zwar in zwei Punkten widersprüchlich. Das beeinträchtigt ihre G l a u b h a f t i g k e i t nicht."

b) Geständiger Angeklagter

Beispiel (für Ansätze):

- "Der Angeklagte gesteht die ihm zur Last gelegten strafbaren Handlungen glaubhaft ..."

- "Der Angeklagte gibt im wesentlichen den ihm gemachten Tatvorwurf zu. Soweit er sich einläßt, ... kann ihn dies nicht entlasten, denn ..." (darlegen, warum die abweichende Einlassung unerheblich oder widerlegt ist).

In kleineren Strafsachen, wie sie der Referendar bei der Hauptverhandlung vor dem Strafrichter antrifft, können die einzelnen Teile des Schlußvortrags häufig zusammengefaßt oder ganz knapp vorgetragen werden.

Beispiel: "Nach dem glaubhaften, durch Zeugenaussagen bestätigten Geständnis des Angeklagten ist dieser mit seinem Fahrzeug in die Kreuzung Verdistraße/Mohrenstraße eingefahren, obwohl die Ampel auf der von ihm befahrenen Verdistraße "rot" zeigte. Mit einer Geschwindigkeit von ca. 40 km/h prallte er auf das von rechts kommende Fahrzeug des Zeugen Müller. Es steht fest, daß der ortsfremde Angeklagte, der sich mit einem Blick auf den Stadtplan orientieren wollte, abgelenkt war. Daß das der im Straßenverkehr erforderlichen und auch dem Angeklagten möglichen Sorgfalt widerspricht, liegt nicht nur auf der Hand, sondern wird auch vom Angeklagten einsichtig eingeräumt ..."

3. Rechtliche Würdigung

Bei rechtlich schwierigen Fällen sind hier r e c h t l i c h e Erörterungen anzustellen. Fragen des Sachverhalts und der Beweiswürdigung sind an dieser Stelle fehl am Platze. Zu prüfen sind in diesem Zusammenhang ggf. auch Tateinheit, Tatmehrheit, Schuldunfähigkeit oder erheblich verminderte Schuldfähigkeit (§§ 20, 21 StGB), Maßregeln der Besserung und Sicherung (§§ 61 ff. StGB) sowie §§ 1, 3, 105 JGG.

Es sei angemerkt, daß rechtliche Überlegungen natürlich nicht nur beim Schlußantrag anzustellen und darzulegen sind. Häufig bietet die Beweisaufnahme Anlaß, die in der zugelassenen Anklage enthaltene rechtliche Würdigung - und sei es auch nur vorsorglich (§ 265) - zu ändern. Zu denken ist an Qualifizierungen und Privilegierungen, aber auch an Tatbestandsauswechslungen (z.B. §§ 242, 246, 248 a StGB, §§ 316, 315 c StGB, §§ 249, 253 StGB, §§ 223 a, 223, 230 StGB). Der Hinweis in der Hauptverhandlung gem. § 265, der vom Staatsanwalt angeregt werden sollte, entbindet nicht von entsprechenden rechtlichen Wertungen, sondern fordert sie geradezu.

4. Strafmaß

Die Ausführungen hierzu bilden einen der Schwerpunkte des Plädoyers. Sie sind für den Angeklagten häufig von größter Wichtigkeit. Ihnen folgt er mit besonderer Aufmerksamkeit. Es reicht also nicht, nur einige Strafzumessungsfaktoren wie etwa: "strafmildernd ist zu berücksichtigen" oder "strafschärfend muß sich dagegen auswirken" anzuführen. Der Angeklagte hat vielmehr einen Anspruch darauf zu erfahren, wie und mit welchen Argumenten die beantragte Strafe ihm zugemessen worden ist.

Die Überlegungen zur Strafzumessung beginnen mit der Feststellung des gesetzlichen Regelstrafrahmens. Dabei ist zu berücksichtigen, daß das Mindestmaß der Freiheitsstrafe einen Monat beträgt (§ 38 Abs. 2 StGB) und bei Geldstrafen Ober- und Untergrenzen bestehen (§ 40 StGB).

Ist der gesetzliche Regelstrafrahmen bestimmt, ist zu prüfen, ob ein Sonderstrafrahmen in Betracht kommt. Die in der Praxis häufig vorkommenden Fälle sind:

- § 21 StGB: Bei einem vermindert schuldfähigen Täter kann die Strafe gem. § 49 Abs. 1 StGB gemildert werden. Möglicherweise also ersetzt der in § 49 Abs. 1 vorgesehene Strafrahmen den gesetzlichen Regelstrafrahmen.

- Das gleiche gilt für § 23 StGB: Auch dann, wenn der Angeklagte die ihm zur Last gelegte Tat nur versucht hat, kann das Gericht die Strafe nach § 49 Abs. 1 StGB mildern; unter bestimmten Umständen kann das Gericht sogar von Strafe absehen oder die Strafe nach seinem Ermessen mildern (§ 23 Abs. 3 StGB).

- Auch durch die minder schweren und besonders schweren Fälle wird der gesetzliche Strafrahmen geändert. Als Beispiele hierfür seien genannt: §§ 243 Abs. 1, 263 Abs. 3, 266 Abs. 2, 267 Abs. 3 StGB für die besonders schweren und für die minder schweren Fälle §§ 217 Abs. 2, 249 Abs. 2, 225 Abs. 2 und 226 Abs. 2 StGB.

- Zu beachten ist § 50 StGB: nur einmalige Berücksichtigung eines mildernden Umstandes bei Zusammentreffen von Milderungsgründen.

Ein minder schwerer Fall ist nicht schon dann zu bejahen, wenn einige oder auch mehrere Strafmilderungsgründe vorliegen. Die Annahme eines minder schweren Falles muß vielmehr das Ergebnis der Abwägung aller strafzumessungsrelevanter Faktoren sein.

Ist der gesetzliche Strafrahmen bestimmt, so gilt es nun, innerhalb dieses Strafrahmens die konkret angemessene Strafe zu finden. Zwei Theorien stehen sich bei dieser Frage gegenüber. Nach der "Punktstrafentheorie" gibt es für jede konkrete Tat eines bestimmten Täters nur eine von vornherein feststehende, auf die Woche oder den Tagessatz genau bestimmte Strafe. Nach der "Spielraumtheorie" kann nicht genau bestimmt werden, welche Strafe schuldangemessen ist. Es besteht ein Spielraum für die Bestimmung der Strafe, der nach unten durch die schon schuldangemessene Strafe und nach oben durch die noch schuldangemessene Strafe begrenzt wird. Diese auf der Rechtsprechung des Bundesgerichtshofs basierende Theorie wird in der Praxis angewandt. Der Bundesgerichtshof (BGHSt 7, 86, 89) hat dazu weiter ausgeführt, der Tatrichter dürfe nicht eine Strafe verhängen, die nach Höhe oder Art so schwer sei, daß sie von ihm selbst nicht mehr als schuldangemessen empfunden werde; er dürfe aber nach seinem Ermessen darüber entscheiden, wie hoch innerhalb dieses Spielraumes zu greifen sei.

Der Richter und der Sitzungsvertreter der Staatsanwaltschaft haben also nach Festlegung des gesetzlichen Strafrahmens den Schuldrahmen festzulegen, nach dem die zu beantragende bzw. zu verhängende Strafe gefunden werden muß (vgl. § 46 Abs. 1 StGB).

Bei der Suche nach dem richtigen Spielraum ist zu beachten, daß der gesetzliche Strafrahmen eine relative Strafenschichtung nach leicht und schwer enthält und durch diese ungefähre Schwereskala zu erkennen gibt, welche Strafen der Gesetzgeber dem Richter nach Schuld- und Unrechtsgehalt der Tat vorschreibt. An diese Wertung sind der Richter und der Staatsanwalt gebunden. Am mittleren Fall - gemessen an der Schuld des Täters - kann sich der Sitzungsvertreter bei den weiteren Überlegungen orientieren. Ein solcher mittlerer Fall der Schuldschwere dürfte etwas unterhalb der Mitte des Strafrahmens einzuordnen sein. Um die Grenzen des Schuldrahmens abzustecken, sind sämtliche Faktoren zu berücksichtigen, die für die strafrechtliche Schuld des Angeklagten ins Gewicht fallen können. Diese "Schuldzumessungstatsachen" werden nun daraufhin gewertet, ob sie schuldmildernd oder -schärfend zu berücksichtigen sind, und gegeneinander abgewogen.

Umstände, die schon Merkmale des gesetzlichen Tatbestandes sind, dürfen bei der Strafzumessung nicht berücksichtigt werden (§ 46 Abs. 3 StGB).

a) Bei der Abwägung ist insbesondere auf folgendes zu achten:

aa) M i l d e r n d ist zu berücksichtigen (s. auch § 46 Abs. 2 StGB):

<u>Vorleben:</u>   - der Angeklagte ist bisher "strafrechtlich nicht in Erscheinung getreten",

                - er ist noch nicht einschlägig bestraft worden,

- ungünstige häusliche Verhältnisse, die sich auf seine Entwicklung nachteilig ausgewirkt haben (nicht mehr bei höherem Alter des Angeklagten),

- Alter/Jugendlichkeit,

- Entwicklungsstörungen,

- Erziehung.

Entstehungsgründe für die Tat:

- u.U. Anlaß, Beweggründe für die Tat,

- unverschuldete Notlage,

- zerrüttete Familienverhältnisse (Ehescheidungsverfahren),

- unverschuldete Enthemmung durch Alkohol oder Medikamente,

- erheblich verminderte Schuldfähigkeit (§ 21 StGB),

- ungünstige Einflüsse anderer,

- verständliche Beweggründe.

Die Tat selbst:

- keine erhebliche kriminelle Energie,

- Mittel der Durchführung,

- Mitverschulden anderer,

- Angeklagter ist nur "Mitläufer",

- er handelte in einer Notlage,

- die Handlung ist im Versuchsstadium steckengeblieben (§§ 22, 23 Abs. 1 u. 2, 49 StGB),

- der Angeklagte handelte im - wenn auch vorwerfbaren - Verbotsirrtum (§ 17 S. 2 i.V.m. § 49 StGB).

Folgen der Tat:

- geringer Schaden,

- erheblicher Eigenschaden (Krankenhausaufenthalt, Verlust der Arbeitsstelle, eigener Sachschaden, der nicht durch eine Versicherung gedeckt ist, beamtenrechtliche Nachteile).

Verhalten nach der Tat:

- Wiedergutmachung des angerichteten Schadens,

- Entschuldigung beim Geschädigten,

- offenes, volles, reuiges Geständnis,

- Angeklagter sieht das Unrecht der (auch ohne Geständnis offenkundigen) Tat ein.

bb) S c h ä r f e n d ist zu berücksichtigen (Einschränkung nach § 46 Abs. 3 StGB):

Vorleben:

- Begehung der Taten kurz nach Verurteilung oder Verbüßung wegen früherer Taten ("hohe Rückfallgeschwindigkeit"),

- einschlägige Vorstrafe(n),

- zwar nicht einschlägig vorbestraft, jedoch zeigen seine Vorstrafen, daß er einen Hang besitzt, gegen die Rechtsordnung zu verstoßen,

- Täter steht noch "unter Bewährung" (er ist ein "Bewährungsversager").

Die Tat selbst:
- besondere Rücksichtslosigkeit bei der Tatbegehung,

- Mißbrauch eines Vertrauensverhältnisses (Arbeitgeber, Freund, Verwandte etc.),

- Berufstäter, der von der Beute lebt, gewerbs-, gewohnheitsmäßiges Handeln,

- unverantwortliches Gewinnstreben,

- verbrecherische Intensität (Stärke, Nachhaltigkeit des verbrecherischen Willens),

- erheblicher Umfang der Taten (Serientat, hohe Zahl der Einzelakte bei fortgesetzter Tat, gleiche Begehungsart), Schadenshöhe,

- kriminelle Energie.

Sonstiges:
- bei §§ 223 ff. StGB: Gefühlskälte gegenüber Opfer,

- Grad der Verletzung bzw. Gefährdung,

- "Haupt"täter, geistiger Urheber,

- Verleitung Unbescholtener zur Tat,

- Verhalten nach der Tat,

- je nach Lage des Einzelfalles (vgl. BGHSt 34, 345 ff.), daß der Angeklagte es bei seinen Vermögensverhältnissen "nicht nötig hatte" zu stehlen, zu betrügen u.a.m.

b) Die weiteren Strafzumessungserwägungen haben sich daran zu orientieren, daß die Schuld des Täters, die für den ersten der drei Strafzwecke (Sühne für begangenes schuldhaftes Unrecht, General- und Spezialprävention) bestimmend ist, Höchst- und Mindestmaß der Strafe festlegt. So darf z.B. auch aus Gründen der General- und Spezialprävention das durch die Schuldangemessenheit bestimmte Höchstmaß (wie das Mindestmaß) nicht über- bzw. unterschritten werden (vgl. SK § 46 Rz. 10 - 13; BGHSt 28, 327). Die Schutzbedürftigkeit der Allgemeinheit (vgl. Nr. 138 RiStBV) ist wichtiges Kriterium für die richtige Bestimmung der Höhe der Strafe.

Ist die Freiheitsstrafe in Wochen, Monaten und Jahren (vgl. § 39 StGB) festgelegt, so sind folgende weitere Überlegungen anzustellen:

- Muß diese schuldangemessene Strafe auch aus spezialpräventiven Gesichtspunkten verhängt werden? Wenn nicht, dann

  - Verwarnung mit Strafvorbehalt bei Geldstrafen bis zu 180 Tagessätzen (§ 59 StGB) oder

  - absehen von Strafe in den gesetzlich bestimmten Fällen (z.B. § 158 StGB).

- Bei Strafen bis zu 6 Monaten ist gem. § 47 Abs. 1 u. Abs. 2 StGB zu entscheiden, ob Freiheitsstrafe oder Geldstrafe verhängt wird.

- Kann die Freiheitsstrafe zur Bewährung ausgesetzt werden (§ 56 StGB)?

c) Die   S a n k t i o n e n   sind unter Berücksichtigung (Abwägung) all dieser Umstände zu beantragen.

Beispiel: "... erscheint eine   G e l d s t r a f e   ausreichend, die Tat zu sühnen und dem Angeklagten das Unrecht seiner Tat vor Augen zu halten sowie ihn zu bewegen, sich künftig straffrei zu führen. Sie muß aber wegen der Schwere der Tat und Schuld empfindlich ausfallen. Denn ..."

"... ist, obwohl das Gesetz nur Freiheitsstrafe androht, gem. § 47 Abs. 2 StGB eine   G e l d s t r a f e   angebracht, weil keine besonderen Umstände in der Tat oder der Persönlichkeit des Angeklagten vorliegen, die die Verhängung einer Freiheitsstrafe unter 6 Monaten - nur eine solche käme hier in Frage - unerläßlich machen und auch die Verteidigung der Rechtsordnung sie nicht erfordert" (§ 47 Abs. 2 S. 1 StGB beachten).

"... kann nur durch Verhängung einer spürbaren   F r e i - h e i t s s t r a f e   dem Angeklagten das Unrecht seiner Tat eindringlich vor Augen geführt werden. Denn ..."

Bei Strafen unter 6 Monaten ist gem. § 47 Abs. 1 StGB auszuführen, warum eine Geldstrafe nicht ausreicht und die Verhängung einer Freiheitsstrafe wegen der besonderen Umstände in der Tat oder der Persönlichkeit des Angeklagten oder zur Verteidigung der Rechtsordnung unerläßlich ist.

5. Einzelheiten des Antrags

Beispiel: "Ich beantrage daher, den Angeklagten wegen ... zu einer   G e l d s t r a f e   von ... Tagessätzen zu je ... DM (insgesamt also zu ... DM) zu verurteilen."

Aufgrund der oben dargelegten Strafzumessungserwägungen ist zu begründen, welche Anzahl von Tagessätzen als Sanktion tat- und schuldangemessen ist. Sodann ist die Höhe des einzelnen Tagessatzes zu begründen (mind. 2,- DM, max. 10.000,- DM, § 40 Abs. 2 S. 3 StGB). Zweckmäßigerweise sollte auch die Gesamtsumme genannt werden.

Bei der Bemessung des Tagessatzes sind insbesondere die persönlichen und wirtschaftlichen Verhältnisse zu berücksichtigen. Zur Höhe des Tagessatzes s. § 40 Abs. 2, 3 StGB: In der Regel wird das monatliche Nettoeinkommen (zur im einzelnen schwierigen - und strittigen - Berechnung vgl. Schönke/ Schröder § 40 Rz. 8 - 15 a) durch dreißig dividiert. Dem Angeklagten kann gestattet werden, die Geldstrafe in monatlichen Raten abzuzahlen, s. § 42 StGB. Kommt eine Geldstrafe in Betracht, wird sich der Referendar eingehend mit den Fragen, was Einkommen und was abzugsfähig ist, anhand von Literatur und Rechtsprechung beschäftigen.

Beispiel: "... den Angeklagten wegen des Verstoßes gegen § ... eine Geld-/Freiheitsstrafe von ... und des dazu in Realkonkurrenz stehenden Verstoßes gegen § ... eine solche von ... zu verhängen und daraus eine Gesamtstrafe von ... zu bilden."

"... den Angeklagten zu einer   F r e i h e i t s s t r a f e   von ... zu verurteilen."

Bei Strafen von nicht mehr als einem Jahr ist die Strafaussetzung zur Bewährung der Regelfall, wenn gegen den Angeklagten bisher noch keine Freiheitsstrafe verhängt worden ist und keine besonderen Umstände dagegen sprechen; Voraussetzung ist eine günstige Sozialprognose. Ist das der Fall, so m u ß bei Strafen bis zu 6 Monaten ausgesetzt werden, bei Strafen von mindestens 6 Monaten kann ausgesetzt werden, es sei denn, die Verteidigung der Rechtsordnung gebiete die Vollstreckung (§ 56 Abs. 3 StGB). Bei Strafen über 1 Jahr bis zu 2 Jahren (§ 56 Abs. 2 StGB) kann das Gericht, liegen die Voraussetzungen von § 56 Abs. 1 StGB vor, die Vollstreckung zur Bewährung aussetzen, wenn nach der Gesamtwürdigung von Tat u n d Persönlichkeit des Täters besondere Umstände vorliegen.

Beispiel: "Die Vollstreckung dieser Strafe beantrage ich zur B e -
w ä h r u n g auszusetzen, um dem Angeklagten noch einmal
die Gelegenheit zu geben, sich in Zukunft straffrei zu führen. Die Bewährungszeit sollte 3 Jahre betragen und dem Angeklagten u.a. zur Auflage gemacht werden, ... (z.B. eine Geldbuße von ... DM an eine karitative Einrichtung zu zahlen)."

"Diese Strafe kann n i c h t zur Bewährung ausgesetzt werden, weil ... (vgl. § 56 Abs. 1 StGB)."

Auch der Antrag, daß - oder daß nicht - eine Freiheitsstrafe zur Bewährung ausgesetzt werden kann, bedarf der Begründung. Diese Frage ist für den Angeklagten (seine Familie und sein Arbeitsverhältnis) häufig von größter Bedeutung. Zur richtigen Beantwortung dieser Frage ist es daher notwendig, umfassend auf die Persönlichkeit des Angeklagten und seine sozialen Verhältnisse einzugehen (Nr. 138 Abs. 5 RiStBV). Auch diese Ausführungen bedürfen der Vorbereitung in der Hauptverhandlung und auch schon - wenn dies abzusehen ist - im Ermittlungsverfahren (Gerichtshilfe einschalten gem. § 160 Abs. 3 S. 2).

IV. Besonderheiten

1. Schwierige Sachverhalte

Bei s c h w i e r i g e n und u m f a n g r e i c h e n Sachverhalten oder schwerwiegenden Anklagevorwürfen gilt folgendes:

In diesen Fällen sollte, bevor der Sachverhalt dargelegt wird, der Lebenslauf des Angeklagten und eine einführende Vorgeschichte der Tat vorgetragen werden. Ggf. sind hier - wie oben schon erwähnt - Darstellungen technischer, wirtschaftlicher, geschichtlicher oder anderer für das Verständnis des Verfahrens bedeutsamer Vorgänge angebracht.

2. Haftbefehl

Wird bei Bestehen eines H a f t b e f e h l s der Angeklagte zu Geldstrafe oder zu Freiheitsstrafe unter Strafaussetzung zur Bewährung verurteilt oder zu Freiheitsstrafe, jedoch ohne daß die Voraussetzungen des Haftbefehls weiter vorliegen, ist zu beantragen, den H a f t b e f e h l a u f z u h e b e n . Wenn der Angeklagte aus der U-Haft vorgeführt wird, ist nach Verkündung eines entsprechenden Beschlusses vom Gericht seine Entlassung zu veranlassen, indem ein Entlassungsersuchen an die JVA gesandt wird; der Staatsanwalt hat darauf zu achten, daß dies geschieht.

Wird der Angeklagte zu Freiheitsstrafe ohne Bewährung verurteilt und sind die Voraussetzungen des Haftbefehls weiter gegeben, so ist zu beantragen, H a f t f o r t d a u e r zu beschließen. Auch dieser Antrag ist zu begründen. Der Ansicht von Günter (JA-Sonderheft Referendare, S. 44), es genüge zu sagen: "Aus den fortbestehenden Gründen, die zum Erlaß des Haftbefehls geführt haben", kann nicht gefolgt werden. Einerseits entspricht die Berufung auf schriftliche Gründe einer in den Akten befindlichen Entscheidung nicht dem Grundsatz der Mündlichkeit, der auch hier gewahrt bleiben sollte, und zum anderen ist der Erlaß des Urteils eine so einschneidende Veränderung, daß deren Bedeutung für die Voraussetzung eines Haftbefehls in der Regel bedacht werden muß. Dazu sollte der Staatsanwalt argumentativ Stellung nehmen.

Wird der auf freiem Fuße befindliche Angeklagte zu hoher Freiheitsstrafe verurteilt und liegen die Voraussetzungen eines Haftbefehls vor, so beantragt der Staatsanwalt ebenfalls Erlaß eines Haftbefehls sowie erforderlichenfalls, den Angeklagten gem. § 231 (der § 230 ergänzt und auch für den geschilderten Fall anwendbar sein dürfte) in Gewahrsam zu halten. An die Justizvollzugsanstalt ist bei Überstellung des Verhafteten ein Aufnahmeersuchen zu richten.

3. Jugendliche und Heranwachsende

Bei Verfahren gegen J u g e n d l i c h e und H e r a n w a c h s e n d e spielt die Frage der Feststellung der Verantwortlichkeit, der Reife, der Art der Straftat und ihrer Motive eine besonders wichtige Rolle.

Nachdem die Tat des Jugendlichen oder Heranwachsenden rechtlich gewürdigt worden ist und bevor das Strafmaß erörtert wird, ist

- bei Jugendlichen (§ 1 Abs. 2 JGG) festzustellen, ob sie gem. § 3 JGG strafrechtlich verantwortlich sind, also nach ihrer sittlichen und geistigen Entwicklung reif genug waren, das Unrecht der Tat einzusehen und nach dieser Einsicht zu handeln,

- bei Heranwachsenden (§ 1 Abs. 2 JGG) darzulegen, ob von dem Regelfall der Anwendung des Erwachsenenstrafrechts gem. § 105 Abs. 1 JGG abzuweichen und Jugendstrafrecht anzuwenden ist, was in der Praxis überwiegend geschieht. Das ist der Fall, wenn die Gesamtwürdigung der Persönlichkeit des Täters bei Berücksichtigung auch der Umweltbedingungen ergibt, daß er zur Zeit der Tat nach seiner sittlichen und geistigen Entwicklung noch einem Jugendlichen gleichstand (möglich auch bei nicht entwicklungsgestörten Tätern), oder es sich nach der Art, den Umständen oder den Beweggründen der Tat um eine Jugendverfehlung handelt. Bei Zweifeln darüber ist Jugendrecht anwendbar, solange sich dies nicht zum Nachteil des Täters auswirkt (str., vgl. BGHSt 12, 118; 5, 366).

Ist der Angeklagte ein Jugendlicher oder ein nach dem Jugendstrafrecht zu beurteilender Heranwachsender, so ist zunächst grundsätzlich folgendes zu beachten:

§ 31 Abs. 1 S. 1 JGG bestimmt, daß auch bei Tatmehrheit - wie bei Tateinheit - nur auf eine Unrechtsfolge, die gem. § 8 JGG aus mehreren Maßnahmen bestehen kann, erkannt wird. Das Jugendrecht will nämlich weniger die einzelnen Taten ahnden als einheitlich auf den jugendlichen Täter einwirken und ihn erziehen. Dies kann auch dann - sofern erzieherische Gründe nicht entgegenstehen - erfolgen, wenn wegen einer Straftat schon ein rechtskräftiges Urteil ergangen ist und die Unrechtsfolgen aus diesem Urteil noch nicht vollständig erledigt sind (§ 31 Abs. 2, 3 JGG). Der Strafrahmen ist derselbe wie bei Vorliegen einer Tat.

Innerhalb des Jugendstrafrechts, das vom Erziehungsgedanken beherrscht wird, dürfen generalpräventive Gesichtspunkte nicht zu Lasten des Jugendlichen bei der Bemessung der Jugendstrafe berücksichtigt werden. Maßgebend sind vielmehr erzieherische Gründe. Auf sie ist zunächst bei der Bemessung der Jugendstrafe und sodann bei der Prüfung der Voraussetzungen einer Strafaussetzung zur Bewährung Rücksicht zu nehmen (vgl. Böhm NStZ 86, 446 m.w.N.). Die Strafrahmen des allgemeinen Strafrechts gelten gem. § 18 Abs. 1 S. 3 JGG nicht; da sie aber die Bewertung des Tatunrechts kennzeichnen, bleiben sie auch im Jugendstrafrecht von allgemeiner Bedeutung. Daher ist in die Prüfung auch miteinzubeziehen, ob etwa ein minder schwerer Fall vorliegt.

Folgende Anträge kommen in Betracht:

a) Einstellung gem. § 47 Abs. 1 Nrn. 1 - 3 (Nr. 3 n u r bei Jugendlichen), Abs. 2 JGG. Es sind dies die Fälle des § 45 Abs. 1 u. 2 JGG sowie der Fall der mangelnden strafrechtlichen Reife des Jugendlichen.

b) Erziehungsmaßregeln (§§ 5 Abs. 1, 9 - 12 JGG), meistens in der Form von

   - Weisungen (§ 10 JGG), die über die im Gesetz genannten Beispiele h i n a u s g e h e n können, aber durch Verfassung und Sittengesetz begrenzt sind und dem Jugendlichen bzw. Heranwachsenden einleuchten müssen (möglich: Ablieferung von Lohn, Abrechnung von Ausgaben, Ablieferung von Gegenständen für bestimmte Zeit; nicht möglich: Beitritt zu bestimmten Vereinen oder Religionsgemeinschaften oder regelmäßiger Kirchenbesuch);

   - heilerzieherische Behandlung und Entziehungskur (§ 10 Abs. 2 JGG);

   - Erziehungsbeistandschaft und Fürsorgeerziehung (nur für Jugendliche, n i c h t für nach Jugendrecht zu verurteilende Heranwachsende, §§ 12, 105 JGG);

c) Zuchtmittel (§§ 5 Abs. 2, 13 ff. JGG), wie

   - Verwarnung (§ 14 JGG): eindringliche Zurechtweisung mit Vorhalt des Unrechts der Tat;

   - Erteilung von Auflagen (§ 15 JGG): Wiedergutmachung des durch die Tat verursachten Schadens; persönliche Entschuldigung beim Verletzten, wenn der Täter dazu bereit ist; Zahlung eines Geldbetrages zugunsten einer gemeinnützigen Einrichtung, wenn erzieherisch vertretbar und die Buße aus Mitteln gezahlt werden kann, über die der Jugendliche selbständig verfügen darf;

   - Jugendarrest (§ 16 JGG): Freizeitarrest (1 - 4 Freizeitarreste, meist jeweils an einem Wochenende), Kurzarrest (2 - 6 Tage) oder Dauerarrest (1 - 4 Wochen).

Zuchtmittel und Erziehungsmaßregeln sind kombinierbar (§ 8 Abs. 1 S. 1 JGG).

d) Aussetzung der Verhängung einer Jugendstrafe (§ 27 JGG): Es wird die Schuld des Jugendlichen bzw. Heranwachsenden festgestellt, aber die Verhängung einer Jugendstrafe ausgesetzt, wenn nicht mit Sicherheit beurteilt werden kann, ob in der Straftat schädliche Neigungen in einem Umfang hervorgetreten sind, der eine Jugendstrafe erforderlich macht. Für die Bewährungszeit (vgl. § 28 JGG) wird der Jugendliche bzw. Heranwachsende der Aufsicht und Leitung eines Bewährungshelfers unterstellt. Neben dieser Sanktion sind gem. § 29 S. 2 JGG Weisungen und Auflagen möglich.

e) Jugendstrafe (§§ 17 ff. JGG): Sie wird verhängt, wenn wegen der schädlichen Neigungen, die in der Tat hervorgetreten sind, Erziehungsmaßregeln oder Zuchtmittel zur Erziehung nicht ausreichen oder wegen der Schuldschwere Jugendstrafe erforderlich ist.

   - Jugendstrafe bestimmter Dauer (§ 18 JGG): mindestens 6 Monate und im Regelfall höchstens 5 Jahre Jugendstrafe. Bei Verbrechen, die nach allgemeinem Strafrecht im Höchstmaß von mehr als 10 Jahren Freiheitsstrafe bedroht sind, kann bis auf 10 Jahre Jugendstrafe erkannt werden.

   - Jugendstrafe unbestimmter Dauer (§ 19 JGG): Es handelt sich um eine bewegliche Rahmenstrafe mit Begrenzung im Mindestmaß von 6 Monaten Jugendstrafe und im Höchstmaß von 4 Jahren Jugendstrafe; der Unterschied zwischen Mindest- und Höchstmaß soll nicht weniger als 2 Jahre betragen.

f) Maßregeln der Besserung und Sicherung (§ 7 JGG): Hier kommen in Betracht: Unterbringung in einem psychiatrischen Krankenhaus zur Sicherung der Rechtsgemeinschaft, Unterbringung in einer Entziehungsanstalt, Führungsaufsicht, Entziehung der Erlaubnis zum Führen eines Kraftfahrzeugs.

g) Schließlich kann auch noch auf Nebenstrafen und Nebenfolgen erkannt werden (§§ 8 Abs. 3, 6 JGG). Zulässig sind Fahrverbot, Einziehung, Unbrauchbarmachung, Verfallserklärung, Mehrerlösabführung, Jagdscheineinziehung sowie die Abschöpfung von deliktischen Gewinnen.

Unzulässig ist die Aberkennung der Fähigkeit, öffentliche Ämter zu bekleiden und Rechte aus öffentlichen Wahlen zu erlangen oder in öffentlichen Angelegenheiten zu wählen oder zu bestimmen (§ 6 JGG).

Von der Auferlegung von Kosten und Auslagen (§ 74 JGG) kann abgesehen werden.

Es liegt auf der Hand, daß in Verfahren gegen Jugendliche und Heranwachsende der Frage der Beurteilung der Persönlichkeit des Angeklagten, seiner psychischen und sozialen Situation, der voraussichtlichen Wirkung der gegen ihn zu verhängenden Sanktionen sowie der Sozialprognose noch größere Bedeutung zukommt als in Verfahren gegen Erwachsene. Gerade hier, bei der einfühlsamen Analyse der Persönlichkeit des Jugendlichen, seiner Psyche, seiner Motive und seiner Erziehbarkeit, hat sich der Sitzungsvertreter zu bewähren.

Unter zwei Aspekten spielen diese Gesichtspunkte eine besondere Rolle:

- bei der Frage der Anwendung des Jugendstrafrechts bei Taten in verschiedenen Alters- und Reifestufen (§ 32 JGG),

- bei der Prüfung, ob auf Strafaussetzung zur Bewährung erkannt werden
  kann.

Für die Entscheidung der ersten Frage sind die Entwicklung des Angeklagten
und die Wurzeln der nach dem 21. Geburtstag begangenen Taten bedeutsam. Es
kommt also nicht entscheidend darauf an, in welchem Alter die größere Anzahl der Straftaten begangen worden ist oder welche Taten schwerer waren,
sondern vor allem darauf, ob die nach dem 21. Geburtstag begangenen Straftaten psychisch aus den früheren Taten folgten (vgl. BGH NStZ 86, 219).

Bei der Frage der Strafaussetzung zur Bewährung (im Falle des § 21 Abs. 2
JGG) ist zu beachten, daß besondere Umstände in der Tat und in der Persönlichkeit des Jugendlichen nicht nur dann vorliegen, wenn sie die Tat als
"außergewöhnlich" kennzeichnen. Es genügt vielmehr, daß "normale" Milde-
rungsgründe ein Gewicht erreichen, die die Strafaussetzung als richtig erscheinen lassen. Solche Umstände können auch in dem Verhalten des Jugendlichen nach der Tat und in seiner nunmehrigen Eingliederung in Familie und
Beruf liegen.

4. Verkehrsdelikte

Hat der Angeklagte durch sein Verhalten gezeigt, daß er zum Führen von
Kraftfahrzeugen ungeeignet ist, so wird beantragt, ihm die F a h r e r -
l a u b n i s   z u   e n t z i e h e n und eine S p e r r e von ...
Monaten bis zur Erteilung einer neuen Fahrerlaubnis anzuordnen (s. §§ 69,
69 a StGB). Dabei ist die Zeit der vorläufigen Entziehung der Fahrerlaubnis zu berücksichtigen. Hat der Angeklagte einen von einer deutschen Behörde erteilten Führerschein, so ist gem. § 69 Abs. 3 S. 2 StGB dessen
E i n z i e h u n g zu beantragen. Wird die Fahrerlaubnis nicht entzogen,
kommt ein Fahrverbot von 1 bis zu 3 Monaten in Betracht (§ 44 StGB). Für
den internationalen Kraftverkehr - ausländische Fahrerlaubnis - beachte
§ 69 b StGB.

Hat der Angeklagte die Tat durch das Führen eines führerscheinfreien Mo-
peds oder eines anderen Kraftfahrzeugs ohne Fahrerlaubnis begangen, ist
eine Sperrfrist für die Erteilung einer Fahrerlaubnis und evtl. ein Verbot
gem. § 44 StGB zu beantragen.

5. Sicherungsverfahren

Der Schlußvortrag im Sicherungsverfahren (§ 413) oder in einer Hauptverhandlung, in der von der Schuldunfähigkeit des Angeklagten auszugehen ist,
jedoch Maßregeln der Besserung und Sicherung in Betracht kommen, bietet
keine wesentlichen Besonderheiten. Doch kommt der Beurteilung der Persönlichkeit des Täters, seiner Krankheit und ihrer voraussichtlichen Entwicklung wie der dadurch hervorgerufenen Gefährlichkeit entscheidende Bedeutung
zu. Auf diese Fragen wird der Staatsanwalt daher besonders eingehen.

6. Nebenentscheidungen

Der Staatsanwalt hat zu den in Betracht kommenden Nebenentscheidungen Anträge zu stellen und sie zu begründen. Er wird in der Hauptverhandlung
überprüfen, ob folgendes in Betracht kommt:

a) Einziehung von Tatwerkzeug (zu denken ist hier in zunehmendem Maße an
   Kraftfahrzeuge, z.B. bei Einschwärzungen von Betäubungsmitteln mit Hilfe

eines PKW sowie bei Diebstählen und Raubüberfällen mit Fahrzeugen) und von durch die Tat geschaffenen Gegenständen (§ 74 StGB);

b) Berufsverbot (vgl. oben D V 6; § 70 StGB);

c) Anordnung der Führungsaufsicht (§§ 61, 68 ff. StGB);

d) sonstige Maßregeln der Besserung und Sicherung: Unterbringung in einem psychiatrischen Krankenhaus, Unterbringung in einer Entziehungsanstalt, Unterbringung in der Sicherungsverwahrung (§ 61 ff. StGB);

e) Nichtanrechnung der Untersuchungshaft (§ 51 Abs. 1 S. 2 StGB), was in der Praxis allerdings nur selten vorkommt;

f) bei der Kostenentscheidung sind die Besonderheiten zu beachten (vgl. §§ 465 Abs. 2, 466 S. 2, 467 Abs. 2 u. 3, 469 ff.).

V. Antrag auf Freisprechung

1. Aufbau und Inhalt der Ausführungen

Freispruch wird beantragt, wenn dem Angeklagten die ihm zur Last gelegte Tat nicht mit der erforderlichen Gewißheit nachzuweisen ist. Wie oben zu III. dargelegt, setzt diese Gewißheit voraus, daß der Beweis mit an Sicherheit grenzender Wahrscheinlichkeit geführt ist. Wenn der Staatsanwalt nach den oben umrissenen Grundsätzen nicht die volle Überzeugung von der Schuld des Angeklagten gewonnen hat, muß er Freispruch beantragen.

Seine Ausführungen entsprechen den Gründen eines freisprechenden Urteils. Der Staatsanwalt legt zunächst knapp dar, welcher Vorwurf gegen den Angeklagten erhoben worden ist. Sodann ist die Einlassung des Angeklagten wiederzugeben. Daran schließt sich die Beweiswürdigung an: Eingehend und sorgfältig begründend sind die entscheidenden Punkte darzulegen, warum die Einlassung des Angeklagten nicht mit an Sicherheit grenzender Wahrscheinlichkeit widerlegt werden kann.

Beispiel: Weil z.B. Zeugen die Einlassung des Angeklagten bestätigen; die Belastungszeugen nicht glaubwürdig sind (der Sachverständige die Angaben des Angeklagten bestätigt); abweichende Aussagen mehrerer Zeugen vorliegen, von denen keiner der Vorzug gegeben werden kann; die Zeugen keine Erinnerung mehr an den Vorfall haben usw.

Soll Freispruch beantragt werden, weil die erwiesene Handlung des Angeklagten unter kein Strafgesetz fällt, so ist zunächst der erwiesene Sachverhalt darzulegen und dann zu begründen, warum aus Rechtsgründen eine Strafbarkeit nicht gegeben ist.

Wenn Peters, S. 583, zum freisprechenden Urteil sagt, es solle sich auf ein Minimum beschränken und nicht moralisieren, so gilt dies auch für das Plädoyer.

Es folgt der Antrag auf Freispruch und auf Kostentragung (§§ 467 Abs. 1, 2, 3, 469 Abs. 1).

Sind mehrere Taten Gegenstand des Verfahrens oder/und handelt es sich um
tateinheitlich oder tatmehrheitlich zusammentreffende Delikte, bietet der
Antrag häufig Schwierigkeiten. Die Ausführungen bei Kleinknecht/Meyer zu
§ 260 geben einen anschaulichen Überblick.

Auf einige häufig anzutreffende Gestaltungen im Hinblick auf den Eröffnungsbeschluß sei hingewiesen:

- Freispruch erfolgt auch, wenn die Straftat nicht erwiesen und hinsichtlich einer tateinheitlich gegebenen leichteren Straftat oder Ordnungswidrigkeit ein Verfolgungshindernis vorliegt.

- Freispruch erfolgt jedoch nicht, wenn bei einem tateinheitlichen Zusammentreffen mehrerer Delikte ein rechtlicher Gesichtspunkt wegfällt.

- Auf Freispruch ist ebenfalls nicht zu erkennen, wenn Einzelakte einer
  fortgesetzten Handlung nicht nachgewiesen werden; anderes gilt aber,
  wenn nur e i n e Einzelhandlung erwiesen ist oder im Urteil Aufspaltung in nur teilweise beweisbare selbständige Taten erfolgt.

- Geht der Eröffnungsbeschluß von mehreren selbständigen Handlungen aus,
  die teils nicht bewiesen sind und teils zu einer fortgesetzten Handlung
  zusammengefaßt werden, hat hinsichtlich der nicht erwiesenen Taten
  Freispruch zu erfolgen.

- Auf Freispruch ist ebenfalls zu erkennen, wenn bei Tatmehrheit im Eröffnungsbeschluß nach dem Ergebnis der Hauptverhandlung nicht alle
  Straftaten erwiesen sind.

2. Entschädigung für Strafverfolgungsmaßnahmen

Gegebenenfalls ist noch zur Frage der Zuerkennung oder Ablehnung einer
E n t s c h ä d i g u n g für erlittene Untersuchungshaft, vorläufige
Entziehung der Fahrerlaubnis u.ä. nach dem Gesetz über die Entschädigung
für Strafverfolgungsmaßnahmen (StrEG) Stellung zu nehmen. Zu beachten ist
dabei, daß gem. § 5 Abs. 2 StrEG insbesondere dann eine Entschädigung zu
versagen ist, wenn der Angeklagte die Strafverfolgungsmaßnahmen wenigstens
grob fahrlässig verursacht hat.

VI. Antrag auf Einstellung des Verfahrens gem. § 153 Abs. 2, § 153 a Abs. 2 oder wegen Vorliegens eines Verfahrenshindernisses gem. § 260 Abs. 3 (außerhalb der Hauptverhandlung gem. § 206 a)

Der letztere Antrag ist nur mit der Darstellung der das Hindernis ergebenden Tatsachen und einer hierauf bezogenen eventuellen rechtlichen Würdigung zu begründen.

Die Anträge, gem. § 153, § 153 a zu verfahren, bedürfen einer auf die Voraussetzungen dieser Vorschriften bezogenen Begründung; auf diese kann verzichtet werden, wenn das Gericht die Einstellung begründend anregt.

Auf die Ausführungen zur Einstellung des Verfahrens durch die Staatsanwaltschaft (vgl. oben E II 5), insbesondere auch auf die dort wiedergegebenen
Richtlinien des Justizministers des Landes Nordrhein-Westfalen, wird verwiesen.

VII. Hinweise für die Beurteilung von Zeugenbekundungen

Der Zeuge ist - so heißt es allgemein - das praktisch wichtigste, jedoch zugleich das schlechteste Beweismittel. Bekundungen des Menschen über zurückliegende Wahrnehmungen sind mit einer großen Zahl von Fehlern behaftet. Dies liegt daran, daß einmal die Zuverlässigkeit menschlicher W a h r n e h m u n g e n beeinträchtigt sein kann und daß auf der anderen Seite Fehler im Bereich der W i e d e r g a b e auftreten.

Im Bereich der Wahrnehmung können beeinträchtigt sein:

- Wahrnehmungsmöglichkeit,

- Wahrnehmungsfähigkeit und

- Wahrnehmungsbereitschaft.

Es ist festzustellen, daß gelegentlich Zeugen Bekundungen über Wahrnehmungen machen, die sie überhaupt nicht gemacht haben können. Bekanntermaßen sind auf bestimmte Entfernungen die individuellen Gesichtszüge eines Menschen nicht mehr zu erkennen; gleichwohl kommt es vor, daß Zeugen bekunden, sie hätten einen Menschen trotz größerer Entfernung an seinen Gesichtszügen erkannt. Häufig machen Zeugen ganz bestimmte Zeitangaben. Hierbei ist zu berücksichtigen, daß der Mensch regelmäßig Zeiten bis zu 10 Minuten über- und darunterliegende Zeitspannen unterschätzt; ähnliches gilt für das Schätzen von Entfernungen.

Um Beeinträchtigungen der Wahrnehmungsfähigkeiten handelt es sich etwa bei Störungen der Seh- und Hörfähigkeit oder aber auch bei mangelnden Kenntnissen in der Beurteilung des wahrgenommenen Sachverhalts. Schließlich muß berücksichtigt werden, daß auch starke Gemütsbewegungen die Wahrnehmungsfähigkeit beeinflussen können.

Die Wahrnehmungsfähigkeit ist größer, wenn etwa die Beobachtungen des Zeugen seinem Interesse entsprochen haben; sie ist geringer, wenn es sich um Vorgänge handelte, für die der Zeuge keinerlei Interesse aufgebracht hat.

Im Bereich der Wiedergabe kann man Fehlerquellen unterscheiden bei

- der Wiedergabemöglichkeit,

- der Wiedergabefähigkeit und

- der Wiedergabebereitschaft.

Die Wiedergabemöglichkeit ist eingeschränkt, wenn der Zeuge allgemein zur Reproduktion von Wahrgenommenem nur schlecht oder gar nicht in der Lage ist oder wenn er infolge von Verletzungen oder Bewußtlosigkeit für bestimmte Wahrnehmungen an Erinnerungsfähigkeit eingebüßt hat.

Weiterhin kann trotz der Möglichkeit zur Wiedergabe des Wahrgenommenen die Wiedergabefähigkeit des Zeugen eingeschränkt sein. Eine solche Gefahr ist ausgeschlossen, wenn der Zeuge sich seiner mangelnden Wiedergabe-(Erinnerungs-)fähigkeit bewußt ist und dies bekundet. Die Gefahr besteht aber dann, wenn der Zeuge vergessene Wahrnehmungen unbewußt durch andere ersetzt. Ganz allgemein ist festzustellen, daß bereits nach den ersten Stunden der Wahrnehmungen ein rapider Gedächtnisabfall einsetzt und sich mit zunehmendem Zeitablauf verstärkt. In diesem Zusammenhang sei darauf hingewiesen, daß die Reduktion der Angaben bei verschiedenen Vernehmungen im

Laufe des Verfahrens kein Anhaltspunkt dafür ist, daß der Zeuge unzuver-
lässig ist. Denn grundsätzlich ist zu beobachten, daß das Randgeschehen
vergessen wird. Im Prozeß kommt es jedoch vornehmlich auf das Kernge-
schehen und dessen Wiedergabe an.

Schließlich kann die Wiedergabebereitschaft des Zeugen eingeschränkt sein.
Dies kann vorsätzlich, aber auch nicht vorsätzlich geschehen, etwa bei
starkem Parteiergreifen für den Angeklagten oder den Verletzten.

Nach diesen grundsätzlichen Bemerkungen sollen einige konkretere Hinweise
für die Beurteilung von Aussagen gegeben werden.

1) Für die R i c h t i g k e i t einer Aussage spricht:

   a) der Zeuge hat keinen Grund, den Angeklagten zu Unrecht zu belasten,

   b) seine Aussage ist klar und folgerichtig,

   c) seine Aussage ist in den wesentlichen Punkten konstant und stimmt
      mit feststehenden Handlungsabläufen überein,

   d) der Zeuge ist erinnerungskritisch,

   e) der Zeuge antwortet spontan aus lebhafter bildlicher Erinnerung,

   f) der Zeuge kann seine Aussage auf unerwartete Fragen hin ergänzen,

   g) die Bekundungen sind detailreich und ungezwungen,

   h) Begleitempfindungen stehen in angemessener Beziehung zum objektiven
      Geschehen,

   i) die Aussage ist individuell durchgezeichnet und in sich stimmig,

   j) die Aussage steht im richtigen Zusammenhang zum Lebensraum und der
      Bildung des Zeugen.

2) Abweichungen, die die Glaubhaftigkeit n i c h t beeinträchtigen müssen:

   a) bei Daten (auch wenn mit größter Überzeugung vorgetragen),

   b) bei der zeitlichen Einordnung von bestimmten Handlungen in einen Kom-
      plex von Handlungen (Reihenfolge der Einzelhandlungen),

   c) bei Farben (viele Zeugen weichen bei der Aussage in diesem Punkt von
      der Beobachtung ab),

   d) von eigenen früheren Berichten und Gesprächen, wenn es um unwichtiges
      Nebengeschehen geht,

   e) bei der Wiedergabe vom Gesprächswortlaut (nur der S i n n von Ge-
      sprächen wird meist gut behalten),

   f) bei Turbulenzgeschehen (Ablauf in kurzer Zeit, mehrere Personen,
      Affekte seitens des Zeugen, z.B.: Verkehrsunfall, Schlägereien),

   g) Aussagelücken, die auf Hemmungen, Scham, Furcht vor Prestigeverlust
      beruhen können,

   h) Veränderung - insbesondere Einschränkung - des Erinnerungsbildes bei
      verschiedenen Vernehmungen im Laufe des Verfahrens.

3) G e g e n den Wahrheitsgehalt einer Aussage spricht, wenn:

   a) der Zeuge sich in wesentlichen Punkten widerspricht,

   b) er emotional stark beteiligt und unkritisch ist,

   c) seine Aussage "eingedrillt" ist,

   d) er Erinnerungslücken durch eigene Kombinationen ausfüllt,

   e) er Nebensächlichkeiten und Begleitgeschehen nicht mitteilt, was oft ein Hinweis dafür ist, daß die Aussage einstudiert ist,

   f) die Aussage übertrieben bestimmt, betont und Einwände wegschiebend vorgetragen wird,

   g) der Zeuge unsicher reagiert, wenn er seine Bekundungen auf unerwartete Fragen hin ergänzen soll,

   h) wenn sich bei Nachfragen Anhaltspunkte dafür ergeben, daß der Zeuge Schlußfolgerungen aus dem von ihm beobachteten Geschehen als eigene Wahrnehmungen schildert (sog. Rationalisieren),

   i) wenn der Zeuge wegen Aussagedelikten, falscher Verdächtigung oder Verleumdung vorbestraft ist.

Zur Vertiefung sollte z.B. Arntzen, Psychologie der Zeugenaussage, System der Glaubwürdigkeitsmerkmale, und Bender/Röder/Nack, Tatsachenfeststellung vor Gericht, Bd. I, Glaubwürdigkeits- und Beweislehre, gelesen werden.

VIII. Beispiel eines Plädoyers

Didaktische Hinweise

Oder:
Herr Vorsitzender, meine Herren Schöffen!

An dieser Stelle kommt auch eine Überleitung mit dem Satz in Betracht: Für den Tathergang ist von folgenden Feststellungen auszugehen.

Oder: Die Beweisaufnahme hat folgenden Sachverhalt ergeben.

Es kann auch - um die Spannung der Zuhörer zu wecken - mit einer Frage begonnen werden. Etwa: Die Kernfrage, die es zu entscheiden gilt, ist: Hat der Angeklagte die Tat begangen?

Der Sachverhalt wird gestrafft im Imperfekt dargestellt.

Plädoyer

Hohes Gericht!

Die Beweisaufnahme hat den Anklagevorwurf bestätigt. Danach hat sich der Angeklagte eines versuchten Betruges schuldig gemacht.

Der Angeklagte nahm am 9. November 1988 in der Sanitärabteilung des Haufhauses Horten einen Waschtisch aus seiner Verpackung. Sie bestand aus zwei übereinanderge-

Daran knüpft sich die Einlassung
des Angeklagten; hier kann auch
schon auf seine Argumentation
zur Beweiswürdigung hingewiesen
werden.

Die erneute Ansprache macht deutlich, daß jetzt wichtige Ausführungen folgen.

Einleitender Satz, der die Kern-
punkte der Beweiswürdigung auf-
zeigt.

Nun werden die einzelnen, gegen
den Angeklagten sprechenden Indizien in kurzen Sätzen angeführt. Rhetorisch sollten sie

stülpten Kartonhälften. Auf der
oberen war das Preisschild über
35,95 DM aufgeklebt. Er packte
dann eine Haussprechanlage sowie
eine Badearmatur mit einem Gesamt-
kaufpreis von 485,95 DM in den
Karton. Den Karton legte er zusammen mit einem Beutel Gips in seinen Einkaufswagen und ging damit
zur Kasse. Er beabsichtigte, die
Kassiererin, die Zeugin Horst,
über den Inhalt des Kartons zu
täuschen und so nur den aufge-
druckten Preis zahlen zu müssen.
Ohne weitere Erklärungen legte er
den Karton und den Gips auf das an
der Kasse befindliche Warenband.
Auf die Frage der Kassiererin, was
sich im Karton befinde, antwortete
er wörtlich: "Ein Waschbecken."
Frau Horst schöpfte jedoch Verdacht, kontrollierte den Inhalt
und entdeckte die Manipulation.

Der Angeklagte bestreitet die ihm
zur Last gelegte Tat. Zwar räumt
er ein, die Sprechanlage und die
Armatur in einen leer vorgefunde-
nen Waschtischkarton gesteckt und
diesen möglicherweise verschlossen
zu haben. Er leugnet jedoch, in
Betrugsabsicht gehandelt zu haben;
er habe - so gibt er an - vielmehr
die Artikel an der Kasse auspacken
wollen, sei dazu aber nicht mehr
gekommen, weil die Kassiererin sofort kontrolliert habe. Auf ihre
Frage nach dem Inhalt habe er nur
erklärt: "Da w a r ein Waschbecken drin." Den leer vorgefun-
denen Karton habe er zum Verpacken
des Gipsbeutels verwenden wollen.

Meine Herren Richter!

Diese Darstellung des Angeklagten
ist schon für sich betrachtet unglaubhaft; durch die Aussage der
Zeugen Lietz und Horst wird sie
mit Gewißheit widerlegt.

Dazu im einzelnen:

1. Es werden regelmäßig keine lee-
   ren Kartons im Einkaufsbereich

in Lautstärke etwas hervorgeho-
ben werden. Der Kenntlichmachung
der hohen Anzahl der gegen den
Angeklagten sprechenden Umstände,
von denen einige - zweckdienli-
cherweise - erst jetzt mitgeteilt
werden, dient auch die Durch-
numerierung.

Rhetorischer Einschub, um jede
Eintönigkeit zu vermeiden.

Solche - gelegentlichen - rhetori-
sche Fragen halten die Aufmerksamkeit der Zuhörer wach und
beleuchten gleichzeitig die Un-
glaubhaftigkeit der Darstellung
des Angeklagten.

Das "war" ist hervorzuheben.

Daß es so geschehen ist, braucht
weder im Sachverhalt mitgeteilt
noch hier ausdrücklich gesagt zu

eines Kaufhauses aufgestellt.
Bei Horten wird derartiges Ver-
packungsmaterial vielmehr nur
hinter der Kasse angeboten.
Dies hat schließlich auf Vorhalt selbst der Angeklagte zugegeben.

2. Es bestand keinerlei Grund, die
   bereits ausreichend verpackte
   Ware noch zusätzlich im Waschtischkarton zu verstauen; der
   Einkaufswagen bot ausreichend
   Platz, und ohnehin hätte die
   Ware - das macht die Faden-
   scheinigkeit der Einlassung
   besonders klar - beim Bezahlen
   sogleich wieder ausgepackt
   werden müssen.

3. Was hätte auch nähergelegen,
   als sofort den Gips in den Karton zu legen, für den er ja
   angeblich gedacht war? Und

4. Eine Kartonhälfte hätte aus-
   gereicht; wozu also das Verschließen des Kartons?

5. Wäre der Angeklagte redlicher
   Absicht gewesen, so hätte er
   die Artikel an der Kasse unaufgefordert ausgepackt und
   nicht den verschlossenen Karton vorgelegt.

6. Spätestens aber als er durch
   die Zeugin Horst befragt wurde,
   wäre eine Aufklärung über den
   Kartoninhalt und das Verpacken
   der Ware zu erwarten gewesen.

7. Und werfen wir nun einen Blick
   auf einen anderen Aspekt der
   Einlassung des Angeklagten:
   Seine angebliche Antwort auf
   die Frage der Kassiererin,
   "im Karton war ein Waschtisch",
   ist völlig unglaubhaft. Denn:
   Die Kassiererin war ersichtlich
   nur daran interessiert, über
   den gegenwärtigen Inhalt abzu-
   rechnen.

8. Schließlich und endlich:
   Ein zu Unrecht Verdächtigter
   hätte nicht bei den nachfol-

werden; es ergibt sich aus dem Kontext.

genden Verhandlungen im Kaufhausbüro sowohl die Erklärung unterzeichnet, mit der er die Tatbegehung zugab, als auch die "Fangprämie" von 50,- DM entrichtet. Ein derartiges Verhalten läßt sich nicht mit der von ihm geltend gemachten Aufregung und dem Wunsch erklären, schnellstmöglich aus der peinlichen Situation entlassen zu werden. Es läßt vielmehr nur darauf schließen, daß er die Tat zu Recht zugegeben hat.

Überleitungssatz.

Hinweis auf die zur Verurteilung notwendige, an Sicherheit grenzende Wahrscheinlichkeit.

Perfekt verwenden.

Es stehen uns aber weitere Erkenntnisquellen zur Verfügung, nämlich die Bekundungen der beiden Zeugen, durch die der Angeklagte mit letzter Gewißheit überführt wird:

Der Zeuge Lietz, der Kaufhausdetektiv, hat bekundet, in der Sanitärabteilung hätten sich nur volle Kartons befunden; er habe aus einer Entfernung von etwa 3 m beobachtet, wie der Angeklagte selbst den Waschtisch aus der Verpackung entnahm. Als der Angeklagte an der Kasse gestellt worden sei, habe dieser noch überrascht getan und geäußert: "Wie kommt das denn da rein?".

Beweiswürdigender Einschub.

Diese Reaktion macht nochmals deutlich, daß der Angeklagte keinesfalls die im Karton befindliche Ware bezahlen wollte. So war bei dem anschließenden Gespräch im Kaufhausbüro auch keine Rede davon, die Sprechanlage und die Armatur nunmehr käuflich zu erwerben.

Auch an dieser Stelle ein verbindender Satz, der die Zuhörer in die Betrachtung einbezieht.

Wenden wir uns nun der Aussage der Zeugin Horst zu. Die Kassiererin hat ausgesagt, der Angeklagte habe ihre Frage nach dem Kartoninhalt lediglich mit "ein Waschbecken" beantwortet. Den Zusatz "Da war ... drin" habe er dagegen mit Sicherheit nicht gebraucht.

Darlegungen zur Glaubwürdigkeit (von Personen) und zur Glaubhaftigkeit (von Bekundungen) trennen.

Die Zeugen sind - ich glaube, daran besteht nach ihrem persönlichen Eindruck und die zutage ge-

215

tretene Unvoreingenommenheit bei
allen Prozeßbeteiligten kein Zweifel - glaubwürdig. Es gibt für sie
auch keinen Grund, den ihnen vor
der Tat unbekannten Angeklagten
zu Unrecht zu belasten und sich
dadurch selbst der Gefahr einer
Strafverfolgung auszusetzen. Ein
Interesse am Ausgang des Verfahrens liegt nicht vor; an der
"Fangprämie" sind sie nicht beteiligt.

Die Aussagen dieser Zeugen sind
- im Gegensatz zu den Angaben des
Angeklagten - glaubhaft. Beide
haben ihre Wahrnehmungen sachlich
und widerspruchsfrei geschildert,
in den wesentlichen Punkten stimmen sie überein.

Die dem Angeklagten zur Last gelegte Tat ist damit mit Gewißheit
nachgewiesen.

Beginn der rechtlichen Würdigung.
Wiederum mit einer den neuen Abschnitt kennzeichnenden Einleitung.

Knappe Subsumtion, die in der
Praxis angesichts der klaren
Sach- und Rechtslage noch kürzer
gehalten werden kann.

Es gilt nun die Frage zu beantworten, welche Straftatbestände
verwirklicht worden sind.

Eine Urkundenfälschung liegt nicht
vor. Zwischen Waschtischkarton mit
Preisschild und der darin befindlichen Ware besteht keine feste
Verbindung. Nur wenn dies der Fall
wäre, also durch das mit der Ware
fest verbundene Preisschild für
den Rechtsverkehr der Verkaufs-
preis bewiesen würde, läge eine
aus Inhalt, Verpackung und Preisschild zusammengesetzte Urkunde
vor.

Auch ein Diebstahlsversuch scheidet aus, weil der Angeklagte die
im Einkaufswagen liegenden Artikel
nicht wegnehmen, sondern durch
eine Täuschung der Kassiererin erreichen wollte, daß ihm die Gegenstände ausgehändigt würden.

Aber eines versuchten Betruges
- §§ 263, 22, 23 StGB - hat sich
der Angeklagte schuldig gemacht.
Wie dargelegt, wollte er die Kassiererin täuschen und dadurch diese veranlassen, ihm die 485,95 DM
kostende Sprechanlage und Armatur

Strafzumessungserwägungen.
Siehe dazu die Erläuterungen
F III 4.

Vom Strafrahmen ausgehend werden
die für und gegen den Angeklagten sprechenden Umstände erläutert.

Zunächst ist die Frage der Straf-
rahmenänderung zu beantworten.

Zusammenfassung

zum Preis von 35,95 DM auszuhän-
digen; dadurch wollte er sich auf
Kosten des Warenhauses zu Unrecht
bereichern.

Es fragt sich nun, wie der Angeklagte zu bestrafen ist. Das Gesetz sieht für versuchten Betrug
Freiheitsstrafe bis zu 5 Jahren
oder Geldstrafe vor.

Es ist bei einem Versuch des Betruges geblieben, für den nach
§ 23 Abs. 2 StGB ein milderer
Strafrahmen als der für die vollendete Tat vorgesehene gilt.

Meiner Ansicht nach kommt eine
solche Strafrahmenmilderung jedoch
nicht in Betracht.

Der Betrugsversuch ist erst im
letzten Augenblick, und nur durch
die Aufmerksamkeit der Zeugin
Horst fehlgeschlagen. Eine Berücksichtigung des Fehlschlags soll
daher nur innerhalb des Regelstrafrahmens erfolgen.

Gegen den Angeklagten spricht, daß
der angestrebte Vermögensvorteil
mit 450,- DM nicht unbeträchtlich
war und daß er sich nicht mit dem
Versuch begnügte, die Zeugin Horst
konkludent durch Ablegen der
falsch deklarierten Ware auf dem
Band zu täuschen, sondern sein
Täuschungsmanöver noch durch wahr-
heitswidrige Erklärungen fort-
setzte.

Zugunsten des Angeklagten fällt
ins Gewicht, daß er bisher nicht
vorbestraft ist und daß er als
Postbeamter mit dienstlichen
Nachteilen zu rechnen hat.

Nach alledem erscheint eine
Geldstrafe von 25 Tagessätzen
ausreichend, um das Unrecht der
Tat schuldangemessen zu sühnen.
Der ledige und kinderlose Angeklagte hat ein monatliches Nettoeinkommen von 1.500,- DM. Die
Tagessatzhöhe beträgt daher
50,- DM.

Schlußantrag

Ich beantrage daher,

den Angeklagten wegen eines Vergehens des versuchten Betruges
nach §§ 263 Abs. 1 und Abs. 2,
22 und 23 StGB zu einer Geldstrafe von 25 Tagessätzen zu je
50,- DM = 1.250,- DM zu verurteilen.

G. Praktische Beispiele

Praktische Beispiele von Anklageschriften, eines Strafbefehls und der dazugehörenden Begleitverfügungen sowie eines einfachen Einstellungsbescheides
finden Sie auf den folgenden Seiten.

Drei erdachte, der Praxis nachgestaltete Ermittlungsvorgänge (Beispiele 1,
2 und 4) sollen mit der praktischen Arbeit vertraut machen. Im Beispiel 3
ist der Sachverhalt gerafft zusammengefaßt.

In allen Vorgängen soll die jeweilige Abschlußentscheidung der Staatsanwaltschaft (mit Begleitverfügung) entworfen werden, die anhand der jeweils
folgenden "Musterverfügungen" überprüft werden kann.

Die Zahlen in den Anklagen und den Begleitverfügungen verweisen auf die am
Schluß abgedruckten Anmerkungen, mit denen nochmals Hinweise gegeben werden. Sie sollten aufmerksam studiert werden.

B e i s p i e l   1

1. Sachverhalt

Peter Vollmer   Bonn, den 6.4.1988
Kaufmann   Meckenheimer Allee 17

An die
Kriminalpolizei Bonn
Friedrich-Ebert-Allee

5300 Bonn

Sehr geehrte Herren!

In der Nacht zum heutigen Tage hat man bei mir eingebrochen, und zwar
in mein Geschäft in der Meckenheimer Allee. Als das Geschäft am gestrigen
Abend um 18.30 Uhr geschlossen wurde, habe ich mich selbst überzeugt, daß
Tür und Ausgabefenster verschlossen waren. Heute morgen gegen 8.00 Uhr
war die Tür aufgebrochen. Der Türrahmen ist gesplittert. Es fehlen
36 Flaschen Whisky. Ich stelle hiermit Strafantrag. Ich wäre sehr dankbar, diesbezüglich von Ihnen zu hören.

                                          Hochachtungsvoll

                                            (Vollmer)

                            _____

- K -   Bonn, den 12.4.1988

Vermerk:

Auf Grund eines vertraulichen Hinweises sind folgende Personen dringend
verdächtig, am Abend des 5. April 1988 einen Einbruchsdiebstahl in den
Kiosk des Geschädigten Vollmer in der Meckenheimer Allee begangen zu
haben:

1) Sepp Weirather, geb. 4.8.1924 in Reutte (Österreich),

2) Georg Haus, geb. 21.8.1968 in Bonn,

3) Heinz Moll, geb. 18.7.1970 in Troisdorf.

Die vorgenannten Personen sollen am 4. April 1988 in der Gaststätte
"Tabu" in Bonn über die günstige Möglichkeit, in Geschäft und Wohnung einzubrechen, gesprochen haben, wobei einer der drei, nämlich Haus, der sich
im Zustand der Trunkenheit dessen gerühmt hat, die Beschaffung von ge-
eignetem Einbruchswerkzeug angeboten hat.

Da am 5. und 7. April auch in das Haus des Facharztes für innere Krankheiten, Dr. med. Walter Meyer, eingestiegen wurde, kommen die oben genannten Personen ebenfalls für dieses Delikt in Frage.

gez. Vahrst, KHM

Vermerk:

Anzeige Dr. Meyer und Anzeige Fa. Elektro-Fox gegen Haus werden zu diesem Vorgang genommen. Vorgang ist StA Zimmermann nach fernmündlicher Rücksprache übergeben worden.

gez. Vahrst

Dr. med. Walter Meyer   5300 Bonn 1, den 10.4.1988
Facharzt für innere Krankheiten   Kronprinzenstr. 17

An die
Kriminalpolizei der Stadt Bonn
- Polizeipräsidium -
Friedrich-Ebert-Allee

5300 Bonn

Betr.: Anzeige eines Einbruchs

Sehr geehrte Herren!

Ich zeige hiermit an, daß in mein Haus in der Kronprinzenstraße 17 eingebrochen worden ist, während ich wegen einer Tagung abwesend war, und zwar, wie der Hausmeister festgestellt hat, am 5. und 7. dieses Monats. Die Täter haben auf der Rückseite meines Hauses jeweils eine Fensterscheibe der Toilette zerstört, um sich Einlaß zu verschaffen. Schränke und Schubladen in mehreren Räumen sind durchsucht worden. Am 5.4. sind zwei Bilder von Calderara, jedoch am 7.4. nichts entwendet worden.

Ich stelle Strafantrag gegen Unbekannt. Dem Ergebnis Ihrer Ermittlungen sehe ich mit Interesse entgegen. Falls sich herausstellen wird, daß noch weitere Gegenstände abhanden gekommen sind, werde ich Sie umgehend benachrichtigen.

Mit freundlichen Grüßen
gez. Dr. Meyer

Elektro-Fox   5600 Wuppertal-Barmen, den 20.3.1988
Elektromaschinen GmbH & Co. KG   Am Voßkamp 187 - 211
Werk Barmen

                                              Eingang: 23.3.88
                                              gez. Unterschrift
                                              K.K.

An die
Kriminalpolizei
Friedrich-Ebert-Allee

5300 Bonn

Betr.: Strafanzeige

Anlagen: 1

Sehr geehrte Herren!

Hiermit stelle ich Strafanzeige gegen Herrn Georg Haus, wohnhaft in
5300 Bonn, Toldstr. 83, wegen folgender Geschehnisse:

Herr Haus war seit dem 1. Februar 1988 bei uns als Vertreter für Staubsauger und Heizkissen tätig. Er bezog für jeden eingeholten Lieferauftrag
(Bestellung) eine Provision von 20 % für Heizkissen und 10 % für Staubsauger. Diese Provision wurde ausgezahlt gegen Vorlage des Kundenauftrags. Am 5.3.1988 gab Herr Haus in der zuständigen Abteilung unserer
Niederlassung in Bonn einen ausgefüllten Auftragsvordruck ab (Anlage 1);
die Bestellung lautete auf 1 Luxusheizkissen "Relax 1985" zum Preise von
DM 114,50. Der Auftrag war unterschrieben mit dem Namen "Hermann Auf der
Mauer". Die Provision in Höhe von DM 22,90 wurde Herrn Haus sofort ausgezahlt. Als das Heizkissen an den Besteller ausgeliefert werden sollte,
stellte sich nach von uns angestellten Recherchen heraus, daß ein Einwoh-
ner mit dem Namen Auf der Mauer in Godorf überhaupt nicht existiert, daß
Herr Haus also den Vertrag fingiert hatte, um an seine Provision zu kommen.

Aufgrund dieses Vorfalles wurde Herr Haus inzwischen entlassen.

                                              Hochachtungsvoll
                                              gez. Sundermann

                                              (Geschäftsführer)

Besteller und   Lieferanschrift
Anschrift

Hermann Auf der Mauer   dito
Konrad-Adenauer-Str. 22

5682 Godorf

Elektro-Fox GmbH & Co. KG
Werk Barmen
Am Voßkamp 187-211
Postfach 123
5600 Wuppertal-Barmen

Verk.-Nr. 492   Datum 26.2.1988   MwSt.: --   Rechnung und Auftragsbestätigung
Nr. 02/2512

Fil.	Pos.	Menge	Waren-Nr.	Liefer-Nr.	Artikelbezeichnung (Dessin/Größe)	Einzelpreis	Gesamtpreis
	1	1	127	018/80	Heizkissen "Relax 1985"; 40 x 50 cm; 3-Stufenschaltung; 60 W, 2 Sicherheitstemperaturregler; mit Reisetasche.	114,50	114,50
	2						
	3						
	4						

Besondere Zahlungsvereinbarungen: DM 114,50
=========

Unterschrift des Verkäufers   Liefertermin

gez. Georg Haus   sofort

Der Käufer erkennt die
Geschäftsbedingungen an.

Unterschrift des Käufers

gez. Hermann Auf der Mauer

Ersuchen um unbeschränkte Auskunft
Ausfüllanleitung beachten!
aus dem Zentralregister und um Auskunft aus dem Erziehungsregister

Ordnungs-daten	01 Beleg-Art R 02	◁ Geburtsdatum 4.8.1924
Personen-daten	07	◁ Geburtsname Weirather
	08	◁ Nur bei Abweichung vom Geburtsnamen: Familienname
	09	◁ Vornamen Sepp
	10	◁ Geburtsort Reutte (Österreich)
	11 Deutsche(r) 12	◁ Andere Staatsangehörigkeiten österreichisch
	14	◁ Letzte bekannte Anschrift 5308 Rheinbach, Feldstr. 17
	15	◁ Geburtsname der Mutter
	16	◁ Abweichende Personendaten

Erläuterungen für den in Feld 01 (Belegart) einzutragenden Kennbuchstaben:

Belegart **R** = Unbeschränkte Auskunft aus dem Zentralregister

Belegart **S** = Auskunft aus dem Erziehungsregister

Belegart **T** = Unbeschränkte Auskunft aus dem Zentralregister
und Auskunft aus dem Erziehungsregister

Antrag

Es wird um Erteilung einer Auskunft entsprechend der in Feld 01 eingetragenen Belegart gebeten.

18 Hier Anschrift der Registerbehörde eintragen!

An das

Bundeszentralregister

Lützowufer 6 - 9

1000 Berlin 30

17

Zweck des Auskunftsersuchens:

Feststellung der Vorstrafen
wegen eines laufenden Ermittlungsverfahrens.

Dienst-stempel-abdruck

Staatsanwaltschaft Bonn
(Behörde)
Bonn, den 14.4.1988
(Ort, Datum)
606 Js 1203/88
(Geschäftsnummer)

gez. Stein
(Unterschrift)

22 Hier Anschrift für **Rückantwort** eintragen!

An die

Staatsanwaltschaft

Oxfordstr. 19

5300 Bonn

20

Auskunft

Eintragungen im Zentralregister
ggf. im Erziehungsregister:

bitte wenden!

Dienst-stempel-abdruck

Bundeszentralregister
(Behörde)
Berlin, den 21.4.1988
(Ort, Datum)

gez. Paul Kuhn
(Unterschrift)

1.) 12.3.1982 Schöffengericht Köln - 2 Ls 3 Js 18/82 -
Diebstahl, § 242 StGB; Tatzeit 8.8.1981;
Freiheitsstrafe von 2 Monaten; verbüßt
durch erlittene U-Haft.

2.) 13.9.1985 Strafkammer Bonn - 3 KLs 4 Js 18/85 -
Urkundenfälschung in Tateinheit mit Betrug,
§§ 267, 263, 52 StGB; Unterschlagung, § 246 StGB;
Tatzeit: 12.6.1985 u. 14.6.1985;
Gesamtfreiheitsstrafe von 1 Jahr;
Strafe verbüßt vom 1.10.1986 bis 30.9.1987.

Haus, Georg, geb. am 21. August 1968 in Bonn, wohnhaft in Bonn,
Toldstr. 83.

> Ausweislich des Registers
> nicht bestraft.
> Berlin, den 21.4.1988
> Registerbehörde

Moll, Heinz, geb. am 18. Juli 1970 in Troisdorf, wohnhaft in Sieglar,
Bahnstr. 57.

> Ausweislich des Registers
> nicht bestraft.
> Berlin, den 21.4.1988
> Registerbehörde

Staatsanwaltschaft Bonn   5300 Bonn, den 30.4.1988
- 606 Js 1203/88 -

> Beginn der Vernehmung: 9.00 Uhr
> Ende der Vernehmung: 10.15 Uhr

Gegenwärtig:
Staatsanwalt Zimmermann
als Vernehmender

Justizangestellte Jansen
als Protokollführerin

Auf Ladung erscheint der Beschuldigte Georg Haus.

Die Befragung über die persönlichen Verhältnisse ergab folgendes:

Georg Haus, geb. 21.8.1968 in Bonn,
wohnhaft in Bonn, Toldstraße 83,
Vertreter, ledig.

Dem Beschuldigten wurde eröffnet, daß ihm zur Last gelegt wird, Beihilfe
zu einem in der Nacht vom 5.4.1988 verübten Einbruchsdiebstahl zum Nachteil
Vollmer geleistet und am 5.3.1988 eine Urkundenfälschung in Tateinheit mit
Betrug zum Nachteil der Firma Elektro-Fox, strafbar gem. §§ 242 Abs. 1,
243 Abs. 1 Nr. 1, 263 Abs. 1 und 4 in Verbindung mit §§ 248 a, 267 Abs. 1,
27, 52, 53 StGB, begangen zu haben. Die Anzeigen wurden ihm mitgeteilt.

Der Beschuldigte wurde darauf hingewiesen, daß es ihm nach dem Gesetz
freistehe, sich zu der Beschuldigung zu äußern oder nicht zur Sache auszusagen, jederzeit einen von ihm zu wählenden Verteidiger zu befragen und
zu seiner Entlastung einzelne Beweiserhebungen zu beantragen.

Der Beschuldigte erklärte: Ich bin zur Äußerung bereit.

Ich treffe mich öfter mit dem Beschuldigten Weirather in der Gaststätte
"Tabu", um dort mit ihm um ein Bier zu flippern. Flippern ist ein Ge-
schicklichkeitsspiel an einem Automaten. Ich habe zwar meinen ersten Wohnsitz in Köln bei meinen Eltern, habe aber hier in Bonn ein möbliertes
Zimmer, weil ich in dieser Gegend am meisten zu tun hatte, als ich bei
der Fa. Elektro-Fox arbeitete. An einem Tag im April - mir ist gesagt worden, daß es der 4.4. gewesen sein soll - ging ich auf Verdacht ins "Tabu",
um Weirather zu treffen; er war jedoch nicht da. Also stellte ich mich an
die Theke, um erst einmal ein Bier zu trinken. Dort kam ich mit einem
Mann ins Gespräch, der sich später als Moll vorstellte. Wir flipperten
auch. Einige Zeit später kam Weirather, der aber keine Lust hatte mitzu-
spielen, sondern vorschlug, sich an einen Tisch zu setzen. Weirather und
Moll kannten sich. Er - Weirather - hat zum Spaß gesagt, wir seien verabredet, da er es immer als wichtige geschäftliche Verabredung bezeichnet,
wenn wir uns zum Spielen treffen. Wir haben einige Zeit geplaudert. Als
ich einmal von der Toilette kam, diskutierten beide über die Risiken bei
Einbrüchen. Ich wußte, daß Sepp wegen einer solchen Sache schon einmal
bestraft worden war. Da ich bei den beiden Männern mitsprechen wollte,
erzählte ich von dem Geschäft in der Meckenheimer Allee und - als sie zö-
gerten - von dem Brecheisen, das ich im Wagen hatte. Ich habe das Eisen
immer im Kofferraum meines Wagens, da ich es als Hebel benutze, wenn ich
bei einem Radwechsel die festgerosteten Muttern nicht abdrehen kann. Ich
setze das Eisen immer in eine Öffnung des Kreuzschlüssels; so bekommt man
jede Mutter auf. Es imponierte den beiden Männern sichtlich, daß ich ein
Brecheisen bei mir hatte; dieses habe ich ihnen dann gegeben. Wir haben
nicht darüber gesprochen, daß ich dafür einen Anteil von einer etwaigen
Beute abbekommen sollte. Weirather und Moll haben sich dann verabredet.
Erst später habe ich erfahren, daß sie wirklich Sachen erbeutet hatten.
Sepp hat mir davon erzählt und dann gesagt, es solle über die Angelegen-
heit kein Wort mehr verloren werden. Bezüglich der Sache mit dem Auftrag
bei der Fa. Elektro-Fox weiß ich auch nicht, was da in mich gefahren ist.
Ich brauchte zwar Geld, aber 23 DM sind ja keine Summe, für die man große
Risiken eingeht. Es ist richtig, daß ich zu Hause am 5.3. den Auftrag
fingiert und die Unterschrift "Auf der Mauer" daruntergesetzt habe. Ich
betone, daß mir das alles leid tut, denn es handelte sich mehr um einen
Streich, als daß es eine kriminelle Tat sein sollte. Meine Firma hat mir
sofort gekündigt, als die Sache herauskam. Ich bin im Moment dabei, mir
eine neue Stelle zu besorgen.

Vorgelesen, genehmigt und unterschrieben.

gez. Zimmermann   gez. Haus   gez. Jansen

—————————

Staatsanwaltschaft Bonn   5300 Bonn 1, den 30.4.1988
- 606 Js 1203/88 -

                                  Beginn der Vernehmung: 11.00 Uhr
                                  Ende der Vernehmung: 12.45 Uhr

Gegenwärtig:
Staatsanwalt Zimmermann
als Vernehmender

Justizangestellte Jansen
als Protokollführerin

Auf Ladung erscheint der Beschuldigte
Heinz Moll.

Die Befragung über die persönlichen Verhältnisse ergab folgendes:

Heinz Moll, geb. 18.7.1970 in Troisdorf,
wohnhaft in Sieglar, Bahnstraße 57,
Melker, ledig, gesetzliche Vertreter: Georg und Maria Moll, Sieglar,
Bahnstraße 57.

Dem Beschuldigten wurde eröffnet, daß ihm zur Last gelegt wird, gemeinschaftlich mit Sepp Weirather Einbruchsdiebstähle am 5.4.1988 zum Nachteil
Vollmer und am selben Tage sowie am 7.4.1988 zum Nachteil von Dr. med.
Meyer begangen zu haben, strafbar gem. §§ 242 Abs. 1, 243 Abs. 1 Nr. 1,
25 Abs. 2, 53 StGB, §§ 1, 5, 9 - 19, 105 JGG. Die Anzeigen wurden ihm mitgeteilt.

Der Beschuldigte wurde darauf hingewiesen, daß es ihm nach dem Gesetz
freistehe, sich zu der Beschuldigung zu äußern oder nicht zur Sache auszusagen, jederzeit einen von ihm zu wählenden Verteidiger zu befragen und
zu seiner Entlastung einzelne Beweiserhebungen zu beantragen.

Der Beschuldigte erklärte:

Ich will die Wahrheit sagen, weil mir klar ist, daß ich so oder so nicht
unbehelligt aus der Sache herauskomme.

Ich war tatsächlich bei den Brüchen dabei. Es war vor ein paar Wochen, da
stand ich an der Theke der Gaststätte "Tabu". Ich hatte Ärger mit meiner
Freundin gehabt und wollte deswegen ein paar Bier runterschütten. Im Laufe
des Abends kommt man dann natürlich mit diesem und mit jenem ins Gespräch.
Ich unterhielt mich mit einem jungen Mann, mit dem ich ein paar Runden
zusammen flipperte, d.h. an einem Spielautomaten spielte. Wir spielten so
lange, bis der Sepp Weirather hereinkam. Ich kenne Sepp schon länger, weil

wir seit Jahren dieselbe Stammkneipe haben. Wie ich den Äußerungen der
beiden entnahm, waren sie verabredet. Ich erfuhr nun, daß der junge Mann
- er mag so um 20 Jahre alt gewesen sein - Haus oder ähnlich hieß. Wir
setzten uns gemeinsam an einen Tisch, nachdem Sepp erklärt hatte, ich
würde bei der Unterredung, die sie zu führen hätten, nicht stören. Von
einer Unterredung war aber zunächst nicht viel zu merken, weil wir uns
erst einmal über allgemeine Dinge unterhielten. Als Haus mal auf der
Toilette war, fragte mich Weirather, ob ich nicht Lust hätte, mir Geld
nebenbei zu verdienen. Er habe schon öfter, wenn er Geld gebraucht habe,
mal ein kleines Ding gedreht. Er gehe immer nur an völlig ungefährliche
Sachen heran; er sei schon fast ein "Profi". Ich stand seinem "Angebot"
zunächst skeptisch gegenüber und machte gewisse Einwendungen, auch bezüglich des Risikos. Während wir so darüber sprachen, kam Haus von der
Toilette zurück, hörte ein paar Minuten zu und meinte, er kenne ein Geschäft, wo es völlig ungefährlich sei einzubrechen und wo die Tür auch
leicht "zu knacken" sei. Das sei wirklich keine große Sache; man bekäme
sie mit einem einfachen Brecheisen auf. Dann sagte er uns die Adresse,
nämlich Meckenheimer Allee 17. Haus bot Weirather sogar an, ihm ein
Brecheisen zu geben. Dieser meinte, er habe sein eigenes Werkzeug, aber
ich könne noch so etwas gebrauchen. Als wir gingen, holte Haus das Brecheisen aus dem Kofferraum seines Wagens. Sepp und ich verabredeten uns für
22 Uhr des nächsten Tages in der Gaststätte, um dann den Tip auszunutzen.
Dabei sagte mir Sepp, er kenne noch ein anderes Haus, das momentan unbe-
wohnt sei; dort könne man auch noch "abstauben". Mit Georg Haus wurde
nicht ausgemacht, daß er was von der Beute abbekäme. Über die Einbrüche
selbst kann ich nicht viel sagen. Wir bekamen die Tür des Geschäfts mit
dem Brecheisen wirklich schnell und leicht auf; sie war nicht besonders
gesichert, nur die Fenster sind vergittert. Es war aber nicht viel zu ho-
len, nur Whisky. Bargeld hatte der Besitzer wohl mitgenommen; mit Süßig-
keiten und Zeitschriften konnten wir nichts anfangen. Wir legten den
Schnaps in den Kofferraum des Wagens, den ich bei mir hatte. Weirather
dirigierte mich dann in die Luisenstraße, d.i. eine Seitenstraße der
Kronprinzenstraße. Von da aus wollte er "die Lage peilen". Nachdem wir
das Haus Kronprinzenstraße 17 eine Weile beobachtet hatten, gingen wir
hinter das Haus in den Garten. Dort schlug Sepp die Scheibe des Toilettenfensters ein. Wir waren darauf aus, hier Bargeld zu finden. Als wir
einstiegen, war es 23.15 Uhr. Wir wollten außer Geld nichts anderes mitnehmen, weil wir keine Transportmöglichkeiten hatten. Wir haben dann
Schränke und Schubladen und alles durchsucht, wo wir Bargeld vermuteten.
Wir waren ca. 30 - 40 Minuten in der Wohnung; wir haben aber nichts gefunden. Wir haben dann schließlich zwei Bilder mitgenommen, um wenigstens
etwas zu haben. Als wir die Bilder abhängten, überlegten wir, die nächsten Tage nochmals dort einzusteigen, weil wir hofften, dann Geld zu finden. Anschließend habe ich Sepp zum Bahnhof gebracht. Was er dort wollte,
weiß ich nicht. Er sagte zu mir, ich solle den Schnaps erst einmal mit
zu mir nehmen. Ein paar Tage später sind wir dann nochmals genau so wie
das erste Mal eingestiegen, haben aber nichts Brauchbares gefunden. Ich
versichere, daß dies meine ersten und letzten Brüche gewesen sind und daß
es mir leid tut, bei der ganzen Sache mitgemacht zu haben.

Selbst gelesen, genehmigt und unterschrieben:

gez. Zimmermann   gez. Moll   gez. Jansen

-K-   Bonn, den 30.4.1988

Vermerk:

Der Beschuldigte Heinz Moll hat sich bereit erklärt, den Whisky, den er
bei dem ihm zur Last gelegten Einbruchsdiebstahl am 5. April 1988 im Geschäft Vollmer erbeutet hat, herauszugeben. Der Beschuldigte ist damit
einverstanden, daß der Whisky sichergestellt wird. Er gibt das zur Tat
benutzte Brecheisen heraus.

                                         gez. Vahrst, KHM

Vermerk:

a) Whisky ist an Vollmer zurückzugeben.

b) Brecheisen ist asserviert unter LÜ 117/88.

                                         gez. Vahrst, KHM

-K-   Bonn, den 2.5.1988

Vermerk:

Auf Grund des Geständnisses der beiden Beschuldigten Moll und Haus konnte
als Mittäter der Einbrüche am 5.4.1988 in das Geschäft des Kaufmanns
Vollmer und die Wohnung des Arztes Dr. Meyer ermittelt werden:

Sepp Weirather, geb. am 4.8.1924 in Reutte/Österreich, wohnhaft in
Rheinbach, Feldstr. 17, österreichischer Staatsangehöriger, verwitwet.
Weirather lebt und arbeitet seit 30 Jahren im Raum Bonn.

Weirather wurde heute vorläufig festgenommen und auf Anordnung des
Staatsanwalts dem Haftrichter vorgeführt.

                                         gez. Vahrst, KHM

Vermerk:

1) Der zuständige Staatsanwalt hat Erlaß eines Haftbefehls beantragt im
   Hinblick darauf, daß der Beschuldigte Weirather einschlägig vorbestraft ist und mit einer erheblichen Bestrafung rechnen muß. Der Beschuldigte ist Ausländer. Aus diesen Gründen besteht Fluchtgefahr. Der
   Beschuldigte ist dem Haftrichter vorgeführt worden.

2) Haftbefehl des AG Bonn ist ergangen am 3.5.1988 - 45 Gs 1074/88 -.

3) W. befindet sich in der JVA Bonn (Buch-Nr. 1183/88).

4) H. wird verteidigt durch RA Wilhelmi aus Bonn.

Amtsgericht

Geschäfts-Nr.: __45 Gs 1074/88__

Gegenwärtig:

__Man, Richter a. AG.__

als Richter,

------- --- -------

als Beamter der Staatsanwaltschaft,

__Justizassistent Menne__

als Urkundsbeamter der Geschäftsstelle.

V.

1. Annahmeersuchen ist erteilt.

2. Der Justizvollzugsanstalt Bonn

   ist eine Abschrift des Haftbefehls zu erteilen.

3. Nachricht an Angehörige/Vertrauensperson wie üblich.

4. Die Akten sind spätestens wieder vorzulegen am   2.8.1988
   (§ 117 Abs. 4 und 5 StPO).

5. Urschriftlich mit Akten

   der Staatsanwaltschaft

   __B o n n__

mit der Bitte um rechtzeitige Rücksendung
der Akten gemäß Ziffer 4 übersandt.

Ort una Tag

__Bonn, 3.5.1988__

Amtsgericht

__(Man) Richter am AG.__

Familienname sowie etwaige Beinamen
(bei Frauen auch Geburtsname):

Vornamen (Rufname unterstreichen):

Ort und Tag

__Bonn, den 3.5.1988__

Strafsache

gegen Sepp Weirather u.a.

wegen Diebstahls

————————————

Es erschien   :
vorgeführt der Beschuldigte

Dem/Der Beschuldigten wurde eröffnet, welche Tat ihm/den
zur Last gelegt wird und welche Strafbestimmungen in
Betracht kommen.

__Mir ist eröffnet worden, daß ich be-
schuldigt werde, einen Einbruchsdiebstahl zum Nachteil des Kaufmanns
Vollmer sowie einen vollendeten und
einen versuchten Einbruchsdiebstahl
zum Nachteil des Arztes Dr. med. Meyer
begangen zu haben.__

Die Befragung über die persönlichen Verhältnisse ergab

— folgendes: —

__Sepp Weirather, geb. 4.8.1924 in Reutte
(Österreich), wohnhaft in
5308 Rheinbach, Feldstr. 17,
Bauarbeiter, ledig,__

Der/Die Beschuldigte wurde auf die ihn/sie belastenden Umstände und darauf hingewiesen, daß es ihm/ihr nach dem Gesetz freistehe, sich zu der Beschuldigung zu äußern oder nicht zur Sache aus- zusagen und jederzeit, auch schon vor seiner/ihrer Vernehmung — seinen/ihren — oder — einen von ihm/ihr zu wählenden — Verteidiger zu befragen.

Er/Sie erklärte:

Ich möchte mich nicht äußern. Ich will nur sagen, daß ich mit den beiden Sachen nichts zu tun habe. Es ist zwar richtig, daß ich mit den beiden Mitbeschuldigten Moll und Haus in der Gast- stätte "Tabu" einen getrunken habe - an das genaue Datum kann ich mich nicht mehr erinnern -; wir haben jedoch nicht über Pläne gesprochen, irgendwo einzubrechen. Es war einfach nur ein gemütliches Zusammensein, um einen zu trinken. Von den Ein- brüchen wußte ich nichts, bis man mir den Inhalt des Haftbe- fehls bekanntgab. Wenn mich Moll und Haus belasten, dann besagt das meines Erachtens überhaupt nichts. Ich weiß allerdings nicht, warum sie dies tun, denn ich bin immer gut mit beiden zurechtgekommen. Ich habe nochmals zur Kenntnis genommen, daß ich nach den gesamten Umständen überführt sei und daß an meiner Täterschaft kein Zweifel bestehe. Ich war aber ganz bestimmt nicht an dem Einbruch bzw. versuchten Einbruch beteiligt.

Unterschriften

Es wurde anliegender Haftbefehl verkündet.

Der/Die Beschuldigte wurde über das Recht der Beschwerde und die Rechtsbehelfe der §§ 117 Abs. 1 und 2, 118 Abs. 1 und 2 StPO mündlich belehrt.

Dem/Der Beschuldigten wurde eine Abschrift des Haftbefehls und der Vordruck StP 4 a ausgehändigt.

Zum Zwecke der Benachrichtigung von seiner/ihrer Verhaftung gab der/die Beschuldigte nachstehende Anschrift an:

Irene Kernig, Feldstr. 17 in
5308 Rheinbach

2. Anklageschrift

(Zu den Besonderheiten in Süddeutschland vgl. die Beispiele zu D V 1 b
und D IX)

Staatsanwaltschaft   Bonn, den 18.6.1988

- 606 Js 1203/88 -

        H a f t zu 1)[1]
        Nächster Haftprüfungstermin gem. § 117 Abs. 5 StPO
        am 2.8.1988[2]
        Ausländer zu 1) Schutzbestimmungen beachten
        Jugendlicher zu 2)[3]
        Heranwachsender zu 3)

An das
Amtsgericht - Jugendschöffengericht - [4]

B o n n

A n k l a g e s c h r i f t

1) Der Bauarbeiter[5] Sepp W e i r a t h e r ,
   geboren am 4.8.1924 in Reutte (Österreich),
   wohnhaft Feldstraße 17, 5308 Rheinbach,
   österreichischer Staatsangehöriger, verwitwet, ledig,

     - in dieser Sache seit dem 3.5.1988 in Untersuchungshaft in der
      Justizvollzugsanstalt Bonn[6] aufgrund des Haftbefehls des Amts-
      gerichts Bonn vom selben Tage - 45 Gs 1074/88 -, polizeilich
      festgenommen am 2.5.1988 (Bl. 178, 181, 182 d.A.)*) -

2) der Melker Heinz M o l l ,
   geboren am 18.7.1970 in Troisdorf,
   wohnhaft Bahnstr. 57, 5210 Sieglar,
   ledig,

     - gesetzliche Vertreter:[7] Maria und Georg Moll,
                Bahnstr. 57, 5210 Sieglar -

3) der Vertreter Georg H a u s ,
   geboren am 21.8.1968 in Bonn,[8]
   wohnhaft Toldstraße 83, 5300 Bonn,
   ledig,

     - Verteidiger: Rechtsanwalt Wilhelmi, Bonn (Bl. 195 d.A.)*) -

werden a n g e k l a g t ,

im März und April 1988 in Bonn,

---

*) In der Praxis werden die Blattzahlen an den Rand gesetzt.

I.22) die Angeschuldigten <u>Weirather</u> und <u>Moll</u>, letzterer als Jugendlicher mit Verantwortungsreife, gemeinschaftlich[11)

durch zwei selbständige Handlungen, in einem Fall fortgesetzt,

fremde bewegliche Sachen[10)] anderen in der Absicht weggenommen zu haben, dieselben sich rechtswidrig zuzueignen, wobei sie zur Ausführung der ersten Tat in einen Geschäftsraum, bei der zweiten fortgesetzten Tat in eine Wohnung einbrachen[15)],

indem sie[16)]

1) am 5.4.1988, gegen 22.00 Uhr, die Tür zu dem Geschäft des Kaufmanns Peter Vollmer in der Meckenheimer Allee 17 mit einem Brecheisen einschlugen und ihm 36 Flaschen Whisky entwendeten, um sie für sich zu verwerten,

2) am selben Tage, um 23.15 Uhr, durch ein zuvor von ihnen eingeschlagenes Fenster in die Wohnung des Dr. med. Walter Meyer, Kronprinzenstr. 17, kletterten und 2 Bilder von Calderara entwendeten sowie am 7.4.1988, wie beim vorhergehenden Einbruch beschlossen[17)], erneut nach Einschlagen eines Fensters in dieselbe Wohnung eindrangen und Schränke sowie Schubladen in mehreren Räumen vergebens nach Bargeld durchsuchten;

II. der Angeschuldigte <u>Haus</u>
als Heranwachsender
durch zwei selbständige Handlungen

1) vorsätzlich anderen zu der von diesen vorsätzlich begangenen rechtswidrigen Tat Hilfe geleistet zu haben[18)],

indem er

am 4.4.1988 bei einem gemeinschaftlichen Besuch in einer Bonner Gaststätte die zu einem Einbruchsdiebstahl entschlossenen Angeschuldigten Weirather und Moll über die günstige Einbruchsmöglichkeit in das Geschäft des Kaufmanns Vollmer in der Meckenheimer Allee 17 in Bonn (I 1 der Anklage) informierte und die Durchführung der Tat dadurch förderte, daß er ihnen ein Brecheisen zur Verfügung stellte,

2) tateinheitlich

a) in der Absicht, sich einen rechtswidrigen Vermögensvorteil zu verschaffen, das Vermögen eines anderen dadurch beschädigt zu haben, daß er durch Vorspiegelung falscher Tatsachen einen Irrtum erregte[9)],

b) fortgesetzt[19)] zur Täuschung im Rechtsverkehr eine unechte Urkunde hergestellt und diese gebraucht zu haben,

indem er

als Vertreter der Firma Elektro-Fox in Wuppertal-Barmen am 5.3.1988 unter dem Datum vom 26.2.1988 einen Antrag über Lieferung eines Heizkissens mit dem Namen des nicht existierenden Hermann Auf der Mauer aus Godorf unterschrieb, den Antrag am selben Tag der Bonner Niederlassung seiner Firma einreichte und hierfür, wie geplant, eine ihm nicht zustehende Provision in Höhe von 22,90 DM erhielt.

Vergehen, hinsichtlich der Angeschuldigten Weirather und Moll des Diebstahls und des fortgesetzten Diebstahls, hinsichtlich des Angeschuldigten Haus der Beihilfe zum Diebstahl, des Betruges und der fortgesetzten Urkundenfälschung.

Strafbar nach §§ 242 Abs. 1, 243 Abs. 1 Nr. 1, 263 Abs. 1 und 4 i.V.m. § 248 a, §§ 267 Abs. 1, 25 Abs. 2, 27, 52, 53, 74 Abs. 1, 2 Nr. 1 StGB, §§ 1, 5, 9 - 19, 105 JGG[12]).

Strafantrag der Firma Elektro-Fox vom 20.3.1988 wegen des Betruges - eingegangen bei der Kriminalpolizei Wuppertal-Barmen am 23.3.1988 - Bl. 3 d.A. -.

Beweismittel:

I. 1) Einlassung des Angeschuldigten Weirather,

2) Geständnisse der Angeschuldigten Haus und Moll.

II. Zeugen:

1) Kaufmann Peter Vollmer,
   Meckenheimer Allee 17, 5300 Bonn,

2) Dr. med. Walter Meyer,
   Kronprinzenstr. 17, 5300 Bonn,

3) Geschäftsführer Sundermann,
   zu laden bei der Fa. Elektro-Fox,
   Am Voßkamp 187 - 211, 5600 Wuppertal-Barmen.

III. Urkunden:

1) Auftrag vom 26.2.1988 in Hülle Bl. 71 d.A.

2) Vorstrafakten:

   a) 2 Ls 3 Js 18/82 StA Köln,
   b) 6 KLs 4 Js 18/85 StA Bonn.

IV. Gegenstand des Augenscheins:

Tatwerkzeug: Brecheisen, asserviert unter LÜ 117/88 StA Bonn.

Wesentliches Ergebnis der Ermittlungen

Der Angeschuldigte Weirather lebt seit 30 Jahren in der Bundesrepublik Deutschland. Er ist vorbestraft, und zwar durch Urteil des Schöffengerichts Köln vom 12.3.1982 - 2 Ls 3 Js 18/82 StA Köln - wegen Diebstahls zu einer Freiheitsstrafe von 2 Monaten und durch Urteil der Strafkammer Bonn vom 10.4.1985 - 6 KLs 4 Js 18/85 - wegen Urkundenfälschung sowie Unterschlagung zu einer Gesamtfreiheitsstrafe von einem Jahr; beide Strafen sind verbüßt.

Die Angeschuldigten Moll und Haus sind unbestraft.

Am Abend des 4. April 1988 trafen die drei Angeschuldigten in der Bonner Gaststätte "Tabu" zusammen. Als die Angeschuldigten Weirather und Moll über von ihnen geplante Einbruchsdiebstähle sprachen, empfahl der Angeschuldigte Haus einen "völlig ungefährlichen" Einbruch in das Geschäft des Zeugen Vollmer, Meckenheimer Allee 17. Gleichzeitig stellte er ein in seinem PKW mitgeführtes Brecheisen zur Verfügung. Über einen Beuteanteil wurde mit dem Angeschuldigten Haus nichts vereinbart.

Am Abend des 5. April 1988 nutzten die Angeschuldigten Weirather und Moll den erhaltenen Tip und brachen gegen 22.00 Uhr in die Geschäftsräume des Zeugen Vollmer in der Meckenheimer Allee 17 ein. Nachdem sie zunächst vergebens nach Bargeld gesucht hatten, entwendeten sie 36 Flaschen Whisky im Werte von ca. 800,- DM, die sie mit dem PKW des Angeschuldigten Moll abtransportierten. Danach dirigierte der Angeschuldigte Weirather den Angeschuldigten Moll zur Kronprinzenstraße 17. Nachdem sie eine Zeitlang das dem Zeugen Dr. Meyer gehörende Haus beobachtet hatten, schlug der Angeschuldigte Weirather die Scheibe des zum Garten gelegenen Toilettenfensters ein. Beide kletterten in die Wohnung und durchsuchten das gesamte Haus vergeblich nach Bargeld. Schließlich nahmen sie 2 Bilder von Calderara im Werte von je 1.200,- DM mit. Noch während sie im Haus waren, beschlossen sie, das Haus in den nächsten Tagen noch einmal nach Bargeld zu durchsuchen. Am 7.4.1988 drangen die Angeschuldigten Weirather und Moll erneut in das Haus des Zeugen Dr. Meyer ein. Auch diesmal schlug der Angeschuldigte Weirather das Toilettenfenster ein. Beide Angeschuldigten stiegen durch das Fenster ins Haus und durchsuchten Schränke und Schubladen in mehreren Räumen nach Bargeld. Sie fanden jedoch nichts.

Der Angeschuldigte Haus war ab 1.2.1988 bei der Firma Elektro-Fox[20] in Barmen als Vertreter für Staubsauger und Heizkissen auf Provisionsbasis tätig. Die Provision - 10 % für Staubsauger und 20 % für Heizkissen - wurde jeweils gegen Vorlage des Kundenauftrags ausgezahlt. Als Haus sich in Geldschwierigkeiten befand, fingierte er am 5.3.1988 in Bonn einen Auftrag über die Bestellung eines Heizkissens zum Preis von 114,50 DM und unterschrieb den Auftrag mit dem erfundenen Namen "Hermann Auf der Mauer". Die Bonner Niederlassung der Firma Elektro-Fox, der der Angeschuldigte den Auftrag am 5.3.1988 einreichte, zahlte ihm eine Provision von 22,90 DM aus.

Die Angeschuldigten Moll und Haus sind geständig.

Der Angeschuldigte Weirather bestreitet, an den Einbrüchen beteiligt gewesen zu sein. Seine Einlassung wird jedoch durch die glaubhaften Aussagen der Mitangeschuldigten widerlegt. Deren Angaben stimmen mit den an den Tatorten festgestellten Einbruchsschäden überein. Weiter wurden der dem Zeugen Vollmer entwendete Whisky und das zur Tatbegehung benutzte Brecheisen bei dem Angeschuldigten Moll sichergestellt; es ist auch kein Grund ersichtlich, warum die Angeschuldigten Moll und Haus den Angeschuldigten Weirather zu Unrecht belasten sollten. Alle Angeschuldigten sind danach hinreichend verdächtig, die ihnen zur Last gelegten Straftaten begangen zu haben[28].

Es wird beantragt,

1) das Hauptverfahren vor dem Amtsgericht - Jugendschöffengericht - Bonn zu eröffnen[13],

2) die Fortdauer der Untersuchungshaft gegen den Angeschuldigten Weirather anzuordnen[14] [29].

gez. Dr. Baum

Staatsanwalt

3. Begleitverfügung

Staatsanwaltschaft   Bonn, den 18.6.1988
- 606 Js 1203/88 -   H a f t ! S o f o r t !

Vfg.

1.) Die Ermittlungen sind abgeschlossen[a].

2.) Anklageschrift in Reinschrift fertigen[b].

3.) Entwurf und Durchschlag zu den Handakten.

4.) Ein Durchschlag der Anklageschrift zum Haftprüfungsheft "Weirather".

5.) Nachricht von der Anklageerhebung an das AG Bonn zu
     45 Gs 1074/88[d].

6.) 1 Durchschrift der Anklage übersenden an den Leiter der JVA Bonn zur
     Buch-Nr. 1183/88[e].

7.) 1 Durchschrift der Anklageschrift übersenden an den Oberkreisdirek-
     tor - Ausländeramt - des Rhein-Sieg-Kreises in Siegburg unter Verwen-
     dung des grünen Klebezettels: Mitteilung nach Nr. 42 MiStra[f] betr.
     den Angeschuldigten <u>Weirather</u>.

8.) Jeweils 1 Durchschrift der Anklageschrift übersenden an:

     a) den Stadtdirektor - Jugendamt - in Troisdorf,
        <u>Zusatz:</u> Betrifft den Angeschuldigten <u>Moll</u>,

     b) den Oberstadtdirektor - Jugendamt - in Bonn,
        <u>Zusatz:</u> Betrifft den Angeschuldigten <u>Haus</u>,

     jeweils mit dem Anschreiben:

     Es wird um Erstattung eines Berichts der Jugendgerichtshilfe gem.
     §§ 38, 43, 109 JGG an den Herrn Vorsitzenden des Jugendschöffenge-
     richts in Bonn sowie Durchschrift des Berichts zu meinen Handakten
     gebeten.

9.) KPS[g].

10.) <u>U. m. A.</u>

     Frau Vorsitzenden[c]
     des Jugendschöffengerichts

     <u>Bonn</u>

     unter Bezug auf die anliegende Anklageschrift übersandt.

11.) 20.7.1988.

                                            gez. Dr. Baum

                                            Staatsanwalt

B e i s p i e l   2

1. Sachverhalt

Bonn, den 1.4.1988 19 23.30 Uhr

Der Polizeipräsident

SB IV

(Behörde, genaue Bezeichnung der Dienststelle)

Tgb. Nr. 23.353/88

Fernruf 151 NA 2240

(Eingangsstempel)

Strafanzeige

Strafbare Handlung: Gefährdung des Straßenverkehrs u.a.

§§ 315 c StGB u.a. StGB

Tatort: 5300 Bonn-Beuel, Viktoriastr. 135 AG-Bezirk: Bonn
(Ausführliche Beschreibung)

Tatzeit: Freitag, 1.4.1988, gegen 22.40 Uhr
(Wochentag, Datum, Uhrzeit)

Geschädigt: 1) Ewald Gaus, Gemüsegroßhändler, Bonn-Beuel, Viktoriastr. 136
(Name, bei Frauen auch Geburtsname, Vornamen, Geburtstag, Geburtsort)

2) Polizeimeister Werner Wenzel, Bonn, Saalestr. 16 Fernruf
(Beruf, Wohnung)

Beschuldigt: 1. Wild, Ernst, geb. 4.6.1923 in Köln, Bonn, Königstr. 17
(Name, bei Frauen auch Geburtsname, Vornamen, Geburtstag, Geburtsort)

(Beruf, Wohnung)

2.
(Name, bei Frauen auch Geburtsname, Vornamen, Geburtstag, Geburtsort)

(Beruf, Wohnung)

Gegenstand: PKW Mercedes 200 D; Schadenshöhe: ca. 800,--

Beweisstücke:

Wo versichert?

Spurensuche	Fahndung
a) wurde durchgeführt am .... um .... Uhr	a) Suchvermerk liegt — nicht — vor
Bericht Bl. .... d.A.	b) Notkarte — nicht — angelegt
b) ist nicht erforderlich.	c) Krim.-pol. Pers.-Akte — nicht — vorhanden und — nicht — eingesehen
	d) FS — nicht — gegeben
(Unterschrift, Dienstgrad)	(Unterschrift, Dienstgrad)

Vermerk über die Erfassung in der polizeilichen Kriminalstatistik (KP 31)

		Spalten des Vordrucks KP 31																				Datum und Zeichen des Sachbearb.
	Lfd Nr	b	c	d	e	f	g	h	i	k	l	m	n	o	p	q	r	s	t	u		
(Vorders.)																						
evtl. Nachträge																						
(Rücks.)																						
evtl. Nachträge																						

Herr/Frau/Fräulein

Name: .... Vornamen: ....
(Bei Frauen auch Geburtsname)

geb. am: .... in: .... Beruf: ....

Wohnung: .... Fernruf: ....

zeigt an: **Von Amts wegen**

1) Am Freitag, dem 1.4.1988, gegen 22.40 Uhr, fiel uns ein PKW
   mit dem amtlichen Kennzeichen BN - HS 119 auf der Luisenstraße
   auf, der die rechte Fahrspur nicht einhielt, sondern in Schlangenlinien in Richtung Viktoriastraße fuhr. Wir nahmen daraufhin mit dem Funkstreifenwagen Pirol 25/12 (Besatzung: POM Alfes
   und POM Specht) die Verfolgung auf. Noch ehe wir den PKW anhalten konnten, war er in die Viktoriastraße eingebogen und
   kollidierte auf Grund der Fahrweise mit dem dort ordnungsgemäß
   haltenden PKW des Gemüsegroßhändlers Ewald Gaus, wobei dieser
   schwere Prellungen am linken Arm erlitt.

2) Wild hielt kurz an, sah in den Wagen des Gaus, fuhr dann aber
   sofort weiter und konnte uns zunächst abschütteln. An einer Polizeisperre auf der Bahnhofstraße fuhr er auf den ihm mitten auf
   der Fahrbahn entgegentretenden und Haltezeichen gebenden Polizeimeister Werner Wenzel in schneller Fahrt zu, um ihn dadurch zum
   Zur-Seite-Springen zu veranlassen, was auch geschah. Nach weiterer Verfolgungsjagd konnte Wild schließlich gestellt werden.

3) Als wir den Fahrer ansprachen, bemerkten wir, daß seine Atemluft
   erheblich nach Alkohol roch. Der Fahrer weigerte sich, einen
   Alco-Test durchzuführen. Es wurde die Entnahme einer Blutprobe
   angeordnet und durchgeführt.

      gez. Alfes, POM   gez. Specht, POM

      gez. Wenzel, PM   hinsichtlich des Sachverhalts zu 2)

Der Polizeipräsident
(Einsendende Polizeidienststelle)

Geschäftszeichen: - SB. IV -

Raum für
Klebezettel

Protokoll und Antrag
zur Feststellung des Alkohols im Blut

A. Polizeibericht

1. Personalien:

Name: **Wild** Vorname: **Ernst** Beruf: **kfm. Angestellter**
Wohnort: **5300 Bonn** Straße: **Königstr. 17** geb. am: **4.6.1923**

2. Anlaß der Untersuchung:

a) Verkehrsdelikt: Trunkenheit im Straßenverkehr -- Verkehrsunfall mit Sachschaden / Personenschaden / Getöteten / Unfallflucht

Fahrer / Beifahrer — Lkw / Pkw / Motorrad / Motorroller / Moped / Fahrrad / Fußgänger

b) andere Delikte:

Zeitpunkt des Vorfalles: Tag: **1.4.1988** Uhrzeit: **22.40**

3. Angaben über Alkoholaufnahme (nach Belehrung gemäß §§ 163 a Abs. 4, 136 Abs. 1 Satz 2 und 3 StPO):

a) in den letzten 24 Stunden vor dem Vorfall

von (Tag) um Uhr
bis (Tag) um Uhr — Art und Menge:
Ort (Gasthaus / Wohnung):

Keine Angaben

Nahrungsaufnahme zuletzt wann: was:
1.4.88, ca. 19.00 Uhr, Schnitzel mit Pommes frites u. Salat

b) Wenn länger als 24 Stunden vor dem Vorfall Alkohol aufgenommen wurde:

von (Tag) um Uhr
bis (Tag) um Uhr --- Art und Menge:
Ort (Gasthaus / Wohnung):

Nahrungsaufnahme zuletzt wann: was:

c) Alkoholaufnahme nach dem Vorfall: ja / nein

wo: Gasthaus / Fahrt / Wohnung /
von (Tag) um Uhr
bis (Tag) um Uhr — Art und Menge:

Ist der zu Untersuchende eindringlich über einen Alkoholgenuß n a c h dem Vorfall befragt worden? ja / nein

Das Untersuchungsergebnis ist zu senden an: **Pol.-Station Bonn, Meckenheimer Str.**

Rechnung ist einzureichen an: **S.O.**

Bonn, 1.4.88
Ort und Datum

gez. Alfes, POM
Unterschrift und Dienstgrad

B. Ärztlicher Bericht

Name: Wild   Vorname: Ernst   geb. am: 4.6.1923

I. Blutentnahme

1. Blutentnahme am ......1.4.88...... um ..23.40.. Uhr
2. Blutentnahme am .... um .... Uhr

---

Nicht mit Alkohol, Äther, Karbolsäure, Lysol, Sagrotan, Jodtinktur oder anderen flüchtigen organischen Flüssigkeiten desinfizieren!

Bei Leichen: Todeszeit am .... um .... Uhr

Fäulniserscheinungen: keine — leicht — stark

Blutentnahme nur aus der freigelegten Oberschenkelvene mit Venüle R oder Venülröhrchen. Nicht aus dem Herzen, aus Wunden oder Blutlachen!

Leichenblutentnahme — ca. 8 ccm — aus der ....vene, am ....
um .... Uhr.

II. Befragung

Hat vor Blutentnahme Narkose stattgefunden? ja / <u>nein</u> — wann:

Narkosemittel:

Transfusion / Infusion: ja / nein — wann: wieviel:

Blutverlust / Schock: ja / nein — Erbrechen: ja / nein — wann:

Sind in den letzten 24 Stunden vor Blutentnahme Medikamente verabfolgt oder eingenommen worden?

ja / nein — welche: ....

wann: .... wieviel: .... (wenn ja, möglichst Harnprobe sichern)

Von dem jetzigen Vorfall unabhängige Krankheiten oder Leiden:

Diabetes / Epilepsie / Geisteskrankheiten / frühere Schädelhirntraumen ....

....

Schriftprobe (nicht Unterschrift): ....

III. Untersuchungsbefund

Körpergewicht: gewogen / ~~geschätzt~~ ..75.. kg — Körperlänge: ..178.. cm

Konstitution: hager / <u>mittel</u> / fettleibig — Alkoholgeruch: <u>ja</u> / nein

Bestehende Verletzungen (auch Verdacht auf Schädeltrauma): keine ....

Gang (geradeaus): sicher / unsicher — plötzliche Kehrtwendung nach vorherigem Gehen: sicher / unsicher
Drehnystagmus (den zu Untersuchenden mit offenen Augen 5mal in 10 Sek. um die Vertikalachse drehen, anhalten — Dauer des Augenzuckens beim Fixieren des vorgehaltenen Zeigefingers in Sekunden angeben)

Finger-F-Pr.: sicher / unsicher — Nasen-F-Pr.: sicher / unsicher

Sprache: deutlich / <u>verwaschen</u> / lallend ....

Bewußtsein: <u>klar</u> / benommen — Störungen der Orientierung / der Erinnerung an den Vorfall ....

.... — bewußtlos

Denkablauf: geordnet / sprunghaft / perseverierend / verworren

Verhalten: beherrscht / redselig / distanzlos / abweisend / herausfordernd / aggressiv ....

Stimmung: unauffällig / depressiv / stumpf / gereizt ....

Vortäuschung von Trunkenheitssymptomen ....

Bemerkungen des Arztes: ....

Gesamteindruck (auch nichtalkoholbedingte Auffälligkeiten): Nicht möglich, da er eine
Untersuchung ablehnt.

Der Untersuchte scheint äußerlich nicht merkbar / leicht / deutlich / stark / sehr stark unter Alkoholeinfluß zu stehen — sinnlos betrunken zu sein. Eindeutige Beurteilung ist nicht möglich, weil ....

....

IV. Versicherung des Arztes: Die Desinfektion der Haut wurde nur mit Sublimat / Oxycyanat ....
vorgenommen. Die benutzten Instrumente wurden — ohne Alkohol — durch Auskochen / durch trockene Hitze sterilisiert. Venüle (R) / Röhrchen und Protokoll sind in meiner Gegenwart mit Klebezetteln jeweils gleichlautender Nummern versehen worden.

Bonn, 1.4.88   Stempel   gez. Dr. Krebs
Ort und Datum   des Krankenhauses   Unterschrift des Arztes
                des Arztes

Dr. med. Uhler   Bonn, den 2.4.1988
Sprechstunden nach   Seltstr. 16
Vereinbarung

                              A t t e s t

Herr Ewald Gaus, geb. am 18.1.1898, ist am 2.4.1988 von mir untersucht
worden.

Er hat eine etwa handflächengroße blutunterlaufene Prellung am linken
Unterarm.

                                        gez. Dr. Uhler

                         _____

An die Polizei in B o n n

Wunschgemäß übersende ich das Attest über die erlittene Verletzung. Ich
habe mich so sehr aufgeregt, daß ich von meiner Vernehmung abzusehen
bitte.

                                        gez. E. Gaus

                         _____

Prof. Dr. med. H. ELBEL

Institut für Gerichtliche Medizin
der Universität

53 Bonn, den 8.4.   19 88
Stiftsplatz 12
Telefon 738310/13

An den Herrn Polizeipräsidenten / ~~die Polizeistation~~   SB. IV
~~den Herrn Oberstaatsanwalt / das Amtsgericht~~

Bonn, Meckenheimer Str.

Betr.: __Ernst Wild__   Tgb.-Nr.: __3XB No. 202__

VORLÄUFIGES GUTACHTEN

Die ordnungsgemäß gekennzeichnete Blut- Urin-Probe des/der Obengenannten ergab bei der Analyse folgende Einzelwerte in Promille (g Alkohol in 1000 g Blut):

Alkoholkonzentration

Blut   __188/180/170__   /   __180/178__   = | 1.80   Promille |
Urin   n. Widmark   ADH

Der ermittelte Wert gilt als Alkoholkonzentration zum Zeitpunkt der Entnahme. Die Untersuchung erfolgte nach den Richtlinien und unter Einhaltung der Arbeitsanweisungen für die Blutalkoholbestimmung für forensische Zwecke.

Bemerkungen zum Analysenergebnis: __Der ermittelte Wert gilt als__
__Alkoholkonzentration zum Zeitpunkt der Entnahme.__

__Wild__ stand zur Entnahmezeit —~~nicht~~— unter Alkoholwirkung. Nach den mir bisher vorliegenden Unterlagen ist der Tatzeitwert gutachtlich auf mindestens etwa __1.80__ Promille und höchstens etwa __1.95__ Promille zu schätzen,

— ~~noch nicht zu schätzen, da~~

~~Tatzeit / Blutentnahmezeit nicht angegeben — Ende der Alkoholaufnahme vor der Tatzeit nicht bekannt — angeblich nachträglicher Alkoholkonsum vor Nachtrunk — Art, Menge und Wirkung nicht angegeben ist.~~

Zur Tatzeit ist — ~~nicht~~ — mit einer erheblichen Alkoholwirkung zu rechnen.

~~Die Angaben auf dem Begleitschein über den Alkoholkonsum fehlen — lassen sich mit dem Analysenergebnis nicht vereinen.~~

Ein ergänzendes Gutachten (Verkehrstauglichkeit, strafrechtliche Verantwortlichkeit, Einfluß von Medikamenten, Krankheiten) kann ggf. nach dem Ergebnis weiterer Ermittlungen erstattet werden.

Prof. Dr. med. **H. Elbel**
I. V.

gez. Prof. Dr. med. Beul

Der Polizeipräsident, SB IV
_____Dienststelle_____

Tgb.-Nr.: 23.353/88
Akt.-Zeichen:

_____5300 Bonn_____ , den __3.5.__ 19__88__

Verantwortliche Vernehmung

Es erscheint**) __Ernst Wild__

der / ~~die~~ Nachgenannte

wohnhaft in __5300 Bonn, Königstr. 17_____ Straße/Platz Nr. _____

Fernruf _____ und erklärt:

1. a) Familienname,
   auch Beinamen, Künstlername, Spitzname, bei Namensänderung früherer Familienname, bei Frauen auch Geburtsname, ggf. Name des früheren Ehemannes

   a) __Wild__

   b) Vornamen (Rufname unterstreichen)

   b) __Ernst__

2. Geboren

   am __4.6.1923__ in __Köln__
   Kreis (Verwaltungsbezirk) __Köln__
   Landgerichtsbezirk __Köln__
   Land __NRW__

3. a) Beruf

   a) __kaufmännischer Angestellter__

   aa) erlernter — aa) __wie oben__

   bb) z.Z. der Tat ausgeübter — bb) __wie oben__

   cc) Stellung im Beruf (z.Z. der Tat) — cc) __Geschäftsführer__
   Hier ist anzugeben:
   — ob Geschäftsinhaber, Gehilfe, selbständiger Handwerksmeister, Geselle usw.

   b) Ferner sind anzugeben:
   — bei Ehefrauen Beruf des Mannes
   — bei Beamten, Behördenangestellten, Angehörigen der Bundeswehr usw. Anschrift der Dienststelle
   — bei Studierenden Anschrift der Hochschule und das belegte Lehrfach
   — bei Trägern akademischer Würden (Dipl.-Ing., Dr., D. usw.), wann und wo bei welcher Hochschule der Titel erworben wurde

   b)

   c) bei Erwerbslosigkeit, seit wann?

   c)

**) Auf Vorladung, aus Untersuchungshaft, aus Strafhaft, als vorläufig Festgenommener vorgeführt, in der Wohnung, an der Arbeitsstätte aufgesucht usw. (Zutreffendes einsetzen.)

5. a) Familienstand ledig—verheiratet—verwitwet— geschieden getrennt lebend —	a)	verwitwet seit 1965
b) Vor- und Familienname des Ehegatten bei Frauen auch Geburtsname, ggf. Name des früheren Ehemannes	b)	verstorben
c) Wohnung d. Ehegatten bei versch. Wohnung	c)	
d) Beruf des Ehegatten	d)	
6. Kinder a) Anzahl	a)	2
b) Alter	b)	23, 20 Jahre
7. a) Vater, Vor- und Zuname	a)	verstorben
Geburtsdatum und -ort		
Beruf		
Wohnung		
Gestorben (wann, wo ?)		
b) Mutter, Vor- und Geburtsname	b)	verstorben
Geburtsdatum und -ort		
Beruf		
Wohnung		
Wiederverheiratet (wann, mit wem?)		
Gestorben (wann, wo?)		
c) Pflegeeltern, Erziehungsberechtigte (Name, Wohnung)	c)	
d) Geschwister aa) Anzahl	d) aa)	
bb) Alter	bb)	
8. a) Vormund, Vor- und Zuname	a)	
Beruf		
Wohnung		
b) Zuständiges Vormundschaftsgericht	b)	
c) Zuständiges Jugendamt	c)	
9. Staatsangehörigkeit (auch evtl. frühere)		deutsch
10. Religionsbekenntnis		
11. Schulverhältnisse (Schulbildung) allgemeine Schule (Höhere — Mittel- — Volks- — Hilfsschule) z. Z. in Klasse entlassen, wann und aus welcher Klasse Ort und Straße der zuletzt besuchten Schule		
12. a) Berufsschule z. Z. in Klasse entlassen, wann und aus welcher Klasse Ort und Straße der zuletzt besuchten Schule	a)	
b) Fachschule, Hochschule Name, Ort und Straße Fakultät oder Lehrfach	b)	
13. Ausweis- u. Berechtigungspapiere, insbeson- dere Personalausweis, Reisepaß, Führerschein		Reisepaß Nr. D 23657428
14. Bestrafungen, anhängige Strafverfahren, Bewährungsfristen, bereits durchgeführte Erziehungsmaßregeln und Zuchtmittel Welches Gericht ordnete sie an? — nach eigenen Angaben —		nach eigenen Angaben keine

Bonn, den 3.5.88

10.30 Uhr

Mir wurde eröffnet, daß ich beschuldigt werde, im trunkenen Zustand mit meinem Kfz. gefahren und eine Körperverletzung des Zeugen Gaus begangen zu haben. Ferner wird mir zur Last gelegt, eine "Fahrerflucht" begangen zu haben und anschließend mit dem PKW auf den Polizeibeamten Wenzel, der mich anhalten wollte, zugefahren zu sein.

Als Strafvorschriften kommen in Betracht: §§ 113, 142, 230, 232, 315, 315 b, 315 c, 316 StGB.

Ich wurde darauf hingewiesen, daß es mir nach dem Gesetz freisteht, mich zu der Beschuldigung zu äußern oder nicht zur Sache auszusagen und jederzeit, auch schon vor meiner Vernehmung, einen von mir zu wählenden Verteidiger zu befragen.

Mir wurde weiter gesagt, daß ich mich auch schriftlich zu der Beschuldigung äußern kann.

Ich erkläre hierzu: Ich möchte aussagen.

Zur Person

Ich bin seit 1955 als kaufmännischer Angestellter bei der Fa. Handels AG. in Bonn tätig, und zwar seit 1968 als Abteilungsleiter der Herrenbekleidungsabteilung mit einem monatlichen Gehalt von z.Z. 3.000,- DM brutto.

Meine Ehefrau starb 1965. Aus der Ehe sind zwei inzwischen erwachsene und nicht mehr in meinem Haushalt lebende Kinder hervorgegangen. Ich bin nicht vorbestraft.

Zur Sache

Am Tatabend hatte ich Kegelabend. Nachdem ich zunächst in einem Lokal in der Innenstadt zu Abend gegessen hatte, bin ich mit meinem Wagen zu unserem Kegellokal in Bonn-Holzlar gefahren. Da 2 meiner Kegelbrüder Geburts- bzw. Namenstag hatten und mehrere Runden gaben, trank ich wesentlich mehr als gewöhnlich. Ich gebe zu, daß ich mich nicht mehr fahrtüchtig fühlte und auch wußte, daß ich zuviel getrunken hatte, um noch fahren zu können. Daß ich einen verletzen könnte, daran habe ich nicht gedacht. Ich glaubte, der Abstand zum PKW des Gaus sei groß genug. Als ich Gaus im Wagen sah, bekam ich Angst und bin abgehauen. Als ich schließlich die Polizeisperre bemerkte, habe ich in meinem besoffenen Kopf durchgedreht: Ich dachte, wenn du schnell auf den Beamten zufährst, springt er weg, was er ja auch tat. Ich hatte das Fahrzeug schon infolge meiner Trunkenheit nicht mehr ganz in der Gewalt, so daß ich kaum noch rechtzeitig hätte bremsen können. Ich hoffte, daß nichts passieren würde, denn das wäre ja ganz schlimm geworden. Mehr kann ich nicht sagen. Ich bin ehrlich gewesen. Mir tut die Sache sehr leid.

Geschlossen:

gez. Specht, POM

Vorgelesen, genehmigt und unterschrieben:

gez. Wild

U. m. A.

Staatsanwaltschaft

B o n n

nach Abschluß der Ermittlungen übersandt. Von der Vernehmung Gaus ist abgesehen worden. Gaus befindet sich zur Zeit in Kur.

gez. Frerichs, POK

Vermerk:

I. a) Der Führerschein von Wild ist sichergestellt; er wurde freiwillig abgegeben am 1.4.1988. Er trägt die Nr. 77/55, ausgestellt am 4.5.1955 von der Stadt Bonn.

   b) Der Beschuldigte ist nicht bestraft.

   c) Als Verteidiger hat sich Rechtsanwalt Dr. Gut aus Rheinbach bestellt.

II. Aufgabe:

Die Anklage soll angefertigt werden ohne Verweisungen auf den Text des Sachverhalts. Ihre Form und ihr Inhalt sollen geübt, nicht die materielle Rechtslage in Frage gestellt werden. Ausgegangen werden soll von §§ 113, 142, 230, 315 b (315), 315 c, 316 (für den zweiten Handlungsteil) StGB. Die §§ 153 ff., 154 ff. StPO sollen nicht angewendet werden.

2. Anklageschrift

(Zu den Besonderheiten in Süddeutschland vgl. die Beispiele zu D V 1 b
und D IX)

Staatsanwaltschaft   Bonn, den 6.5.1988
- 703 Js 66/88 -

An das
Amtsgericht
- Schöffengericht -

B o n n

A n k l a g e s c h r i f t

Der kaufmännische Angestellte Ernst   W i l d ,
geboren am 4.6.1923 in Köln,
wohnhaft Königstraße 17, 5300 Bonn,
verwitwet,

Verteidiger: Rechtsanwalt Dr. Gut, Rheinbach,

wird   a n g e k l a g t ,

am 1.4.1988 in Bonn[21)]
durch zwei selbständige Handlungen

1.) a) vorsätzlich[23)] im Straßenverkehr ein Fahrzeug geführt zu haben,
        obwohl er infolge des Genusses alkoholischer Getränke nicht in der
        Lage war, das Fahrzeug sicher zu führen, und dadurch fahrlässig[23)]
        Leib und Leben eines anderen sowie eine fremde Sache von bedeuten-
        dem Wert gefährdet
        und
        tateinheitlich[24)] damit

    b) fahrlässig die Körperverletzung eines anderen verursacht zu haben;

2.) a) vorsätzlich[23)] im Straßenverkehr ein Fahrzeug geführt zu haben,
        obwohl er infolge des Genusses alkoholischer Getränke nicht in der
        Lage war, das Fahrzeug sicher zu führen,
        und dadurch zugleich

    b) als Unfallbeteiligter sich nach einem Unfall im Straßenverkehr vom
        Unfallort entfernt zu haben, bevor er zugunsten des anderen Unfall-
        beteiligten und Geschädigten die Feststellung seiner Person, seines
        Fahrzeuges und der Art seiner Beteiligung durch seine Anwesenheit
        und durch die Angabe, daß er an dem Unfall beteiligt gewesen war,
        ermöglicht hatte;

    c) vorsätzlich[23)] die Sicherheit des Straßenverkehrs dadurch beein-
        trächtigt zu haben, daß er einen dem Bereiten von Hindernissen
        ähnlichen, ebenso gefährlichen Eingriff vornahm, und dadurch vor-
        sätzlich Leib und Leben eines anderen gefährdet zu haben, und zwar
        in der Absicht, eine andere Straftat zu verdecken[9)];

    d) in einem besonders schweren Fall einem Amtsträger, welcher zur
        Vollstreckung von Gesetzen berufen ist, bei der Vornahme einer

solchen Diensthandlung mit Gewalt Widerstand geleistet zu haben, wobei er eine Waffe, nämlich ein Kraftfahrzeug[25], mit sich führte, um dieses bei der Tat zu verwenden, und den Angegriffenen durch die Gewalttätigkeit in die Gefahr einer schweren Körperverletzung (§ 224 StGB) brachte.

Der Angeschuldigte fuhr gegen 22.40 Uhr[21] nach übermäßigem Alkoholgenuß - Blutalkoholkonzentration 1,8 %o - trotz Kenntnis seiner Fahruntüchtigkeit mit seinem PKW Mercedes 200 D, amtliches Kennzeichen: BN - HS 119, in Schlangenlinien über die Viktoriastraße und stieß in Höhe des Hauses Nr. 135 infolge alkoholbedingt falscher Einschätzung des Seitenabstands gegen den ordnungsgemäß haltenden PKW des Kaufmanns Ewald Gaus, der erheblich beschädigt wurde; Gaus erlitt eine handtellergroße Prellung am linken Unterarm. Der Angeschuldigte hielt sodann an und sah in den angefahrenen PKW, fuhr dann jedoch weiter und konnte entkommen.

Kurz darauf fuhr er auf den ihm auf der Fahrbahn der Bahnhofstraße entgegentretenden und Haltezeichen gebenden Polizeimeister Wenzel in schneller Fahrt zu, um ihn zum Zur-Seite-Springen zu veranlassen und so unerkannt zu entkommen.

Durch diese Taten[26] hat er sich als ungeeignet zum Führen von Kraftfahrzeugen erwiesen.

<u>Verbrechen</u> des gefährlichen Eingriffs in den Straßenverkehr, strafbar nach §§ 315 b Abs. 1 Nr. 3, Abs. 3 i.V.m. 315 Abs. 3 Nr. 2 und

<u>Vergehen</u> des Widerstandes gegen Vollstreckungsbeamte, des unerlaubten Entfernens vom Unfallort, der fahrlässigen Körperverletzung, der Gefährdung des Straßenverkehrs und der Trunkenheit im Verkehr, strafbar nach §§ 113 Abs. 1 u. 2 Nr. 1 u. 2, 142 Abs. 1 Nr. 1, 230, 232 Abs. 1, 315 c Abs. 1 Nr. 1 a, Abs. 3 Nr. 1, 316 Abs. 1, 52, 53, 69, 69 a, 74 Abs. 1, Abs. 2 Nr. 1 StGB[12].

An der Verfolgung der fahrlässigen Körperverletzung besteht ein besonderes öffentliches Interesse[27].

<u>Beweismittel:</u>

I.   Geständnis des Angeschuldigten.

II. <u>Zeugen:</u>

   1) Polizeiobermeister Alfes,

   2) Polizeimeister Werner Wenzel,
      beide zu laden über den Polizeipräsidenten in Bonn, Schutz-
      bereich IV,

   3) Kaufmann Ewald Gaus, Viktoriastr. 136, 5300 Bonn.

III. <u>Urkunden:</u>

   1) Gutachten des Prof. Dr. med. Beul, Abteilung Rechtsmedizin der
      Universität Bonn, Stiftsplatz 12 - Bl. 4 d.A. -,

   2) Blutentnahmeprotokoll des Dr. Krebs vom 1.4.1988 - Bl. 2R d.A. -,

   3) Attest des Dr. med. Uhler vom 2.4.1988, betreffend Verletzung
      des Zeugen Gaus - Bl. 3 d.A. -,

   4) Führerschein des Angeschuldigten Ernst Wild (Beleg über besonders
      gesicherte Verwahrung Hülle Bl. 1 b d.A.), sichergestellt seit
      1.4.1988.

Wesentliches Ergebnis der Ermittlungen

Der 64jährige verwitwete Angeschuldigte ist seit 1955 bei der Fa. Handels AG in Bonn tätig und leitet seit 1968 als Geschäftsführer die Herrenbekleidungsabteilung. Seine finanziellen Verhältnisse sind geregelt; er verdient monatlich ca. 3.000,- DM brutto. Unterhaltsverpflichtungen gegenüber seinen beiden - inzwischen erwachsenen - Kindern bestehen nicht.

Der Angeschuldigte ist nicht vorbestraft.

Als er am Tatabend das Kegellokal in Bonn-Holzlar verließ, war ihm bewußt, daß er im Übermaß Alkohol getrunken hatte und nicht mehr fahrtüchtig war. Gleichwohl setzte er sich an das Steuer seines Wagens und fuhr nach Bonn. Dort beging er die im Anklagesatz geschilderten Taten.

Der Angeschuldigte gibt die ihm zur Last gelegten Taten zu, insbesondere auch, sich wegen des Alkoholgenusses fahruntüchtig gefühlt zu haben. Seine weitere Einlassung, er habe nicht daran gedacht, jemanden auf seiner Fahrt verletzen zu können, vermag ihn nicht zu entlasten. Der Angeschuldigte hat hinsichtlich der Verletzung des Zeugen Gaus und der Beschädigung des PKW fahrlässig gehandelt, weil er bei gebotener Sorgfalt, gerade weil ihm seine Trunkenheit bewußt war, die Möglichkeit einer Fehlreaktion hätte voraussehen müssen und können. Das Zufahren auf den Polizeibeamten geschah absichtlich und ohne Beeinflussung durch die Trunkenheit.

Die Voraussetzungen des § 113 Abs. 2 Nr. 1 u. 2 StGB sind gegeben, weil Waffe i.S.d. § 113 Abs. 2 Nr. 1 auch ein Auto sein kann (vgl. BGHSt 26, 176) und es ausreicht, daß der Angeschuldigte erst bei Erkennen der Polizeisperre auf den Gedanken kam, seinen Wagen als "Waffe" einzusetzen.

Es wird beantragt, das Hauptverfahren vor dem Amtsgericht - Schöffengericht - Bonn zu eröffnen[13].

gez. Dr. Holger, Staatsanwältin

3.) Begleitverfügung

Staatsanwaltschaft   Bonn, den 6.5.1988
- 703 Js 66/88 -

Vfg.

1.) Die Ermittlungen sind abgeschlossen[a].

2.) Anklageschrift in Reinschrift fertigen[b].

3.) Entwurf und Durchschlag zu den Handakten.

4.) KPS[g].

5.) U. m. A.

Herrn Vorsitzenden[c]
des Schöffengerichts

Bonn

unter Bezugnahme auf die beiliegende Anklageschrift übersandt.

6.) 20.6.1988.

gez. Dr. Holger, Staatsanwältin

B e i s p i e l   3

1. Sachverhalt

In den frühen Morgenstunden des 30.4.1988 wurde von dem Jagdaufseher Adam
der Automechaniker Karl-Heinz Ludwig,
    geboren am 8.8.1939 in Köln,
    wohnhaft in Waldbröl, Nutscheider Str. 43, ledig,
dabei überrascht, als er in den Gewässern des Kölner Kaufmanns Otto
Hermeyer an der Landstraße zwischen Waldbröl und Spurkenbach Forellen
angelte. Im PKW des Täters wurden in einem Eimer 15 etwa 350 g schwere
Forellen gefunden. Ludwig gab an, die Forellen ohne Erlaubnis des Eigentümers für eine Grillparty geangelt zu haben. Der Wert der Tiere beträgt
ca. 60,- DM. Die Angel ist im Einvernehmen mit dem Beschuldigten sichergestellt worden. Es handelt sich um öffentliche Gewässer; Hermeyer hat das
Fischereirecht.

L. ist als Tankwart beschäftigt und verdient ca. 750,- DM netto im Monat.
Er ist bislang strafrechtlich nicht in Erscheinung getreten.

Hinweise für die Bearbeitung: Entwerfen Sie einen Strafbefehl und die da-
zugehörige Begleitverfügung.

2. Verfügung

1.) Die Ermittlungen sind abgeschlossen.

2.) Strafbefehl in Reinschrift fertigen.

3.) Entwurf und Durchschlag zu den Handakten.

4.) KPS.

5.) U. m. A.

    dem Amtsgericht - Strafrichter -

    in Waldbröl

    mit dem Antrag übersandt, den Strafbefehl nach anliegendem Entwurf zu
    erlassen.

6.) 20.7.1988.

Bonn, den 20.5.1988

gez. Bartels, Staatsanwalt

3. Strafbefehl

Amtsgericht

Ort und Tag

....

Anschrift und Fernruf

....

Geschäfts-Nr.:..
(Bitte bei allen Schreiben an das Amtsgericht
– insbesondere bei Einlegung eines Rechtsmittels – angeben!)

Herrn
Karl-Heinz Ludwig
Nutscheider Straße 43

W a l d b r ö l

geb. am 8.8.1939
in Köln

Verteidiger:

Nebenbeteiligter:

Strafbefehl

Die Staatsanwaltschaft   klagt Sie an,

am 30.4.1988 zwischen Waldbröl und Spurkenbach unter Verletzung
fremden Fischereirechts gefischt zu haben.

Sie angelten aus den Gewässern, an denen der Kaufmann
Otto Hermeyer das Fischereirecht besitzt, 15 Forellen im
Wert von 60,- DM ohne Erlaubnis.

Vergehen der Fischwilderei, strafbar nach §§ 293 Abs. 1, 40,
43, 295 StGB.

Als Beweismittel hat sie bezeichnet:

1.) Ihr Geständnis

2.) Zeuge: Jagdaufseher Heribert Adam, Spurkenbach

Auf Antrag der Staatsanwaltschaft wird gegen Sie eine Geldstrafe
von 10 Tagessätzen zu je 25,- DM (= 250,- DM) festgesetzt.

Die bei der Tat verwendete Angel, asserviert unter Lü 213/88,
wird eingezogen.

Zugleich werden Ihnen die Kosten des Verfahrens auferlegt. Ihre
eigenen Auslagen haben Sie selbst zu tragen.

(Belehrung entsprechend § 409 Abs. 1 Nr. 7)

B e i s p i e l   4

1. Sachverhalt

Der Polizeipräsident   5300 Bonn, den 14.6. 19 88 9 Uhr

Kriminalpolizei

2. Kommissariat
(Behörde, genaue Bezeichnung der Dienststelle)

Tgb. Nr. 9355/88

Fernruf 151   NA 733

(Eingangsstempel)

Strafanzeige

Strafbare Handlung: Diebstahl geringwertiger Sachen

§§   242, 248 a   StGB

Tatort: Bonn, Goethestraße 253   AG-Bezirk: Bonn
(Ausführliche Beschreibung)

Tatzeit: 12.6.1988, 16.00 Uhr
(Wochentag, Datum, Uhrzeit)

Geschädigt: Meier Georg, geb. 12.6.1943 in Bonn,
(Name, bei Frauen auch Geburtsname, Vornamen, Geburtstag, Geburtsort)

Ang., wohnhaft in Bonn, Goethestraße 253   Fernruf 366905
(Beruf, Wohnung)

Beschuldigt: 1. Schmitz Josef, geb. 5.1.1940 in Köln,
(Name, bei Frauen auch Geburtsname, Vornamen, Geburtstag, Geburtsort)

Gärtner, wohnhaft in Bonn, Goethestraße 255
(Beruf, Wohnung)

2.
(Name, bei Frauen auch Geburtsname, Vornamen, Geburtstag, Geburtsort)

(Beruf, Wohnung)

Gegenstand: Schadenshöhe:

Beweisstücke:

Wo versichert?

Spurensuche	Fahndung
a) wurde veranlaßt am .... um .... Uhr (siehe Spurensicherungsbericht Bl. .... d. A.	a) Suchvermerk liegt – nicht – vor
b) ist nicht erforderlich.	b) Notkarte – nicht – angelegt
Blutprobe wurde – nicht – veranlaßt.	c) FS – nicht – gegeben
gez. Grimme, KK	
(Unterschrift, Dienstgrad)	(Unterschrift, Dienstgrad)

Vermerk über die Erfassung in der polizeilichen Kriminalstatistik (KP 31)

					Spalten des Vordrucks KP 31														Datum und Zeichen des Sachbearb.	
	Lfd.Nr	b	c	d	e	f	g	h	i	k	l	m	n	o	p	q	r	s	t	u	
(Vorders.)																					
evtl. Nachträge																					
(Rücks.)																					
evtl. Nachträge																					

KP 31 b – nicht – gefertigt

Herr/Frau/Fräulein   Der umseitig genannte Geschädigte

Name: .... Vornamen: ....

(Bei Frauen auch Geburtsname)

geb. am: .... in: .... Beruf: ....

Wohnung: .... Fernruf: ....

zeigt an: Ich muß vorausschicken, daß ich zu meinem Nachbarn Schmitz
infolge einer Grundstücksangelegenheit ein gespanntes Verhältnis habe. Das soll mich aber nicht hindern, hier die
volle Wahrheit zu sagen.

Am 12.6.1988 feierte ich meinen Geburtstag. Während wir
- d.h. meine Frau, meine Tochter und meine Brüder Willi und
Ernst-August - am Kaffeetisch saßen, bemerkten wir plötzlich,
daß mein Nachbar Schmitz in unseren Garten kam. Der Garten
grenzt an den von Schmitz; wir haben keinen Zaun, sondern
die Grenze lose mit Büschen und Blumen bepflanzt. Schmitz
nahm den dort liegenden roten Lederball meiner Tochter an
sich und ging auf sein Grundstück zurück. Ich empfand dieses
Verhalten meines Nachbarn zwar seltsam, dachte aber, er wolle
vielleicht mit seinem Sohn Ball spielen und anschließend den
Ball zurückbringen. Darauf habe ich jedoch bis heute vergeblich gewartet. Ich wollte die Angelegenheit an sich ohne die
Polizei bereinigen und klingelte gestern bei Herrn Schmitz,
um ihn zur Rede zu stellen. Herr Schmitz behauptete doch
tatsächlich, der Ball gehöre seinem Sohn Franz und warf mir
die Tür vor der Nase zu.

Ich erstatte deshalb Strafanzeige gegen Herrn Schmitz wegen
Diebstahls und stelle gleichzeitig Strafantrag.

Meine o.g. Verwandten und meine Frau, die mit hierher gekommen sind, können bezeugen, daß Herr Schmitz den Ball gestohlen hat und daß es sich bei dem Ball um den meiner
Tochter handelt.

gez. Grimme, KK   gez. Georg Meier

Mit dem Anzeigenden erschienen dessen Ehefrau Ruth, geb.
Klotz, die Tochter Anna, die Brüder des Anzeigenden Willi
und Ernst-August.

Alle Zeugen behaupteten übereinstimmend, der umstrittene rote
Lederball gehöre der Anna Meier, der Ball des Franz habe ganz
anders ausgesehen. Keiner der Zeugen war jedoch in der Lage,
Unterscheidungsmerkmale zwischen beiden Bällen anzugeben.

Unter diesen Umständen wurde auf eine förmliche Zeugenvernehmung verzichtet.

gez. Grimme, KK

2. K.
....
Dienststelle

Tgb.-Nr.: ....9355/88....
Akt.-Zeichen:

............5300 Bonn............ , den ..21.6.. 19.88.

Verantwortliche Vernehmung

Es erscheint**) ....auf telefonische Vorladung....

der / die Nachgenannte

wohnhaft in ....5300 Bonn,.................... Goethe.... Straße/Platz Nr. 255

Fernruf ......311701...... und erklärt:

1. a) Familienname, auch Beinamen, Künstlername, Spitzname, bei Namensänderung früherer Familienname, bei Frauen auch Geburtsname, ggf. Name des früheren Ehemannes	a) ....Schmitz....
b) Vornamen (Rufname unterstreichen)	b) ....Josef....
2. Geboren	am ..5.1.1940.. in ..Köln.. Kreis (Verwaltungsbezirk) .... Landgerichtsbezirk ....Köln.... Land ....NRW....
3. a) Beruf aa) erlernter bb) z.Z. der Tat ausgeübter cc) Stellung im Beruf (z.Z. der Tat) Hier ist anzugeben: — ob Geschäftsinhaber, Gehilfe, selbständiger Handwerksmeister, Geselle usw.	a) ....Verwaltungsangestellter.... aa) ....."..... bb) ....."..... cc) ....
b) Ferner sind anzugeben: — bei Ehefrauen Beruf des Mannes — bei Beamten, Behördenangestellten, Angehörigen der Bundeswehr usw. Anschrift der Dienststelle — bei Studierenden Anschrift der Hochschule und das belegte Lehrfach — bei Trägern akademischer Würden (Dipl.-Ing., Dr., D. usw.), wann und wo bei welcher Hochschule der Titel erworben wurde	b) .... Stadt Bonn
c) bei Erwerbslosigkeit, seit wann?	c) ....

**) Auf Vorladung, aus Untersuchungshaft, aus Strafhaft, als vorläufig Festgenommener vorgeführt, in der Wohnung, an der Arbeitsstätte aufgesucht usw.
(Zutreffendes einsetzen.)

5. a) Familienstand ledig—verheiratet—verwitwet—geschieden getrennt lebend —	a) verheiratet
b) Vor- und Familienname des Ehegatten bei Frauen auch Geburtsname, ggf. Name des früheren Ehemannes	b) Gisela, geb. Wolters
c) Wohnung d. Ehegatten bei versch. Wohnung	c)
d) Beruf des Ehegatten	d) Hausfrau
6. Kinder a) Anzahl	a) 1
b) Alter	b) 8
7. a) Vater, Vor- und Zuname	a) Schmitz Hans-Heinrich
Geburtsdatum und -ort	
Beruf	Rentner
Wohnung	Duisburg, Bahnhofstraße 12
Gestorben (wann, wo ?)	
b) Mutter, Vor- und Geburtsname	b) Katharina geb. Kaiser
Geburtsdatum und -ort	
Beruf	Hausfrau
Wohnung	wie vor
Wiederverheiratet (wann, mit wem?)	
Gestorben (wann, wo?)	
c) Pflegeeltern, Erziehungsberechtigte (Name, Wohnung)	c)
d) Geschwister aa) Anzahl	d) aa)
bb) Alter	bb)
8. a) Vormund, Vor- und Zuname	a)
Beruf	
Wohnung	
b) Zuständiges Vormundschaftsgericht	b)
c) Zuständiges Jugendamt	c)
9. Staatsangehörigkeit (auch evtl. frühere)	deutsch
10. Religionsbekenntnis	
11. Schulverhältnisse (Schulbildung) allgemeine Schule (Höhere — Mittel- — Volks- — Hilfsschule) z. Z. in Klasse entlassen, wann und aus welcher Klasse Ort und Straße der zuletzt besuchten Schule	
12. a) Berufsschule z. Z. in Klasse entlassen, wann und aus welcher Klasse Ort und Straße der zuletzt besuchten Schule	a)
b) Fachschule, Hochschule Name, Ort und Straße Fakultät oder Lehrfach	b)
13. Ausweis- u. Berechtigungspapiere, insbeson- dere Personalausweis, Reisepaß, Führerschein	Reisepaß Nr. C 6237230
14. Bestrafungen, anhängige Strafverfahren, Bewährungsfristen, bereits durchgeführte Erziehungsmaßregeln und Zuchtmittel Welches Gericht ordnete sie an? — nach eigenen Angaben —	nicht vorbestraft, nach eigenen Angaben

Bonn, den 21.6.1988
9.00 Uhr

Mir wurde eröffnet, daß ich beschuldigt werde,
einen Diebstahl z.N. des Georg Meier begangen zu haben.

Ich wurde darauf hingewiesen, daß es mir nach dem Gesetz freisteht, mich
zu der Beschuldigung zu äußern oder nicht zur Sache auszusagen und jederzeit, auch schon vor meiner Vernehmung, einen von mir zu wählenden Verteidiger zu befragen.

Mir wurde weiter gesagt, daß ich mich auch schriftlich zu der Beschuldigung äußern kann.

Ich erkläre hierzu:

Ich will aussagen.

Den Vorwurf des Diebstahls muß ich entschieden zurückweisen, ich habe es
nicht nötig, mich an einem fremden Ball zu bereichern.
Richtig ist vielmehr, daß mein Sohn Franz seit Pfingsten 1988 seinen roten
Lederball vermißte und diesen plötzlich am 12.6.1988 nachmittags im Nach-
bargarten entdeckte. Nachdem mein Sohn mich auf seinen Ball aufmerksam
gemacht hatte, ging ich kurzerhand ein paar Schritte auf das Grundstück
der Familie Meier und nahm den Ball meines Sohnes an mich. Weil ich zuvor
verschiedene fremde PKWs vor Meiers Haus gesehen und daraus geschlossen
hatte, daß bei Meiers Besuch war, wollte ich nicht stören. Im übrigen
sprechen wir nur das Notwendigste miteinander.

Vor ein paar Tagen erschien Herr Meier bei mir und behauptete, ich hätte
den Ball seiner Tochter gestohlen. Daraufhin habe ich Herrn Meier die Tür
gewiesen.

Ich benenne als Zeugen dafür, daß der Ball meinem Sohn gehört, meinen
Sohn Franz, meine Ehefrau, meine Schwester und den Briefträger Freundlich.

Geschlossen: Gelesen, genehmigt und
                                      unterschrieben:

gez. Grimme, KK   gez. Josef Schmitz

                                      Bonn, den 24.6.1988

Vermerk:

Heute nachmittag konnte der Briefträger Freundlich telefonisch über das
Postamt 1 (55120) erreicht werden. Ihm wurde eröffnet, daß es in einem
hier anhängigen Ermittlungsverfahren um die Frage gehe, ob die Tochter
des Herrn Meier oder der Sohn des Herrn Schmitz aus der Goethestraße
einen Ball hätten; er solle hierzu etwas sagen können. Herr Freundlich
antwortete wörtlich: "Ich weiß, daß beide Kinder einen roten Lederball
haben. Soweit ich mich erinnern kann, sehen beide Bälle etwa gleich aus."

Grimme, KK

Bonn, den 30.6.1988

Vermerk:

Aus anderem Anlaß hatte ich in der Goethestraße Ermittlungen durchzuführen, die jedoch schneller als erwartet abgeschlossen werden konnten. Ich habe daher das Haus des Beschuldigten aufgesucht. Dort wurden angetroffen: der Beschuldigte, dessen Ehefrau Gisela, geb. Wolters, der Sohn Franz, die Schwester Maria des Beschuldigten.
Die Angehörigen des Beschuldigten bekundeten nach Belehrung über ihr Zeugnisverweigerungsrecht, der fragliche Ball gehöre zweifellos dem Franz Schmitz. Die Zeugin Maria Schmitz glaubte, den Ball einwandfrei als denjenigen identifizieren zu können, den sie ihrem Neffen Franz zum Geburtstag geschenkt hatte.
Von einer förmlichen Zeugenvernehmung wurde abgesehen.

Grimme, KK

Bonn, den 1.7.1988

Kriminalpolizei, 2.K.
Tgb.Nr. 9355/88

An die
Staatsanwaltschaft
Oxfordstr. 19

5300 B o n n

Anliegenden Vorgang übersende ich nach Abschluß der Ermittlungen.

Im Auftrag:

gez. Rothe, KHK/Gr.

2. Einstellungsverfügung

Staatsanwaltschaft   Bonn, den 8.7.1988

- 60 Js 617/88 -

<u>Vfg.</u>

1.) Das Ermittlungsverfahren gegen den Verwaltungsangestellten Josef
Schmitz wegen Diebstahls wird gem. § 170 Abs. 2 StPO eingestellt.

<u>Gründe:</u>

Dem Beschuldigten Josef Schmitz wird vom Anzeigenden Georg Meier vorgeworfen, einen seiner Tochter Anna gehörenden roten Lederball entwendet zu haben. Der Beschuldigte bestreitet, sich strafbar gemacht
zu haben. Er gibt zwar zu, von dem Hofe des benachbarten Anwesens
Meier einen roten Lederball weggenommen zu haben; doch behauptet er,
er habe geglaubt, der Ball gehöre seinem achtjährigen Sohn Franz.

Diese Einlassung ist mit der für eine Anklage erforderlichen Sicherheit nicht zu widerlegen.

Für die Behauptung des Beschuldigten spricht, daß nicht mit Gewißheit
auszuschließen ist, daß beide Kinder rote, einander ähnliche Bälle
gehabt haben. Angesichts des geringen Wertes des Balles und der Tatsache, daß die Anwesen des Anzeigenden und des Beschuldigten anein-
andergrenzen, bestand für letzteren auch kein Anlaß, eine genaue Prüfung vorzunehmen.

Zwar haben die Familienangehörigen des Anzeigenden: Ehefrau und zwei
Brüder, bekundet, der weggenommene Ball gehöre dessen Tochter Anna und
unterscheide sich von dem Ball des Franz Schmitz; Unterscheidungsmerkmale haben sie jedoch nicht nennen können. Diesen Bekundungen stehen
die Aussagen sowohl der Familienangehörigen des Beschuldigten als auch
die des Briefträgers Freundlich entgegen. Die Ehefrau und die Schwester Maria Schmitz des Beschuldigten haben ausgesagt, Franz habe ebenfalls einen roten Lederball wie Anna Meier besessen, der zur Tatzeit
verloren gegangen sei. Der Zeuge Freundlich hat bekundet, beide Kinder
hätten je einen etwa gleich aussehenden roten Lederball besessen. Da
den ersteren Bekundungen gegenüber den letzteren ein entscheidend
höherer Beweiswert nicht zugesprochen werden kann, war die Einlassung
des Beschuldigten mit der notwendigen Gewißheit nicht zu widerlegen.

Eine Straftat ist daher nicht nachzuweisen; denn wegen Diebstahls kann
nur der bestraft werden, der weiß, daß er eine fremde Sache wegnimmt.
Es kommt daher nicht darauf an, wem der Ball tatsächlich gehörte.

gez. Dr. Becker

Staatsanwalt

2.) Schreiben - unter Beifügung einer begl. Durchschrift von Nr. 1.) -
an:

Herrn
Georg Meier
Goethestraße 253

5300 Bonn

Betrifft: Ihre Strafanzeige vom 14.6.1988 gegen Josef Schmitz
wegen Diebstahls

Anlage: 1 Schriftstück

Sehr geehrter Herr Meier!

Die anliegende Verfügung übersende ich zur gefl. Kenntnis.

Gegen diesen Bescheid steht Ihnen das Rechtsmittel der Beschwerde zu.
Diese muß innerhalb einer Frist von 2 Wochen nach Erhalt des Schreibens entweder bei dem Generalstaatsanwalt in Köln oder bei mir eingegangen sein.

Hochachtungsvoll

gez. Dr. Becker

Staatsanwalt

3.) Nachricht von der Einstellung des Verfahrens an Beschuldigten Josef Schmitz, Bl. 2 d.A.

4.) KPS.

5.) 10.8.1988 (Beschwerde?).

gez. Dr. Becker

Staatsanwalt

Anmerkungen zu den Beispielen

1. Zu den Anklageschriften

1) Praxisgerechte optische Hinweise auf wichtige Verfahrenstatsachen.

2) Nr. 110 Abs. 4 RiStBV; zur Fristberechnung vgl. KK § 121 Rz. 6. Auf die Dauer des Vollzugs kommt es an. War der Haftbefehl außer Vollzug gesetzt, werden die einzelnen Vollstreckungszeiten addiert.

3) § 1 JGG: Die Angabe bezieht sich immer auf den Zeitpunkt der Tat.

4) Vgl. § 103 Abs. 2 JGG.

5) Jetziger Beruf.

6) Genaue Adresse, auch zur Erleichterung von Zustellungen und Ladungen; genaue Angaben zur Untersuchungshaft (s. Nr. 110 Abs. 4 RiStBV).

7) Zur Tatzeit und noch jetzt Jugendlicher, daher ist der gesetzliche Vertreter bezeichnet.

8) Zwar Heranwachsender, da jedoch volljährig, werden die gesetzlichen Vertreter nicht angegeben.

9) Nur d i e Alternative wird angeführt, die als verwirklicht angesehen wird.

10) Plural, weil mehrere Sachen weggenommen, mehrere Personen geschädigt worden sind.

11) Die Art der Deliktverwirklichung (gemeinschaftlich, fortgesetzt, Real- oder Idealkonkurrenz) gehört zu den gesetzlichen Merkmalen i.S.v. § 200.

12) Genaue Angabe der §§, falls erforderlich noch Absatz und Nummer; die Praxis bei der Zitierung der §§ des JGG ist recht unterschiedlich. Nur die §§ 1 ff., 105 ff. JGG anzugeben ist zu allgemein und nicht informativ genug. Die Trennung nach Angeklagten ist im Beispiel 1 der überwiegenden Praxis folgend unterblieben.

13) § 199 Abs. 2. Die Angabe des Gerichts, vor dem eröffnet werden soll, ergibt sich aus der Adresse; in manchen Bezirken - so in Nordrhein-Westfalen - ist es üblich, das Gericht an dieser Stelle nochmals zu bezeichnen. Der Antrag lautet in anderen Bezirken: "Es wird beantragt, das Hauptverfahren zu eröffnen."

14) Vgl. Nr. 110 Abs. 4 der RiStBV.

15) Daß mit einem Teilakt der fortgesetzten Handlung nur ein Diebstahlsversuch begangen worden ist, erscheint nicht.

16) Bei diesem leicht verständlichen und übersichtlichen Sachverhalt läßt sich der "Indem-Satz" vertreten.

17) Konkretisierung zum fortgesetzten Handeln.

18) Obwohl die Straftat z.N. der Fa. Elektro-Fox früher begangen worden ist, ist die Beihilfe wegen ihrer Verbindung zu den zuvor geschilderten Straftaten der Angeschuldigten Weirather und Moll vorweg angeführt.

19) Der Rspr. des BGH - vgl. BGHSt 17, 97 - folgend.

20) Da es sich um einen einfachen Sachverhalt handelt und die Taten im An-

klagesatz eingehend geschildert worden sind, hätte auf die wiederholte Darstellung der historischen Vorgänge verzichtet werden können.

21) In der Praxis wird die Uhrzeit gelegentlich bereits bei der Tatzeit angegeben.

22) Für Gliederung nach Personen: römische Ziffern. Für Gliederung nach selbständigen Handlungen: arabische Ziffern. Für Gliederung von ideal-konkurrierenden Delikten: kleine Buchstaben.

23) Genaue Bestimmung, inwieweit vorsätzliches und fahrlässiges Handeln vorliegt.

24) Oder: "und dadurch zugleich" oder: "durch dieselbe Handlung".

25) Eine Teilkonkretisierung ist hier vorgezogen, weil sonst dem Laien nicht klarwerden dürfte, daß ihm der Vorwurf gemacht wird, das Kraftfahrzeug als Waffe benutzt zu haben (vgl. die Rspr. zu § 113 Abs. 2 StGB).

26) Dadurch wird klar, daß alle Taten Grundlage für diese Annahme sind.

27) Zwar ergibt sich dies schon aus der Anklageerhebung; es sollte diese Erklärung jedoch wie hier expressis verbis erfolgen; ebenso ist zu verfahren, wenn öffentliche Klage wegen eines Privatklagedeliktes erhoben wird: "Es besteht ein öffentliches Interesse an der Erhebung der öffentlichen Klage."

28) Entbehrlicher, aber in der Praxis vielfach üblicher Schlußsatz.

29) Auf die Notwendigkeit, bei Terminsanberaumung nach dem 3.8.1988 dem Angeklagten Weirather einen Pflichtverteidiger zu bestellen (§§ 140 Abs. 1 Nr. 5, 141), sollte nicht in der Anklageschrift, sondern - allenfalls - in der Begleitverfügung hingewiesen werden.

2. Zu den Begleitverfügungen

a) § 169 a.

b) Vgl. D X.

c) Der Adressat ist hier unter Berücksichtigung von § 201 bestimmt, wonach der Vorsitzende die Anklageschrift dem Angeschuldigten mitteilt. Die Praxis ist uneinheitlich. Anders z.B. Kunigk, S. 235, der an die Strafkammer adressiert und dabei, das Zwischenverfahren überspringend, von der Zuständigkeit nach § 203 ausgeht.

d) Denn mit der Anklageerhebung geht die Zuständigkeit vom Haftrichter auf das Gericht über, "das mit der Sache befaßt ist", vgl. § 126 Abs. 2.

e) Ergibt sich aus Nr. 7 Abs. 2 und 3 der Untersuchungshaftvollzugsordnung (UVollzO).

f) Anordnung über Mitteilungen in Strafsachen.

g) Keine Prüfungssache.

Examinatorium

Der Wert der Fragen und Antworten erschließt sich dann am besten, wenn man die Antworten auf der rechten Seite abdeckt und zuerst selbständig versucht, die Lösungen zu finden.

1. Für die Anklageerhebung ist Voraussetzung, daß genügender Anlaß dazu besteht. Welcher Tatverdacht entspricht dem?

Hinreichender Tatverdacht.

2. Warum ist dies richtig?

Weil hinreichender Tatverdacht für die Eröffnung des Hauptverfahrens - § 203 - Voraussetzung ist und die Eröffnung das nächste prozessuale Ziel der Anklageerhebung ist.

3. Wie wird der Begriff des hinreichenden Tatverdachts definiert?

Als Wahrscheinlichkeit der Verurteilung.

4. Kennen Sie noch eine andere Verdachtsstufe?

Den dringenden Tatverdacht als Voraussetzung eines Haftbefehls, d.h. hohe Wahrscheinlichkeit einer Verurteilung.

5. Wie heißt der "Täter", wenn Anklage erhoben, das Hauptverfahren aber noch nicht eröffnet ist?

Angeschuldigter.

6. Was ist in der Begleitverfügung zur Anklageschrift immer festzustellen?

Der Abschluß der Ermittlungen.

7. Welche Bedeutung hat diese Feststellung?

Der Verteidiger hat nunmehr unbeschränkte Akteneinsicht, § 147 Abs. 1, 2.

8. Warum muß im Strafbefehl neben den Paragraphen des verletzten Strafgesetzes auch die gesetzliche Überschrift angegeben werden?

Weil der Strafbefehl die Wirkung eines rechtskräftigen Urteils erlangt und deshalb § 260 genügen muß.

9. Wie wird unter den Voraussetzungen des Fortsetzungszusammenhangs der Anklagesatz formuliert, wenn es sich um zwei Teilakte eines Diebstahls handelt, von denen einer vollendet und einer versucht ist?

"Wird angeklagt, fortgesetzt eine fremde bewegliche Sache einem anderen in der Absicht weggenommen zu haben, dieselbe sich rechtswidrig zuzueignen." (Der versuchte Teilakt geht in der Vollendung auf.)

10. Angeklagt ist ein nicht deutsch sprechender Ausländer. Ist der benötigte Dolmetscher als Sachver-

Er ist weder Sachverständiger noch Zeuge, sondern Beteiligter eigener Art. Ein Hinweis auf ihn erständiger oder Zeuge im Beweismittelkatalog aufzuführen?

folgt in der Begleitverfügung zur Anklageschrift.

11. Wegen der besonderen Bedeutung der Sache soll vor der Strafkammer des Landgerichts angeklagt werden. Muß dies begründet werden?

Ja. In der Begleitverfügung zur Anklage sind in einem Vermerk die Gründe darzulegen.

12. Unter welcher Rubrik des Beweismittelkataloges ist die Fotokopie eines Vertrages aufzuführen, durch den der Angeklagte den ihm zur Last gelegten Betrug begangen haben soll?

Unter der Rubrik Urkunden, weil auch die Fotokopie im Wege des Urkundenbeweises in der Hauptverhandlung verwertet wird.

13. Wird auch ein polizeiliches Geständnis im Beweismittelkatalog als Geständnis aufgeführt?

Ja, wenn auch nur ein verlesbares richterliches Geständnis "Beweismittel" im dogmatischen Sinne ist (str., a.A. Rieß in Löwe/Rosenberg § 200 Rz. 36).

14. Wie sind die Tatwerkzeuge zu benennen?

Als Augenscheinsobjekte.

15. Wie soll im Beweismittelkatalog formuliert werden, wenn der Angeschuldigte eine Tat gestanden hat, eine andere jedoch bestreitet?

"Teilgeständnis und Einlassung".

16. Wie lautet die Formulierung, wenn der Angeschuldigte den äußeren Tathergang einräumt, aber Vorsatz bestreitet?

"Angaben des Angeschuldigten" oder "Einlassung".

17. Ist die in der Begleitverfügung zur Anklage verfügte Beschränkung der Strafverfolgung gem. § 154 a Abs. 1 in der Anklage kenntlich zu machen?

Ja, etwa in folgender Form: "... wird - unter Beschränkung gem. § 154 a Abs. 1 - angeklagt, ..." (vgl. RiStBV Nr. 101 a Abs. 3).

18. Gehören zu den gesetzlichen Merkmalen der Straftat auch die Schuldformen?

Ja. Vorsätzliche oder fahrlässige Handlungsweisen sind als solche zu kennzeichnen.

19. Ist in der Konkretisierung auch darzulegen, worin etwa der Vorwurf fahrlässigen Handelns gesehen wird?

Ja. Die Konkretisierung hat sich auch auf subjektive Tatbestandsmerkmale und Schuldformen zu erstrecken.

20. Ist in der Anklage zu kennzeichnen, daß es sich um eine Anklage gegen einen Jugendlichen handelt?

Am Kopf der Anklage ist darauf hinzuweisen, daß es sich um einen Angeklagten handelt, der zur Tatzeit jugendlich war. Im Anklagesatz soll es nach den Worten "wird angeklagt" heißen: "als Jugendlicher mit Verantwortungsreife".

21. Wie lautet der Antrag bei einer Anklage vor dem erweiterten Schöffengericht?

"Es wird beantragt, das Hauptverfahren vor dem Amtsgericht - Schöffengericht - in Bonn zu eröffnen und zur Hauptverhandlung einen zweiten Richter zuzuziehen."

22. Sind die früheren gesetzlichen Vertreter des Angeschuldigten auch anzugeben, wenn der zur Tatzeit Jugendliche zum Zeitpunkt der Anklage schon 18 Jahre alt ist?

Nein, denn die gesetzliche Vertretung ist beendet; die früheren gesetzlichen Vertreter haben im Strafverfahren keine Funktion mehr.

23. Wird in der Anklageschrift vermerkt, daß der Angeschuldigte unter der Voraussetzung des § 21 StGB gehandelt hat?

Ja. Es heißt dann etwa, "... wird angeklagt, im Zustand erheblich verminderter Schuldfähigkeit ..."

24. An welcher Stelle steht der Hinweis auf die Bejahung des einen Strafantrag ersetzenden besonderen öffentlichen Interesses an der Strafverfolgung?

Nach der Paragraphenkette.

25. Mit welchen Worten wird in dem Antrag im Sicherungsverfahren gem. § 413 die Darstellung der gesetzlichen Merkmale und der Tat eingeleitet?

Nicht "wird angeklagt" (weil der Täter schon schuldunfähig war), sondern "ist hinreichend verdächtig, im Zustand der Schuldunfähigkeit ..."

26. Muß in der Antragsschrift die erstrebte Maßregel der Besserung und Sicherung konkret bezeichnet werden?

Ja. Dies verlangt § 414 Abs. 2 S. 3.

27. An welcher Stelle der Begleitverfügung oder der Anklageschrift ist der Antrag auf Haftfortdauer zu stellen?

Er ist mit dem Antrag auf Eröffnung des Hauptverfahrens zu verknüpfen und steht damit am Schluß der Anklageschrift.

28. Es soll vor der Strafkammer angeklagt werden; der Beschuldigte hat noch keinen Verteidiger. Worauf hat der Staatsanwalt zu achten?

Er muß den Antrag stellen, dem Angeschuldigten einen Pflichtverteidiger beizuordnen.

29. Sind besondere Angaben zu machen, wenn der Angeschuldigte in Haft ist?

Am Kopf der Anklageschrift ist der Vermerk "Haft" anzubringen und auf den nächsten Haftprüfungstermin hinzuweisen; nach den Personalien folgen genaue Angaben über Haftzeiten, Haftbefehl und Haftort.

30. Wann hat die Staatsanwaltschaft ein Ermittlungsverfahren einzuleiten?

Sobald der Verdacht einer Straftat (zureichende tatsächliche Anhaltspunkte) vorliegt, § 152 Abs. 2.

31. Erstreckt sich die Rechtskraft auch auf ein Delikt, das durch die angeklagte Tat verwirklicht wurde, aber zu dem in der Anklage und im Urteil allein zugrundegelegten Delikt in Realkonkurrenz steht?

Ja. Die Rechtskraft erstreckt sich auf den gesamten historischen Vorgang im Sinne des prozeßrechtlichen Begriffs der Tat, § 264.

32. Gibt es noch andere Möglichkeiten Anklage zu erheben, als durch die Einreichung der schriftlichen Anklage gem. § 200?

Neben dem Strafbefehlsverfahren ist hier noch zu denken an die Übernahme der Verfolgung in einem Privatklageverfahren, an den Antrag auf ein vereinfachtes Jugendverfahren, an die Nachtragsanklage, die selbständige Einziehung und an das beschleunigte Verfahren (das Sicherungsverfahren ist der Anklage ähnlich).

33. Kann der Staatsanwalt das Verfahren entsprechend § 205 vorläufig einstellen?

Ja. § 205 wird im Ermittlungsverfahren analog angewandt.

34. Hat die Einstellung des Verfahrens gem. § 170 Abs. 2 Rechtskraftwirkung?

Nein. Der Staatsanwalt kann die Ermittlungen wieder aufnehmen, wenn Anlaß dazu besteht.

35. Wird der Beschuldigte, wenn er verantwortlich vernommen ist, über die Gründe der Einstellung des Ermittlungsverfahrens unterrichtet?

Im Regelfall nein; nur wenn sich ergeben hat, daß er unschuldig ist oder daß gegen ihn kein begründeter Verdacht mehr besteht, so ist dies im Bescheid auszusprechen. Sonst sind dem Beschuldigten die Gründe der Einstellung nur mitzuteilen, wenn er es beantragt hat, und auch nur insoweit, als kein schutzwürdiges Interesse entgegensteht (RiStBV Nr. 88).

36. Erhält der Anzeigende auch dann einen mit Gründen versehenen Einstellungsbescheid, wenn er nicht der Verletzte ist?

Ja. Die Verletzteneigenschaft ist nur entscheidend für die Frage, ob eine Rechtsmittelbelehrung erteilt wird oder nicht.

37. Was ist zu beachten, wenn eine Behörde eine Straftat angezeigt hat und der Staatsanwalt beabsichtigt, das Verfahren einzustellen?

RiStBV Nr. 90, 93; die Behörde ist zu unterrichten, damit sie vor der Entscheidung Stellung nehmen kann.

38. Kann der Verletzte auch dann Privatklage erheben, wenn die Staatsanwaltschaft das Verfahren gegen den Beschuldigten, dem nur ein Privatklagedelikt zur Last gelegt wird, mangels Beweises einstellt?

Ja. Die Gründe der Einstellung sind für die Zulässigkeit des Privatklageverfahrens unerheblich.

39. Kann der Verletzte Privatklage auch dann erheben, wenn er dem Beschuldigten eine Tat vorgeworfen hat, in der Offizial- und Privatklagedelikt tateinheitlich zusammentreffen, und er weiterhin der Ansicht ist, es bestehe hinreichender Verdacht dafür, daß der Beschuldigte das Offizialdelikt begangen habe?

Behauptet der Verletzte, der Beschuldigte habe sowohl ein Privatklage- wie ein Offizialdelikt tateinheitlich begangen, so ist eine Privatklage unzulässig.

40. Gibt es eine Verwaltungsvorschrift, die dem Staatsanwalt Richtlinien dafür gibt, wann ein öffentliches Interesse an der Erhebung der öffentlichen Klage bei einem Privatklagedelikt zu bejahen ist?

Ja, RiStBV Nr. 86 Absatz 2 gibt sachdienliche Hinweise. In den Richtlinien finden sich für bestimmte Deliktsgruppen weitere Hinweise.

41. Ist § 153 a in einem Verfahren gegen einen Jugendlichen anwendbar?

Dies ist streitig. Bei einem nicht geständigen Jugendlichen, hinsichtlich dessen § 45 Abs. 1 JGG nicht angewendet werden kann, dürfte § 153 a anwendbar sein, wenn auch die Voraussetzungen des § 45 Abs. 2 JGG nicht gegeben sind (vgl. Kleinknecht/Meyer § 153 a Rz. 4).

42. Muß die Staatsanwaltschaft immer die Zustimmung des Gerichts haben, wenn sie ein Verfahren nach § 153 oder § 153 a einstellt?

Nein. Bei Vermögensdelikten, die nicht mit einer im Mindestmaß erhöhten Strafe bedroht sind, dann nicht, wenn nur ein geringer Schaden verursacht worden ist, vgl. §§ 153 Abs. 1 S. 2, 153 a Abs. 1 S. 6.

43. Welche Wertgrenze dürfte hierfür maßgebend sein?

Etwa 75,- DM.

44. Ist ein Einstellungsbescheid zu erteilen, wenn die Staatsanwaltschaft wegen der angezeigten Tat zwar Anklage erhebt, aber unter einem anderen rechtlichen Gesichtspunkt als dem, den der Anzeigende seiner Strafanzeige zugrundegelegt hat?

Nein. Ein Einstellungsbescheid wird nur erteilt, wenn die angezeigte T a t nicht zur Anklage gebracht wird.

45. Wird dem Anzeigenden eine Rechtsmittelbelehrung erteilt, wenn Gegenstand des Verfahrens nur ein Privatklagedelikt ist?

Nein, denn das Klägeerzwingungsverfahren ist ausgeschlossen.

46. Wird eine Rechtsmittelbelehrung im Einstellungsbescheid erteilt, wenn das Verfahren nach
dem Opportunitätsprinzip eingestellt worden ist?

Nein, denn auch hier ist das Klageerzwingungsverfahren ausgeschlossen.

47. In welcher Form kann der
Einstellungsbescheid an den Anzeigenden abgefaßt werden?

Entweder in Form eines Schreibens
an den Anzeigenden oder in Form
eines Gerichtsbeschlusses, der dem
Anzeigenden mit einem Begleitbrief
zu übersenden ist.

48. Welchen Weg muß der anzeigende Verletzte beschreiten, bevor er Antrag auf Klageerzwin-
gung beim Oberlandesgericht
stellen kann?

Er muß eine "Vorschaltbeschwerde"
(vgl. § 172) an den Generalstaatsanwalt einlegen.

49. Müssen in einem Einstellungsbescheid sämtliche Gründe,
die der Einstellung zugrunde-
liegen, dargelegt werden?

Nein. Es reicht aus, wenn ein die
Entscheidung tragender Grund mitgeteilt wird.

50. Sind die weiteren Gründe
aktenkundig zu machen?

Zweckmäßigerweise ja; in einem Aktenvermerk.

51. Welche besonderen Maßnahmen
sind zu ergreifen, wenn das
Ermittlungsverfahren gegen
einen Beschuldigten eingestellt
wird, der Strafverfolgungsmaßnahmen wie etwa einer Durchsuchung oder Untersuchungshaft
ausgesetzt war?

Er ist auf die Möglichkeiten des
Strafrechtsentschädigungsgesetzes
hinzuweisen.

52. Ist bei den gesetzlichen
Merkmalen der Straftat stets der
gesamte Text der Norm zu zitieren oder sind nur die verwirklichten Alternativen als Tatbestandsmerkmale mitzuteilen?

Das letztere ist richtig.

53. Was ist beim abstrakten Anklagesatz zu beachten, wenn
Anklage wahlweise wegen Diebstahls oder Hehlerei erhoben
werden soll?

Beide Tatbestände sind anzuführen.

54. Wirkt sich dies auch auf die
Konkretisierung aus?

Ja. Es sind die Tatsachen anzuführen, die "entweder - oder" verwirklicht worden sind.

55. Ist in den Anklagesatz aufzunehmen, daß der Angeschuldigte
wegen eines besonders schweren
Falles angeklagt wird?

Ja. Bei den gesetzlichen Merkmalen und hinsichtlich der den besonders schweren Fall ergebenden
Tatsachen bei der Konkretisierung.

266

56. Wie lautet der am Schluß der Anklageschrift zu stellende Antrag - bei einer Anklage, die an das Schöffengericht Düsseldorf gerichtet ist?

57. Welche Bestimmung der StPO ist hierfür maßgebend?

58. Welche Anordnung ist in der letzten Nummer der Begleitverfügung zur Anklageerhebung zu treffen?

59. Wozu dient diese Fristbestimmung?

60. Wozu dient die Nachtragsanklage? Was unterscheidet sie von der Veränderung des rechtlichen Gesichtspunktes?

"Es wird beantragt, das Hauptverfahren vor dem Amtsgericht - Schöffengericht - Düsseldorf zu eröffnen."

§ 199 Abs. 2.

Eine Fristbestimmung.

Bei Ablauf der Frist legt der Geschäftsstellenbeamte dem Staatsanwalt die Handakten (der noch an das Gericht versandten Hauptakten) vor.

Sie dient dazu, in der Hauptverhandlung die Anklage auf weitere Straftaten (i.S.v. § 264) des Angeklagten zu erstrecken, § 266; im Gegensatz zur Veränderung des rechtlichen Gesichtspunktes (derselben Tat i.S.v. § 264), § 265.

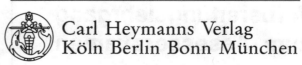